VILLAIN
COLLECTION
BY
swatch
YOU ONLY LIVE TWICE
BLOFELD'S CAT

DER GROSSE JAMES BOND ATLAS

DER GROSSE JAMES BOND ATLAS

ALLE FILME, SCHAUPLÄTZE & HINTERGRÜNDE

Bertelsmann
LEXIKON INSTITUT

Impressum

Kartografie

Chefkartograf/Projektleitung: Glenn Riedel, Wissen Media MapWorks, Stuttgart
Redaktion/Kartografie/DTP: Annette Wrobel, Katrin Soschinski, Wissen Media MapWorks, Stuttgart

Text-/Bildteile

Chefredaktion/Projektleitung: Armin Sinnwell, Wissen Media Verlag GmbH, München
Redaktion/Projektmanagement: Daniel Hunstein, Simone Hahn, Karola Pfennig, Wissen Media Verlag GmbH, München
Bildredaktion: Svenja Schumann, Ulrike Rohland, Wissen Media Verlag GmbH, Gütersloh
Autor: Dr. Siegfried Tesche, Garbsen
Fachlektorat: Dr. Markus Koch, München

Produktion

Layout, Satz und Bildbearbeitung: Gerald Wetzel, smoop::network, Laubach, www.smoop.de
Covergestaltung: Gerald Wetzel, Laubach
Herstellung: Joachim Weintz, Wissen Media Verlag, Gütersloh
Gesamtherstellung: Himmer AG, Augsburg

Alle Angaben in diesem Atlas wurden sorgfältig geprüft. Eine Garantie für Vollständigkeit, Richtigkeit und letzte Aktualität kann jedoch nicht übernommen werden. Der Redaktionsschluss der vorliegenden Ausgabe war Juli 2008.

Die in diesem Buch gewählten Schreibweisen folgen dem Werk „WAHRIG – Die deutsche Rechtschreibung" sowie den Empfehlungen der WAHRIG-Redaktion. Weitere Informationen unter www.wahrig.de.

Printed in Germany

ISBN 978-3-577-07305-9

1 2 3 4 5 12 11 10 09 08

Einleitung

„The name's Bond. James Bond!" Weltweit kennt man diese Vorstellungsformel, auch wenn sie außerhalb des Englischen ihren schönen Reim verliert. Die Romane und Geschichten Ian Flemings, vielleicht noch mehr die spektakulären Verfilmungen haben den Agenten Ihrer Majestät zu einem Vorreiter und Symbol der Globalisierung gemacht. Die Beliebtheit des Geheimdienstlers, der immer für das Gute kämpft und scheinbar aussichtslose Situationen mit Grandezza meistert, rührt auch daher, dass er rund um den Erdball unterwegs ist. Bond ist überall.

Wer in Buchläden oder im Internet nach einschlägigen Titeln zum Thema James Bond sucht, wird feststellen, dass es eine ganze Reihe von Büchern gibt, die fast alle Aspekte dieser erfolgreichen Roman- und Filmfigur abdecken. Erstaunlich ist nur, dass die Reisen Bonds, die so wichtigen Schauplätze seiner Abenteuer, noch nie ausführlich erörtert wurden. Bis zu dieser Veröffentlichung gab es lediglich Internetseiten, die sich dem Thema eher punktuell annehmen oder CD-ROMs von begeisterten holländischen Reisenden, die in Fanzirkeln kursieren. Dabei ist die Reiseleistung des berühmten Geheimdienstlers ein Teil der Faszination. Es gibt inzwischen Leute, die auf den Spuren von James Bond reisen. Und es gibt Leute, für die ein Bond-Drehort oder Schauplatz zumindest Anlass für eine Urlaubsbesichtigung oder -exkursion ist.

Diesen, aber auch allen Bond-Fans wollen wir mit diesem Buch eine Nachschlage- und Planungshilfe liefern.

Aber: schon mit dem Beginn der Recherchen erwies sich das Projekt wie sein Held und seine Gegner als sperrig. Ergibt es Sinn, nur die Filme zu erwähnen, und wenn ja, alle oder die die in den Medien als „offiziell" geführt werden? Sollen die Romane integriert werden, und wenn ja welche und in welcher Ausführlichkeit? Wird es Fotomaterial geben, das die Bond-Orte illustriert? Ein Blick in die Archive förderte erhebliche Lücken zu Tage: Wer fotografiert schon Strände und Gebäude ohne Helden? Die Recherche musste tiefer gehen. Und da trifft man glücklicherweise immer wieder auf Fans, die Drehorte und Schauplätze bereisen, dort nach längst verwischten Spuren suchen; oder vor Ort auf auskunftswillige Anwohner, auf Statisten oder gar auf Locationmanager. So wurde dieses Buch eine erstmalige und umfassende Sammlung von verstreuten Informationen, zusammengetragen mit Hilfe von Informanten, ohne die dieses Buch nicht hätte entstehen können.

Es soll aber nicht verschwiegen werden, dass es immer noch strittige Punkte gibt, die selbst nach langwierigen Recherchen nicht endgültig zu klären waren. So gibt es leider Fälle, in denen die Quellenangaben widersprüchlich sind, widersprechende Aussagen einander gegenüber stehen oder Spuren durch Naturkatastrophen endgültig verwischt sind. Bei aller detektivischen Arbeit hat es sich als unmöglich erwiesen, jeden Winkel, jede Straße, jeden Platz, jeden Landstrich in James Bonds Welt genau zu lokalisieren. Bond-Fans aller Länder: Hier ist auch in Zukunft noch einiges zu tun. Für Hinweise sind Autor und Verlag gleichermaßen dankbar.

Von den nicht lösbaren Schwierigkeiten abgesehen, haben wir uns den eben erwähnten Fragen so gestellt, dass der Leser möglichst anschauliche wie umfassende Informationen erhält. Zunächst: Die Texte berücksichtigen natürlich die Romane und Kurzgeschichten Ian Flemings. Es war Fleming, der mit seinen Beschreibungen und zahlreichen Reisen den Grundstock des James Bond Phänomens gelegt hat. Zu Rate gezogen wurden ausschließlich die englischen Originalausgaben seiner Bücher, denn die deutschen Übersetzungen sind nicht nur fehlerhaft, sondern in wesentlichen Punkten gekürzt. Das betrifft speziell auf die Ortsbeschreibungen zu, die ganz bewusst eliminiert wurden, um damals eine gewisse vorgegebene Länge eines Buches nicht zu überschreiten.

Einen besonderen Stellenwert nehmen ebenso natürlich die Bond-Filme ein, wobei zwischen „echten" Schauplätzen (Dreh am Schauplatz), fingierten Schauplätzen und reinen Drehorten (oft Studios) unterschieden wird. Zur besseren Handhabung wurde das Werk zweigeteilt: Im ersten Teil werden alle Filme und Romane anhand ihrer Schauplätze „erzählt" – die Handlung wird präsent, und die Bedeutung des Ortes für die Handlung tritt hervor. Im zweiten Teil werden dann systematisch die Dreh-, Handlungs- und Schauplätze dargestellt, von Kontinent zu Kontinent, von Land zu Land. Ziel ist es hier, nicht nur Hintergrundinformationen zum Filmshooting, zu Begebenheiten und Besonderheiten vor Ort zu liefern, sondern auch Tipps zu geben für Reisen auf den Spuren von James Bond.

Abschließend sei noch erwähnt, dass dieses Buch zu einem Gutteil „on the road" entstanden ist, und das heißt nicht nur in Zügen, Flugzeugen und U-Bahnen, sondern auch in Venedig, Sizilien, Österreich, Cannes, London und am Gardasee. Fleming hat einmal gesagt, dass er für „heißblütige Heterosexuelle in Zügen, Flugzeugen und Betten" schreibt. Wir hoffen, dass auch alle anderen, die nicht in diese Kategorie passen, dieses Buch genießen und erleben können. Denken Sie einfach an Bonds Familienmotto: Die Welt ist nicht genug.

Autor und Verlag,
im Herbst 2008 – im Jahr des 100. Geburtstags von Ian Fleming

Danksagung:

Für die Gastfreundschaft und zahlreiche Unterstützung dankt der Autor:
Hotel Ilma und Hotel Caravel in Limone sul Garda, Hotel Bodensee in Bregenz, Oliver Bayan in Frankfurt, Ajay Chowdhury in London, Claudia Geissler in Berlin, Marco Girardi in Limone sul Garda, Evelin Hoff in Hannover, Martijn Mulders in Holland, Anette Rietz in Berlin, Stadtmarketing Bregenz mit Michael Dünser und Niklas Keller. Casino Bregenz mit Marc Isele und Andrea Pavlik.

Für die Überlassung von Fotos danken der Verlag und ich speziell:
Sascha Braun (Limburg), David J. Williams (London), Gernot Wolf (Dornbirn), Lars Zeppernick (Menden).

Inhaltsverzeichnis

Impressum / Vorwort IV–V
Inhaltsverzeichnis / Zeichenerklärung VI–VII

Die Welt des James Bond

Die Welt 1:93 Mio. physisch 2–3
James-Bond-Weltkarte 1:93 Mio. 4–5
Die Welt in den 50er Jahren 6–7
James Bond – Weltreisender Ihrer Majestät 8–11
James Bond – Fortbewegungsmittel 12–13
James Bond – Das typische Reisegepäck 14–15
James Bond – In charmanter Begleitung 16–17

Die Filme

Karte: Ein Quantum Trost, 2008 20–21
Ein Quantum Trost (QOS) 22–23
Karte: Casino Royale, 2006 24–25
Casino Royale (CR, 06) 26–27
Karte: Stirb an einem anderen Tag, 2002 28–29
Stirb an einem anderen Tag (DAD) 30–31
Karte: Die Welt ist nicht genug, 1999 32–33
Die Welt ist nicht genug (TWINE) 34–35
Karte: Der Morgen stirbt nie, 1997 36–37
Der Morgen stirbt nie (TND) 38–39
Karte: GoldenEye, 1995 40–41
Goldeneye (GE) 42–43
Karte: Lizenz zum Töten, 1989 44–45
Lizenz zum Töten (LTK) 46–47
Karte: Der Hauch des Todes, 1987 48–49
Der Hauch des Todes (TLD) 50–51
Karte: Im Angesicht des Todes, 1985 52–53
Im Angesicht des Todes (AVTAK) 54–55
Karte: Sag niemals nie, 1982 56–57
Sag niemals nie (NSNA) 58–59
Karte: Octopussy, 1983 60–61
Octopussy (OPY) 62–63
Karte: In tödlicher Mission, 1981 64–65
In tödlicher Mission (FYEO) 66–67
Karte: Moonraker – Streng geheim, 1979 68–69
Moonraker – Streng geheim (MR) 70–71
Karte: Der Spion, der mich liebte, 1977 72–73
Der Spion, der mich liebte (TSWLM) 74–75
Karte: Der Mann mit dem goldenen Colt, 1975 76–77
Der Mann mit dem goldenen Colt (TMWTGG) 78–79
Karte: Leben und sterben lassen, 1973 80–81
Leben und sterben lassen (LALD) 82–83
Karte: Diamantenfieber, 1971 84–85
Diamtantenfieber (DAF) 86–87
Karte: Im Geheimdienst Ihrer Majestät, 1968 88–89
Im Geheimdienst Ihrer Majestät (OHMSS) 90–91
Karte: Man lebt nur zweimal, 1967 92–93
Man lebt nur zweimal (YOLT) 94–95
Karte: Casino Royale, 1967 96–97
Casino Royale (CR, 67) 98–99
Karte: Feuerball, 1965 100–101
Feuerball (TB) 102–103
Karte: Goldfinger, 1964 104–105
Goldfinger (GF) 106–107
Karte: Liebesgrüße aus Moskau, 1963 108–109
Liebesgrüße aus Moskau (FRWL) 110–112
Karte: James Bond – 007 jagt Dr. No, 1962 114–115
James Bond – 007 jagt Dr. No (DN) 116–117
Karte: Casino Royale, 1954 118–119
Casino Royal, 1954 (CR, 54) 120–121

Die Schauplätze

Karte: Großbritannien und Nordirland 1:4 Mio 124
Ian Flemings England 125
Karte: Südwestengland 1:700 000 126–127
Karte: Südostengland 1:700 000 128–129
Flugplätze und Militärbasen 130
Herrschaftliche Anwesen 131
Umgebungskarte London 1:500 000/Pinewood Studios 132–133
Pinewood Studios 134–135
Die anderen Londoner Bond-Studios 136–137
Stadtplan London: 1:15 000 138–139
Heimat und Familie: James Bonds Wohnung und sein Arbeitsplatz MI 6 140–141
Karte: Schottland 1:3,5 Mio. 142
Schottland: Die Filme 143
Karte: Frankreich 1:4,5 Mio. mit Monaco: 1:75 000 144
Frankreich (inkl. Monaco): Die Filme 145
Großraum Paris 1:500 000 146
Großraum Paris: Die drei Bond-Schlösser 147
Karte: Paris 1:16 000 148–149
Paris: Die Filme 150–151
Karte: Niederlande/Amsterdam 1:100 000 152
Niederlande/Amsterdam: Die Filme 153
Karte Deutschland 1:4 Mio. 154
Deutschland: Die Filme 155
Berlin: Die Filme 156–157
Karte: Berlin 1:17 000 158–159
Karte: Tschechische/Slowakische Republik 1:3,5 Mio. 160
Tschechische/Slowakische Republik: Die Filme 161
Russland: Die Filme 162–163
Karte: Russland 1:3,5 Mio. 164–165
Schweiz: Die Filme 166–167
Schweiz 1:900 000 168–169
Karte: Österreich 1:3,5 Mio. 170
Österreich: Die Filme 171
Wien: Die Filme 172–173
Karte: Wien 1:20 000 174–175
Spanien/Portugal (inkl. Gibraltar): Die Filme 176–177

Karte: Spanien/Portugal 1:4 Mio. mit Gibraltar 1:170 000 178–179
Karte: Italien 1:5 Mio. 180
Italien: Die Filme 181
Stadtplan Venedig: 1:10 000 182
Venedig: Die Filme 183
Karte: Griechenland 1:3,5 Mio. 184
Griechenland: Die Filme 185
Karte: Türkei, westlicher Teil 1:4,5 Mio. 186
Türkei, westlicher Teil: Die Filme 187
Karte: Marokko 1:4,5 Mio 188
Marokko: Die Filme 189
Karte: Ägypten 1:4,5 Mio. 190
Ägypten: Die Filme 191
Karte: Afrika 1:27 Mio. 192
Afrika: Die Filme 193
Karte: Kanada 1:27 Mio. 194
Kanada: Die Filme 195
USA, östlicher Teil: Die Filme 196–197
Karte: USA, östlicher Teil 1:4,5 Mio. 198–199
USA, westlicher Teil: Die Filme 200–201
Karte: USA, westlicher Teil 1:4,5 Mio. 202–203
Mexiko und Guatemala: Die Filme 204–205
Karte: Mexiko und Guatemala 1:11 Mio. 206–207
Puerto Rico 1:3,5 Mio. und Kuba 1:4 Mio. 208
Puerto Rico & Kuba: Die Filme 209
Bahamas: Die Filme 210–211
Karte: Bahamas 1:3 Mio. 212–213
Karte: Jamaika 1:630 000 214–215
Jamaika: Die Filme 216–217
Karte: Panama 1:3,4 Mio. 218
Panama: Die Filme 219–220
Karte: Brasilien 1:14 Mio. 222
Brasilien: Die Filme 223
Karte Chile und Bolivien 1:4,5 Mio. 224
Chile und Bolivien: Die Filme 225
Karte: Indien 1:3,5 Mio. 226
Indien: Die Filme 227
Stadtplan: Hongkong 1:15 000 228
Hongkong: Die Filme 229
Japan 1:11 Mio. 230
Japan: Die Filme 231
Karte: Thailand 1:10 Mio. 232
Thailand: Die Filme 233

Anhang

Übersichtskarte: Andere James-Bond-Länder 1:93 Mio. 236–237
Glossar 238–239
Index 240–244
Literatur 245–247
Bildnachweis 248

Akronyme der Filme

Quantum of Solace (Ein Quantum Trost)	QOS
Casino Royale, 2006	CR, 06
Die Another Day (Stirb an einem anderen Tag)	DAD
The World Is Not Enough (Die Welt ist nicht genug)	TWINE
Tomorrow Never Dies (Der Morgen stirbt nie)	TND
GoldenEye	GE
Licence To Kill (Lizenz zum Töten)	LTK
The Living Daylights (Der Hauch des Todes)	TLD
A View To A Kill (Im Angesicht des Todes)	AVTAK
Never Say Never Again (Sag niemals nie)	NSNA
Octopussy	OPY
For Your Eyes Only (In tödlicher Mission)	FYEO
Moonraker (Moonraker – Streng geheim)	MR
The Spy Who Loved Me (Der Spion, der mich liebte)	TSWLM
The Man With The Golden Gun (Der Mann mit dem goldenen Colt)	TMWTGG
Live And Let Die (Leben und sterben lassen)	LALD
Diamonds Are Forever (Diamantenfieber)	DAF
On Her Majesty's Secret Service (Im Geheimdienst Ihrer Majestät)	OHMSS
You Only Live Twice (Man lebt nur zweimal)	YOLT
Casino Royale, 1967	CR, 67
Thunderball (Feuerball)	TB
Goldfinger	GF
From Russia With Love (Liebesgrüße aus Moskau)	FRWL
Dr. No (James Bond – 007 jagt Dr. No)	DN
Casino Royale, 1954	CR, 54

Die Symbole in den Karten

Reiner Drehort:
Dieses Symbol steht für reine Drehorte, die jedoch einen anderen Schauplatz darstellen. So wurden beispielsweise zahlreiche Szenen des Films *Der Hauch des Todes* in Wien gedreht, obwohl der Schauplatz im slowakischen Bratislava liegt. Alle Studioaufnahmen sind reine Drehorte.

Schauplatz, an dem auch gedreht wurde:
Dieses Symbol verweist auf Schauplätze, an denen tatsächlich vor Ort gedreht wurde. Besonders für Szenen mit auffällig bekannten Schauplätzen wie Big Ben oder Buckingham Palace wählten die Regisseure meistens diese Option.

Schauplatz, an dem jedoch nicht gedreht wurde:
Dieses Symbol bildet das Gegenstück zum Symbol „Reiner Drehort". Szenen, die an besonders schwer zugänglichen Schauplätzen spielen, wie beispielsweise in Afghanistan im Jahr 1987 *(Der Hauch des Todes)* oder Nordkorea *(Stirb an einem anderen Tag)* entstanden tatsächlich in Marokko bzw. in England.

New York
Rio de Janeiro
Bangkok
Hongkong
London
San Francisco
Bahamas
Wien
Jamaika
Kairo
Istanbul
Tokio
Miami
Havanna
Gibraltar
Panama
Venedig
Amsterdam
New Orleans
Paris
Las Vegas
Baku
Beirut
Berlin
Los Angeles
Zürich
Tanger
Monaco
Bratislava

Die Welt des James Bond

Die Welt - physisch

LARMEER
Sewernaja Semlja
Neusibirische Inseln
Ostsibirische See
Wrangel-Inseln
Franz-Josef-Land
Spitzbergen
Taimyr-Halbinsel
Laptewsee
Tschuktschen-see
Brooks Range
Nördlicher Polarkreis
Yukon
Beringstraße
Anadyr-Gebirge
Ostsibirisches Bergland
Kolyma
opäisches
ordmeer
Barentssee
Nowaja Semlja
Karasee
Mittelsibirisches Bergland
Jenissei
Werchojansker Gebirge
Lena
Nunivak
Sibirien
Untere Tunguska
Beringmeer
Skandinavien
Kola
Ob
Westsibirisches Tiefland
Uralgebirge
Nördl. Dwina
Ochotskisches Meer
Kamtschatka
Aleuten
Aleutengraben
St. Petersburg
Angara
Stanowoigebirge
Wolga
Kama
Baikal-see
Jablonowygebirge
Sachalin
Imperatorrücken
Nowosibirsk
Irtysch
Sajan
Moskau
Amur
Kurilen
Kurilengraben
Berlin
Altai
Schote-Alin
EUROPA
Kasachische Schwelle
Balchasch-see
ASIEN
Mandschurei
Karpaten
Kiew
Dnjepr
Don
Wolga
Kaspische Senke
Aral-see
Gobi
Hokkaido
Japanisches Meer
Po
Donau
Krim
Kaukasus
Elbrus 5642
Tian Shan
Großer Chingan
Peking
Honshu
PAZIFISCHER
Korsika
Rom
Schwarzes Meer
Istanbul
Ankara
Kaspisches Meer
Tiefland von Turan
Pamir
Tarimbecken
Korea
Tokyo
Ōsaka
Japan-graben
Sardinien
Sizilien
Athen
Elburs
Teheran
Hindukusch
Kunlun Shan
Hochland von Tibet
Große Ebene
Huang He
Gelbes Meer
Kyushu
OZEAN
Kreta
Zypern
Mesopotamien
Tigris
Bagdad
Zagrosgebirge
Himalaya
Lahore
Shanghai
Bonin-graben
Jerusalem
Euphrat
Mt. Everest 8846
Rotes Becken
Jangtsekiang
Ost-chinesisches Meer
Midway Inseln
Kairo
Libysche Wüste
Arabische Halbinsel
Riad
Persischer Golf
Indus
Thar
Delhi
Ganges
Südchinesisches Bergland
Ryuku-Inseln
Bonin-Inseln
Nördlicher Wendekreis
Tibesti
Nil
Nubische Wüste
Rotes Meer
Rub' al Khali
Golf von Oman
Arabisches Meer
Indien
Kalkutta
Taiwan
Khartum
Golf von Aden
Mumbai
Dekkan
Golf von Bengalen
Irrawaddy
Hainan
Luzon
Mekong
Manila
Philippinen
Philippinengraben
Marianen
Marianengraben
Tschad-see
Addis Abeba
Sokota
Andamanen
Bangkok
Süd-chinesisches Meer
Palau
Mikronesien
Äthiopisches Hochland
Ceylon
Anda-manen-see
Golf von Thailand
Nikobaren
Sulu-see
Mindanao
Marshall-Inseln
Karolinen
Biako
Asandeschwelle
Malediven
Celebes-see
Gilbert-Inseln
Kongo-becken
Mt. Kenia 5194
Nairobi
Victoria-see
Tanganjika-see
Kilimandscharo 5895
Sumatra
Singapur
Kalimantan
Molukken
Äquator
Melanesien
INDISCHER
Zentralindischer Rücken
Große Sundainseln
Sulawesi
Seram
Banda-see
Neuguinea
Bismarck-archipel
Kinshasa
Seychellen
Chagos-Inseln
Javasee
Jakarta
Java
Kleine Sundainseln
Salomonen
Ostafrikanischer Graben
Sundagraben
Timor
Arafurasee
Ellice-Inseln
Malawi-see
Komoren
Timor-see
Arnhem-land
Carpentaria-golf
Korallen-see
Neue Hebriden
Lundaschwelle
Sambesi
Fidschi
Madagaskar
Straße von Mosambik
Maskarenen
Große Sandwüste
Great Dividing Range
Neu-kaledonien
Namib
Kalahari
AUSTRALIEN
Südlicher Wendekreis
Victoriawüste
Großes Artesisches Becken
Oranje
Drakensberge
Bengalischer Rücken
Kermadec-Inseln
Kapstadt
Kap der Guten Hoffnung
OZEAN
Perth
Nullarborebene
Kermadecgraben
Große Australische Bucht
Sydney
Amsterdam-I.
St. Paul
Mt. Kosciusko 2228
Westlicher Indischer Rücken
Nordinsel
Bass-Straße
Tasmansee
Crozet-Inseln
Tasmanien
Neuseeland
Prince Edward I.
Indisch-Antarktischer Rücken
Kerguelen
Südinsel
Chatham-Insel
Heard-I.
Auckland-Insel
Shackleton-Schelfeis
Amery-Schelfeis
Wohlthat-massiv
Belgica-Gebirge
Enderbyland
wabenland
Amerikanisches Hochland
Wilkesland
Balleny-Inseln
Südlicher Polarkreis
Königin-Maud-Land
Rossmeer
TARKTIS

James-Bond-Weltkarte

ARMEER
Ostsibirische See
Tschuktschensee
ALASKA (USA)
Nördlicher Polarkreis
Barentssee
RUSSLAND
FINNLAND
ESTLAND
LETTLAND
LITAUEN
WEISSRUSSLAND
UKRAINE
MOLDAU
RUMÄNIEN
SERBIEN
BULGARIEN
MAZED.
GRIECHENLAND
Schwarzes Meer
GEORGIEN
ARMENIEN
ASERB.
TÜRKEI
KASACHSTAN
USBEKISTAN
KIRGISISTAN
TURKMENISTAN
TADSCHIKISTAN
MONGOLEI
NORD-KOREA
SÜD-KOREA
JAPAN
NORDPAZIFISCHER OZEAN
CHINA
ZYPERN
SYRIEN
LIBANON
ISRAEL
JORDANIEN
IRAK
IRAN
AFGHANISTAN
PAKISTAN
KUWAIT
NEPAL
BHUTAN
ÄGYPTEN
SAUDI-ARABIEN
BAHRAIN
KATAR
V.A.E.
OMAN
BANGLADESCH
INDIEN
MYANMAR (BURMA)
LAOS
TAIWAN
Nördlicher Wendekreis
THAILAND
VIETNAM
KAMBODSCHA
PHILIPPINEN
GUAM (USA)
MARSHALL-INSELN
Arabisches Meer
JEMEN
ERITREA
DSCHIBUTI
SUDAN
ÄTHIOPIEN
SOMALIA
SRI LANKA
MALEDIVEN
MALAYSIA
BRUNEI
PALAU
MIKRONESIEN
KIRIBATI
Äquator
UGANDA
KENIA
DEM. REPUBLIK KONGO
RUANDA
BURUNDI
TANSANIA
SEYCHELLEN
INDONESIEN
NAURU
PAPUA NEUGUINEA
SALOMONEN
TUVALU
OSTTIMOR
KOMOREN
SAMBIA
MOSAMBIK
MADAGASKAR
INDISCHER OZEAN
VANUATU
SIMBABWE
BOTSWANA
MAURITIUS
NEUKALEDONIEN (F)
FIDSCHI
SWASILAND
LESOTHO
SÜD-AFRIKA
AUSTRALIEN
Südlicher Wendekreis
NEUSEELAND
SÜDPAZIFISCHER OZEAN
Schauplätze und Drehorte
reine Schauplätze
reine Drehorte

Die Welt in den 50er Jahren

- Staat kurz nach seiner Unabhängigkeit, 1942–1950
- NATO-Mitglied
- sozialistisches Land oder unter sozialistischer Verwaltung
- Mitglied der Organisation Amerikanischer Staaten
- Gründungsmitglied der Arabischen Liga
- KUBA Gründungsmitglied Vereinte Nationen
- anderer Staat oder Gebiet

A. Albanien
B. Belgien
BO. brit. Schutzgebiet Oman
BRD Bundesrepublik Deutschland (von den Alliierten besetzt)
D. Dänemark
DDR Deutsche Demokratische Republik
J. Jemen
JU. Jugoslawien
L. Luxemburg
N. Niederlande
Ö. Österreich (von den Alliierten besetzt)
P.G. Portugiesisch-Guinea (Portugal)
S. Schweiz
SR. Südrhodesien (Großbritannien)
TS. Tschechoslowakei
U. Ungarn

Die Welt zur Zeit des Kalten Kriegs

Die Welt in den Jahren nach dem 2. Weltkrieg war geprägt vom Kalten Krieg. Dieser Begriff stand für die potenzielle militärische Konfrontation zwischen den beiden Weltmächten UdSSR und USA und prägte eine ganze Epoche. Zu wichtigen Bestandteilen des Kalten Krieges entwickelten sich das Wettrüsten und eine zielgerichtete Bündnispolitik (NATO, Warschauer Pakt); er eskalierte in regional begrenzten Konflikten (Berliner Blockade; Koreakrieg; Kubakrise). Der Kalte Krieg bildete den Hintergrund vieler Bond-Romane und auch vieler Bond-Filme. Spione, Agenten und Geheimdienste spielten eine wichtige Rolle beim Versuch, Informationen über das jeweils feindliche Lager herauszufinden. Die faszinierende, spannende Welt der Geheimdienstleute diente vielen Autoren als Inspiration für Krimis und Romane.

James Bond – Weltreisender Ihrer Majestät

EIN SCHLACHTROSS UND EIN STAHLROSS:
Ian Fleming bei den Dreharbeiten von Liebesgrüße aus Moskau

Ausgewählte Links zum 100-jährigen Ian Fleming-Jubiläum

www.ianflemingcentenary.com
www.iwm.org.uk
www.ianfleming.de
www.007magazine.co.uk
www.ianflemingcentre.com
http://30au.co.uk

Mein ganzes Leben lang haben mich Abenteuer interessiert, und im Ausland habe ich mich am Nervenkitzel erfreut, die breiten, gut beleuchteten Straßen zu verlassen und die kleinen Seitengassen in den Städten zu erkunden. Möglicherweise hat diese Angewohnheit dazu geführt, dass ich zu einem Thriller-Autor geworden bin, und zu dem Zeitpunkt, als ich die zwei Reisen absolviert hatte, aus denen diese Essays entstanden, war ich sicherlich darin geübt, Menschen und Orte und Dinge durch die Augen eines Thrillerautors zu betrachten." Das schreibt Ian Fleming im Vorwort zu seinen Reisegeschichten *Thrilling Cities*. Diese erschienen 1963 in Form von zwei Büchern. Entstanden sind sie jedoch in den Jahren 1959 und 1960, als er im Auftrag der Londoner *Sunday Times* zwei jeweils fünf Wochen dauernde Weltreisen unternahm. 13 Städte in drei Kontinenten besuchte er damals im Rahmen zweier Reisen. Viele davon haben ihn so beeindruckt, dass er Bonds Abenteuer dorthin verlegte. Dabei war sein Interesse an diesen Reisen zunächst gar nicht besonders groß. Als ihn Denis Hamilton, der Herausgeber der *Sunday Times*, im Jahr 1959 bat, um die Welt zu reisen, lehnte er zunächst einmal ab. „Ich bin kein guter Tourist und habe kein Interesse an Galerien und Sehenswürdigkeiten", entgegnete Fleming. Doch Hamilton überzeugte ihn schnell, dass es gar nicht darum ging, Touristenhighlights abzuhaken, sondern möglichst Momentaufnahmen von Städten festzuhalten sowie Eindrücke und persönliche Begegnungen zu dokumentieren. Nach reiflicher Überlegung sagte Fleming schließlich zu.

Was wäre James Bonds Welt ohne die exotischen Schauplätze, die luxuriösen Hotels, die einsamen Strände, an denen Bikinischönheiten aus dem Wasser kommen, und die phantastischen Ausblicke in fremden Kulturen? Neben den aufregenden Abenteuern, den außergewöhnlichen Frauen und den exzentrischen Bösewichten hat der Globus, wie James Bond ihn bereist, schon immer eine besondere Rolle gespielt. „Dies ist James Bonds Welt", schrieb denn auch der *Daily Telegraph* über Flemings Kompendium *Thrilling Cities*. Nach Hongkong, Macao, Las Vegas, Chicago, Tokio, Honolulu, Los Angeles und New York führte ihn die erste ausgedehnte Reise. Nach Hamburg, Berlin, Wien, Genf, Neapel und Monte Carlo ging die zweite. Ausgebildet in Kitzbühel, Genf, München und England, als Journalist in Russland tätig, im zweiten Weltkrieg in der Karibik stationiert, mit einem Eigenheim auf Jamaika, hat Fleming wirklich viel von der Welt gesehen. Er besuchte alle fünf Kontinente, auch wenn seine Geschichten nicht auf allen spielen. Die Schauplätze seiner Abenteuer wählte er mit sehr viel Bedacht aus und profitierte immer davon, dass er die Welt kannte, über die er schrieb. Auch 007 ist, bezogen auf die Jahre 1953 bis 1964, als Flemings Romane erschienen, sehr weit gereist.

„Sag niemals ‚Nie' zu Abenteuern. Sag immer ‚Ja'. Andernfalls führt das zu einem wirklich langweiligen Leben." Auch das ist ein Zitat von Fleming. Es stammt aus dem Kinderbuch *Tschitti-Tschitti-Bäng-Bäng*, das Fleming in erster Linie schrieb, um seinem damals knapp zehnjährigen Sohn Caspar eine Freude zu machen. Die Ge-

DIE BASIS DER BOND-FILME:
Ian Flemings Romane und Kurzgeschichten

POSING IST ALLES:
Ian Fleming am Strand seiner Villa „Goldeneye"

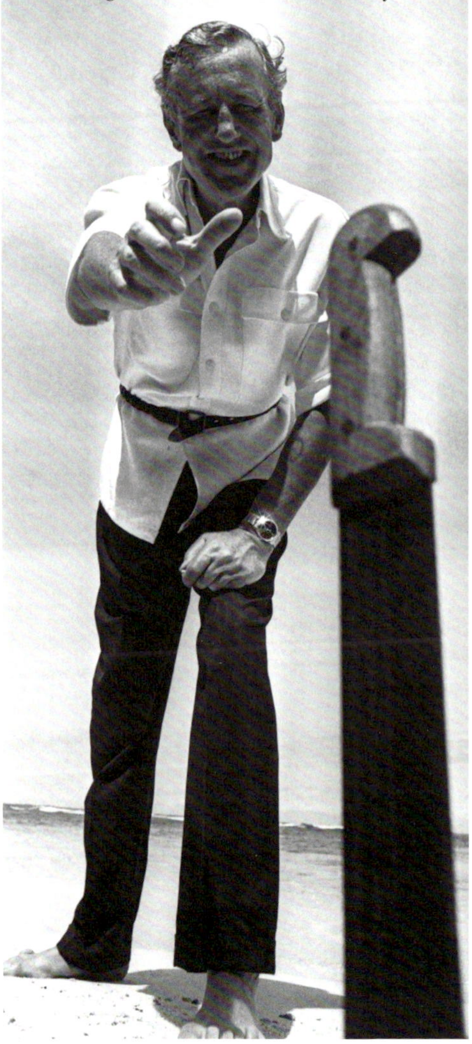

Ann und Ian Fleming

schichte handelt von einem magischen Auto, das Träume transportiert, schwimmen und sogar fliegen kann. Sie reflektiert aber auch ein wenig die Fantasien und Wunschträume des Autors selbst, der ein wahrer Autonarr war und sehr viel Geld für exotische und schnelle Fortbewegungsmittel ausgab. Vielfach reiste er mit seinem Thunderbird oder Studebaker Avanti von England aus nach Frankreich, Deutschland, Österreich und in die Schweiz und gab dort kräftig Gas – eine Angewohnheit, die seine Frau Ann übrigens hasste (siehe Seite 12 – 13).

Aber Fleming reiste nicht nur, er sammelte auch. Die immer wieder gelobte Detailfreude seiner Bücher ist nicht nur seiner Auffassungsgabe, Erinnerung und Formulierkunst zu verdanken, sondern auch seinem Sammeltrieb. Eine der drei Ausstellungen, die sich in Flemings 100. Geburtsjahr 2008 mit ihm beschäftigen, dokumentiert das ausführlich. Im Londoner Imperial War Museum sind Stadtpläne, Hotelbroschüren, Prospekte aller Art, aber auch spezielles Informationsmaterial von Luftfahrtgesellschaften, Speisekarten, Telefonbücher, Landkarten, Stadtpläne und sogar Bustickets zu sehen, die seine Sammel-Leidenschaft beweisen. „Ich leide sehr unter den technischen und geographischen Hintergründen von James Bonds Abenteuern und während ich schreibe, und nach Abschluss jedes Buches, konsultiere ich zahllose Experten, um für ihn damit Zuverlässigkeit und Integrität zu erschaffen", vermerkte er dazu. „Ohne diese solide Grundlage, gäbe es vermutlich Gründe für die gelegentliche Kritik, dass James Bonds Abenteuer fantastisch sind, wobei ich davon ausgehe, dass diese Kritik von Leuten kommt, die einfach keine Zeitungen lesen oder eben nichts von dem großen unter Wasser liegenden Eisberg wissen, der sich Geheimdienst nennt."

Verschiedene Ingredienzen aus Flemings Leben haben die Film-Produzenten übernommen und zum Teil potenziert. Deren Idee war es, Anfang der 60er Jahre den Kinozuschauern die zum Teil unerreichbare Ferne dank 007 zumindest auf der Kinoleinwand näher zu bringen. Wer kannte 1962 schon Jamaika oder wusste drei Jahre später etwas über die Bahamas? Im Rahmen von Bonds abenteuerlichen Erlebnissen wirkte diese Welt noch ein bisschen exklusiver und exotischer. Diese Tatsache trug sicherlich zum Erfolg der Bücher und später auch der Filme bei. Denn die durchschnittlichen Leserinnen und Leser der Bücher hatten kaum die finanziellen Mittel, Fernreisen zu unternehmen. Dies trifft umso mehr auf das Kinopublikum der Bond-Filme der 60er und 70er Jahre zu. Diese Filme boten den Menschen die Möglichkeit, aus dem grauen Alltag zu entfliehen und wenigstens im Geist in ferne Länder zu reisen.

Courier's Passport.

THIS PASSPORT IS ONLY GOOD FOR THE JOURNEY SPECIFIED AND MUST BE GIVEN UP WITH THE DESPATCHES.

Valid for a journey to Gibraltar and return to Madrid 16 February 1941.

No 777

Renewed and valid for a journey to London via Lisbon 26 February 1941.

By His Britannic Majesty's Minister at Madrid.

Le Soussigné Ministre de S. M. Britannique à Madrid

These are to request and require in the Name of His Majesty, all those whom it may concern to allow

prie et requiert au nom de Sa Majesté tous ceux à qui il appartiendra de laisser passer librement

Mr. Ian Lancaster Fleming

charged with Despatches to pass freely without let or hindrance and to afford him every assistance and protection of which he may stand in need.

chargé de Dépêches et de lui accorder en toute occasion l'aide et la protection dont il pourra avoir besoin.

Given at Madrid the sixteenth day of February 1941.

IAN FLEMINGS AGENTENPASS AUS DEM JAHR 1941: *Bond hat viel von Fleming gelernt*

Mittlerweile hat Bond in Japan einen 3. Weltkrieg verhindert, in Portugal seine Frau verloren, Erzfeind Blofeld in Kairo gesucht; er raste mit einem Panzer durch St. Petersburg, frönte in Macao und Indien dem Glücksspiel, kämpfte an den Pyramiden von Gizeh, erklomm Felsen in Grie-

Ian Lancaster Fleming

geboren: 28. Mai 1908
gestorben: 12 August 1964
als Schriftsteller aktiv: 1953 bis 1964

Veröffentlichungen zu Bond:
zwölf Romane, zwei Kurzgeschichtensammlungen mit neun Kurzgeschichten

Andere Veröffentlichungen:
Reisegeschichten *Thrilling Cities* (1963)
Kinderbuch *Chitty Chitty Bang Bang* (1964)
The Diamond Smugglers (Sachbuch, 1957)

Wichtige Daten
Schulbesuch in Eton: 1921 bis 1926
Royal Military Academy Sandhurst: 1926 bis 1927
Korrespondent für Reuters: 1929 bis 1933
Wertpapiermakler bei der Bank Cull & Co: 1933 bis 1935
Makler bei Rowe & Pitman: 1935 bis 1939

Mitglied der britischen Streitkräfte:
1939 bis 1945 als Royal Naval Volunteer Reserve Lieutenant, Lieutenant Commander und Commander

Agent des Foreign Office: 1939 bis 1945
mit Einsätzen in Russland, den USA, Deutschland, Portugal, Frankreich und anderen europäischen Ländern

Leiter des Auslandsressorts
im Kemsley-Zeitungskonzern: 1945 bis 1959

Heirat mit Lady Anne Rothermere: 1952
Geburt des Sohnes Caspar: 1952

Auslandsreisen in alle fünf Kontinente

WHITE HOUSE IN KENT: *Hier spielt Ian Flemings Story* Moonraker

James Bond - Weltreisender Ihrer Majestät

EIN AUGENBLICK FÜR DIE FOTOGRAFEN:
Die Bond-Crew von Ein Quantum Trost *in Bregenz*

chenland, küsste im Prater von Wien, entkam der demilitarisierten Zone in Nordkorea, tauchte im südchinesischen Meer und schaltete Widersacher in Montenegro aus – um nur einige Schauplätze zu nennen, die nach Flemings Tod auf dem Reiseprogramm von 007 standen. Fast alle Teile des Globus bereiste der Agent im Auftrag Ihrer Majestät. Darüber hinaus war er sogar im Weltraum. Nur um den australischen Kontinent hat der von Fleming erschaffene Bond bislang einen Bogen gemacht. Der Autor immerhin hielt sich dort kurzzeitig auf. Im Januar 1946 flog er mit zwei Begleitern von Colombo aus nach Perth. Sie besuchten Whale Beach und Sydney und flogen nach einem Besuch in Pearl Harbour nach Großbritannien zurück.

Es kann natürlich sein, dass der Filmheld Bond eines Tages doch noch „down under" ermittelt, denn schon längst haben sich die Filme von den Romanvorlagen entfernt und zum Teil nur noch die Titel übernommen – manche noch nicht einmal das. Der aktuelle Film *Ein Quantum Trost* ist ein gutes Beispiel dafür, hat er doch mit der von Fleming verfassten Kurzgeschichte außer dem Titel nichts mehr zu tun. Flemings Story spielt übrigens auf den Bahamas. Das Filmteam reiste nach Italien, Panama, Mexiko, Chile und Österreich. So sehr klafft das auseinander.

„Glücklicherweise haben wir eine gute Reputation. Wir verlassen die Orte an denen wir drehen so wieder, wie wir sie vorgefunden haben. Es war uns möglich an einigen der ungewöhnlichsten Orte der Welt zu drehen - auf dem Zuckerhut, dem Eiffelturm, an den Tempeln von Karnak in Ägypten. Wir behandeln diese wundervollen Orte mit sehr viel Respekt, aber das Aufregende ist doch, dass wir zu all diesen Orten20reisen können, die man zum Teil niemals sehen würde."

Barbara Broccoli, Koproduzentin
von sechs James Bond Filmen

Der deutschstämmige Filmregisseur Marc Forster, der das jüngste Bondabenteuer *Ein Quantum Trost* inszenierte, bemerkte, dass „heute die Leute selber an die exotischen Locations reisen können" und dass dies nichts Besonderes mehr sei. Aber auch er kam nicht darum herum, für seinen Bondfilm weltweit zu drehen. Exotik zählt also immer noch. Laut Forster hat man „die innere Reise, die Reise in den James Bond noch nicht gesehen, und die fortzuführen, die er im letzten Film angefangen hat, finde ich viel interessanter." Diese „innere Reise", wie Forster es nennt, beleuchtete Fleming in vielen seiner Romane. In den Filmen wurde sie bislang weitgehend ausgeklammert. Aber Fleming musste sich aufgrund seiner äußeren Schauplatzwahl bisweilen Kritik gefallen lassen. Nachdem der Roman *Moonraker* am 7. April 1955 in London erschienen war, erhielt Fleming eine Reihe von kritischen Briefen seiner Leser, die ihm vorwarfen, dass die Handlung lediglich in England spielt. „Wir wollen auch ein bisschen aus unserer Welt flüchten", schrieb ein Paar, „und nicht an einen Strand in Dover denken." Fleming nahm sich das zu Herzen. Es blieb der einzige Roman, der nur in Eng-land angesiedelt ist. So etwas dürfen sich die Filmschaffenden bei aller neu gefundenen Tiefe des Charakters natürlich auch nicht erlauben. Sie haben sogar eine noch schwerere Aufgabe, denn außer vertrauten Orten, wie dem Londoner Parlamentsgebäude, dem Hauptquartier von MI 6 und Qs Labor, müssen sie nach möglichst exotischen Schauplätzen suchen, die ins Konzept passen und im Idealfall noch nicht von 007 bereist worden sind. Sollte ein Handlungsort dennoch in mehreren Filmen vorkommen, wie etwa der Markusplatz in Venedig, dann muss er auf verschiedene Arten in die Handlung integriert werden, um einen Wiederholungseffekt zu vermeiden. Erinnerungen an vergangene Abenteuer sind so gut wie ausgeschlossen in Bonds Film-welt. Der Roman-Bond denkt dagegen häufiger an frühere Erlebnisse und Schauplätze zurück.

Dieses Buch beleuchtet beide Welten und möchte Lust machen auf fremde Schauplätze, exotische Drehorte und exklusive Adressen der

Nach Flemings Tod beschlossen die Erben dennoch die literarische Figur des James Bond am Leben zu erhalten, zumal sich die Filmfigur immer mehr von der Kreatur des Schöpfers entfernte. Schon 1966 kam daher der Roman *Colonel Sun (James Bond auf der griechischen Spur)* von Robert Markham heraus, der überwiegend in Griechenland spielt. Hinter dem Namen verbirgt sich der renommierte Autor und Kritiker Kingsley Amis, der schon Flemings letztes Werk *Der Mann mit dem goldenen Colt* überarbeitete, zu seinen Fans zählte und das analytische Buch *The James Bond Dossier* verfasste. Nachdem sein Roman nicht so erfolgreich war wie Flemings Bücher, gaben die Erben zunächst keine weiteren Werke in Auftrag. Erst Ende der 70er Jahre erhielt der Engländer John Gardner den Auftrag neue Bond-Romane zu verfassen und reiste dafür durch die halbe Welt. Zwischen 1981 und 1996 erschienen 14 Bücher, und damit sogar mehr als Fleming verfasst hat.

Nachdem sich Gardner zurückzog wurde der Amerikaner und Fleming-Kenner Raymond Benson verpflichtet, der sechs Romane verfasste. Doch zahlreiche Veränderungen der Figur und die Konzentration auf mehr Action missfielen den Lesern. Die Verkaufserwartungen wurden nicht erfüllt. Also gingen die Erben in eine neue Richtung und beauftragten den Briten Charlie Higson, die Frühgeschichte von 007 zu erzählen. So entstand die „Young Bond"-Reihe aus der von 2005 bis 2008 fünf Romane hervorgingen und sich auf Bonds Schulzeit in Eton konzentrierten (www.youngbond.com). Die Geschichten spielen in Schottland, England, Sardinien, Mexiko und in den österreichischen Alpen und enden 1934.

Im Jahr 2008, dem Jahr des 100. Geburtstags von Ian Fleming, ließen die Nachfahren einen Roman von Sebastian Faulks mit dem Titel *Devil May Care (Der Tod ist nur der Anfang)* verfassen, der im Jahr 1967 während des Kalten Krieges spielt. Die Geschichte ist in Paris, Persien, der UdSSR, in Helsinki und London angesiedelt. Weitere Bücher sind derzeit nicht geplant, und Faulks hat mehrfach darauf hingewiesen, dass dies sein einziger Bond-Roman bleiben werde.

SO SPANNEND WIE EIN BOND FILM:
Ausstellung mit 007-Memorabilia im Londoner Imperial War Museum

gesamten 007-Geschichte. Charlie Higson, der Autor der fünf *Young-Bond*-Romane, die seit dem Jahr 2005 erscheinen und die Jugendabenteuer von 007 erzählen, reiste Anfang des Jahres 2008 nach Jamaika, um Flemings Anwesen Goldeneye zu besuchen. Als er für eine BBC-Dokumentation dort nach seinen Eindrücken, nach Flemings Interesse am Reisen, aber auch nach dem anhaltenden Erfolg James Bonds befragt wurde, antwortete er: „Eine Sache, die die Bücher im düsteren und grauen England der 50er Jahre so erfolgreich machte, war das Gefühl für das, was ich hier um mich herum sehe, alle diese exotischen Plätze, deren Wärme und Farbe. Es war wichtig, sich vom alltäglichen Leben zu entfernen, das die Leser zu der Zeit führten. Die Bücher waren zu dieser Zeit die ultimative Flucht. Damals sind die Menschen selten gereist. Flüge in andere Länder waren für die meisten Menschen unbezahlbar. Plötzlich taucht da dieser Typ auf, der durch die ganze Welt fliegt, Champagner trinkt und fantastische Steaks und Hummer isst. Für die gewöhnlichen Leser ist er absolut unerreichbar. Sie dachten nur an dessen fantastischen Lebensstil."

Hierzu passt auch das folgende Fleming-Zitat, das unterstreicht, wie wichtig ihm Reisen waren und mit welcher Leidenschaft er fremde Gegenden erkundete: „Ich schreibe Abenteuergeschichten, die den Leser so weit wie möglich vom Alltäglichen wegbringen sollen. Einige Kritiker empfinden meine Ideen als zu fantastisch, aber damit stimme ich nicht überein. Das Fantastische taucht jeden Tag auf und ich schreibe niemals über Dinge, die ich nicht gesehen habe." Genauso handhabte er es bis zu seinem Lebensende und verewigte seine Maxime sogar in einem seiner Bücher. In Flemings letztem Roman *The Man With The Golden Gun (Der Mann mit dem goldenen Colt)*, der posthum 1966 erschien, heißt es passend: „Das oberste Gesetz für einen Geheimagenten ist, dass er sich in Geografie, mit seinen Zugangs- und Ausgangsmöglichkeiten auskennt und seinen Informationsaustausch mit der Außenwelt sicherstellt."

Alle James-Bond-Romane und -Kurzgeschichten von Ian Fleming

Casino Royale	1953
Live and Let Die	1954
Moonraker	1955
Diamonds Are Forever	1956
From Russia with Love	1957
Dr. No	1958
Goldfinger	1959
For Your Eyes Only (Kurzgeschichten)	1960
Thunderball	1961
The Spy Who Loved Me	1962
On Her Majesty's Secret Service	1963
You Only Live Twice	1964
The Man with the Golden Gun	1965
Octopussy and The Living Daylights (Kurzgeschichten)	1966

Ian Flemings letzte Ruhestätte in Sevenhampton bei Swindon

James Bond – Die Fortbewegungsmittel

286 PS, DOPPELVERGASER, DIVERSE EXTRAS:
Sean Connery und der Aston Martin DB 5 aus Goldfinger

Das Besondere an James Bond ist, dass er gar kein schnelles Auto braucht, es ist eigentlich völlig egal, was er fährt. Er hat seinen eigenen Stil – aber auch nie wesentlich zur Sicherheit im Straßenverkehr beigetragen." Diese Aussage stammt vom ehemaligen Formel-1-Piloten Jackie Stewart und sagt eigentlich alles über Bonds Fortbewegungsmittel aus. Der Agent kann steuern was er will, am Ende geht er doch unbeschadet aus jeder Verfolgungsjagd hervor und schlägt dabei den Häschern unterwegs immer irgendwie ein Schnippchen. Das gilt übrigens nicht nur für Autos – oder Bodenfahrzeuge.

007 zu Lande

Ob auf zwei oder auf vier Rädern, 007 ist immer Herr der Lage. Er rast mit seinem neuen Aston Martin DBS und stattlichen 517 PS genauso trickreich davon wie mit den serienmäßigen 29 PS einer Ente – wobei man fairerweise erwähnen muss, dass das urige gelbe Gefährt aus *In tödlicher Mission* mit 54 PS etwas getunt war. Dennoch ist das im Gesamtkontext der Bond-Automobile eher wenig leistungsstark. 007 macht im Ernstfall eben aus weniger mehr. Er hat in seiner filmischen Karriere nicht immer nur in den edlen Geschossen der britischen Nobelsportmarke Aston Martin gesessen. Da gab es einen Ford Mustang Mach 1, den Bond auch auf zwei Rädern sicher steuerte, einen Toyota 2000 GT, eine Mercedes-Limousine, die zwar nicht auf zwei Rädern, dafür aber auf Eisenbahnschienen fuhr, einen ferngesteuerten BMW 750 iL, der sogar einen Sprung von einem Hochhaus fast unbeschadet überstand, einen Z 8 derselben Marke, der in der Mitte durchgesägt wurde, einen Renault 12, der dank seines Vorderradantriebs auch ohne das unterwegs verlorengegangene Heck weiterfuhr und sogar einen sowjetischen Panzer vom Typ T-55, mit dem 007 Teile von St. Petersburg in Schutt und Asche legte. Der Raser im Dienst Ihrer Majestät flog mit einem Auto über einen schmuddeligen Kanal außerhalb von Bangkok oder tauchte mit einem gut ausgerüsteten Luxuswagen in die Fluten vor der sardinischen Küste, um am Ende unbeschadet an einem sonnigen Strand wieder an Land zu fahren.

Selbst auf zwei Rädern ist 007 immer Herr der Lage. Bond schlitterte schon auf einem Motorrad unter einem Lastwagen durch, heizte über asiatische Dächer und Dachterrassen, brach dabei ein, was ihn und seine Beifahrerin aber nicht besonders störte, sprang über einen Helikopter und holte ihn sogar vom Himmel. 007 ist ein wahrer Artist auf zwei oder vier Rädern. Nur Einrad oder Fahrrad ist er noch nicht gefahren. Die entsprechende Größe eines Zeltes vorausgesetzt, könnte er mit seinen Tricks im Zirkus auftreten. Doch alles das sind Erfindungen der Filmemacher. Der Roman-Bond hatte solche Mätzchen nicht nötig. Er fuhr mal Bentley, mal Aston Martin, hatte ein verstecktes Fach für seine Waffe und sogar Rammstoßstangen, aber einen Schleudersitz oder gar Sprungfähigkeiten? Bonds Affinität zum besonderen Fortbewegungsmittel ist Ian Flemings Autoleidenschaft zu verdanken. Als gerade 22 Jahre junger Reporter der Nachrichtenagentur Reuters beobachtete er 1930 die Autorennen in Le Mans und die dortigen Duelle zwischen Bentley und Mercedes. Daher spielt sich auch die Autoverfolgungsjagd in dem Roman *Moonraker* zwischen einem Mercedes 300 S und einem 4,5 Liter Bentley mit einem „Supercharger von Amherst Villiers" ab. Fleming war immer sehr detailliert, auch bei der Beschreibung von Bonds Fahrzeugen. Er selbst besaß im Laufe seines Lebens mehrere besondere Wagen, zu denen zwei Ford Thunderbird und ein sogenannter Studillac, eine Mischung aus einem Studebaker Avanti und einem Cadillac, zählten. Die Ausstatter der Filme rüsteten Bonds Fortbewegungsmittel mit allerlei technischem Schnickschnack aus, wobei die Funktionen, mit dem Auto zu tauchen oder, noch alberner, das Auto unsichtbar zu machen, sicherlich der Gipfel des Unsinns waren.

Albernheiten dieser Art gab es bei Bonds Zugreisen glücklicherweise nicht, dafür aber eine ganze Reihe von Unannehmlichkeiten. Zumeist waren das Schlägereien. Das fing schon im Orient Express in *Liebesgrüße aus Moskau* (1963) an. Der Kampf Mann gegen Mann im kleinen Abteil gilt immer noch als Modell für viele weitere Auseinandersetzungen. Dass 007 im Zug nicht nur körperlich, sondern auch psychisch in Mitleidenschaft gezogen werden kann, bewies die smarte Vesper Lynd in *Casino Royale*. Nachdem Bond in früheren Abteilen sowohl gegen einen bissigen Gegner als auch gegen einen Widersacher mit Stahlarm die Oberhand behalten konnte, trafen Lynds Formulierungen unter die Gürtellinie. Er hat es überstanden. Der Zugchef war mit der rhetorischen Auseinandersetzung sicher einverstanden, denn immerhin war so keine zerstörte Einrichtung zu beklagen.

WASSERDICHT UND STOSSFEST:
Der tauchfähige Lotus Esprit aus Der Spion, der mich liebte

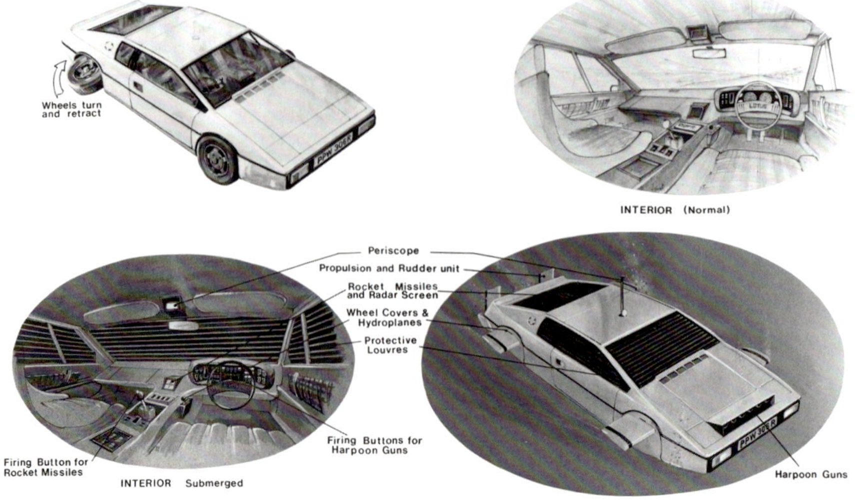

MIT SCHMACKES DIE THEMSE ENTLANG:
Pierce Brosnan in Die Welt ist nicht genug

007 zu Wasser

Mit einem Auto unter Wasser zu fahren, wie das der Film *Der Spion, der mich liebte* 1977 zelebrierte, ist sicherlich kein Feature, das sich Ian Fleming jemals für seine Geschichten ausgedacht hätte. Aber was U-Boote angeht oder auch schnelle Fortbewegungsmittel auf dem Wasser, war der Autor immer sehr aktuell, wenn nicht sogar seiner Zeit voraus. So beschrieb er in dem Roman *Thunderball (Feuerball)* sowohl Unterwassergleiter und kleine Sauerstoffstäbchen, mit denen man kurze Zeit atmen kann, als auch das Tragflächenboot „Disco Volante", das bei Fleming von italienischen Konstrukteuren ersonnen wurde und rund 50 Knoten macht. Die Filmemacher adaptierten die Idee, kauften ein Schiff und ließen es umbauen. Schnelle Boote, ein Unterwasser-Rucksackantrieb, ein Ein-Mann-U-Boot, aber auch ein eher gemächliches Segelboot wurde von 007 schon als Fortbewegungsmittel genutzt.

Wie gesagt, Bond muss nicht schnell reisen, um etwas zu erreichen. Dass man mit manchen Booten sogar zu Wasser und zu Land fahren kann, bewiesen 1973 einige spektakuläre Szenen des Films *Leben und sterben lassen.* Dort flitzten Schnellboote nicht nur durch die Sümpfe Louisianas, sondern überquerten auch einen Highway – auf der Straße und in der Luft. Knapp 30 Jahre später zischte ein Boot in dem Film *Die Welt ist nicht genug* auf einer Straße entlang, durch ein Restaurant und wieder zurück in das Wasser der Themse. Stirling Moss, der Ian Fleming kannte und in der 1967er Version von *Casino Royale* sogar einen Kurzauftritt hat, sagte einst in einer Dokumentation über Bonds Fahrkünste: „Wenn man die Art und Weise sieht, wie einige Rennfahrer mit ihren Wagen umgehen, dann kann man nur froh sein, wenn man nicht auf der Straße ist. Sieht man die Art und Weise, wie Bond mit einem Auto umgeht, dann wünschen sich die Rennfahrer, sie wären nicht auf der Straße." Und auf dem Wasserweg ist er ähnlich konkurrenzlos.

007 in der Luft

Höhen und Höhepunkte aller Art erkundet Bond in fast jedem Film. Selbst im Weltraum ist 007 schon gewesen, aber das bleibt hoffentlich eine einmalige Ausnahme, denn die in *Moonraker* gezeigte Space-Shuttle-Reise zu einer Weltraumstation im All war irgendwie Bond-untypisch und damals sicher nur dem Ende der 70er Jahre herrschenden *Krieg-der-Sterne*-Fieber geschuldet. Ein Luftkampf ist auch Bestandteil des jüngstens Films *Ein Quantum Trost*, kommt aber als Action-Versatzstück regelmäßig in der Serie vor. Da gab es den Ein-Mann-Jet, den Ein-Mann-Düsenrucksack, den Ein-Mann-Mini-Helikopter sowie zahlreiche Privatjets mit oder ohne rettende Fallschirme und sogar eine Reise in der Concorde. Das war 1979 absoluter Luxus. Insofern gibt es Parallelen zum Autor, denn als Ian Fleming seinen Helden ab 1953 auf Reisen schickte, war das ebenfalls noch ein Luxus, den sich nur ganz wenige leisten konnten, und wurde dementsprechend bewundert. Seit Interkontinentalflüge massentouristische Vergnügungsreisen sind, ist die Besonderheit dahin; dementsprechend muss 007 schon ganz außergewöhnliche Luftabenteuer überstehen. So lag der Agent auch einmal außen auf einem Flugzeug anstatt innen zu sitzen. Ernstlich gefährdet hat es ihn übrigens nicht. Angekommen ist er damals auch. Wie nicht anders zu erwarten, fiel der Bösewicht herunter …

RAKETENSTARKES TEIL:
Der Mini-Helikopter „Little Nellie" aus Man lebt nur zweimal

James Bond – Das typische Reisegepäck

THE VERY BEST OF Q:
Desmond Llewelyn mit den Gadgets aus GoldenEye

Was hat James Bond dabei, wenn er auf Reisen geht? Auf jeden Fall viel Geld. Ein Mann, der über ein unbegrenztes Spesenbudget verfügt, der von seinem Auftraggeber ausgestattet wird und der sich nicht darum kümmern muss, dass er eventuell etwas vergisst, hat es relativ leicht, sich in der Welt zu bewegen. Als Ian Fleming Bonds Charakter definierte und ihn mit Stärken und Schwächen ausstattete, gab er ihm auch eine Haushälterin mit. Sie stammt aus Schottand, heißt May Maxwell und kümmert sich liebevoll um seine an einem kleinen Platz in einem Regency House gelegene Wohnung, die sich abseits der Londoner King's Road befindet. Aus ihrer fürsorglichen Tätigkeit geht unter anderem hervor, dass Bond gerne Kaffee von de Bry aus der New Oxford Street trinkt und gerne Little Scarlett Marmelade isst; er schätzt das Parfum von Floris und die Hemden von Turnbull & Asser – beide übrigens beheimatet in der Jermyn Street – sowie die Anzüge aus der berühmten Savile Row. Bond trägt gerne tropenfeste blaue Anzüge, blaue Sea-Island-Baumwollhemden und schwarze, gestrickte Seidenkrawatten. Er hasst verschmutzte Manschetten. Daher trägt er kurzärmelige Hemden. Aber hat er diese Sachen auch alle im Koffer, wenn er verreist? So gut wie nie wird klar, was 007 einpackt, wenn er auf Reisen geht – und er geht oft auf Reisen. Sicher ist er auch bewaffnet, aber diese Ausrüstung wechselt häufig.

Als 007 im Jahr 1962 erstmals auf der Kinoleinwand erschien, nahm ihm Waffenmeister Major Boothroyd seine Beretta ab und tauschte sie gegen eine Walther PPK aus. Diese Szene lässt sich auf Flemings Roman *Dr. No* zurückführen, der 1958 veröffentlicht wurde. Der Grund für den Wechsel der Handfeuerwaffe war ein Leserbrief eines Fachmanns namens Major Geoffrey Boothroyd. Dieser hatte Ian Fleming im Mai 1956 geschrieben und ausführlich begründet, dass Bond leider einen „beklagenswerten Geschmack in Bezug auf die Bewaffnung" habe. Er nannte ihm stattdessen mehrere Alternativen. Sachkenntnis hatte Fleming schon immer beeindruckt und so änderte er Bonds Bewaffnung sofort, verfasste später sogar einen Artikel zum Thema und baute Major Boothroyd in die Romane ein. Aus ihm wurde Q, der Techniktüftler, der in den Filmen im Laufe der Jahre eine viel größere Bedeutung bekommen sollte, als er in Textform jemals hatte. Zwischen Fleming und Boothroyd entstand eine lebenslange Freundschaft, die sogar dazu führte, dass der Experte eine seiner Waffen zur Verfügung stellte, die der Autor dann zeichnen und auf dem Cover eines seiner Romane verewigen ließ.

In den Filmen entwickelte sich die Technikverliebtheit von Jahr zu Jahr weiter, so dass der Umfang von Bonds Reisegepäck stark zunahm. Mit einer einzigen Ausnahme war es von 1962 bis 2002 Standard, dass Q und Bond eine oder mehrere gemeinsame Szenen haben und der stets leicht genervte Tüftler dem Agenten Ihrer Majestät etwas für seine nächste Mission mitgibt. Dazu zählten zu Anfang eine Waffe oder ein Aktenkoffer, später dann aber auch Uhren, Gürtel, explodierende Kleinigkeiten oder sogar Autos, Ein-Mann-U-Boote und Hubschrauber. Die Lektionen bei der Übergabe sind inzwischen Teil der Filmgeschichte geworden und sagen viel aus über die ungewöhnliche Beziehung der beiden gegensätzlichen Figuren. Sie sind gespickt mit Anspielungen und Aperçus, pendeln zwischen Aufmerksamkeit, Ignoranz und Langeweile und sind für die Betrachter daher immer amüsant. Diese Bonmots haben erst die Drehbuchautoren und Regisseure entwickelt. Sie tauchen in den Romanvorlagen nicht auf. Zwar erhält 007 dort etwa einen Aktenkoffer (*Liebesgrüße aus Moskau*), doch auf eine ausführliche Erklärung verzichtet Fleming. Im Film *Goldfinger* gab es fast schon einen Schlagabtausch zwischen Erfinder und Benutzer, der sich danach zum wichtigen Bestandteil auch der folgenden Zelluloidabenteuer entwickelte. Was leider auch mehr und mehr forciert wurde, war die Einführung von Produkten.

KNÖPFCHEN MIT KÖPFCHEN:
Q nimmt sich die Zeit, Bond seine neue Uhr zu erklären (Moonraker – Streng geheim)

DER MANN MIT DEM KOFFER:
Pierce Brosnan in Die Welt ist nicht genug

Schon Fleming hatte Bond in einer Warenwelt angesiedelt und seinen Helden mit Produkten ausgestattet, die er schätzte, und diese auch beim Namen genannt. Da war von Feuerzeug-, Koffer-, Marmeladen- und Automarken zu lesen, aber auch von speziellen Hemden, Golfschlägern und besonderen Zigaretten. Die türkische Balkanmischung namens Morlands mit drei goldenen Ringen tauchte häufig auf, denn Bond raucht viel. „Ich sehe keinen Grund, das Hotel Dorchester zum Porchester zu machen", sagte Fleming einmal dazu.

In den Filmen ging das aber noch wesentlich weiter. So entfernte man sich auch mehr und mehr von den Vorgaben aus Flemings Büchern, wenn die angesprochenen Firmen nicht für ihr Auftreten zahlen wollten. So verwandelte sich die Rolex-Uhr in eine Breitling, eine Seiko oder eine Omega. Ähnlich verhielt es sich mit Wein- und Champagnermarken, mit Zigaretten und Autos, bis sogar Werbetafeln an der Straße standen, in die die Bösen rauschten, oder Dialoge geändert wurden, um eine Marke zu präsentieren. So entwickelte sich aus dem eigentlich neutralen Agenten ein laufender Werbeträger, dessen Reisegepäck vermutlich aus lauter Werbeverträgen besteht und dessen Produkte alle früher oder später im Film gezeigt oder genannt werden müssen. War etwa der Diplomatenkoffer 1963 in *Liebesgrüße aus Moskau* noch ein Ergebnis von Tüftlern und daher mit versteckten Goldmünzen, einem Springmesser und einer explodierenden Dose ausgestattet, so wies die Firma Samsonite 1999 im Zuge der Veröffentlichung des Films *Die Welt ist nicht genug* stolz darauf hin, dass Bond sich mit einem Exemplar ihrer Marke zeigt. Dabei ist dieser Koffer lediglich ein Behältnis für viel Geld und 007 zerschlägt mit ihm eine Fensterscheibe. Der No-Name-Koffer von 1963 war in dieser Hinsicht viel interessanter und deutlich besser in die Handlung integriert.

Und noch etwas ist wichtig in Bezug auf Bonds Reisegepäck. Der Agent bringt nichts mit nach Hause. Er sammelt oder hortet nichts, besorgt sich keine Andenken oder Souvenirs – ganz im Gegensatz zu Fleming übrigens, der von seinen Reisen eine ganze Reihe von Unterlagen mit nach Hause trug und im Laufe seines Lebens eine bedeutende Bibliothek anhäufte (siehe Seite 8 – 11). Die einzige Ausnahme diesbezüglich ist der Film *Im Geheimdienst Ihrer Majestät,* als Bond nach seiner Kündigung wehmütig einige Relikte von früheren Abenteuern begutachtet, wie etwa Honey Riders Muschelmesser aus *Dr. No.* oder sogar Red Grants Killer-Armbanduhr aus *Liebesgrüße aus Moskau*. Bond geht auch keinen Hobbys nach, denen er frönen und für die er sich etwas anschaffen könnte. Der Stolz des Romanhelden ist sein Bentley in „schlachtschiffgrau", den er aber nur selten auf Reisen mitnimmt. Der Stolz des Film-Bonds sind vor allem die weiblichen Trophäen, die er während des Feldzugs „einsammelt", und natürlich der Dank Ihrer Majestät. Das britische Königreich kann beruhigt sein, denn eines hat er am Ende jedes Mal ganz sicher mit im Gepäck: einen erfolgreich abgeschlossenen Auftrag. Das muss ihm erst einmal jemand nachmachen.

EIN SCHICKER HANDTUCH-ANZUG:
Sean Connery in Goldfinger

ACHT MARKENARTIKEL AUF EINEM BILD (INKL. SEGELBOOT):
Daniel Craig in Casino Royale

James Bond – In charmanter Begleitung

Bond ohne Girl ist unvorstellbar. Es gibt wohl kaum eine so klar umrissene Rolle wie die des Bond-Girls. Als Ian Fleming seine Romane schuf, hat er diese Rolle sehr genau definiert. Frauen waren für ihn Mittel zum Zeitvertreib, die es zu erobern galt und die sexuelle Bedürfnisse befriedigten. In seinen Romanen arbeiten sie oftmals zunächst dem Gangster zu, um im Verlauf der Handlung wie selbstverständlich Bonds unwiderstehlichem Charme zu verfallen. Das sexuelle Interesse, sich Bond hinzugeben, beschrieb Fleming in besonders drastischen Worten. Ein anschauliches Beispiel lautet: „Zieh dich aus. Schlaf mit mir, du bist schön und stark. Ich will wissen, wie es sein kann. Mach alles, was du willst. Und sag mir, was ich tun soll. Sei rücksichtslos. Behandle mich wie die ordinärste Hure. Vergiss alles andere. Frag nicht. Nimm mich."

Die Definition dieses Typus der etwas ordinären, unterwürfigen Frau und Gespielin lässt sich auf Flemings Privatleben zurückführen. Er selbst hatte viele Affären, galt als Charmeur und erfolgreicher Frauenheld und gab den Frauen, die er begehrte, relativ schnell sowohl seine sexuellen Interessen bekannt als auch die Tatsache, dass eine längere Beziehung für ihn nicht in Betracht kam. Dementsprechend gestaltete er auch die Frauen in Bonds Leben. Seine 007-Romane waren ohnehin nur eine Reaktion auf eine beginnende Ehe, die ihm von Anfang an Angst machte. „Ich hatte mich dazu entschlossen zu heiraten. Aber die Idee mein Junggesellenleben aufzugeben, machte mich nervös. Um mich abzulenken, begann ich zu schreiben. So entstand James Bond." Das hieß für Fleming aber nicht, keine Affären mehr zu haben.

Fleming lässt seine Figur James Bond ebenfalls heiraten. Im Roman *Im Geheimdienst Ihrer Majestät* beschließt Bond sogar, seinen Job aufzugeben, doch seine Frau wird auf dem Weg in die Flitterwochen erschossen. Diese Story erzählt auch der gleichnamige Film aus dem Jahr 1969.

Sean Connery und Kim Basinger *in* Sag niemals nie

Maud Adams und Roger Moore *in* Der Mann mit dem Goldenen Colt

Sporadisch weisen die nachfolgenden Filme auf dieses Trauma hin. Dennoch ändert sich an Bonds Verhalten gegenüber seinen Partnerinnen so gut wie nichts. Aufgrund wiederkehrender Typen-Muster lassen sich viele der Frauen, denen er begegnet, in verschiedene Kategorien einteilen. Da sind zum einen die Kolleginnen, die für den MI 6, die CIA oder andere Geheimdienste arbeiten. Dazu gehören etwa Aki in *Man lebt nur zweimal*, Holly Goodhead in *Moonraker* oder Jinx in *Stirb an einem anderen Tag*. Dann gibt es die Gangsterbräute, die dem Bösewicht zuarbeiten, von Bond verführt werden und sich dann mit ihm verbünden. Beispiele hierfür sind Pussy Galore in *Goldfinger*, Tiffany Case in *Diamantenfieber* oder Solitaire in *Leben und sterben lassen*. Auf der anderen Seite gibt es aber auch solche Frauen auf Seiten der Bösen, die sich nicht von Bond läutern lassen und für ihre Ideale sterben, wie etwa Fiona Volpi in *Feuerball* und ihre Komplementärfigur Fatima Blush im Remake *Sag niemals nie*, Helga Brandt in *Man lebt nur zweimal*, Xenia Onatopp in *GoldenEye* oder Elektra King in *Die Welt ist nicht genug*. Zusätzlich trifft Bond sporadisch auf eine Reihe von Einzelkämpferinnen oder Rächerinnen, die in etwa dasselbe Ziel wie 007 verfolgen: Honey Rider in *Dr. No*, Melina Havelock in *In tödlicher Mission*, Stacey Sutton in *Im Angesicht des Todes*. Im Verlaufe der Handlung tun sie sich zusammen und erledigen den Job. Natürlich umfassen diese Kategorien nicht alle Frauen des 007-Universums, und es kann auch zu Überschneidungen kommen. Miranda Frost in *Stirb an einem anderen Tag* ist zum Beispiel sowohl Kollegin als auch unbeugsame Schurkin. Fakt ist jedoch, dass diese sich wiederholenden Muster auf ein begrenztes Rollenpotenzial hinweisen. Spätestens am Ende landen alle Bond-Girls mit dem Helden im Bett. Es gibt lediglich eine einzige Ausnahme. Bibi, die blutjunge blonde Schlittschuhläuferin aus dem Film *In tödlicher Mission*, wird von Bond verschmäht. Vielleicht sahen die Verantwortlichen ein, dass eine Affäre zwischen dem damals 54-jährigen Roger Moore und der gerade einmal 22-jährigen Lynn-Holly Johnson unrealistisch wirken würde.

Nur selten trifft Bond auf eine Frau, die ihm zumindest teilweise ebenbürtig ist, oder selbstständig agiert und die Initiative ergreift. Das prominenteste Beispiel ist sicherlich die Agentin Anya Amasova aus dem Film *Der Spion, der mich liebte*. Wie eine Berliner Wissenschaftlerin nachweisen konnte, hat sie mit einem Anteil von 41 % Filmpräsenz den längsten Auftritt aller bisherigen Bond-Girls. Zudem ist sie von Anfang an selbstbewusst, clever und dem Agenten Ihrer Majestät mehrere Male einen Schritt voraus. So etwas kam nie wieder vor. Eine vergleichbare Typisierung trifft vielleicht noch auf die sehr aktive chinesische Agentin Wai Lin aus *Der Morgen stirbt nie* zu oder auf die CIA-Agentin Jinx aus *Stirb an einem anderen Tag*. In den meisten Fällen tauchen die Bond-Girls erst später in den Filmen auf, sind eher passiv als aktiv, reagieren, anstatt zu agieren, und müssen in ihrer Hilflosigkeit von Bond „gerettet" werden. Über ihre Herkunft erfährt man in den meisten Fällen wenig. Fest steht nur, dass sie in jedem Fall attraktiv und verführenswert sind und natürlich perfekt in das Beuteschema von 007 passen.

Nicht zufällig haben die Bondproduzenten so gut wie nie gestandene Schauspielerinnen engagiert, um sie in den Filmen zu besetzen. Der überwiegende Teil der Frauen hat als Model gearbeitet oder ist durch den Gewinn von Misswahlen aufgefallen, hat einige unbedeutende Filme gedreht oder ein paar Werbe- und TV-Auftritte gehabt. Doch eine auffällige beziehungsweise starke Frauen-Präsenz auf der Leinwand zu haben, ergibt für die Filmverantwortlichen keinen Sinn, denn schließlich ist Bond der Star. Daneben kann attraktives „Beiwerk" ein kleines bisschen glänzen, darf ihn aber nicht überschatten. „Einen Bond-Film zu drehen, ist 30 Prozent Schauspiel und 70 Prozent Publicity", hat Britt Ekland, die Darstellerin der Mary Goodnight in *Der Mann mit dem goldenen Colt* einmal dazu gesagt. „Die Publicity beginnt an dem Tag, an dem du anfängst zu filmen. Du musst ein Jahr lang einmal pro Woche einen Fototermin über dich ergehen lassen und jedes Mal leicht bekleidet sein. Bikini zu tragen wird nicht befohlen, aber gern gesehen."

Die wenigen Möglichkeiten, die sich den Bond-Girls bieten, führen verständlicherweise auch nicht dazu, dass der kurze Auftritt an der Seite des Helden nun eine außergewöhnliche Karriere nach sich zieht. Die meisten der Damen verschwanden so schnell wieder in der Versenkung, wie sie aufgetaucht waren. Man könnte auch sagen, ihre „Karrieren" verglühten wie ein Feuerball. Sicher ist, dass sie im nächsten Film durch andere, jüngere und wiederum sehr attraktive Damen ersetzt wurden. Von dieser Gesetzmäßigkeit hat es nur ganz wenige Ausnahmen gegeben; Maud Adams zum Beispiel, die im Abstand von neun Jahren zwei verschiedene Bond-Girls darstellte, oder Eunice Gayson, die die Kleinstrolle der Sylvia Trench in zwei Filmen verkörperte. In den meisten Fällen beeinflussen die Frauen Bond auch nicht nachhaltig. Lediglich Tracy in dem schon erwähnten Film *Im Geheimdienst Ihrer Majestät* hat das getan und als jüngstes Beispiel Vesper Lynd in dem Film *Casino Royale* von 2006. Man sollte allerdings dazu erwähnen, dass diese Geschichte auf dem ersten 007-Roman aus dem Jahr 1953 basiert, das heißt, die Reihenfolge der Begegnungen war bei Fleming eine andere. Vesper Lynd konstituiert in seinem Bond-Universum eine prägende Erfahrung für den Helden, die auch sein weiteres Verhalten gegenüber Frauen mit begründet. Umso stärker gestaltet sich bei Fleming Tracys Einfluss auf Bond, der ihr gegenüber ernsthafte Absichten entwickelt. Doch zurück zur Kinoserie: Nur wenige Ex-Bond-Girls haben es geschafft, nicht nur in der Filmindustrie Fuß zu fassen, sondern dort auch einen substantiellen Eindruck zu hinterlassen, wie etwa Kim Basinger oder Halle Berry. Ähnlich sieht es mit Preisen für die schauspielerischen Leistungen aus. Barbara Carrera, die für ihre Darstellung der Fatima Blush in *Sag niemals nie* eine Golden-Globe-Nominierung bekam, ist die einzige Ausnahme. Mehrere Bond-Girls erhielten dagegen „Worst-Actress"-Nominierungen. Das ist nicht weiter verwunderlich, denn was haben sie auch zu spielen, außer der Angst um James? Dafür zehren viele der Ehemaligen immer noch von ihrem kurzen „Ruhm", fahren zu Fan-Conventions, schreiben Autogramme und lassen sich für Geld fotografieren.

Jane Seymour

Fairerweise sei gesagt, dass sich bei manchen Bond-Girls durchaus beachtliche Karrieren entwickelt haben. Ursula Andress etwa hat aus ihrer Popularität sicher viel Kapital schlagen können, Famke Janssen und Michelle Yeoh sind nach wie vor nicht am Ende ihrer Filmkarrieren angelangt, Teri Hatcher kann eine starke TV-Präsenz vorweisen *(Lois & Clark, Desperate Housewives)*, Karin Dor war zumindest in Deutschland eine erfolgreiche Schauspielerin auch jenseits des Bond-Daseins und Diana Rigg *(Mit Schirm, Charme und Melone)* gilt ohnehin nach wie vor als eine Ikone der 60er Jahre. Dennoch ist die Geschichte der „charmanten Begleitung" von James Bond insgesamt eine traurige. Entdeckt, fotografiert und zumeist vergessen, oder mit anderen Worten ausgedrückt: einmal Bond-Girl, immer Bond-Girl; als ob das Engagement an sich schon den Niedergang bedeuten würde. Im Jahr 1995 unternahm der Filmverleih anlässlich der Premiere von *GoldenEye* einen verzweifelten Versuch, sogar diesen Begriff zu verändern, um damit vielleicht das Image der Gescholtenen etwas aufzupolieren. Da hieß es in einer Presseinformation: „Die neuen Bond-Girls sind keine Versatzstücke mehr. Sie sind eigenständiger Teil der Handlung. Sie wissen, was sie tun, und kommen auch ohne Bond ganz gut zurecht. Und überhaupt: Wir nennen sie jetzt Ladies."

Aber niemand außer der Presseabteilung nennt sie Ladies. Die Mission ist gescheitert. Und trotz Emanzipationswelle, Frauenbewegung und neuem Rollenverständnis, geändert hat sich ihre Bedeutung für die Filme auch nicht. Die eigenständigen Szenen von Natalya in dem Film *GoldenEye* dauern ganze elf Minuten, alle zusammen gerechnet lediglich 37,5 Minuten bei 120 Minuten Filmlänge. Bei Xenia sind es gerade mal 18,5. Ähnlich ist es auch in jüngeren Filmen. Wai Lin *(Der Morgen stirbt nie)* hat 34 Minuten Leinwandpräsenz. Elektra hat 26 Minuten, Christmas Jones 18 *(Die Welt ist nicht genug)*. Sie bleiben, was sie sind: Bonds Zeitvertreib, ohne die ein Bondfilm nicht vorstellbar wäre. Eine charmante Begleitung eben.

Toby Stephens, Rosamund Pike, Madonna und Pierce Brosnan in Stirb an einem anderen Tag

Die Filme

Ein Quantum Trost

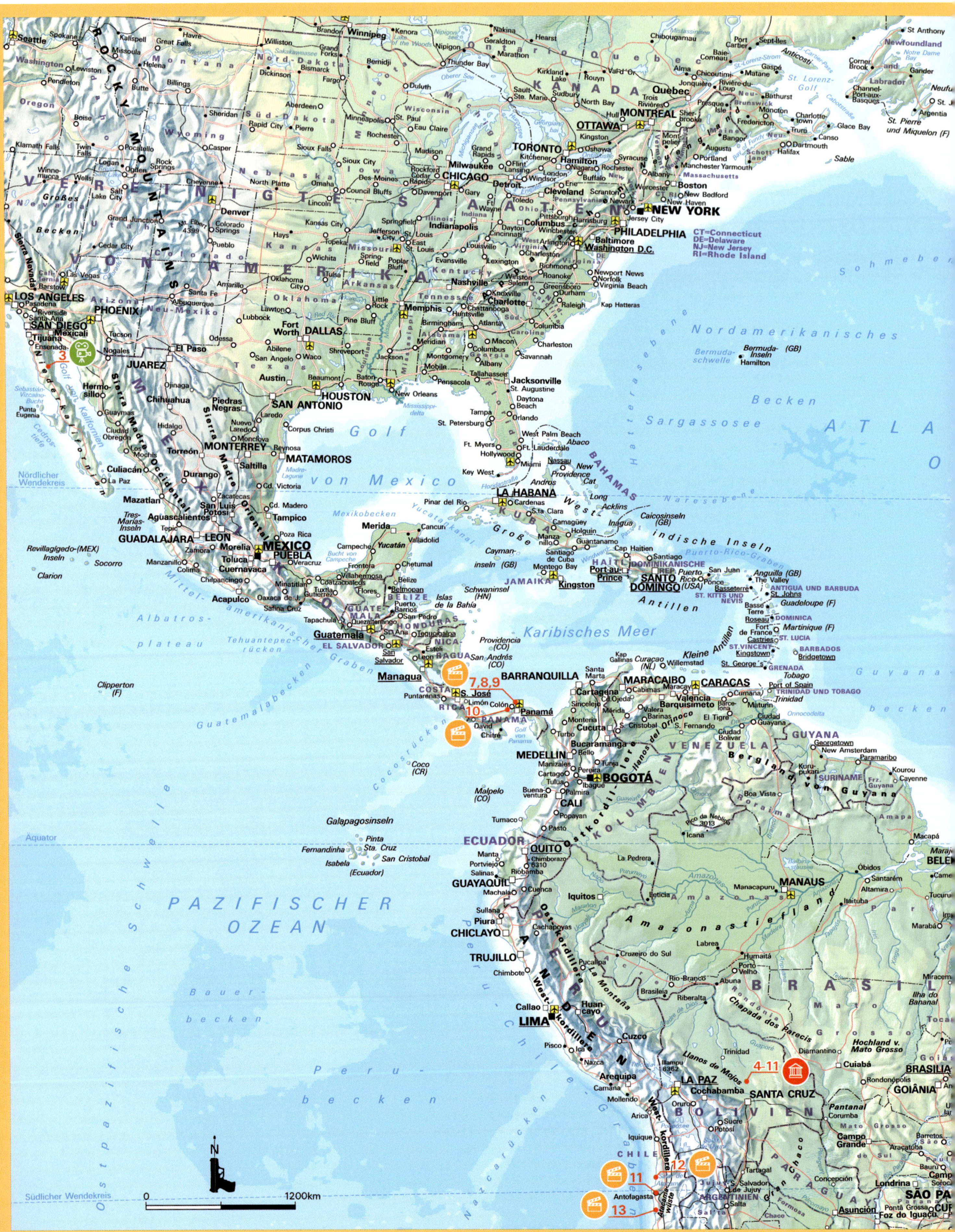

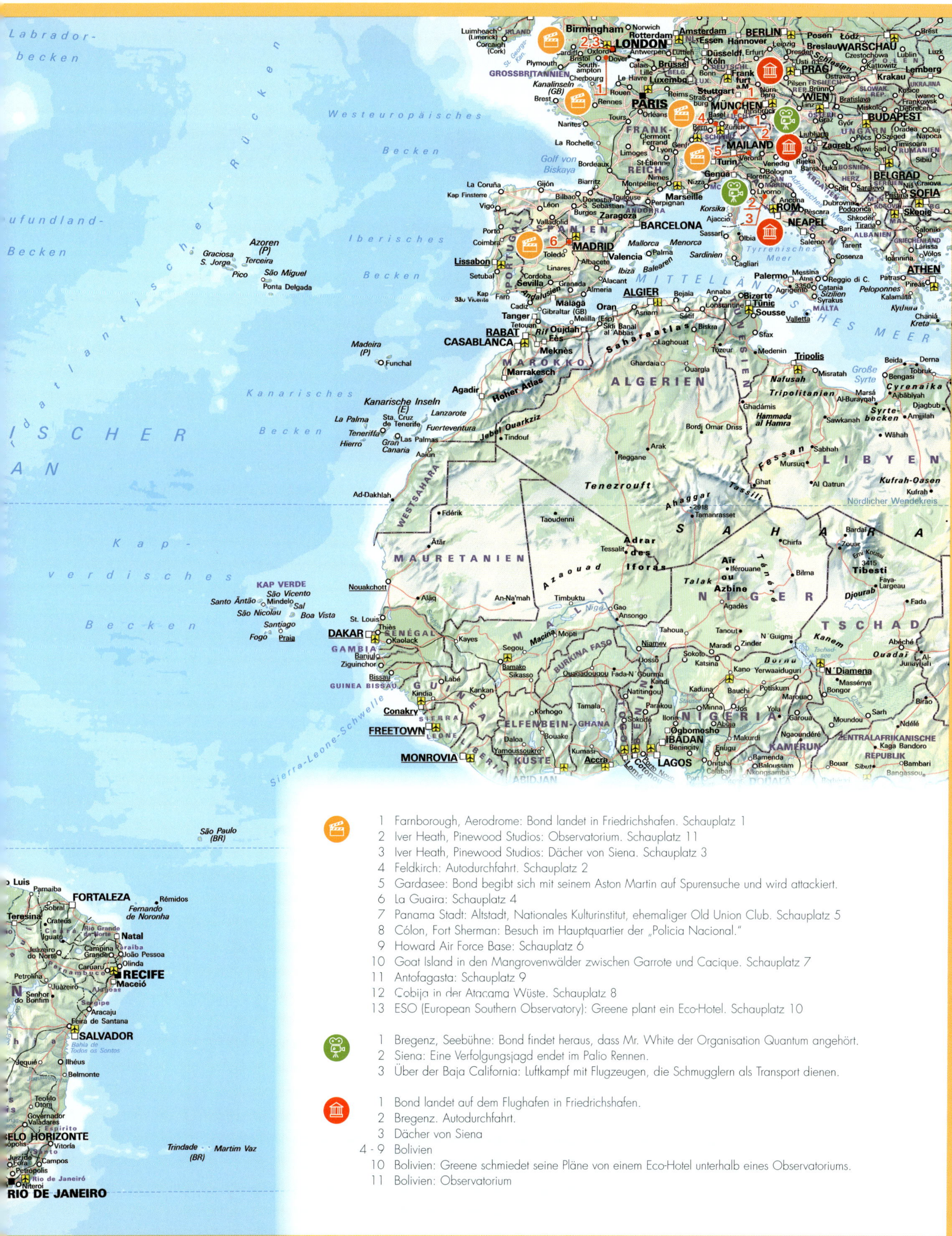

1 Farnborough, Aerodrome: Bond landet in Friedrichshafen. Schauplatz 1
2 Iver Heath, Pinewood Studios: Observatorium. Schauplatz 11
3 Iver Heath, Pinewood Studios: Dächer von Siena. Schauplatz 3
4 Feldkirch: Autodurchfahrt. Schauplatz 2
5 Gardasee: Bond begibt sich mit seinem Aston Martin auf Spurensuche und wird attackiert.
6 La Guaira: Schauplatz 4
7 Panama Stadt: Altstadt, Nationales Kulturinstitut, ehemaliger Old Union Club. Schauplatz 5
8 Cólon, Fort Sherman: Besuch im Hauptquartier der „Policia Nacional."
9 Howard Air Force Base: Schauplatz 6
10 Goat Island in den Mangrovenwälder zwischen Garrote und Cacique. Schauplatz 7
11 Antofagasta: Schauplatz 9
12 Cobija in der Atacama Wüste. Schauplatz 8
13 ESO (European Southern Observatory): Greene plant ein Eco-Hotel. Schauplatz 10

1 Bregenz, Seebühne: Bond findet heraus, dass Mr. White der Organisation Quantum angehört.
2 Siena: Eine Verfolgungsjagd endet im Palio Rennen.
3 Über der Baja California: Luftkampf mit Flugzeugen, die Schmugglern als Transport dienen.

1 Bond landet auf dem Flughafen in Friedrichshafen.
2 Bregenz. Autodurchfahrt.
3 Dächer von Siena
4 - 9 Bolivien
10 Bolivien: Greene schmiedet seine Pläne von einem Eco-Hotel unterhalb eines Observatoriums.
11 Bolivien: Observatorium

Ein Quantum Trost

TROTZ GLATZE EINER VON DEN GUTEN:
Ein Quantum Trost-*Regisseur Marc Forster*

Als die Filmproduzenten Michael G. Wilson und Barbara Broccoli am 24. Januar 2008 bei einer Pressekonferenz in London den Titel des neuen Films bekanntgaben, war die Fachwelt einigermaßen erstaunt. *Quantum of Solace* stand auf einem Transparent zu lesen, vor dem die Mitwirkenden saßen. Das ist seit dem Jahr 1987 erstmals wieder ein Titel, der von Ian Fleming stammt und eine Kurzgeschichte aus dem Jahr 1960 ziert. Dass der Film mit der Story nicht viel zu tun haben würde, war offensichtlich, denn bei Fleming ist 007 auf einer Party des Gouverneurs der **Bahamas** in **Nassau** zum Zuhören verdammt. Ebenso offensichtlich war, dass so kurz nach dem teils auf den Bahamas entstandenen Vorgängerfilm *Casino Royale* nicht schon wieder auf der karibischen Inselgruppe gedreht werden würde. Zwar hüllte man sich über die Drehorte weitgehend in Schweigen, doch im Laufe der Zeit wurde klar, dass die Handlung erneut an vielen Schauplätzen stattfinden sollte und dieses Mal auch Länder dabei sein würden, die bislang nicht auf dem Reiseplan der Bond-Produzenten standen. So kamen Panama und Chile erstmals zu 007-Ehren. Doch bevor es nach Mittel- und Südamerika ging, waren die ersten Dreharbeiten in Spanien und Italien schon abgeschlossen.

EIN QUANTUM TROST

Großbritannien / USA 2008
Eine Eon Produktion
Regie: Marc Forster
Drehbuch: Neal Purvis, Robert Wade, Paul Haggis und Joshua Zetumer
Musik: David Arnold
Darsteller:
James Bond - Daniel Craig
Dominic Greene - Mathieu Amalric
Agent Fields - Gemma Arterton
Camille - Olga Kurylenko
Mr. White - Jesper Christensen
M - Judi Dench
Felix Leiter - Jeffrey Wright
René Mathis - Giancarlo Giannini
Elvis - Anatole Taubman

Am Ende von *Casino Royale* wird Bonds Geliebte Vesper von einer noch unbekannten Organisation in den Tod getrieben (siehe Seite 26 - 27). Sie stirbt in einem zusammenbrechenden Haus in Venedig. Voller Hass, Wut und Rachegefühle schießt Bond daher einem der Drahtzieher, dem ominösen Mr. White, ins Bein. Jetzt schleppt er ihn zu M und lässt ihn verhören, doch White hat nur Häme für seine Häscher übrig, und nachweisen kann man ihm auch nichts. Jedoch spricht Mr. White von einer Organisation, die hinter dem großen Ganzen steckt. Somit begibt sich Bond mit seinem Aston Martin DBS in **Italien** auf Spurensuche, wird am **Gardasee** attackiert und in eine Verfolgungsjagd verwickelt. Gejagt von drei schwarzen Alfa Romeos, muss er sich durch den ganz normalen Ausflugsverkehr schlagen, um den Verfolgern zu entkommen. Das gelingt auch, aber nicht unbeschadet. Am Ende hat Bonds Wagen (fast) nur noch Schrottwert. Vom 14. bis zum 25. April 2008 wurde dafür auf der westlichen Seite des Gardasees zwischen Gargnano, Tremosine und Riva del Garda und auf der östlichen Seite zwischen Torbole und Malcesine gedreht. Danach zog das Team in das bekannte Marmorabbaugebiet in **Carrara** und nach **Siena** weiter. Da das Wetter nicht so gut war wie erwartet und drei Unfälle zu Unterbrechungen führten, wurde vom 21. bis zum 23. Mai nochmals nachgedreht. Am Ende wirkt die Action-Sequenz natürlich wie aus einem Guss, auch wenn zwischen den oberitalienischen Orten über 300 Kilometer Distanz liegen. In Siena war die Crew übrigens auch schon vor der Pressekonferenz und dem offiziellen Drehstart. Der Grund dafür war, dass dort nur zweimal im Jahr der sogenannte Palio stattfindet. Dabei handelt es sich um ein Pferderennen, bei dem Pferd und Reiter in Höchstgeschwindigkeit um den zentralen Platz Piazza Il Campo jagen. Genau in dem Moment, als das passiert, taucht 007 dort auf. Da es zu aufwendig gewesen wäre, den Palio extra für die Filmaufnahmen zu choreographieren, drehte man bereits am 16. August 2007 mit 14 Kameras in der Stadt.

Bond findet heraus, dass Mr. White einer Organisation namens Quantum angehört, und stellt fest, dass es ein geheimes Meeting während einer Opernaufführung gibt. Dafür nutzte das Team die Open-Air-Seebühne im österreichischen **Bregenz**, die alle zwei Jahre mit einem anderen Stück bespielt wird. Als Regisseur Marc Forster das Bühnenbild des Jahres 2007 sah, ein überdimensionales offenes Auge, beschloss er es in den Film zu integrieren. Daher wurde vom 28. April bis zum 9. Mai in Bregenz inszeniert. Gedreht wurde aber auch im nahe gelegenen Örtchen **Feldkirch**, da dem Regisseur die Altstadt besser gefiel als die von Bregenz. Bond ist zuvor auf dem (fiktiven) Flughafen Bregenz gelandet, auch wenn die Szene im südenglischen Farnborough Aerodrome, rund 50 Kilometer südlich von London, entstand. Er verfolgt einen gewissen Mr. Greene, der ebenso wie Mr. White Teil von Quantum ist, allerdings in leitender Position. Der Opernliebhaber hat seine Quantum-Mitglieder zu einer *Tosca*-Aufführung in Bregenz geladen,

WEIT UND BREIT KEIN ZIMMERSERVICE:
Bond und Camille auf dem Weg in die Zivilisation

„Wie lange habe ich noch?“ - „30 Sekunden.“ - „Das lässt uns nicht viel Zeit.“

OOPS – AUS VERSEHEN...: *Ein Fahrer versenkte bei den Dreharbeiten einen recht teuren Aston Martin DBS im Gardasee*

muss aber feststellen, dass 007 sich ebenfalls dort befindet. Bond erschießt einen der Gangster und erfährt, dass es nicht nur einen Verräter in den eigenen Reihen, sondern auch bei der CIA gibt.

Die Spur führt nach **Haiti**, wo Bond auf die junge Camille trifft, die mit Greene auch noch eine Rechnung offen hat. So schließen sie sich zusammen. Gedreht wurde jedoch nicht in Haiti, sondern in **Panama**. Greene ist nicht nur ein rücksichtsloser Geschäftsmann, sondern auch der Vorsitzende der Organisation „Greene Planet“, die als Cover für Quantum dient. Mit Hilfe seiner Verbindungen in höchsten Regierungskreisen will er die Regierung in **Bolivien** entmachten und den im Exil lebenden General Medrano einsetzen. Dafür erhält er bestimmte ländliche Gebiete, die ihm aber die totale Kontrolle über die Wasserversorgung verschaffen. Greene schmiedet seine Pläne in einem Eco-Hotel unterhalb eines Observatoriums in Bolivien. Als Drehorte nutzten die Filmemacher das Cerro-Paranal-Observatorium in **Chile**, aber auch extra angefertigte Bauten in den englischen Pinewood Studios. Doch bevor 007 in die Höhle des Löwen eindringt, um Vespers Tod zu rächen, muss er in Bolivien Widersacher, Terroristen und Verräter ausschalten. Dabei hilft ihm die MI 6-Agentin Fields, die in dem südamerikanischen Land tätig ist.

So wie Haiti auch, wurde Bolivien selbst jedoch bestenfalls vom zweiten Kamerateam besucht und wenn überhaupt, dann nur für wenige Aufnahmen, die verdeutlichen sollen, dass die Handlung auch dort spielt. Die Hauptdreharbeiten für den Schauplatz Bolivien fanden ebenfalls in Panama statt. Das Filmteam reiste Anfang Februar 2008 nach **Panama City**. Die Altstadt (El Casco Antiguo), Privathäuser, der Colonial Social Club, das Nationale Kulturinstitut (das zum Hotel Grand Andean mutierte) und der ehemalige Old Union Club, der eigens für die Dreharbeiten zu einer Partystätte umfunktioniert wurde, rückten ebenso in den Fokus wie die Howard Airforce Base. Im Hafen von Panama City entstand eine Bootsverfolgungsjagd. Im nahe gelegenen Ort Colón war das Fort Sherman Drehort.

SIEH AN: *Das Tosca-Auge in Bregenz*

Die Stadt La Guaira, Goat Island und die Mangrovenwälder zwischen den Ortschaften Garrote und Cacique, ein Gebiet, das auch als „Tunnel of Love“ bezeichnet wird, kamen ebenfalls zu Schauplatz-Ehren. Nach weiteren Aufnahmen in Portobelo zog das Team nach Antofagasta und Cobija in die chilenische **Atacama-Wüste** um. 120 Kilometer südlich von Antofagasta liegt das Observatorium.

Zusätzliche Dreharbeiten fanden in der **Baja California** in Mexiko statt, wo ein Luftkampf entstand, sowie an zwei besonderen Orten in der englischen Hauptstadt. Der sogenannte „Sculpture Garden“ des Londoner „Barbican“-Centers und „The Water Gardens“ am Burwood Place, in der Nähe der U-Bahn-Station Edgeware Road, wurden schon im Januar 2008 aufgesucht.

Der Film endet mit einem großen Kampf zwischen Dominic Greene und James Bond, bei dem der Traum des Bösewichts zerplatzt. Vor dem Showdown kommt es allerdings noch zu einem actionreichen Highlight, das nicht unerwähnt bleiben soll. Anfang April 2008 wurden die Dächer Sienas Schauplatz einer aufwendigen Verfolgungsjagd. Die teilweise maroden Gebäude mussten eigens dafür restauriert und verstärkt werden. Repliken einiger Häuser wurden zudem in den Pinewood Studios errichtet. Darüber hinaus schuf Ausstatter Dennis Gassner dort auch eine Kunstgalerie, die Suite eines bolivianischen Hotels, das Hauptquartier von MI 6 sowie ein separates Versteck, das sich nahe bei den Zisternen von Siena befindet. 007 muss eben nicht nur zu Fuß seinen Weg über die Dächer der Stadt und über einen vorbeifahrenden Bus finden, sondern auch unterirdisch durch die sogenannten Bottini, die Wasser- und Kanalsysteme Sienas.

ÜBER DEN DÄCHERN VON SIENA: *Schauplatz einer spektakulären Verfolgungsjagd*

Casino Royale 2006

1 Iver Heath, Pinewood Studios: Teile eines einstürzenden Hauses und Platzes. Schauplatz 3
2 Iver Heath, Black Park: Treffen zwischen Obanno und dem Bankier Le Chiffre. Schauplatz 5
3 Karlsbad, Grandhotel Pupp: Bond und Vesper im Hotel Splendide. Schauplatz 4
4 Karlsbad, ehemaliges Kaiserbad Spa: Außenaufnahmen, Pokerspiel im „Casino Royale"
5 Prag, Nationalmuseum: Vesper und Bond steigen im Hotel Cipriani ab. Schauplatz 2
6 Prag, Verkehrsministerium: Dimitrios übergibt heimlich eine Tasche an Carlos. Schauplatz 7
7 Prag, Kloster Strahov: Bibliothek und ein Gang. Schauplatz 1
8 Prag, Barrandov Studios: Innenaufnahmen des „Casino Royale"
9 Prag, Ruzynì Flughafen: 007 tötet Dimitrios und verfolgt Carlos zum Flughafen. Schauplatz 6
10 Planá, altes Militärhospital: 007 wacht im Krankenhaus wieder auf.
11 Comer See, San Siro: Villa Gaeta.
12 Comer See, Lenno: Villa del Balbianello.
13 Coral Harbour: 007 und sein Kollege Carter beobachten den Bombenleger Mollaka.
14 Coral Harbour, Buena Vista Hotel: Bond verfolgt Mollaka. Schauplatz fiktive Stadt Nambutu.

1 Loket, Marktplatz: Vesper und Bond fahren zu dem Kontaktmann René Mathis.
2 Venedig, Hotel Cipriani: Bond und Vesper steigen im Hotel ab.
3 Venedig: Verfolgungsjagd zu Fuß über den Markusplatz.
4 Venedig: Bond und Vesper segeln in die Lagune und passieren den Canale Grande.
5 Venedig, Dorsoduro: Bond verfolgt Vesper im Stadtteil Dorsoduro.
6 Paradise Island: Bond landet mit einem Wasserflugzeug vor dem Atlantis Hotel.
7 Paradise Island, One & Only Ocean Club: Bond dringt in den Kontrollraum des Clubs ein.
8 New Providence Island, Albany House: Bond beobachtet Solange, die Frau von Dimitrios.

1 London, Big Ben.
2 Venedig: Vesper und Bond steigen im Hotel Cipriani ab.
3 Venedig: Teile eines einstürzenden Hauses und Platzes.
4 Montenegro, Crna Gora: Bond und Vesper im Hotel Splendide.
5 Uganda, Mbale: Treffen zwischen Obanno und dem Bankier Le Chiffre.
6 Miami, Flughafen: 007 tötet Dimitrios und verfolgt Carlos zum Flughafen.
7 Miami: Dimitrios übergibt heimlich eine Tasche an den Terroristen Carlos.

LONDON
PARIS
BERLIN
WARSCHAU
KIEW
MÜNCHEN
WIEN
PRAG
MAILAND
BUDAPEST
BUKAREST
BELGRAD
SOFIA
ISTANBUL
ANKARA
ATHEN
ROM
NEAPEL
MADRID
BARCELONA
Lissabon
ALGIER
Tunis
RABAT
CASABLANCA
Tripolis
KAIRO
ALEXANDRIA
BEIRUT
DAMASKUS
BAGDAD
TEHERAN
AMMAN
Jerusalem
RIAD
SAN'A
DSCHIBUTI
ADDIS ABEBA
Khartum
OMDURMAN
N'Djamena
NIGERIA
ABUJA
LAGOS
ABIDJAN
ACCRA
FREETOWN
YAOUNDÉ
KINSHASA
Brazzaville
LUANDA
NAIROBI
Kampala
DAR ES SALAAM
Lusaka
HARARE
Lilongwe
Maputo
ANTANANARIVO
Windhuk
Gaborone
Mogadischu
Tshwane (Pretoria)
M I T T E L L Ä N D I S C H E S   M E E R
Schwarzes Meer
A L G E R I E N
L I B Y E N
Ä G Y P T E N
T S C H A D
N I G E R
S U D A N
M A R O K K O
S A H A R A
A R A B I E N
T Ü R K E I
S Y R I E N
I R A K
I R A N
J E M E N
Ä T H I O P I E N
K E N I A
T A N S A N I A
A N G O L A
S A M B I A
B O T S W A N A
N A M I B I A
M O S A M B I K
DEM. REP. KONGO
REP. KONGO
ZENTRALAFRIKANISCHE REPUBLIK
KAMERUN
G A B U N
UGANDA
ÄQUATORIAL-GUINEA
SÃO TOMÉ UND PRINCIPE
ELFENBEIN-KÜSTE
GHANA
M A L I
U K R A I N E
K A S A C H S T A N
Golf von Guinea
Angola-becken
Somali-becken
Rotes Meer
Golf von Aden
Südlicher Wendekreis
St. Helena (GB)
KOMOREN
S E Y C H E L L E N
Straße von Mosambik
A T L A N T I S C H E R   O Z E A N

Casino Royale 2006

HIER LACHT DAS SPIELERHERZ:
Bond lässt sich nicht in die Karten schauen

Schon 1954, also deutlich vor der „offiziellen" Bond-Reihe, die erst 1962 mit *Dr. No* begann, entstand eine Fassung von *Casino Royale* für das US-Fernsehen (siehe S. 120 – 121). Die Produzenten der Kino-Serie hatten also lange Zeit keinerlei Kontrolle über die Rechte an Ian Flemings Erstlingsroman. Daher konnte bereits 1967 – gewissermaßen in Konkurrenz zur offiziellen Reihe – eine hochkarätig besetzte, überdrehte Persiflage der James-Bond-Filme entstehen, die rein formaljuristisch auf Flemings *Casino Royale* basiert (siehe S. 98 – 99). Beide frühen Versionen halten sich jedoch bestenfalls locker an die literarische Vorlage. Als sich den langjährigen Machern der Bond-Serie nach so langer Zeit nun doch noch die Möglichkeit bot, *Casino Royale* selbst zu verfilmen, wurde allgemein davon ausgegangen, dass sie sich weitestgehend auf Flemings Roman beziehen würden. Doch das geschah leider nicht. Stattdessen wurden nur Fragmente in den Film integriert. Diese bislang aktuellste Version ist aber wenigstens in der Hinsicht interessant, dass man im Vergleich zu den früheren Filmen am weitesten reiste. In England, Tschechien, Italien, auf den Bahamas und in Madagaskar ist 007 unterwegs. Außerdem wurden erstmalig die Prager Modrany und Barrandov Filmstudios genutzt und nicht die traditionelle Basis der 007-Filme in Pinewood bei London.

Bislang einmalig für die Filmserie ist der Anfang in schwarzweiß. Die Szenen zeigen, wie Bond an zwei verschiedenen Orten jeweils einen Mann ermordet: in einem Büro und in einer Toilette. Der Ort wird nicht genannt, aber gedreht wurde vor und in dem Prager Danube-Gebäude, einem Bürokomplex am Ufer der Vltava; die Adresse lautet Karolinská 650/1. Danach beginnt der Vorspann, und Bond erhält die Lizenz zum Töten.

Die ersten Bilder des Hauptfilms führen den Betrachter nach Mbale in **Uganda**. Dort hat der ominöse Mr. White einen Kontakt zwischen dem Revolutionskämpfer Obanno und dem Bankier Le Chiffre hergestellt. Le Chiffre soll für Obanno Geld von Freiheitskämpfern verwalten und verspricht, dass Obanno jederzeit an seine Einlagen heran kann. Gedreht wurden diese Szenen in Black Park, außerhalb der englischen Pinewood Studios. Auch die nächsten Einstellungen entstanden nicht dort, wo sie spielen. Auf den Bahamas wurde gedreht, aber in **Madagaskar** spielt Bonds erster explosiver Auftritt. Dort beobachten 007 und sein Kollege Carter nicht nur den Kampf zwischen einem Mungo und einer Schlange, sondern auch einen Bombenleger namens Mollaka. Als dieser bemerkt, dass er observiert wird, flüchtet er zu Fuß. Bond folgt ihm. Durch verschiedene Slums, auf eine Hotelbaustelle bis in die Botschaft von Nambutu geht die Jagd. Dort schaltet Bond Mollaka aus und entkommt mit dessen explosivem Rucksack. Für die Baustelle wurde ein verlassenes Gebäude am Coral Harbour auf New Providence Island genutzt. Der Tierkampf entstand im ehemaligen Hotelpool. Ein Teil des Buena-Vista-Hotels und -Restaurants wurde zur Botschaft umfunktioniert. Zudem nutzten die Macher die in Prag gelegenen Modrany und Barrandov Studios.

Bond findet heraus, dass Bombenleger Mollaka kurz vor seinem Tod eine Nachricht erhalten hat, die den Codenamen „Ellipsis" trägt. Unterdessen wird Le Chiffre auf seiner Jacht in den **Bahamas** über die Aktion in der Botschaft informiert. Auch Geheimdienst-Chefin M erfährt davon. Überwachungskameras haben die Aktion festgehalten und Zeitungen haben darüber berichtet. Sie ist außer sich vor Wut. Auch wenn die Einstellungen von Big Ben etwas anderes andeuten, für die Innenaufnahmen wurden die Bibliothek und ein Gang im Kloster von Strahov genutzt (Strahovské nádvorí 1/132 ist die Adresse in Prag). Bond ist inzwischen in Ms Privatresidenz eingedrungen, wofür eine Wohnung am Canary Wharf auf der Isle of Dogs in London verwendet wurde. Er kann feststellen, dass die Ellipsis-Nachricht vom Ocean Club auf Paradise Island auf den Bahamas kam.

Als M plötzlich auftaucht, konfrontiert sie Bond mit seiner unautorisierten Aktion und maßregelt ihn. Nichtsdestotrotz fliegt 007 auf die Bahamas und landet mit einem Wasserflugzeug vor dem Atlantis Hotel auf Paradise Island. Dank eines Navigationssystems im Handy fährt er zum One & Only Ocean Club und dringt in den Kontrollraum des Hauses ein. Er lenkt die Sicherheitskräfte ab, indem er das Fahrzeug eines Gastes zerbeult, woraufhin dessen Alarmanlage anspringt. Bei seinen Recherchen findet er heraus, dass ein gewisser Alex Dimitrios die Code-Nachricht an

FAST SCHON SEIN ZWEITWOHNSITZ:
James Bond ermittelt auf den Bahamas

VENEDIG SEHEN UND STERBEN:
Was hat James Bond hier schon alles erlebt

Mollaka abgeschickt hat. Dessen Partner ist Le Chiffre. Am Strand vor dem Albany House beobachtet Bond Solange, die Frau von Dimitrios. Abends spielt er mit Dimitrios Poker und gewinnt dessen Wagen, einen silbernen Aston Martin DBS. Er verführt Solange in seiner Villa und erfährt, dass Dimitrios nach Miami muss.

Bond fährt ebenfalls nach **Miami**, über die Miami Avenue und den Biscayne Boulevard bis zur dortigen Körperwelten-Ausstellung. Es sind auch die einzigen Szenen, die an der US-Ostküste entstanden, denn Drehort der Ausstellung war das Prager Verkehrsministerium. Dort beobachtet Bond, wie Dimitrios heimlich eine Tasche an den Terroristen Carlos übergibt. 007 tötet Dimitrios und verfolgt Carlos, der zum Flughafen fährt und sich dort als Mitarbeiter tarnt. Anstelle des Miami Airports wurden der Ruzynì Flughafen in Prag und das in der englischen Grafschaft Surrey gelegene Dunsfold Park Aerodrome genutzt. Bond stellt fest, dass Carlos das größte Passagierflugzeug der Welt, die Skyfleet S570, in die Luft jagen will, kann dies jedoch nach einer wilden Jagd über das Flughafengelände verhindern. Carlos stirbt.

Le Chiffre hat mit dem ihm anvertrauten Geld von Revolutionskämpfer Obanno auf Skyfleet-Aktien spekuliert und verloren. Jetzt hat er 101 Millionen Dollar Schulden. Bond wird auf den Bahamas durch M davon in Kenntnis gesetzt. Zudem müssen beide feststellen, dass Solange ermordet wurde. 007 wird informiert, dass Le Chiffre in **Montenegro** ein Pokerspiel veranstalten will, um sein Geld wieder zurückzugewinnen. Bond soll daran teilnehmen und bekommt zur besseren Überwachung eine Wanze in den Arm implantiert.

Auf der Zugfahrt stellt sich Vesper Lynd als Mitarbeiterin vom Schatzamt vor. Sie sorgt dafür, dass Bond den geforderten Einsatz von zehn Millionen aufbringt, und verfügt über weitere fünf, wenn sie es für nötig erachtet. Nach ihrer Ankunft werden sie von einem Fahrer ins Hotel gebracht. Die tschechische Stadt **Karlsbad** fungierte als Crna Gora in Montenegro. Daher ist anfangs auch die Karlsbader Mühlbrunnkolonnade zu sehen. Für das Hotel Splendide im Film wurde das Grandhotel Pupp genutzt. In der Lobby bekommt 007 einen Umschlag, in dem sich die Unterlagen für seinen neuen Wagen, einen Aston Martin DBS, befinden. Damit unternehmen Vesper und er eine Fahrt zu Kontaktmann René Mathis. Gedreht wurde dafür auf dem Marktplatz der Stadt Loket. Dort beobachten sie, wie der örtliche Polizeichef verhaftet wird. Mathis hat dafür gesorgt, weil er mit Le Chiffre Geschäfte macht.

Am Abend beginnt das Pokerspiel im Casino Royale. Für die Außenaufnahmen wurde das ehemalige Kaiserbad Spa in Karlsbad wieder hergerichtet. Das Innere wurde in den Prager Studios Barrandov nachgebaut. Nachdem der Schweizer Bankier Mendel die Kontoverbindungen abgefragt hat, kommt es während des Spiels, nicht nur am grünen Tisch, mehrere Male zum Schlagabtausch. Es werden Wanzen versteckt und Martinis präpariert. Obanno taucht plötzlich mit einem Killer auf und bedroht Le Chiffre. Bond tötet zwei Männer, wird vergiftet, überlebt aber dank Vesper. Am Ende gewinnt er 114 Millionen Dollar, doch Vesper wird von Le Chiffre entführt. Bond rast im Aston Martin hinterher und überschlägt sich, als er die Kontrolle über den Wagen verliert, weil Vesper gefesselt auf der Straße liegt. Dieser Stunt entstand auf der Millbrook-Teststrecke in der englischen Grafschaft Bedfordshire.

Dem angeschlagenen Bond wird die Wanze aus seinem Arm entnommen. Le Chiffre lässt ihn in ein Lagerhaus bringen und foltert ihn. Doch Mr. White erschießt Le Chiffre und 007 wacht im Krankenhaus wieder auf. Dazu diente ein altes Militärhospital im tschechischen Planá. Er erholt sich in einem idyllisch gelegenen Anwesen – wozu man die Villa del Balbianello am **Comer See** verwendete – und erhält dank Mendel das Geld. Bond und Vesper verlieben sich ineinander und machen Urlaub am Strand (Drehort waren die Bahamas). Mathis wird verhaftet, weil er Le Chiffre Zeichen gegeben hat, und Bond beschließt, seinen Job beim Geheimdienst zu quittieren. Gemeinsam segeln er und Vesper nach Venedig und steigen im Hotel Cipriani auf der Insel Giudecca ab. Als Lobby des Hotels fungiert jedoch nicht die Luxusherberge, sondern der Eingangsbereich des Nationalmuseums am Prager Wenzelsplatz.

Plötzlich ruft M an und informiert Bond, dass das Geld noch nicht angekommen ist. Vom Bankier Mendel erfährt er, dass es gerade von der Basel Bank am Markusplatz abgehoben wird. Bond stürmt dorthin und muss feststellen, dass Vesper mit einem Koffer auf der Flucht ist und von Gangstern bedroht wird. 007 heftet sich an ihre Fersen, liefert sich eine Schießerei mit den Gangstern und muss mit ansehen, wie Vesper in einem einstürzenden Haus im Canale della Giudecca ertrinkt. Nicht nur der Stadtteil Dorsoduro mit seinen kleinen Gassen wurde für diese Aufnahmen genutzt, sondern auch die Pinewood Studios. In der dortigen 007 Stage baute man Teile des Hauses und eines Platzes nach.

Am Ende rächt sich Bond für den Betrug. Mr. White, der den Tatort mit dem Geldkoffer verlassen hat, wird von Bond gestellt und vor einem Haus ins Bein geschossen. Die schön gelegene Villa Gaeta am Comer See bildete die Kulisse. „Mein Name ist Bond. James Bond", sind die letzten Worte von 007, bevor der Nachspann erscheint.

Die Zugfahrt nach Montenegro muss ziemlich lange gedauert haben, denn zwischenzeitlich fährt der Zug an dem Schild „Chur/Ost" vorbei. Das liegt rund 900 Kilometer von Montenegro entfernt. Da nie klar wird, wo Bond und Vesper in den Zug steigen – Bond kommt immerhin von den Bahamas – dauert die Fahrt also möglicherweise mehrere Tage ...

CASINO ROYALE

GB/CZ/USA/D 2006
Eine Eon Produktion
Regie: Martin Campbell
Musik: David Arnold
Drehbuch: Neal Purvis, Robert Wade, Paul Haggis
Darsteller:
James Bond - Daniel Craig
Vesper Lynd - Eva Green
Le Chiffre - Mads Mikkelsen
M - Judi Dench
René Mathis - Giancarlo Giannini
Felix Leiter - Jeffrey Wright
Mr. White - Jesper Christensen
Solange Dimitrios - Caterina Murino
Mendel - Ludger Pistor

Stirb an einem anderen Tag

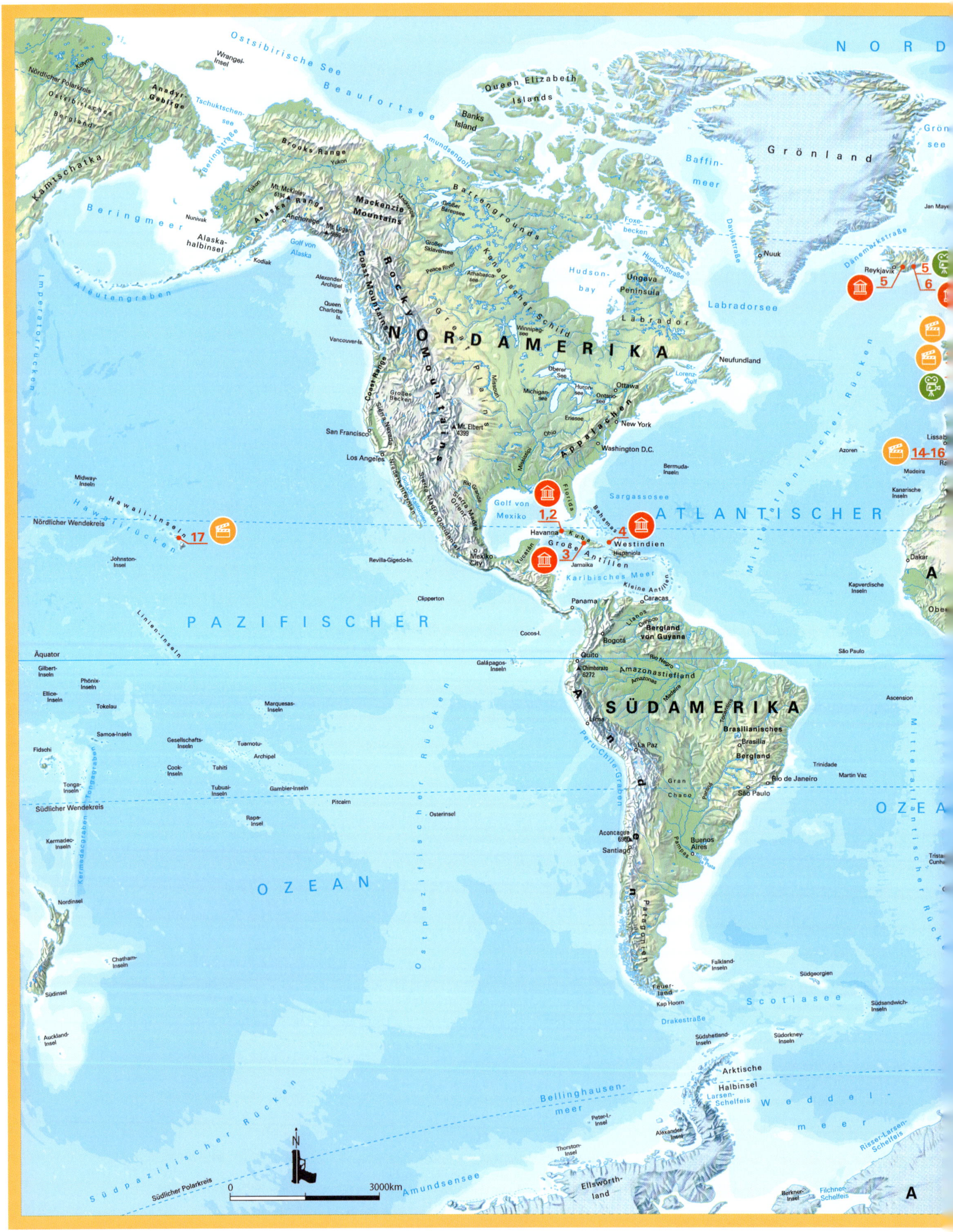

1 Cheltenham, Blue Egg Studios: Verfolgungsjagd. Schauplatz 6
2 Iver Heath, Pinewood Studios. Bond kapert ein Hovercraft. Schauplatz 15
3 Iver Heath, Pinewood Studios: Teile von Graves' Eispalast. Schauplatz 5
4 Iver Heath, Pinewood Studios: Bond und Jinx springen mit Tarngleitern ab. Schauplatz 11
5 Iver Heath, Pinewood Studios: 007 taucht im „Yacht Club Hongkong" auf. Schauplatz 8
6 Iver Heath, Pinewood Studios: Fechtduell zwischen Bond und Graves. Schauplatz 7
7 Odiham, RAF: Bunker. Schauplatz 13
8 Aldershot, Army Driving Training Area: Bond flüchtet vor seinen Verfolgern. Schauplatz 14
9 Aldershot: Agentenaustausch auf einer Brücke. Schauplatz 16
10 London, Stoke Newington Road im Stadtteil Hackney: Zigarrenfabrik. Schauplatz 3
11 London, Manston International Airport: Bond und Jinx auf Flughafen. Schauplatz 9
12 Penbryn Beach: Jinx und Bond genießen ihre Zweisamkeit in einer kleinen Hütte.
13 Holywell Bay: Bond wird von seinen Verfolgern verhaftet und gefoltert. Schauplatz 12
14 Cádiz, Avenida Campo del Sur: Bond läuft an der Hafenpromenade entlang. Schauplatz 1
15 Cádiz: Bond hält vor dem Gran Palacio Hotel und geht zum Strand. Schauplatz 2
16 Cádiz, Castillo de San Sebastián: Bond und Jinx fahren zur Insel Los Organos. Schauplatz 4
17 Hawaii, Maui: Einige Surfer landen heimlich an der Küste von Nordkorea. Schauplatz 10

1 London, Buckingham Palace: Graves landet per Fallschirm vor dem Buckingham Palace.
2 London, Vauxhall Bridge, 85 Albert Embankment: Dienstgebäude von MI 6
3 London, Vauxhall Cross: Bond erhält Zugang zur unterirdischen U-Bahnstation.
4 St. Austell, Eden Project: Sitz von Graves Anwesen.
5 Jökulsárlón-Eissee: Verfolgungsjagd zwischen Bond und dem ihn verfolgenden Zao.

1 Havanna: Bond läuft an der Hafenpromenade entlang.
2 Havanna: Bond hält vor dem Gran Palacio Hotel und geht zum Strand.
3 Kuba: Zigarrenfabrik
4 Kuba, Los Organos: Bond und Jinx setzen zur Insel Los Organos über.
5 Island: Teile von Graves' Eispalast
6 Island, Jökulsárlón-Eissee: Zao verfolgt Bonds Aston Martin
7 London: Fechtduell im Club „Blades" zwischen Bond und Graves
8 Hongkong: 007 taucht wenig bekleidet im „Yacht Club Hongkong" auf.
9 Nordkorea, Pyongyang: Bond und Jinx schleichen sich an ein russisches Flugzeug heran.
10 Nordkorea: Einige Surfer landen heimlich an der Küste von Nordkorea.
11 Nordkorea: Bond und Jinx springen mit Tarngleitern ab.
12 koreanisches Militärgebiet: Bond wird von seinen Verfolgern gestellt, verhaftet und gefoltert.
13 demilitarisierte Zone zwischen Nord- und Südkorea: Bunker
14 demilitarisierte Zone zwischen Nord- und Südkorea: Bond flüchtet vor seinen Verfolgern.
15 demilitarisierte Zone zwischen Nord- und Südkorea: Bond kapert ein Hovercraft.
16 demilitarisierte Zone zwischen Nord- und Südkorea: Agentenaustausch auf einer Brücke.

Stirb an einem anderen Tag

COOLE PARTY:
Gustav Graves' Eispalast in Island

Der letzte Einsatz von Pierce Brosnan war der bis dahin teuerste James-Bond-Film mit einem Budget von rund 156 Millionen Dollar. Das lag sicher nicht daran, dass viele, weit verstreute Schauplätze aufgesucht werden mussten, denn große Teile des Films wurden in England, Spanien und Island und nur wenige in den USA realisiert. Es lag vor allem an den aufwendigen Tricks. *Stirb an einem anderen Tag* ist vor allem ein Special-Effects-Spektakel, das vorgibt, in vielen Teilen der Welt zu spielen. Allerdings wurde auch bei den Drehorten viel getrickst und kaschiert. Eine Vorlage von Ian Fleming gibt es nicht. Sowohl die Geschichte als auch der Titel sind komplett neu erfunden.

In der ersten Szene des Films ist eine Gruppe von Surfern in dunklen Anzügen zu sehen, die heimlich an der Küste von Nordkorea landen. Da man verständlicherweise weder vor der Küste, noch im Land des kommunistischen Regimes Nordkorea drehen konnte, wich man für diese ersten Einstellungen auf die Insel **Maui** auf Hawaii aus. Einer der Surfer ist James Bond. Er tarnt sich als Diamantenhändler, um gegen den Nordkoreaner Colonel Moon zu ermitteln. Bei der Übergabe der Diamanten wird Bond verraten. Moons Killer Zao erhält eine Information, die Bond auffliegen lässt. Er wird abgeführt, kann sich aber befreien und ein Hovercraft kapern, um vor seinen Verfolgern durch die demilitarisierte Zone zwischen Nord- und Südkorea zu flüchten. Alle diese Aufnahmen entstanden auf dem Freigelände der Londoner Pinewood Studios. Dort errichtete man Gebäude und Sperranlagen und postierte noble Pkws, die effektvoll explodierten. Für die Hovercraft-Jagd nutzte man die Long Valley Army Driving Training Area im englischen Aldershot in der Grafschaft Hampshire.

STIRB AN EINEM ANDEREN TAG

Großbritannien 2002
Eine Eon Produktion
Regie: Lee Tamahori
Musik: David Arnold
Drehbuch: Neal Purvis und Robert Wade
Darsteller:
James Bond - Pierce Brosnan
Jinx - Halle Berry
Gustav Graves - Toby Stephens
Miranda Frost - Rosamund Pike
M - Judi Dench
Q - John Cleese
Damian Falco - Michael Madsen

Die Küste von **Holeywell Bay** nahe Newquay in Südwestengland diente Ende Februar 2002 für zwei Tage und Nächte als koreanisches Militärgebiet. Beim Kampf um die Diamanten wird Zao schwer verletzt. Colonel Moons Sohn kommt bei der Verfolgungsjagd anscheinend ums Leben. Am Ende der Sequenz wird Bond von seinen Verfolgern gestellt, verhaftet und gefoltert. Als Bunker in der demilitarisierten Zone nutzte man Teile der Luftwaffenbasis RAF Odiham in Hampshire.

Die Handlung setzt 14 Monate nach der Eingangssequenz wieder ein. So lange wird Bond in koreanischer Gefangenschaft gehalten und gefoltert. Dann erst kommt es zu einem Austausch, dem Colonel Moon widerwillig zugestimmt hat. Bond wird zu einer Brücke gebracht. Für ihn wird Zao aus der Gefangenschaft in die Freiheit entlassen. Für den Agentenaustausch verwendete man eine Brücke in dem Örtchen Aldershot in der englischen Grafschaft Berkshire. Im Film spielt der klassische Spionagefilmmoment an der Grenze zwischen Nord- und Südkorea. Der Agent wird von den eigenen Leuten auf Herz und Nieren untersucht und auf einem Schiff gefangen gehalten. M selbst glaubt nicht, dass Bond jemals wieder eingesetzt werden kann. Sie bezweifelt, dass er Informationen für sich behalten hat und dass er den Auftrag fortführen kann. 007 ist anderer Meinung und flieht. Er springt vom Schiff und taucht plötzlich wenig bekleidet im „Yacht Club Hongkong" auf. Gedreht wurden diese Szenen jedoch nicht in Hongkong, sondern lediglich in Studiokulissen.

Nachdem Bond im Yacht Club einen chinesischen Agenten enttarnen konnte, erhält er die Information, dass sich Zao auf Kuba aufhält. Auch hier durften die Filmemacher nicht drehen und wichen auf das südspanische **Cádiz** aus. Wenn Bond also an der Hafenpromenade von Havanna entlangläuft, ist das in Wirklichkeit die Avenida Campo del Sur, nahe bei der Kathedrale von Cádiz. 007 besucht eine Zigarrenfabrik, die sich südlich des zentralen Marktes, dem „Mercado Central de Abastos", befindet. Die Innenaufnahmen des Raucher-Paradieses wurden jedoch in einem Gebäude des Londoner Stadtteils Hackney an der Stoke Newington Road inszeniert. Bei der Terrasse der „kubanischen" Fabrik handelt es sich dann wieder um den Drehort Cádiz, ganz konkret um Torre del Sagrario.

Bei einem Gespräch mit dem Zigarrenhändler erfährt Bond, dass sich Zao auf der Insel Los Organos vor der Küste von Havanna aufhalten

SIE BRINGT NICHT NUR WELLEN IN WALLUNG:
Halle Berry als Jinx

Das Eden Project im Südwesten Englands

soll. 007 erhält ein Auto und fährt los. Die Straße nach Playa de Composoto diente als kubanische Straße. Er hält vor dem Gran Palacio Hotel und geht zum Strand. Dort beobachtet er, wie eine schöne Frau den Fluten entsteigt. Sie nennt sich Jinx und entpuppt sich später als NSA-Agentin. Dafür nutzten die Filmemacher den Strand, also die Playa de La Caleta und Balneario de la Palma y del Real. Nach einer leidenschaftlichen Nacht setzen beide separat nach Los Organos über; Drehort war **Castillo de San Sebastián**. Dort ist die sogenannte „Clinica Alvarez" beheimatet, in der Bond und Jinx erfahren, dass sich Zao einer Genbehandlung unterzieht. Er flieht vor den Augen der Agenten und entkommt im Hubschrauber. Jinx springt von der Klippe. Es gelingt Bond, Zao ein Kettchen zu entreißen, an dem sich ein kleiner Behälter mit Diamanten befindet. Es handelt sich um sogenannte Blutdiamanten aus Sierra Leone, die aus dem isländischen Besitz von Gustav Graves stammen.

Bond fliegt mit der British Airways nach London. Kurz danach landet Graves, von 007 beobachtet, per Fallschirm vor dem Buckingham Palace und den dortigen Gärten. Später begegnet Bond ihm im Club „Blades", in dem sich ein Fechtduell auf Leben und Tod entspinnt. Für die Außenaufnahmen nutzten die Macher die Fassade des „Reform Club" am Trafalgar Square, für den Innendreh zumindest die Lobby dieses Clubs an der Straße Pall Mall, Hausnummer 104. Das Duell selbst wurde im Studio realisiert, wo die Innendekoration des Clubs entstand. Am Ende der blutigen Auseinandersetzung lädt Graves Bond nach Island ein. 007 erhält vom Portier einen Schlüssel, der ihm Zugang zu einer unterirdischen U-Bahnstation namens „Vauxhall Cross" verschafft. Der Eingang befindet sich am Ende der östlichen Seite der Westminster Bridge, an der auch gedreht wurde. Die verlassene U-Bahn Station gibt es tatsächlich. Es ist die alte, unbenutzte Aldwych Station, an der Hauptverkehrsstraße Strand. Dort erscheint M und nimmt Bond wieder in ihre Dienste auf. Zudem erläutert Q alte und neue technische Details, darunter auch den neuen Aston Martin Vanquish.

Nach einigen Bildern vom Gebäude des MI 6 an der Vauxhall Bridge und der Themse, fährt Bond nach **Island** und schaut sich Graves' Demonstration von „Ikarus" an. Es ist eine künstliche Sonne, für deren Durchschlagskraft er Diamanten benötigt. Die Aufnahmen dafür entstanden an mehreren Drehorten. Zum einen wurden Teile des Eispalastes in der 007 Stage in den Londoner Pinewood Studios, aber auch auf dem Freigelände gebaut. Zusätzliche Aufnahmen – vor allem die aufwendige Verfolgungsjagd zwischen Bonds Aston Martin und dem ihn verfolgenden Zao – entstanden auf dem zugefrorenen Jökulsárlón-Eissee in Island. Als nicht alle diese Aufnahmen zur Zufriedenheit des Teams ausfielen, wurden zusätzliche Szenen in den Blue Egg Studios im englischen Gloucestershire gedreht.

Graves' Anwesen besteht aber nicht nur aus dem Eispalast, sondern auch aus weniger frostigen Zonen. Dafür verwendeten die Filmemacher das in Südwestengland gelegene Eden Project nahe St. Austell in Cornwall. Dort seilt sich unter anderem ein Double der von Halle Berry gespielten Jinx vom Dach eines Gewächshauses ab. Nachdem Bond von der Gentherapie von Gustav Graves erfahren hat, kann er dessen PR-Frau Miranda Frost als Verräterin enttarnen, Zao töten und Jinx aus der Hand der Gangster befreien. Graves entkommt auf einen Luftwaffenstützpunkt in Pyongyang in Nordkorea. Bond und Jinx springen mit Tarngleitern ab und schleichen sich an ein russisches Flugzeug vom Typ Antonov heran, in dem sich Graves und Frost befinden. Die Aufnahmen dafür entstanden auf dem Rissington Airfield und auf dem London Manston Airport in Kent. Für Innenaufnahmen nutzte man die Studios. Im Flugzeug stellt sich heraus, dass Graves der dank Gentherapie „auferstandene" Sohn von Colonel Moon ist. Der Vater ist entsetzt und wird getötet. An Bord des Flugzeugs kommt es kurz danach zum abschließenden Kampf zwischen Jinx, Miranda, Bond und Graves. Letztendlich überleben die Agenten, entkommen mit dem an Bord befindlichen Hubschrauber und genießen ihre Zweisamkeit; eine große Kiste mit Diamanten aus Graves' Besitz ist als Belohnung übrig geblieben. Für diese Schluss-Szene bauten die Set Designer eigens eine kleine Hütte am Penbryn Beach zwischen Aberystwyth und Cardigan in Wales. Nach verschiedenen Quellen arbeiteten acht Mann mehrere Tage daran, das hübsche Gebäude zu errichten, auch wenn es nur Sekunden auf der Leinwand zu sehen ist. Weder Pierce Brosnan noch Halle Berry waren dort präsent. Sie räkelten sich in einer Studiohalle – unter künstlichem Licht.

KEIN PARDON MIT DEM FEIND: *Wer böse ist, hat ganz schnell James Bond am Hals*

Die Welt ist nicht genug

1 Eilean Donan Castle: Nur Außenaufnahmen: Treffen im sogenannten Castle Thane.
2 Snowdon: Cwm Dyli Pipeline. Schauplatz 2
3 Gwynedd: Cwm Dyli Pipeline. Schauplatz 3
4 Halton, RAF: Elektra King verspielt eine Million Dollar. Schauplatz 8
5 Ruislip, RAF: 007 steigt in eine Maschine nach Kasachstan. Schauplatz 4
6 Buckingham Town: Beerdigung von Robert King.
7 Luton, Luton Hall: Elektra verführt Bond in ihrem Palais in Baku. Schauplatz 10
8 Swindon, Werk von Motorola Ltd: Elektra kidnappt Geheimdienstchefin M. Schauplatz 11
9 Iver Heath, Pinewood Studios: Innenaufnahmen des Eilean Donan Castle. Schauplatz 1
10 Iver Heath, Pinewood Studios: Teil der Innenaufnahmen von Elektras Palais. Schauplatz 9
11 Iver Heath, Pinewood Studios: Unterirdischer Bombenschacht. Schauplatz 5
12 Iver Heath, Pinewood Studios: Teil der Pipeline als Modell. Schauplatz 6
13 Iver Heath, Pinewood Studios: Kaviarfabrik. Schauplatz 15
14 Iver Heath, Pinewood Studios: Happy End: Bond und Christmas. Schauplatz 16
15 Chamonix: Elektra fliegt mit Bond im Helikopter in die Berge. Schauplatz 12
16 bei Tudela, Naturpark Bardena Reales: Bond/Arkoff trifft auf Dr. Christmas Jones. Schauplatz 7
17 Las Majadas: Elektra schlichtet den Ärger mit Anwohnern. Schauplatz 14
18 Istanbul, Küçüksu Palast in Beykoz: Haus von Bonds Widersacherin Elektra. Schauplatz 13
19 Istanbul, Kiz Kulesi: Elektra hält M in einem Turm auf einer kleinen Insel gefangen.

1 London, Parlamentsgebäude: Bond schnappt sich ein Boot und verfolgt die Attentäterin.
2 London, Vauxhall Bridge, 85 Albert Embankment: Dienstgebäude von MI 6.
3 Greenwich, Millennium Dome: Bond fällt auf das Dach des Bauwerks und bleibt verletzt liegen.
4 Bosporus: Renard will waffenfähiges Plutonium in einem Atom-U-Boot zünden.
5 Baku: „Bibi-Heibat" Gelände nahe Baku und einige Bergzüge von Neft Dashlary
6 Bilbao: Bond trifft sich in einem Gebäude der Banque Suisse mit einem Schweizer Bankier

1 Eilean Donan Castle
2 - 3 Kasachstan: Pipeline
4 Kasachstan: 007 geht an Bord einer Maschine, die nach Kasachstan fliegt.
5 Kasachstan: Innenaufnahmen des unterirdischen Bombenschachtes
6 Kasachstan: Teil der Pipeline als Modell
7 Kasachstan: Bond/Arkoff trifft auf die Atomphysikerin Dr. Christmas Jones.
8 Baku: Elektra King verspielt eine Million Dollar.
9 Elektras Palais in Baku
10 Baku: Elektra verführt Bond in ihrem Palais.
11 Baku: Elektra kidnappt die Geheimdienstchefin M.
12 Baku: Elektra fliegt mit Bond im Helikopter in die Berge.
13 Baku: Haus von Bonds Widersacherin Elektra.
14 Baku: Elektra schlichtet den Ärger mit Anwohnern.
15 Istanbul: Kaviarfabrik
16 Bosporus: Happy End: Bond und Christmas

Norwegisches Becken
NORWEGEN
SCHWEDEN
FINNLAND
Skandinavien
Lappland
Nordsee
DÄNEMARK
GROSSBRITANNIEN
IRLAND
DUBLIN
LONDON
PARIS
FRANKREICH
SPANIEN
MADRID
Lissabon
PORTUGAL
BARCELONA
Golf von Biskaya
Oslo
Stockholm
Helsinki
SANKT-PETERSBURG
MOSKAU
RUSSLAND
ESTLAND
LETTLAND
LITAUEN
MINSK
WEISSRUSSLAND
POLEN
WARSCHAU
BERLIN
HAMBURG
Amsterdam
NIEDERLANDE
Brüssel
MÜNCHEN
WIEN
PRAG
BUDAPEST
UNGARN
RUMÄNIEN
BUKAREST
BULGARIEN
SOFIA
BELGRAD
KIEW
UKRAINE
CHARKOW
DNJEPROPETROWSK
ODESSA
ROSTOW n.D.
VOLGOGRAD
SAMARA
KASAN
NISCHNIJ NOWGOROD
TBILISSI
GEORGIEN
ERIWAN
BAKU
TABRIZ
Schwarzes Meer
Kaspisches Meer
ISTANBUL
ANKARA
TÜRKEI
ATHEN
IZMIR
ADANA
ALEPPO
SYRIEN
DAMASKUS
BAGDAD
IRAK
BEIRUT
LIBANON
Jerusalem
AMMAN
JORDANIEN
ISRAEL
ZYPERN
ROM
NEAPEL
MAILAND
Marseille
Korsika
Sardinien
Tyrrhenisches Meer
Mittelländisches Meer
ALGIER
Tunis
Tripolis
ALEXANDRIA
KAIRO
GIZEH
ÄGYPTEN
LIBYEN
ALGERIEN
MAROKKO
RABAT
CASABLANCA
SAHARA
MAURETANIEN
MALI
NIGER
TSCHAD
SUDAN
KHARTUM
OMDURMAN
SAUDI-ARABIEN
RIAD
Mekka
Medina
DJIDDA
JEMEN
ÄTHIOPIEN
ADDIS ABEBA
NIGERIA
LAGOS
IBADAN
ABIDJAN
FREETOWN
ELFENBEINKÜSTE
GHANA
KAMERUN
DOUALA
YAOUNDÉ
ZENTRALAFRIKANISCHE REPUBLIK
N'Djamena
Nördlicher Polarkreis
Nördlicher Wendekreis
Rotes Meer
Golf von Aden

Die Welt ist nicht genug

Was mag dem Terroristen Renard als Nächstes durch den Kopf gehen?

Im Frühjahr 1963 erschien Ian Flemings Roman *On Her Majesty's Secret Service*. Dafür hatte er zuvor im Londoner Amt für Heraldik, dem sogenannten College of Arms in der Queen Victoria Street recherchiert. Bei seinen Nachforschungen stieß er auf ein Familienwappen mit dem Motto „The World Is Not Enough" (Die Welt ist nicht genug), das er sogleich für den familiären Hintergrund seines fiktiven Helden James Bond verwendete. Die Filmemacher nutzten diese Inschrift des Familienwappens für den 1999 entstandenen Actionfilm, bauten es sogar in den Dialog mit ein. Mit der Herkunft von 007 oder gar seiner Familie hat der Film jedoch nichts zu tun.

Die erste Einstellung des Films zeigt Bond mit Brille in **Bilbao** nahe dem Guggenheim Museum. Er besucht ein Gebäude der Banque Suisse de L'Industrie und trifft sich dort mit einem Schweizer Bankier. Er soll von ihm Geld für Sir Robert King, einen Freund von M, in Empfang nehmen. Als man ihn zu hintergehen versucht und der Bankier erstochen wird, flüchtet Bond. Mit dem Geldkoffer in der Hand springt er aus dem Fenster und entkommt überdies einem unbekannten Attentäter sowie der herannahenden Polizei. Gedreht wurde auf der Calle de Henao, der Alameda de Mazarredo und der Calle de Iparraguirre in Bilbao. Mit dem Geldkoffer geht er über die Ponte de la Salve. Die nächste Einstellung zeigt ihn bereits im Hauptquartier des MI 6 in London. Er nimmt den Dank von M und dem Ölmagnaten King entgegen und erfährt von einem Geheimbericht über Terroristen, die Kings Pipeline sabotieren. Das von Bond sichergestellte Geld ist jedoch präpariert und entzündet sich selbst, was King zum Verhängnis wird. Eine Explosion reißt ein Loch in das MI 6-Gebäude. Auf der Themse ist die Attentäterin zu sehen, die Bond ins Visier nimmt. 007 kann ausweichen, schnappt sich ein Boot aus Qs Werkstatt und verfolgt sie. Sie rasen entlang des Parlamentsgebäudes, vorbei an Big Ben, am Java Wharf, durch die Docklands und die Royal Victoria Docks; sie passieren Canning Town, Glengall und die Milwall Bridge und kommen an den inneren Docks, der Isle of Dogs und den West India Docks, – wo die Explosionsszenen entstanden – vorbei. Sie lassen auch die Tower Bridge nicht aus, kommen durch das Canoa Club House am Tobacco Dock und verfolgen sich auf dem Kanal an der Whapping Lane bei Shadwell bis zum Millennium Dome in Greenwich. Dort flüchtet die Killerin in einem Ballon und tötet sich selbst, indem sie ihr Transportmittel zur Explosion bringt, weil sie ihre eigene Situation als ausweglos einschätzt. Bond, der sich an eine Fangleine des Ballonkorbes gehängt hat, fällt auf das Dach des Bauwerks und bleibt verletzt liegen.

Der Hauptfilm beginnt mit der Beerdigung von Robert King, die in Buckingham Town, in der Grafschaft Buckinghamshire inszeniert wurde. Den Hintergrund bildet der knapp drei Meilen entfernte berühmte Gothic Temple in Stowe Park. Bei der Beerdigung ist Kings Tochter Elektra erstmals zu sehen. Bond, M und ihre Mitarbeiter treffen sich danach im schottischen Hauptquartier des MI 6. Für die Außenaufnahmen wurde das durch den Film *Highlander* bekannt gewordene **Eilean Donan Castle** am Loch Alsh in Rossshire genutzt. Die Innenaufnahmen entstanden in den Pinewood Studios. Bond muss sich vor seinem erneuten Einsatz zunächst wegen eines ausgerenkten Schultergelenks behandeln lassen, besucht danach aber Q, sowie dessen neuen Assistenten, und findet im Archiv heraus, dass Elektra einst von dem Terroristen Renard entführt wurde. Die damals bezahlte Lösegeldsumme entspricht exakt dem Betrag, den er für King in Bilbao abgeholt hat. Bond wird beauftragt, sie nun zu beschützen und fliegt nach **Aserbaidschan** am Kaspischen Meer. Die Hauptstadt Baku, das nahe gelegene „Bibi-Heibat"-Gelände und auch die etwa 30 Kilometer außerhalb gelegenen Berge von Neft Dashlary wurden zum Schauplatz – wenn auch nur in wenigen Szenen. Die erste direkte Begegnung von Bond und Elektra wurde in der gebirgigen Landschaft um den Ort Las Majadas gedreht, in der Nähe der zentralspanischen Stadt Cuenca. Elektra schlichtet gerade einen Konflikt um die Streckenführung einer Pipeline. Die Anwohner wollen erreichen, dass die Pipeline einen Umweg um ihren Ort macht. Elektra zeigt Bond den Streckenverlauf und fliegt mit ihm im Helikopter in die Berge, um dort die Leitung zu kontrollieren. Als sie dann in einem Skigebiet abspringen, handelt es sich beim Drehort weder um Baku noch um Spanien, sondern um das französische La Flégère in **Chamonix**. Dort entstand eine Verfolgungsjagd, in der Elektra und Bond aus der Luft von vier Paraglidern angegriffen werden. 007 kann die Gangster jedoch unschädlich machen und Elektra retten.

Im Casino von **Baku** befragt Bond den russischen Besitzer Zukovsky zu den Paraglidern und findet heraus, dass es ein Angriff der russischen Atomenergie-Antiterroreinheit war. Vier Pipelinebetreiber kämpfen um die Vormachtstellung bei der Öllieferung in den Westen. Das Halton House in Halton in Buckinghamshire diente für die Innenaufnahmen des „L'Or Noir Casino". Dort taucht ganz plötzlich auch Elektra King auf und verspielt gegen Zukovsky auf einen Schlag eine Million Dollar. 007 ist die Aktion verdächtig. Renard macht indes mit Elektras Sicherheitsberater Davidoff Geschäfte und Elektra verführt Bond in ihrem Palais in Baku. Das Film-Gebäude setzt sich aus Aufnahmen verschiedener Filmlocations zusammen. Die Außenansicht liefert der Küçüksu Palast in Beykoz, **Istanbul**. Die Innenaufnahmen entstanden in dem Anwesen Luton Hall in Luton, Bedfordshire, und einem im Studio errichteten Set. Bond verlässt Elektra, schleicht sich in ihr Büro, beobachtet Davidoff, der die Leiche des Atomexperten Dr. Arkoff im Kofferraum hat, und erschießt den Sicherheitschef in Notwehr. 007 nimmt die Identität Arkoffs an und gelangt so an Bord einer Maschine, die nach Kasachstan in Mittelasien fliegt. Als Startbahn nutzte man al-

DIE WELT IST NICHT GENUG

Großbritannien 1999
Eine Eon Produktion
Regie: Michael Apted
Musik: David Arnold
Drehbuch: Neal Purvis, Robert Wade und Bruce Feirstein
Darsteller:
James Bond - Pierce Brosnan
Elektra King - Sophie Marceau
Dr. Christmas Jones - Denise Richards
Renard - Robert Carlyle
Valentin Zukovsky - Robbie Coltrane
M - Judi Dench

lerdings zum wiederholten Mal die Luftwaffenbasis RAF Northolt im englischen Ruislip. In Kasachstan hat das Team nicht gearbeitet und drehte diese Szenen stattdessen in der Nähe der spanischen Wüste von Bardenas Reales und Tudela in Zentralspanien. In diesem spanischen Kasachstan trifft Bond/Arkoff auf dem Gelände eines unterirdischen Atomwaffen-Forschungslabors auf die Atomphysikerin Dr. Christmas Jones. Er fährt in einen Bombenschacht und stellt fest, dass Renard eine der Atombomben stehlen will. 007 wird enttarnt, kann aber Christmas und sich selbst aus dem Schacht retten. Renard entkommt mit dem Sprengkopf. Die Innenaufnahmen des unterirdischen Bombenschachtes entstanden in den Pinewood Studios.

In der Zwischenzeit bittet Elektra M um Hilfe, die auch zu ihr reist. Zurück in der Ölraffinerie in Baku konfrontiert Bond Elektra damit, dass sie möglicherweise eine Beziehung zu Renard eingegangen ist, und berichtet M davon. Die Geheimdienstchefin zieht diese Einschätzung Bonds in Zweifel und glaubt an Elektra. Dennoch entsteht die Befürchtung, dass sich die gestohlene Bombe in einer von Elektras Pipelines befindet. Bond und Christmas fliegen zu einem Zugang in die Pipeline und überprüfen diese von innen mit einem Spezialgefährt. Dort stellen sie fest, dass es sich nicht um eine Atombombe handelt, lassen den Sprengsatz detonieren und kommen unbeschadet aus der Röhre. Die Filmpipeline besteht aus mehreren Teilen, die an unterschiedlichen Orten aufgenommen wurden. So wurden Elemente in Originalgröße, aber auch in Form eines Miniatur-Modells auf dem Freigelände des Studios gebaut und zur Explosion gebracht. Hinzu kamen Aufnahmen der Cwm Dyli Pipeline in Snowdon, Gwynedd in Wales und in Hankley Common, Elstead in der Grafschaft Surrey.

Der Millennium Dome in London

Auf einmal kidnappt Elektra Geheimdienstchefin M und enthüllt ihr wahres Ich. Die Szenen entstanden im Werk des Telefonherstellers Motorola Ltd. im englischen Swindon. Renard hat sechs Kilogramm waffenfähiges Plutonium an sich gebracht und will dieses an Bord eines Atom-U-Bootes im Bosporus zünden. Dort treffen sich die Pipelines der Konkurrenz. Im Falle der Detonation wäre Elektra, deren Leitungen einen anderen Streckenverlauf haben, die große Gewinnerin. Elektra begrüßt ihren Liebhaber im türkischen Istanbul und zeigt ihm stolz die gefangene M. Dafür wurden Bilder am Jungfrauenturm Kíz Kulesí auf einer kleinen Insel im Bosporus von Istanbul gedreht. Am kaspischen Meer fährt Valentin Zukovsky unterdessen zu seiner Kaviarfabrik und muss sich unangenehmen Fragen von Bond stellen: Wieso hat Elektra in seinem Casino eine Million an ihn verloren – oder besser, bezahlt? Bond klagt ihn an, mit Elektra unlautere Geschäfte gemacht zu haben. In diesem Moment wird die Fabrik von einem Hubschrauber mit rotierenden Sägen angegriffen. Zukovsky stürzt in den Kaviar und gesteht, dass er für Elektra Technikteile nach Istanbul geschmuggelt hat. Renard benötigt die Technikteile, um in dem Atom-U-Boot eine Kernschmelze auszulösen. Die Kaviarfabrik wurde komplett auf dem Freigelände der Pinewood Studios gebaut.

Sophie Marceau, Pierce Brosnan und Regisseur Michael Apted am Set

Bond, Zukovsky und Christmas fliegen nach Istanbul und versuchen in der ehemaligen Funkstation des KGB herauszufinden, wo das U-Boot sein könnte. M sendet aus ihrem Gefängnis im Jungfrauenturm heraus ein Signal und wird so von ihren Kollegen lokalisiert. In diesem Moment lässt Zukovskys Leibwächter Bull in der Funkstation eine Bombe hochgehen. Zukovsky bricht zusammen; Bond und Christmas bleiben unverletzt, werden aber von Bull gefangen genommen und zu Elektra in den Jungfrauenturm gebracht. Während Christmas auf Renards U-Boot verschleppt wird, foltert Elektra 007. Zukovsky stößt dazu, wird von Elektra erschossen, kann aber im Sterben Bond aus seinen Fesseln befreien. Bond verfolgt Elektra, findet M und befreit sie. Er erschießt Elektra und schafft es, in Renards U-Boot zu gelangen, Christmas zu befreien und den Terroristen zu töten. Durch den Torpedoschacht kommen Bond und Christmas an die Wasseroberfläche. Den gemeinsamen Erfolg feiern sie kurz danach. Die Unterwasseraufnahmen wurden auf den **Bahamas** realisiert. Die Stars reisten dort nicht hin. Sie filmten das Happyend im Studio.

Nach Ian Flemings Angaben in dem Roman *On Her Majesty's Secret Service* geht der Stammbaum der Familie Bond bis ins Jahr 1387 zurück. Das Wappen basiert auf Sir Thomas Bond, der 1734 starb.

Der Morgen stirbt nie

1 Stoke Poges, Golf Club: Carvers Frau vergnügt sich mit Bond in dessen Suite. Schauplatz 1
2 Portsmouth, Hafen: Englische Kriegsschiffe HMS Westminster und HMS Dryad.
3 Portsmouth, Marinebasis: Auseinandersetzungen. Schauplatz 12
4 Aylesbury: Bond vergnügt sich mit seiner Dänischprofessorin. Schauplatz 6
5 Frogmore, Frogmore Studios
6 Bedfont Lakes, IBM Hauptquartier: Gala anlässlich Carvers Satellitennetzwerk. Schauplatz 2
7 London, Brent Cross Shopping Center: Parkhausszenen und Verfolgungsjagd. Schauplatz 3
8 London, Standsted Airport: Enthüllung und Testfahrt mit dem BMW 750 iL. Schauplatz 4
9 Iver Heath, Pinewood Studios: Auseinandersetzungen auf hoher See. Schauplatz 13
10 Iver Heath, Pinewood Studios: Schiffsmodelle der Devonshire und deren Wrack. Schauplatz 7
11 London, East India Dock: Wai Lin und Bond sind hinter Carver her. Schauplatz 5
12 Lakenheath, RAF: Bond landet per Helikopter auf einer US-Air-Base.
13 Hochplateau bei Peyresourde: Ein Jet mit Nuklear-Torpedos wird gesichtet.
14 Bangkok, Innenstadt: Wai Lin und Bond flüchten mit einem geklauten Motorrad. Schauplatz 9
15 Bangkok, Sinn Sathorn Tower: Firmensitz von Bonds Widersacher Carver. Schauplatz 10
16 Andamanensee, Felsen: Bond und Wai Lin entern das Stealth-Schiff. Schauplatz 8
17 Nahe Key Largo: Stuntman B.J. Worth führt einen speziellen HALO-Jump aus.
18 Playas de Rosarito, Fox Baja Studios: Bond springt vom Militärflugzeug ab. Schauplatz 11

1 Hamburg, Flughafen Fuhlsbüttel: 007 überprüft mit Q die Versicherungen für sein Dienstauto.
2 Oxford, vor dem New College/Brasnose College
3 London, London Wall: M, Bond und Miss Moneypenny fahren im Bentley zum Fughafen.
4 London, Inland Revenue Offices im Somerset House: Bond geht ins Verteidigungsministerium.

1 Hamburg, Hotel Atlantic: Carvers Frau vergnügt sich mit Bond in dessen Suite.
2 Hamburg: Gala anlässlich Carvers Satellitennetzwerk
3 Hamburg: Parkhausszenen und Verfolgungsjagd
4 Hamburg: Enthüllung und Testfahrt mit dem BMW 750 iL
5 Hamburg: Wai Lin und Bond sind hinter Carver her.
6 Oxford: Bond vergnügt sich mit seiner Dänischprofessorin.
7 Vietnam, Ha Long Bay: Devonshire und deren Wrack
8 Vietnam, Ha Long Bay: Bond und Wai Lin entern das Stealth-Schiff.
9 Vietnam, Saigon: Wai Lin und Bond flüchten mit einem geklauten Motorrad.
10 Vietnam, Saigon: Firmensitz von Bonds Widersacher Carver
11 Südchinesisches Meer: Bond springt vom Flugzeug ab, um nach der Devonshire zu tauchen.
12-13 Südchinesisches Meer: Auseinandersetzungen auf hoher See.

LARMEER
Franz-Josef-Land
Sewernaja Semlja
Neusibirische Inseln
Ostsibirische See
Wrangel-Insel
Tschuktschensee
Brooks Range
Nördlicher Polarkreis
Yukon
Beringstraße
Spitzbergen
opäisches
ordmeer
Barentssee
Nowaja Semlja
Karasee
Taimyr-Halbinsel
Laptewsee
Anadyr-Gebirge
Ostsibirisches Bergland
Nunivak
Mittelsibirisches Bergland
Untere Tunguska
Werchojansker Gebirge
Lena
Kamtschatka
Beringmeer
Aleuten
Aleutengraben
Skandinavien
Kola
Nördl. Dwina
Uralgebirge
Sibirien
Westsibirisches Tiefland
Ob
Jenissei
Angara
Ochotskisches Meer
Stanowoigebirge
Sachalin
Imperatorrücken
St. Petersburg
Moskau
Wolga
Kama
Nowosibirsk
Baikalsee
Jablonowygebirge
Amur
Sichote-Alin
Kurilen
Kurilengraben
1
1-5
Berlin
EUROPA
-12
Kiew
Dnjepr
Karpaten
Don
Kasachische Schwelle
Balchaschsee
Altai
ASIEN
Mandschurei
Hokkaido
Alpen
Korsika
Sardinien
Rom
Donau
Krim
Schwarzes Meer
Kaukasus
Elbrus 5642
Kaspisches Meer
Aralsee
Tiefland von Turan
Tian Shan
Gobi
Peking
Korea
Japanisches Meer/ Ostmeer
Honshu
Tokyo
Ōsaka
Kyushu
Japangraben
PAZIFISCHER OZEAN
Sizilien
Istanbul
Ankara
Athen
Kreta
Zypern
Tigris
Euphrat
Bagdad
Teheran
Zagrosgebirge
Pamir
Tarimbecken
Hindukusch
Kunlun Shan
Hochland von Tibet
Himalaya
Lahore
Delhi
Ganges
Indus
Thar
Mt. Everest 8848
Huang He
Große Ebene
Gelbes Meer
Shanghai
Ostchinesisches Meer
Ryukyu-Inseln
Boninisnseln
Bonin-Inseln
Midway Inseln
Nördlicher Wendekreis
Jerusalem
Kairo
Nil
Libysche Wüste
Ahaggar
Tibesti
Sahara
Arabische Halbinsel
Riad
Rub'al Khali
Persischer Golf
Golf von Oman
Rotes Meer
Nubische Wüste
Khartum
Arabisches Meer
Indien
Mumbai
Dekkan
Kalkutta
Golf von Bengalen
Rotes Becken
Jangtsekiang
Südchinesisches Bergland
7,8
Taiwan
Hainan
Luzon
Manila
Philippinen
Südchinesisches Meer
Bangkok
16
14,15
11-13
9,10
Marianen
Marianengraben
AFRIKA
Tschadsee
Golf von Aden
Addis Abeba
Sokotra
Äthiopisches Hochland
Ceylon
Andamanen
Andamanensee
Golf von Thailand
Nikobaren
Sulusee
Mindanao
Celebessee
Palau
Mikronesien
Karolinen
Marshall-Inseln
Gilbert-Inseln
Äquator
Bioko
Asandeschwelle
Kongobecken
Victoriasee
Mt. Kenia 5194
Nairobi
Kilimandscharo 5895
Tanganjikasee
Kinshasa
Malediven
INDISCHER
Zentralindischer Rücken
Bengalischer Rücken
Sumatra
Singapur
Kalimantan
Sulawesi
Molukken
Melanesien
Neuguinea
Bismarck-archipel
Salomonen
Große Sundainseln
Javasee
Jakarta
Java
Bandasee
Seram
Kleine Sundainseln
Timor
Arafurasee
Sundagraben
Seychellen
Chagos-Inseln
Komoren
Malawisee
Lundaschwelle
Sambesi
Madagaskar
Straße von Mosambik
Maskarenen
Timorsee
Arnhemland
Carpentariagolf
Korallensee
Ellice-Inseln
Neue Hebriden
Fidschi
Neukaledonien
Große Sandwüste
AUSTRALIEN
Great Dividing Range
Großes Artesisches Becken
Victoriawüste
Nullarborebene
Große Australische Bucht
Südlicher Wendekreis
Namib
Kalahari
Oranje
Drakensberge
Kapstadt
Kap der Guten Hoffnung
Perth
Sydney
2230 Mt. Kosciusko
Kermadec-Inseln
Kermadecgraben
OZEAN
Westlicher Indischer Rücken
Amsterdam-I.
St. Paul
Crozet-Inseln
Prince Edward I.
Bass-Straße
Tasmanien
Tasmansee
Neuseeland
Nordinsel
Südinsel
Chatham-Insel
Indisch-Antarktischer Rücken
Kerguelen
Heard-I.
Auckland-Insel
Shackleton-Schelfeis
Amery-Schelfeis
Wohlthat-Massiv
Belgica-Gebirge
Enderbyland
Schwabenland
Königin-Maud-Land
Amerikanisches Hochland
Wilkesland
Südlicher Polarkreis
Balleny-Inseln
Rossmeer
ANTARKTIS
N
0
3000km

Der Morgen stirbt nie

OB IHNEN CARVER INS NETZ GEHT?
Bond und Wai Lin machen sich einsatzbereit

In Pierce Brosnans zweitem Einsatz als 007 war nach vielen Jahren wieder einmal Asien einer der Hauptschauplätze. Nachdem Bond in *Man lebt nur zweimal* schon in Japan gewesen war und in *Der Mann mit dem goldenen Colt* in Hongkong, Macao und Bangkok ermittelt hatte, wurden dieses Mal Szenen in Thailand gedreht. Teile der Handlung spielen jedoch in Vietnam. Zudem standen Deutschland und Frankreich auf dem Reiseplan der Filmemacher, obwohl, wie schon bei früheren Filmen auch, Drehort und Handlungsort deutlich differieren. *Der Morgen stirbt nie* bildet darin keine Ausnahme. Schon die ersten Einstellungen bestätigen dies.

Eine schneebedeckte Hochebene und ein Flohmarkt für Terroristen bestimmen die Anfangssequenz. An der „russischen Grenze" heißt es im Untertitel, doch gedreht wurde in den französischen Pyrenäen bei Peyresourde und Luchon.

DER MORGEN STIRBT NIE

Großbritannien 1997
Eine Eon Produktion
Regie: Roger Spottiswoode
Drehbuch: Bruce Fierstein
Musik: David Arnold
Darsteller:
James Bond - Pierce Brosnan
Elliot Carver - Jonathan Pryce
Paris Carver - Teri Hatcher
Wai Lin - Michelle Yeoh
Stamper - Götz Otto
M - Judi Dench
Q - Desmond Llewelyn
Miss Moneypenny - Samantha Bond
Jack Wade - Joe Don Baker

Dort stehen Raketen, Jets und andere Waffen, die von gesuchten Verbrechern begutachtet werden. Der Gangster Gupta benutzt ein GPS-Satellitensystem, aber auch er wird beobachtet. Bond ist vor Ort und sendet die Signale einer Videokamera direkt nach London. Der britische Admiral Roebuck gibt dort schnell entschlossen den Befehl, das Treffen mit einem Marschflugkörper aufzulösen. Eine Rakete wird vom britischen Kriegsschiff „HMS Chester" gestartet. Doch Bond sichtet plötzlich einen Jet mit Nuklear-Torpedos. Man beauftragt ihn per Funk zu verschwinden, doch 007 stürzt sich ins Geschehen, um die Atomwaffen aus der Gefahrenzone zu bringen. Er schießt sich durch die Anwesenden, kapert den Jet, entledigt sich seiner Verfolger und kommt unbeschadet aus dem Areal heraus, das kurz danach vom britischen Marschflugkörper in die Luft gejagt wird.

Der Hauptfilm beginnt mit einem Angriff, der verheerende Ausmaße annimmt. Im südchinesischen Meer wird von einem für Radar und Sonar unsichtbaren Stealth-Schiff ein ferngesteuerter Unterwasserbohrer losgeschickt, der das Kriegsschiff „HMS Devonshire" zum Sinken bringt. Nur 17 Mann überleben. Die Carver Media Group und deren Chef Elliott Carver, der auch die Zeitung *Tomorrow* (*Der Morgen* in deutsch) verlegt, berichten exklusiv als Erste über die Katastrophe. Terrorist Gupta arbeitet für Carver. Er hat dem Kapitän der „Devonshire" falsche GPS-Daten übermittelt – ebenso wie den chinesischen Kampffliegern. So denken die Chinesen, dass das britische Schiff in ihre Hoheitsgewässer eingedrungen sei. Die Briten glauben, die Chinesen hätten einen Torpedo ins Wasser gelassen. Das Stealth-Schiff schießt zudem eine chinesische MIG mit einer Rakete vom Himmel. Die politische Krise ist da. Und für Carver ist es die perfekte Story für den Beginn eines neuen Satellitennetzwerks, das er am Abend in seiner neuen Zentrale in Hamburg vorstellen will. Die Auseinandersetzungen auf See wurden vor der Marinebasis in Portsmouth und in den Londoner Pinewood Studios gefilmt. Niemand reiste dafür ins südchinesische Meer.

Bond vergnügt sich währenddessen mit seiner Dänischprofessorin in **Oxford**, und tatsächlich entstanden auch einige Einstellungen vor dem New College / Brasnose College in der Universitätsstadt. Für die Innenaufnahmen nutzte man eine Privatvilla in Aylesbury in der Grafschaft Buckinghamshire. Ein Anruf beordert Bond ins Verteidigungsministerium. Also macht er sich mit seinem Aston Martin DB 5 auf den Weg. Die Inland Revenue Offices im Somerset House an der Londoner Straße Strand kamen so zu filmischen Ehren. Dort zeigen ihm Roebuck und M die aktuelle Ausgabe von *Tomorrow* mit der Schlagzeile über die Ermordung der Seeleute. Bond wird nach **Hamburg** zu einer Party von Carver geschickt und soll den Medienmogul überprüfen. Auf einer Fahrt zum Flughafen wird er von M und Miss Moneypenny unterrichtet. Sie fahren im Bentley auf der Straße St.-Mary-le-Strand-Church und entlang des London Wall durch die britische Metropole. 007 landet in Hamburg und geht auf dem Flughafen Fuhlsbüttel gemeinsam mit Q die Versicherungen für seinen Dienstwagen durch. Die Enthüllung des BMW 750 iL und die anschließende Testfahrt wurden jedoch auf dem bei London gelegenen Flughafen Stansted gedreht – auch wenn die Szene in Hamburg spielt. Es dürfte das einzige Mal in der Filmgeschichte sein, dass ein Leihwagen in einer Halle übernommen wird, in der lauter Flugzeuge stehen …

Es folgt die große Gala anlässlich von Carvers neuem Satellitennetzwerk, die jedoch nicht in Hamburg gedreht wurde. Die Macher verwendeten das IBM-Hauptquartier im englischen East Bedfont, Bedfont Lakes in Middlesex. Auf der Party lernt Bond Elliot Carver und die Asiatin Wai Lin kennen, die angeblich für eine chinesische Nachrichtenagentur arbeitet. Auch seine Ex-Freundin Paris Carver, die Frau von Elliot, trifft er dort. Gupta hört ein Gespräch mit ihr ab und übermittelt es ihrem Ehemann. Carver lässt Bond abführen und zusammenschlagen, doch 007 streckt seine Gegner nieder und sabotiert die Live-Übertragung des Medienmoguls. Carver ist erbost und lässt seine Frau suchen. Sie vergnügt sich mit Bond in dessen Suite im Hamburger Hotel Atlantic. Gedreht wurde jedoch in einer Suite in England. Das Innere eines Gebäudes auf dem Areal des englischen Golfclubs in Stoke Poges diente dazu. Paris erzählt Bond von Elliotts geheimem Safe. 007 schleicht sich aufs Dach des Atlantic-Hotels und in die Büroräume des Medienmoguls. Dort knackt er den Safe, stiehlt das GPS-System und entdeckt Wai Lin. Sie ist in Wirklichkeit eine chinesische Agentin. Beide sind hinter Carver her. Sie löst den Alarm aus und beide müssen flüchten. Auf der Flucht muss sich Bond mehreren Sicherheitsleuten stellen. Die Actionszenen entstanden in verschiedenen Gebäuden, und zwar bei den Harmsworth Quays Printers, 235 Westferry Road E14 in London, der Firma West Ferry Printers Ltd. und im Financial Times Building. Während Wai Lin fast ungehindert flüchten kann, entkommt Bond erst nach den obligatorischen Angriffen seiner zahlreichen Gegner aus dem Gebäude – und läuft durch die Hamburger Innenstadt. Er überquert die Mönckebergstraße, steigt in den BMW und fährt über den Ballindamm zum Hotel Atlantic. Dafür wurde im Holzdamm, also der Straße, in der man üblicherweise zum Atlantic vorfährt, die Einbahnstraßenregelung umgekehrt. Vom Dach des IBIS-Hotels gegenüber beobachtet Carvers Killer Stamper 007. Bond stellt seinen BMW im Parkhaus des Atlantic ab; zumindest suggeriert der Film das. Tatsächlich wurde für die Parkhausszenen und die kurz danach stattfindende Verfolgungsjagd das Brent Cross Shoppingcenter in London verwendet. In seinem Hotelzimmer (wiederum gedreht in England) findet 007 die tote Paris Carver vor. Er erledigt deren Killer Dr. Kaufmann, springt in sein Auto und entkommt den Gangstern, die es auf das GPS-System abgesehen haben, das im Handschuhfach liegt. Dank Qs neuester Technik kann Bond seinen Wagen mit einer Fernbedienung steuern. Mit einem beherzten Sprung bringt er sich in Sicherheit und lässt den Wagen über das Dach des Parkhauses rasen; dieses Mal handelt es sich beim Drehort um das Dach von Horten am Steintorwall. Am

POWERFRAU AM LENKER:
Die Ex-Miss Malaysia 1983 Michelle Yeoh

Ende fliegt der fahrerlose Wagen in die Filiale eines Autovermieters, die eigens zu diesem Zweck gebaut wurde. Sie entstand in den Arkaden der Galeria Kaufhof in der Mönckebergstraße. Der größte Teil des Ladens wurde durch das hereinstürzende Auto gleich wieder zerstört.

Als Nächstes landet Bond im Helikopter auf einer US-Air-Base in der Nähe der südchinesischen See, was jedoch in der britischen Basis RAF Lakenheath, 70 Meilen nordöstlich von London, gedreht wurde. Er trifft auf den CIA-Kollegen Jack Wade. Sie stellen fest, dass das GPS-System in der Lage ist, Schiffen eine andere Position zu vermitteln, und rekonstruieren den Hergang des Zwischenfalls. Bond lokalisiert die genaue Position der „Devonshire" und springt von einem Militärflugzeug ab, um nach dem Wrack zu tauchen. Dieses Mal entstanden die Unterwasseraufnahmen ausnahmsweise nicht auf den Bahamas, sondern in Filmstudios in **Mexiko** (siehe Seite 204 – 205). Auf dem Meeresgrund begegnet er Wai Lin, die auch weiterhin in dem Fall ermittelt. Da das Schiff von einer Klippe abzurutschen droht, tauchen sie schnell wieder auf. An der Wasseroberfläche müssen sie feststellen, dass Wai Lins Boot gekapert wurde. Carvers Killer Stamper nimmt sie an Bord und transportiert sie per Helikopter nach **Vietnam**. Nur wenige Aufnahmen entstanden wirklich dort. Die folgenden Sequenzen wurden in **Thailand** realisiert. So diente der Sinn Sathorn Tower in Bangkok als Carvers Medienhaus. Kurz nach der Ankunft dort kann das Paar flüchten. Zunächst springen Bond und Wai Lin mit Hilfe eines an der Fassade angebrachten riesigen Transparents vom Dach des Wolkenkratzers. Danach flüchten sie mit einem Motorrad weiter, werden aber von Autos und einem Hubschrauber verfolgt. Bangkoks Innenstadt, der Mahagony Wharf, die Royal Orchid Bridge, die Tannery Row, aber auch die außerhalb von London gelegenen Frogmore Studios waren die Drehorte. Im Studio wurden vietnamesische Straßenzüge nachgebaut – und auch gleich wieder zerstört. Bond und seine Kollegin holen den Hubschrauber vom Himmel und begegnen sich kurze Zeit später im Büro Wai Lins wieder. Dort erfährt Bond, dass Carver mit dem chinesischen General Chang zusammenarbeitet und tatsächlich ein sogenanntes Stealth-Schiff besitzt, das erst vor kurzem in der vietnamesischen Bucht Ha Long Bay war. Die beiden Agenten fliegen dorthin. Gedreht wurde aber nicht in Vietnam. Man nutzte einige Felsformationen an der thailändischen Küste in der Andamanensee für Aufnahmen – und den Wassertank der Londoner Pinewood Studios. Schließlich entern Bond und Wai Lin das Stealth-Schiff und machen Carver, Stamper und der Besatzung den Garaus. Nach getaner Arbeit beschäftigen sie sich intensiv miteinander und ignorieren die Versuche der „HMS Bedford", sie zu retten. Die Szenen des Showdowns entstanden allesamt im Studio. Das Innere des Schiffes wurde in einer der dortigen Hallen gebaut.

AUCH HIER FLOGEN DIE FETZEN:
Die Galeria Kaufhof in Hamburg

Da zum geplanten Drehtermin alle großen Studios in England ausgebucht waren, schufen sich die Filmproduzenten einfach ihr eigenes. Sie übernahmen den ehemaligen „Kwik-Save"-Warenhauskomplex bei St. Albans, eine Stunde nördlich von London, und bauten ihn für ihre Zwecke um. So entstanden die „Eon Studios". Dort wurden vietnamesische Straßenzüge gebaut, die der Helikopter zum Teil zerstört. Auch die Motorrad-Verfolgungsjagd wurde partiell hier realisiert.

*

Im Film kommen drei englische Kriegsschiffe, die „HMS Devonshire", die „HMS Chester" und die „HMS Bedford" vor. Diese Namen sind erfunden. Für die Innenaufnahmen aller drei Schiffe nutzte das Team die „HMS Westminster", die die meiste Zeit in Portsmouth vor Anker liegt. Für Außenaufnahmen wurden Modelle gebaut. Für zusätzliche Einstellungen wurde die Radartrainingsschule „HMS Dryad" im Southwick House nördlich von Portsmouth in der Grafschaft Hampshire verwendet.

*

Das Areal des Stoke Park Golfclubs wurde hier zum zweiten Mal nach dem Film *Goldfinger* zum Drehort, auch wenn die Szene in Hamburg spielt. Die Eigentümer haben aufgrund der Publicity durch 007 vor einiger Zeit die Schuhe erworben, die Goldfinger-Darsteller Gert Fröbe während der Filmaufnahmen getragen hat. Sie sind in einer kleinen Vitrine ausgestellt.

GoldenEye

Foxebecken
Southampton-Insel
Coral Harbour
Roe's Welcome Sund
Coats
Mansel
Foxe-halbinsel
Cape Dorset
Foxe-kanal
2591
Cumberland-Halbinsel
Kap Dyer
Davisstraße
Hall-Halbinsel
Iqualuit
Lake Harbour
Hudsonstraße
Ivujivik
Sugluk
Ungava-halbinsel
Kangiqsujuaq
Kangirsuk
Port Burwell
Ungava Bay
Povungnituk
Inukjuak
Kuujjuaq
Hudson
Bay
Ottawa-inseln
Belcher-inseln
Winisk
Kuujjuarapik
Labrador-see
Nain
Neufundland-
Schefferville
Barren Grounds
Labrador
Michikamausee
Rigolet
Goose Bay
Groswater Bay
Lake Melville
James Bai
Akimiski
Chisasibi
Fort Albany
KANADA
Eastmain
Labrador City
Fox Harbour
St Anthony
Moosonee
Fort Rupert
Gagnon
Harrington Harbour
Hearst
Chibougamau
Mistassinisee
Port Cartier
Sept-Îles
Anticosti
Ontario
Baie-Comeau
St.-Lorenz-Strom
Gaspé
Matane
Corner Brook
Gander
Neufundland
Kirkland Lake
Val-d'Or
Rouyn
Alma
Chicoutimi
Jonquière
Rivière-du-Loup
St. Lorenz-Golf
Channel-Port-aux-Basques
Cabotstraße
St. John's
Argentia
Sudbury
North Bay
Québec
Trois Rivières
Presque Isle
Neu-Braunschweig
Bathurst
Moncton
Charlotte-town
St. Pierre und Miquelon (F)
Hull
MONTREAL
Sherbrooke
Fredericton
Glace Bay
Neufundland-Bank
OTTAWA
Kingston
Maine
Bangor
Truro
Canso
TORONTO
Oshawa
Montpelier
Augusta
Bay of Fundy
Neuschottland
Dartmouth
Halifax
Sable
Kitchener
Hamilton
Niagara
Rochester
Syracuse
Portland
Manchester
Yarmouth
London
Buffalo
New York
Albany
Massachusetts
Windsor
Erie
Worcester
Boston
Cleveland
Scranton
Pennsylvania
New Bedford
New Haven
Ohio
Pittsburgh
Newark
NEW YORK
Columbus
Harrisburg
Jersey City
Winchester
PHILADELPHIA
CT=Connecticut
DE=Delaware
NJ=New Jersey
RI=Rhode Island
West Virginia
Arlington
Baltimore
Washington D.C.
Charleston
Virginia
VEREINIGTE STAATEN
VON AMERIKA
Richmond
Roanoke
Newport News
Norfolk
Winston Salem
Greensboro
Durham
Virginia Beach
Charlotte
Raleigh
Kap Hatteras
Süd-Carolina
Nord-Carolina
Columbia
Charleston
Savannah
Sohmebene
Neufundland-Becken
Hatterasebene
Nordamerikanisches Becken
Bermuda-schwelle
Bermuda-Inseln (GB)
Hamilton
Sargassosee
FLORIDA
West Palm Beach
Ft. Lauderdale
Hollywood
Miami
Abaco
Nassau
New Providence
Andros
Cat
BAHAMAS
Long
Acklins
Inagua
11-13
Naresebene
Sta Clara
Camagüey
Caicosinseln (GB)
Westindische Inseln
Holguin
Manzanillo
Guantanamo
Santiago de Cuba
Montego Bay
Cap Haitien
Santiago
HAITI
DOMINIKANISCHE REP.
Puerto-Rico-Graben
13-15
Port-au-Prince
SANTO DOMINGO
Puerto Rico (USA)
San Juan
Ponce
Kingston
JAMAIKA
Anguilla (GB)
The Valley
Basseterre
ST. KITTS UND NEVIS
ANTIGUA UND BARBUDA
St. Johns
Guadeloupe (F)
Basse Terre
Roseau
DOMINICA
Martinique (F)
Fort de France
Castries
ST. LUCIA
Große Antillen
Karibisches Meer
Kleine Antillen
ST. VINCENT
Kingstown
BARBADOS
Bridgetown
GRENADA
St. George's
Kap Gallinas
Curaçao (NL)
Willemstad
Santa Marta
BARRANQUILLA
Cartagena
MARACAIBO
Cabimas
Maracay
CARACAS
Cumaná
Tobago
Port of Spain
TRINIDAD UND TOBAGO
Trinidad
Panamá
Sincelejo
Ciudad Ojeda
Valencia
Barquisimeto
Barcelona
Maturín
PANAMA
Montería
Mérida
Valera
Barinas
Orinoco
Ciudad Guayana
Turbo
Cúcuta
S. Cristóbal
S. Fernando
El Tigre
Ciudad Bolívar
GUYANA
MEDELLÍN
Bucaramanga
Bello
KOLUMBIEN
VENEZUELA
Llanos del Orinoco
Bergland von Guyana
Georgetown
New Amsterdam
Paramaribo
Manizales
Cartago
Pereira
Tunja
Buenaventura
Tuluá
Ibagué
Palmira
BOGOTÁ
Kurupukari
SURINAME
Frz. Guyana
Kourou
Cayenne
Orinocodelta
Guyanabecken
Kangerlussuaq (Søndre Strømfjord)
König Christian IX-Land
Dänemarkstraße
Ammassalik
Nuuk (Godthåb)
König-Frederik VI-Küste
Ivittuut
Narssarssuaq
Prinz-Christian-Sund
Kap Farvel
Hornbjarg
Isafjordhur
Akranes
Reykjavík
Keflavík
Vestmann
Reykjanesrücken
Labradorbecken
Nordatlantischer Rücken
Azoren (P)
Graciosa
S. Jorge
Terceira
Pico
São Miguel
Ponta Delgada
Madeira (P)
Kanarisches Becken
Kanarische Inseln
La Palma
Teneriffa
Hierro
ATLANTISCHER OZEAN
Kapverdisches Becken
KAP VERDE
Santo Antão
São Vicente
Mindelo
Sal
São Nicolau
Boa Vista
Santiago
Fogo
Praia
DAKAR
Ad-Da
Sierra-Leone-Schwelle
0
1000km

1 London, Draper's Hall an der Throgmorton Street: Treffen der Minister. Schauplatz 6
2 Leavesden, Leavesden Studios. Schauplatz 8
3 London, Epsom Downs Racecourse: Bond kommt auf dem Flughafen an. Schauplatz 7
4 London, St. Sofia's Greek Cathedral: Natalya und Boris treffen sich. Schauplatz 5
5 London, St. Pancras Station, Gleis 5: Natalya kommt in Moskau an. Schauplatz 9
6 London, Langham Hilton Hotel: Bond steigt im Grand Hotel Europe ab. Schauplatz 4
7 London, The Chapel: Treffpunkt von Natalya und Boris. Schauplatz 3
8 London, Hof des Somerset House, the Strand
9 London, Vauxhall Bridge, 85 Albert Embankment: Dienstgebäude von MI 6.
10 Peterborough, Nene Railway: Flucht in einen alten russischen Militärzug. Schauplatz 2
11 Verzasca, Staudamm: Bond springt auf das Dach einer Chemiewaffenfabrik. Schauplatz 1
12 Gréolières: Verfolgungsjagd. Schauplatz 10
13 Arecibo: Bond und Natalya werden beschossen und stürzen ab. Schauplatz 11
14 Manatí, Laguna Tortuguero: Bond und Natalya im BMW Z 3 Roadster. Schauplatz 12
15 Manatí, Playa Mar Chicita: Bond und Natalya am Strand. Schauplatz 13

1 Monaco, Casino, Teatro Fort Antoine: Bond lernt Xenia kennen und gewinnt am Spieltisch.
2 Monaco, Jachthafen: Xenia und ein Kollege entführen den Prototyp des Tiger-Helikopter.

1 Archangelsk: Bond macht einen Bungee-Sprung auf das Dach einer Chemiewaffenfabrik.
2 St. Petersburg: Trevelyan, Xenia und Ouromov flüchten in einem alten russischen Militärzug.
3 St. Petersburg: Treffpunkt von Natalya und Boris
4 St. Petersburg: Bond steigt im Grand Hotel Europe ab.
5 St. Petersburg: Natalya und Boris treffen sich in einer Kirche.
6 St. Petersburg: Treffen der Minister.
7 St. Petersburg, Flughafen: Bond kommt auf dem Flughafen an.
8 St. Petersburg: Großangelegte Panzerverfolgungsjagd entlang des Mojka Kanals
9 Moskau, Bahnhof: Natalya kommt in Moskau an.
10 Monaco: Verfolgungsjagd
11 Kuba: Bond und Natalya werden beschossen und stürzen ab.
12 Kuba: Bond und Natalya im BMW Z 3 Roadster
13 Kuba: Bond und Natalya am Strand

GoldenEye

WAS FÜR EIN ARBEITSPLATZ:
Izabella Scorupco und Pierce Brosnan beim Turteln

Im Jahr 1995 wurde der erste Einsatz von Pierce Brosnan als 007 gedreht. Sechs Jahre nach den finanziell eher enttäuschenden Ergebnissen von Timothy Daltons zweitem Bondfilm *Lizenz zum Töten* wurde alles daran gesetzt, das Comeback der Serie so spektakulär wie möglich zu gestalten. Drehte man 1989 „nur" in den USA und Mexiko, sollte dieses Mal wieder ein Film entstehen, der möglichst viele Schauplätze zeigt und mit noch mehr spektakulärer Action aufwartet. Eine Vorlage existiert nicht, nur eine Namensähnlichkeit: „Goldeneye" ist der Name von Flemings Villa. Einen Bezug dazu gibt es im Film jedoch nicht. Auf Jamaika, dem Standort der Villa, wurde auch nicht gedreht, wohl aber in der Karibik.

Der Film beginnt 1986, mit einem Einsatz von 006 und 007 in der russischen Chemiewaffenfabrik von **Archangelsk**. Um den abgelegenen Ort zu erreichen, springt Bond am Bungeeseil von einem Staudamm herab und erreicht so das Dach des Gebäudes. Als Drehort für diesen Eröffnungsstunt diente dem Team der Verzasca-Staudamm außerhalb von **Locarno**. Das Innere der Fabrik entstand in den neu geschaffenen Filmstudios des Leavesden Aerodrome bei Watford, im englischen **Hertfordshire**. Diese südlich von London gelegenen ehemaligen Produktionshallen von Rolls-Royce beherbergten seitdem ein ums andere Mal große Filmproduktionen. Das riesige Areal umfasst eine Fläche von 46.500 Quadratmetern. In dem ehemaligen Flugzeughangar wurden im 2. Weltkrieg auch Mosquito-Bomber gefertigt. Das Freigelände bot genügend Platz für Landebahnen von Flugzeugen, so dass man dort auch die letzte Szene der Anfangssequenz realisierte. Nachdem sich 007 und sein Kollege Alec Trevelyan (alias 006) ihren Weg durch die in der Fabrik stationierten Militärs unter der Führung von Oberst Ouromov gebahnt haben, bleibt 006 zurück; er wird gefasst. Bond kann den Häschern durch eine spektakuläre Aktion mit einem Kleinflugzeug entkommen. Das Startmanöver wurde ebenfalls auf dem Studiogelände aufgenommen.

Neun Jahre später soll Bond von einer jungen Psychologin auf seine Tauglichkeit getestet werden, doch er bringt sie in seinem Aston Martin DB 5 auf der südfranzösischen Küstenstraße in Richtung **Monaco** beträchtlich in Verlegenheit. Das gilt übrigens auch für eine schwarzhaarige Schönheit in einem roten Ferrari, die sich mit Bond ein privates Rennen liefert. Entstanden ist diese Autojagd aber nicht nur kurz vor Monaco, sondern vor allem auf der kurvenreichen Strecke bei Gréolières (in der Nähe von Thorenc, knapp 30 Kilometer nördlich von Grasse). Ende Februar bis Anfang März 1995 waren die Action-Spezialisten hier aktiv.

Im Casino von Monte Carlo angekommen, lernt Bond die Ferrari-Fahrerin kennen; ihr Name ist Xenia Onatopp. 007 gewinnt am Spieltisch und beobachtet vom Theater von Fort Antoine aus, wie Xenia kurz darauf mit einem Admiral im Hafen auf das Schiff „Manticore" geht. Am nächsten Tag sind der Jachthafen von Monaco und das französische Kriegsschiff „Le Lafayette" Schauplatz einer Aktion, bei der Xenia und ein Komplize einen Tiger-Helikopter entführen. Bond wird von Sicherheitskräften daran gehindert, rechtzeitig einzugreifen.

Der entführte Helikopter wird in die sibirische Eiswüste zum Satellitenkontrollzentrum Severnaya gebracht. Dort bringen Xenia und der mittlerweile zum General aufgestiegene Ouromov die Steuerung für die im Orbit kreisenden – „GoldenEye" genannten – Satelliten an sich. Sie richten unter den Anwesenden ein Blutbad an und sprengen Severnaya. Das Innere dieser Station wurde im Studio erschaffen. Für die Außenaufnahmen stellten die Filmtechniker detailgetreue Modelle her, die dafür sorgten, dass die Satellitenstation

GOLDENEYE

Großbritannien 1995
Eine Eon Produktion
Regie: Martin Campbell
Musik: Eric Serra
Drehbuch: Jeffrey Caine, Bruce Fierstein
Darsteller:
James Bond - Pierce Brosnan
Natalya - Izabella Scorupco
006 Alec - Sean Bean
General Ouromov - Gottfried John
Xenia Onatopp - Famke Janssen
M - Judi Dench
Q - Desmond Llewelyn
Jack Wade - Joe Don Baker
Valentin Zukovsky - Robbie Coltrane

Für diesen Film wurde Geheimdienstchef M in eine Frauenrolle umgewandelt. Dame Judi Dench, die mit dem ersten M-Darsteller Bernard Lee befreundet war, hat die Figur seitdem verkörpert. Die vielfach ausgezeichnete Bühnen- und Filmschauspielerin erhielt einen Oscar für die beste Nebenrolle als Königin Elizabeth I. in *Shakespeare in Love* (1998).

SUPER-MODELL: *Sibirien im Miniformat*

auch aus der Ferne realistisch aussieht. Kurz vor der Zerstörung können lediglich die Computerspezialistin Natalya und ihr Kollege Boris aus dem Kontrollzentrum entkommen. Natalya schafft es bis nach Moskau und kommt auf dem dortigen Bahnhof an. Gefilmt wurde jedoch in der St. Pancras Station, Platform 5 in der britischen Hauptstadt. London diente mehrfach als Drehort für russische Schauplätze – vor allem für St. Petersburg.

Bond ermittelt in **St. Petersburg** und trifft sich dort mit CIA-Agent Jack Wade, der ihn an den russischen Informanten Valentin Zukovsky verweist. Schließlich findet er Xenia, die ihn nach einer heftigen physischen Auseinandersetzung zu ihren Auftraggebern von der Geheimorganisation „Janus“ führt. Die Szenen außerhalb des Flughafengebäudes entstanden jedoch nicht auf dem Flugplatz der russischen Stadt, sondern in The Queen's Stand am Epsom Racecourse in Epsom, in der Grafschaft Surrey. Weitere Außenaufnahmen von St. Petersburg fanden im Hof des Somerset House, The Strand, in London statt. Ein Treffen von Natalya und Boris in der Russischen Kirche in St. Petersburg hatte zwei Drehorte: The Chapel, Brompton Cemetary (außen) und St. Sofia's Greek Cathedral an der Moscow Road in Bayswater W 2 (innen). Bonds Herberge, das Grand Hotel Europe in St. Petersburg, wurde zwar vor Ort, aber nur von außen vom zweiten Kamerateam gefilmt. Die Innenaufnahmen drehte man im Langham Hilton Hotel an der Londoner Regent Street. In diesem Hotel entstand auch der Kampf zwischen Bond und Xenia. Weitere Szenen, die in St. Petersburg spielen, wurden in Draper's Hall an der Throgmorton Street im Londoner Bezirk EC2 realisiert.

Bond stellt fest, dass 006 / Trevelyan nicht etwa bei der gemeinsamen Aktion vor neun Jahren ums Leben gekommen ist, sondern lediglich im Gesicht verletzt wurde und übergelaufen ist. Er kooperiert nun mit Ouromov und „Janus“; auch Boris gehört dazu. Nach einem Verhör gerät Natalya bei der Flucht aus einem russischen Archiv in Ouromovs Fänge. Bond versucht sie zu befreien. Es entspinnt sich eine großangelegte Panzerverfolgungsjagd, die wiederum nur in ganz geringem Ausmaß in St. Petersburg – so etwa entlang des Mojka Kanals – und hauptsächlich auf dem Freigelände der Studios in Leavesden gedreht wurde. Dort ließen die Produzenten mehrere Straßenzüge der Petersburger Innenstadt bauen. Am Ende flüchten Trevelyan, Xenia und Ouromov in einem alten russischen Militärzug. Für die Szenen inner- und außerhalb des Zuges nutzte man nach *Octopussy* (siehe Seite 62 – 63) erneut die in Privathand befindliche Nene Railway bei Peterborough in England. Anfang April 1995 fanden die Dreharbeiten entlang der Bahnlinie statt. Die altertümlichen Waggons rollten in der Nähe der sogenannten „Bridge 62“. Dort entstand ein düsteres Depot.

An Bord des Zuges kommt es zu einer Schießerei, bei der Ouromov stirbt. Bond rettet Natalya. Das Gangsterpärchen Xenia und Trevelyan kann im Helikopter entkommen. Natalya findet heraus, dass sie sich nach Kuba zu Boris abgesetzt haben. Gedreht wurden diese und die folgenden Sequenzen jedoch auf **Puerto Rico**. Zur Satellitenkontrolle braucht es eine entsprechend große Anlage. Bond und Natalya reisen in die Karibik, treffen den CIA-Agenten Jack Wade, brechen zum rund 80 Meilen entfernten Kuba auf, überfliegen die Insel, können aber nichts Auffälliges entdecken. Über einem See schwebend, werden sie plötzlich mit einer aus dem Wasser emporsteigenden Rakete beschossen und stürzen ab. Beide überleben den Absturz. Es kommt zum Kampf zwischen Bond und Xenia, bei dem 007 die Oberhand behält. Bond findet heraus, dass sich unter dem abpumpbaren See eine gigantische Satellitenschüssel befindet, mit deren Hilfe die Widersacher die Satelliten steuern. Als Kulissen für diese Aufnahmen dienten sowohl Modelle als auch die riesige Radioteleskop-Anlage in Arecibo. Eine Strandszene wurde im Januar 1995 ebenfalls in Puerto Rico gedreht. Schließlich kommt es zum Showdown zwischen Bond, Natalya, Boris und Trevelyan. Bonds ehemaliger Kollege stirbt im Kampf auf der großen Satellitenschüssel. Am Ende fliegen die US-Marines Natalya und 007 nach Guantanamo, das 1995 noch nicht so berüchtigt war wie heute.

KEIN SCHÖNER ZUG VON GENERAL OUROMOV:
Bond und Natalya entkommen im letzten Augenblick

Lizenz zum Töten

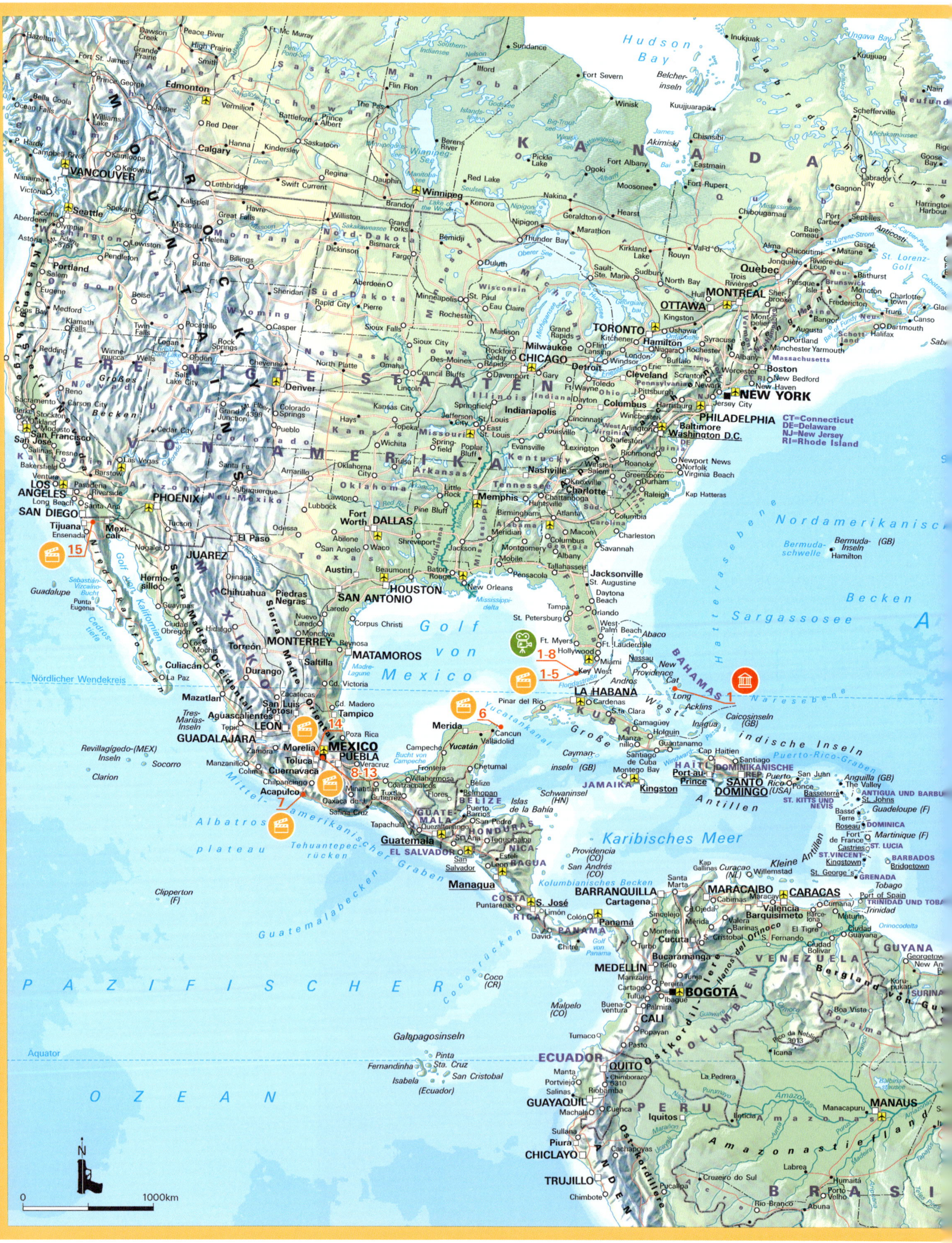

1 Key West, Sugar Leaf Airport: Sanchez versucht, mit einem Kleinflugzeug zu flüchten. Schauplatz 1
2 Key West, Harbor Lights Raw Bar: Leiter trifft sich mit der Pilotin Pamela Bouvier.
3 Key West, US Coast Guard Headquarters: Schauplatz für das DEA Headquarters.
4 Key West, US Coast Guard Base: Bond schleicht mit Sharkey zum Lagerhaus.
5 Key West: Die Wavecrest läuft an der Key West Bight Marina auf.
6 Isla Mujeres: Unterwasseraufnahmen in den Lagunen
7 Acapulco: Villa Arabesque. Hauptquartier von Sanchez
8 Mexiko City: Churubusco Studios. Außenfassade von Sanchez Büro
9 Mexiko City: Bond platziert Sprengstoff am Fenster von Sanchez Büro.
10 Mexiko City, Gran Hotel de la Ciudad de Mexico: Bond fliegt nach Isthmus City.
11 Mexiko City: Biblioteca de la Banca de Mexico
12 Mexiko City, Hauptpost von Mexico City: Bond deponiert Geld in der Banco de Isthmus.
13 Mexiko City, Casinò Español: Bond spielt im Casino.
14 Temoaya, Otomí Ceremonial Center: Sitz des „Olimpatec Meditation Institute"
15 bei Paso Rumorosa: Sanchez flieht mit den Drogen, doch 007 und Pam stoppen ihn.

1 Key West, Seven Miles Bridge: Bond, Leiter und Kollege Sharkey auf dem Weg zu Leiters Hochzeit.
2 Key West: Hochzeit von Felix Leiter und seiner Frau Della (St. Mary's Star of the Catholic Church).
3 Key West, Seven Miles Bridge: Sanchez entkommt
4 Key West, Key West Hospital: Krankenhausszenen mit Felix Leiter
5 Key West, Garrison Bight Marina: Sanchez' Polizeieskorte stürzt ins Meer.
6 Key West, Villa Ernest Hemingways: Am Mallory Square wird Bond abgeführt und zur Hemingway-Villa gebracht.
7 Key West, Charterboat Row, Palm Avenue: Bond trifft sich mit Sharkey.
8 Key West International Airport: Bond erfährt, dass Sanchez entführt worden ist.

1 Bahamas: Sanchez versucht, mit einem Kleinflugzeug zu flüchten.

Lizenz zum Töten

BESTE FREUNDE:
James Bond und Felix Leiter

Die Lizenz zum Töten, markiert durch die Doppel-Null in der Dienstnummer, erteilte Romanautor und James-Bond-Erfinder Ian Fleming seinem Agenten bereits im allerersten Roman *Casino Royale*, der 1953 erschien. Darin heißt es: „Eine doppelte Null zu bekommen, ist nicht schwer, wenn man bereit ist, den Gegner abzuschießen. Das ist alles. Besonders stolz braucht man darauf wirklich nicht zu sein. Die doppelte Null bekam ich wegen eines toten Japaners, der in New York als Code-Fachmann arbeitete, und wegen eines norwegischen Doppelagenten in Stockholm. Vielleicht waren es ausgesprochen anständige Menschen?"

Erst 36 Jahre später wurde diese Lizenz zum Töten zum Titel eines Films – auch wenn das nicht von Anfang geplant war. Ursprünglich sollte der Titel *License Revoked* (Lizenz entzogen) lauten. Gedreht wurde nicht im vertrauten England, sondern überwiegend in den USA und Mexiko. Eine Vorlage für die dort spielende Geschichte gibt es nicht. Sie wurde neu entwickelt.

LIZENZ ZUM TÖTEN

Großbritannien 1989
Eine Eon Produktion
Regie: John Glen
Musik: Michael Kamen
Drehbuch: Michael G. Wilson und Richard Maibaum
Darsteller:
James Bond - Timothy Dalton
Pamela Bouvier - Carey Lowell
Franz Sanchez - Robert Davi
Lupe Lamora - Talisa Soto
Milton Krest - Anthony Zerbe
Q - Desmond Llewelyn

Der Film beginnt mit einigen Luftaufnahmen über der Südostküste der USA. James Bond, sein amerikanischer Kollege Felix Leiter und Einsatzkräfte der Drogenbehörde DEA wollen einen Drogendeal verhindern. Das Ganze spielt zwar auf den Bahamas, denn der Drogenhändler Sanchez will nach Cray Cay fliegen, gedreht wurde jedoch in Key West, Florida. Bond, Felix und Kollege Sharkey sind gerade im Rolls Royce auf dem Weg zu Leiters Hochzeit, als sie auf der Seven Miles Bridge von einem Helikopter der DEA Coast Guard gestoppt und zum Einsatz gerufen werden.

Sanchez versucht mit einem Kleinflugzeug von dem in Key West gelegenen Sugar Leaf Airport in Richtung Süden zu flüchten, wird aber von 007 und seinen Leuten mit einem leistungsstärkeren Flugzeug in der Luft an Leine und Haken genommen und unverzüglich abgeschleppt, so dass Bond und Leiter mit dem Fallschirm noch rechtzeitig zur Hochzeit einschweben können. Die Zeremonie von Felix und seiner Frau Della wurde vor und in der St. Mary's Star of the Catholic Church, 1010 Windsor Lane in Key West aufgenommen, der anschließende Empfang in einem privaten Anwesen in 707 South Street in Key West, ganz im Süden Floridas.

Doch das neue Eheglück hält nicht lange. Sanchez wird mit Hilfe seiner Schergen und des korrupten Polizisten Ed Killifer befreit. Die Polizeieskorte, die ihn ins Gefängnis bringen sollte, stürzt an der Garrison Bight Marina am Garrison Bight Causeway, Overseas Highway in Key West ins Meer. Gerade befreit, nimmt Sanchez sofort blutige Rache. Della wird in ihrem Haus ermordet, Ehemann Felix im Lagerhaus von Milton Krest, der für Sanchez den Schmuggel übernimmt, durch einen Schacht Haien zum Fraß vorgeworfen. Als Bond gerade am Key West International Airport am South Roosevelt Boulevard einchecken will, erfährt er, dass Sanchez geflohen ist. Er ahnt die Gefahr, verzichtet auf den Flieger und rast zu Leiters Haus, wo er die tote Della und den schwer verletzten Felix vorfindet und beschließt, seine Freunde zu rächen. *Vendetta Privata* lautete denn auch der passende italienische Titel des Films. Die Krankenhausszenen mit Felix Leiter entstanden im Key West Hospital, 12th Street, an der Ecke Paterson Street.

Bond untersucht die Hintergründe der Befreiungsaktion von Sanchez, schleicht sich mit Sharkey nachts zum Lagerhaus, entdeckt Drogen unter den Aquarien, entlarvt Ed Killifer als Verräter und wirft ihn seinerseits den Haien zum Fraß vor. Unterwegs am Mallory Square in Key West wird Bond abgeführt und zur früheren Villa Ernest Hemingways gebracht. Dort steht er plötzlich M gegenüber, der ihn zur Rede stellt und deutlich macht, dass sich allein die DEA um den Fall küm-

BRANDEILIGE FRACHT:
Bond bringt Sanchez' Drogenlaster ins Schleudern

mern soll. M entzieht ihm seine Lizenz – so erklärt sich auch der ursprüngliche Titel des Films. Doch Bond ignoriert M, flüchtet mit einem Sprung von der Veranda und ermittelt von nun an auf eigene Faust weiter.

Auf Sharkeys Boot fahren sie danach zu Krests Schiff Wavekrest, das etwa sechs Stunden entfernt vor den **Bahamas** kreuzt. Bond schleicht sich an Bord, befragt Sanchez' Geliebte Lupe Lamora, verhindert einen Unterwasser-Drogentransport und nimmt das daraus entstammende Geld an sich. Sämtliche Unterwasseraufnahmen entstanden im mexikanischen **Yucatan** vor der Isla Mujeres. Über Wasser wurde vor der Küste Floridas gedreht. Sharkey kommt ums Leben. Wieder zurück in Key West schleicht sich Bond heimlich in Leiters Haus, besorgt sich eine CD-ROM mit geheimen Informationen, die auch Sanchez wollte, und entdeckt darauf den Kontakt zu der Pilotin Pamela Bouvier, mit der Leiter einen Termin in der Barrelhead Bar auf **Bimini** vereinbart hat. Gedreht wurde in der Harbor Lights Raw Bar, 711 Eisenhower Drive in Key West. Bond fährt mit einem Boot dorthin und trifft auch auf Pam. Nach einer Auseinandersetzung mit Sanchez' Killern unter der Leitung von Dario müssen sie flüchten und verlieben sich.

Er engagiert Pam, damit sie ihn in die (fiktive) Stadt Isthmus City (Drehort: **Mexico City**) bringt, wohin sich Sanchez abgesetzt hat. Bond checkt im Hotel Presidente ein. Hierbei handelt es sich um das Gran Hotel de la Ciudad de Mexico, Calle 16 de Septiembre am Zocale, dem riesigen Platz mitten in der Stadt. Es wurde auch zum Quartier der Crew. Für Außenaufnahmen nutzte man auch die Biblioteca de la Banca de Mexico. Bond deponiert Geld in der Banco de Isthmus (genutzt wurde die Hauptpost von Mexico City), spielt im Casino (dem Casinò Español in der Metropole) und erregt die Aufmerksamkeit von Sanchez. Pam wird als Bonds Sekretärin

Mexico-Stadt

Am Drehort auf Yucatan

Miss Kennedy eingeführt. Sanchez lässt unterdessen über den TV-Prediger Joe Butcher die neuen Preise für die Drogen bekanntgeben und lernt 007 kennen, der sich ihm als Mitarbeiter andient. Sanchez will ihn überprüfen.

Für die Außenansicht von Sanchez' Büro nutzten die Filmemacher das El Teatro de la Ciudad, 36 Donceles. Als Kellner verkleidet, schafft Bond es, unerkannt auf das Dach des Casinos zu kommen und Sprengstoff am Fenster von Sanchez' Büro zu platzieren. Für diese Kletter-Szene baute man in den Churubusco Studios in Mexico City einen Teil der Fassade und der Fensterfront nach. 007 bezieht im Gebäude gegenüber dem Casino Stellung, um Sanchez zu liquidieren, kommt aber nicht zum entscheidenden zweiten Schuss, weil er von zwei asiatischen Kämpfern des ebenfalls gegen Sanchez ermittelnden Rauschgiftdezernats von Hongkong angegriffen wird. Sanchez' Männer werden alarmiert und greifen ihrerseits an. Die Asiaten kommen um. Sanchez hält den bewusstlosen Bond für seinen Retter vor einem Attentat der Hongkong-Chinesen und nimmt ihn mit in seine Villa.

Bei dem beeindruckenden Anwesen handelt es sich um die Villa Arabesque Di Portanova Estate am Strand in der Nähe von Las Brisas und **Acapulco**. Sanchez glaubt Bond, dass er einen Verräter in seiner eigenen Organisation hat und misstraut Krest. Mit Hilfe von Sanchez' Freundin Lupe flieht 007 aus der Villa, hebt sein Geld ab und schafft es heimlich auf die Wavekrest. Sanchez soll glauben, dass Krest auf eigene Rechnung arbeitet. Pam übernimmt als Lotsin das Steuer des Schiffs und dirigiert es so schlecht, dass es in die Kaimauer kracht. Obwohl die Szene in Isthmus spielt, wurde das Ganze an der Key West Bight Marina (in der Nähe der Fleming Street) gedreht. Krest wird tatsächlich verdächtigt, betrogen zu haben, und stirbt in einer Druckkammer auf dem Schiff. Bond gelangt heimlich wieder in Sanchez' Villa, bevor dieser etwas merkt. Am nächsten Tag startet ein Autokonvoi zum „Olimpatec Meditation Institute", wo nicht nur Professor Butcher seinen Sitz hat, sondern auch Sanchez seine Drogen so verarbeitet, dass sie problemlos durch sämtliche Kontrollen kommen. Die Filmemacher nutzten das Otomi Ceremonial Center, das etwa 32 Kilometer westlich von Mexico City liegt. Dort wie auch in den Studios entstanden die Szenen des Produktions- und Verarbeitungsprozesses von Sanchez' Drogen. Bond wird von dessen Killer Dario erkannt, kann ihn aber mit Hilfe von Pam unschädlich machen. Sanchez flieht mit seinen Lastern voller Drogen, wird aber von 007 und der Pilotin auf der kurvigen Küstenstraße **Baja California**, etwa 50 Meilen westlich von Mexicali in Richtung Tijuana gestoppt. Hier entscheidet sich das Schicksal von Sanchez, der am Ende in Flammen aufgeht, nachdem er erfahren hat, warum Bond ihn so verbissen verfolgte. Die letzten Bilder zeigen wiederum die spektakuläre Villa Arabesque, wo auch das Happyend für Bond und Pam entstand.

FLIEGT AUF BOND:
Carey Lowell mit Timothy Dalton

Der Hauch des Todes

1 Thetford, Elveden Hall: Bond fährt zu einem Meeting mit M. Schauplatz 8
2 Stonor, White Pond Farm: Konferenzgäste werden von Necros angegriffen. Schauplatz 9
3 Beachy Head: Britische Geheimagenten springen über dem Felsen von Gibraltar ab.
4 Wien, Kreuzgasse: Bond beobachtet Kara in der Straßenbahn. Schauplatz 1
5 Wien, Volksoper: Bond unterstützt Koskovs Flucht gegenüber der Volksoper. Schauplatz 2
6 Wien, Währing: Saunders und Bond sollen Koskov in den Westen holen. Schauplatz 3
7 Wien, Steinspornbrücke: Schauplatz 4
8 Wien, Antonigasse 42: Wohnung der Cellistin Kara. Schauplatz 5
9 Kasbah in der Nähe von Ouarzazate: Bond und Kara befreien Kamran Shah. Schauplatz 6
10 Ouarzazate, Luftwaffenbasis: Bond wird von Kara betäubt. Schauplatz 7
11 Tanger, Palais El Mendoub: Pushkin trifft den Waffenhändler Whitaker auf dessen Anwesen.
12 Mojave Wüste: Luftkampf über der Mojave Wüste.

1 Wien, Hotel Palais Schwarzenberg: Bond und Kara steigen im Hotel Palais Schwarzenberg ab.
2 Wien, Prater: Bond und Kara kommen per Anhalter auf einem Lastwagen am Prater an.
3 Wien, Schloss Schönbrunn: Bond und Kara fahren in einem Fiaker am Schloss vorbei.
4 Wien, Volksoper. Happy End: Bond besucht Kara bei ihrem Konzert in der Volksoper
5 Wien, Simmering: Koskov hebt per Senkrechtstarter-Jet vom Gasometer ab und wird nach England geflogen
6 Weißensee: Bond und Kara flüchten vor den Verfolgern durch Schnee und Eis.
7 Tanger, Hotel Ile de France: Bond beobachtet Pushkin vor dem Hotel Ile de France.
8 Gibraltar: Britische Geheimagenten springen über dem Felsen von Gibraltar ab.

1 Bratislava: Bond beobachtet Kara in der Straßenbahn.
2 Slowakisches Konservatorium: Bond unterstützt Koskovs Flucht gegenüber der Volksoper.
3 Bratislava: Saunders und Bond sollen Koskov in den Westen holen.
4 Grenze Österreich/Slowakei.
5 Bratislava: Wohnung der Cellistin Kara.
6 Afghanistan: Bond und Kara befreien Kamran Shah.
7 Afghanistan: Kara betäubt Bond.
8 Tanger: Bond fährt zu einem Meeting mit M und weiteren Regierungsvertretern.
9 Tanger: Der KGB Killer Necros greift Konferenzgäste an.

Der Hauch des Todes

ES WAR SCHON IMMER VON VORTEIL, EIN CELLO DABEIZUHABEN:
Bond und Kara im grenznahen Verkehr

25 Jahre liegen zwischen der Veröffentlichung der Kurzgeschichte *The Living Daylights* und dem Erscheinen des gleichnamigen Films, und wieder einmal gibt es außer dem Titel nur ganz wenige Verbindungen zwischen beiden Versionen. Das gilt auch für die Schauplätze. Spielt die 1962 erschienene Kurzgeschichte im englischen Bisley und an der ehemaligen deutsch-deutschen Grenze in Berlin, so reist der Film-Bond nach Gibraltar, Wien, Marokko und sogar nach Afghanistan – auch wenn dort nicht gedreht wurde. Immerhin floss Flemings Grundidee in den Film ein, auch wenn sie dort nur als eine Sequenz unter vielen fungiert.

Die Kurzgeschichte beginnt damit, dass Bond auf einem Schießstand im englischen **Bisley** übt und dann nach **Berlin** geschickt wird, um einen

DER HAUCH DES TODES

Großbritannien 1987
Eine Eon Produktion
Regie: John Glen
Drehbuch: Richard Maibaum und Michael G. Wilson
Musik: John Barry
Darsteller:
James Bond - Timothy Dalton
Koskov - Jeroen Krabbé
Kara Milovy - Maryam d'Abo
Brad Whitaker - Joe Don Baker
Necros - Andreas Wisniewski
M - Robert Brown
Q - Desmond Llewelyn
Miss Moneypenny - Caroline Bliss
General Pushkin - John Rhys-Davies

Mann (Nr. 272) zu beschützen, der versucht, über den Todesstreifen an der deutsch-deutschen Grenze zu kommen. Dies soll angeblich ein russischer Scharfschütze verhindern. Bond bezieht eine Wohnung am Checkpoint Charlie, an der Ecke Koch- und Wilhelmstraße, bespricht sich mit dem Kollegen Paul Sender und legt sich auf die Lauer. Während des Wartens fällt ihm eine hübsche Cellistin auf. Als Nr. 272 plötzlich auftaucht, nimmt ihn der gegnerische Scharfschütze ins Visier: Es handelt sich um die Cellistin. Bond schießt auf sie, trifft aber absichtlich nur die Waffe und muss sich vor Sender verantworten, warum er sie nicht getötet hat.

Fleming recherchierte mit Hilfe eines Stadtplans und diverser Unterlagen über Berlin und Bisley und ließ seine Ausarbeitungen später von Fachleuten korrigieren. Er selbst hatte sich zwar zuvor schon mehrfach in Deutschland und auch in Berlin aufgehalten (siehe Seite 155 – 157), doch für diese Story reiste er nicht extra dorthin. Sie erschien nicht nur unter dem oben angegebenen Titel, sondern auch als *Berlin Escape* in dem Magazin *Argosy*.

Der Film beginnt, wie es bei den Bondfilmen Tradition ist, mit einem *Teaser*, einer actiongeladenen Anfangssequenz. Drei britische Geheimagenten springen aus einem Flugzeug über dem Felsen von **Gibraltar** ab, um die Verteidigungsanlagen des Felsens zu testen und sich mit SAS-Agenten zu messen. Allerdings ist ein Verräter auf Gibraltar, der aus dem Test einen tödlichen Wettlauf macht. Nur Bond (erstmals als 007: Timothy Dalton) scheint ihm ebenbürtig und es kommt zu einem Kampf auf Leben und Tod auf der kurvenreichen Strecke des als Affenfelsen bekanntgewordenen, optisch beeindruckenden Areals. Von Ende September bis Anfang Oktober 1986 drehte die Crew auf Gibraltar. Die gesamte sogenannte *Pre-Title*-Sequenz entstand dort, bis auf eine Ausnahme. Am Ende schießt der Wagen über die Klippen und stürzt ab. Hierfür fanden die Dreharbeiten an der englischen Küste von Beachy Head statt.

Zu Beginn des Hauptfilms ist Bond in **Bratislava**. Gemeinsam mit dem Kollegen Saunders soll er dafür sorgen, den russischen KGB-General Koskov in den Westen zu holen. Die Akteure reisten zwar nicht nach Bratislava, aber ein kleines Team von Ausstattern recherchierte dort Details über das Aussehen der Stadt. Gedreht wurden diese Szenen im 18. Bezirk von **Wien**. So beobachtet und unterstützt Bond Koskovs Flucht gegenüber der Volksoper in der Währingerstraße 78, die zum slowakischen Konservatorium mutierte. Als Koskov aus einem der Fenster des Hauses von der Cellistin Kara ins Visier genommen wird, zielt Bond auf sie, schießt aber nur auf ihr Gewehr. Dies ist der Bezug zur Kurzgeschichte, die aber auch nicht viel mehr Material hergibt. Bond fährt mit Koskov durch die Stadt zu einer Station der „Trans Siberian Pipeline", die als Transportmittel in den Westen fungiert. Dort wird Koskov in einen Container gelegt und kommt kurz danach unbeschadet in Österreich an. Bond und Saunders treffen sich am Grenzübergang wieder, der an der Wiener Steinspornbrücke entstand, die mit eigens dafür angefertigten Grenzkontrollanlagen ausgestattet wurde. Koskov hebt derweil per Jet vom Gasometer in Simmering ab und wird nach England geflogen.

Zurück in Großbritannien ist Bond bei Q im Büro, sucht mit ihm im Archiv nach der Identität der russischen Scharfschützin, wird aber nicht fündig. Danach fährt er zu einem Meeting mit M und weiteren Regierungsvertretern, bei dem auch Koskov zu Gast ist. Dazu nutzte man das Anwesen Elveden Hall in Thetford, in der Grafschaft Norfolk. Koskov behauptet dort, dass der sowjetische General Pushkin den Auftrag erteilt habe, Spione zu ermorden. Er sei auf dem Weg nach Kairo. Die Konferenzgäste haben nicht damit gerechnet, dass sie von einem KGB-Killer namens Necros angegriffen werden, der sich – als Milchmann getarnt – mit explosiven Flaschen Zutritt verschafft. Diese Sequenz wurde sowohl auf der White Pond Farm im englischen Stonor als auch in Elveden Hall gedreht. Necros „entführt“ Koskov und bringt ihn nach Tanger.

Bond nimmt von Q seinen Aston Martin und andere technische Spielzeuge entgegen und reist nach Bratislava. Dort probt Kara für ihr nächstes Konzert. Bond beobachtet sie in der Straßenbahn und sieht, wie sie von gegnerischen Agenten gefasst und mitgenommen wird. Pushkin ist auch dabei. Bond fährt bis zum Straßenbahndepot und untersucht ihr Cello. In ihrer Wohnung, gedreht in der Wiener Antonigasse 42, treffen sie aufeinander. Auch die Straßenbahn spielte eine wichtige Rolle, so dass man von der Linie 42 in der Paulinen- und Vinzenzgasse im 18. Bezirk, aber auch im Straßenbahndepot in der Kreuzgasse Aufnahmen machte. Bond, der vermutet, dass Koskovs Seitenwechsel nur fingiert war, gibt sich gegenüber dessen Geliebter Kara als Freund des vermeintlichen Überläufers aus. Schließlich flüchten Bond und Kara vor Pushkins Agenten im Aston Martin DBS V8 Vantage, werden aber kurz vor der Grenze gestellt. So entbrennt eine wilde Verfolgungsjagd durch Schnee, Eis und über einen zugefrorenen See. Dafür drehte man im Januar 1987 am Weissensee in Kärnten und Ende des Monats auf der Naggler-Alm. Hier rutschen Bond und Kara im Cellokasten über die, eigens für den Film errichtete, weiße Grenze nach Österreich.

In **Tanger** trifft sich Pushkin mit dem Waffenhändler Whitaker und entzieht ihm einen Großauftrag. Als dessen Anwesen diente das Museum des Magnaten Malcolm Forbes, das Palais El Mendoub. Derweil kommen Bond und Kara per Anhalter auf einem Lastwagen in Wien, nahe dem Riesenrad am Prater an. Sie fahren mit dem Fiaker an Schloss Schönbrunn vorbei und steigen im Hotel Palais Schwarzenberg, Schwarzenbergplatz 9 ab. Dessen Kuppel diente dem Team als Rezeption. In Tanger müssen Koskov und Necros bei Whitaker Bericht erstatten. Sie stecken unter einer Decke und wollen erreichen, dass General Pushkin vom britischen Geheimdienst liquidiert wird. Deshalb soll noch ein westlicher Spion umgebracht und somit der Verdacht auf den General erhärtet werden. Bond und Kara gehen in die Oper und danach in den Wiener Prater. Sie amüsieren sich prächtig, bis sich Bond erneut mit Saunders trifft, den Necros kurz danach ermordet.

Daraufhin ermittelt Bond im marokkanischen Tanger. 007 beobachtet Pushkin vor dessen Hotel Ile de France, gegenüber dem Gran Cafe de Paris. Nach einer Auseinandersetzung mit Pushkin macht der General Bond klar, dass er auch von Koskov hintergangen wurde. Beide verabreden, dass Pushkin auf einer Handelskonferenz zum Schein erschossen wird, um die Gegner in Sicherheit zu wiegen. Für diese Aufnahmen nutzte man erneut das Innere des Anwesens Elveden Hall in Thetford, in der Grafschaft Norfolk. Bond flüchtet über die Dächer der Stadt.

EIN PLATZ FÜR HOHE TIERE:
Elveden Hall in Thetford (Grafschaft Norfolk)

Zwei schöne Frauen bringen ihn zum Hafen, wo ihn der CIA-Kollege Felix Leiter schon in einem Schiff erwartet. Zurück im Hotel betäubt Kara Bond, weil sie nach einer eigenmächtigen Kontaktaufnahme mit Koskov von diesem so instruiert wurde. Zu spät erkennt Kara den wahren Charakter ihres Liebhabers. Koskov und Necros verschleppen Bond auf eine russische Basis in **Afghanistan**. Kara ist mit an Bord des Flugzeugs. Gedreht wurde jedoch auf einer marokkanischen Luftwaffenbasis in Ouarzazate. Bond und Kara können entkommen und befreien auch gleich den Freiheitskämpfer Kamran Shah, der sie mit seinen Mujaheddin in Sicherheit bringt. Eine Kasbah in der Nähe von Ouarzazate diente als Drehort für Afghanistan (siehe Seite 189). Bond und Kamran Shah planen einen Angriff auf die Basis. Bond findet heraus, dass Koskov Rohopium gegen Waffen tauscht und mit dem Waffenhändler Whitaker Geschäfte macht. Er schließt sich mit den Mujaheddin zusammen und schleicht sich in einen LKW, der das Opium auf die Basis bringt, wo es in ein großes Transportflugzeug verladen wird. Als die Mujaheddin die Armee-Basis angreifen, können 007 und Kara an Bord des Drogen-Flugzeugs gelangen. Necros verliert dort einen erbitterten Kampf mit Bond und stürzt aus dem Flugzeug in die Tiefe. Bevor das Treibstoff verlierende Flugzeug abstürzt, können Bond und Kara auf spektakuläre Weise mit einem Wagen über die Laderampe „aussteigen“. Szenenwechsel: Kurz darauf schleicht sich Bond mit der Hilfe von Felix Leiter in Whitakers Anwesen und tötet ihn im Zweikampf. Koskov wird verhaftet. Am Ende besucht Bond Kara bei ihrem Konzert. Die Wiener Volksoper wurde zum Schauplatz des Happy Ends.

MUSS ALS AFGHANISTAN HERHALTEN:
Die Kasbah Tamdakht in der Nähe von Ouarzazate in Marokko

Auf einer Wandkarte in Bratislava ist deutlich zu sehen, dass Regensburg in Polen liegt ...

Im Angesicht des Todes

1 Vatnajokull Gletscher: 007 bringt Chip des ermordeten 003 an sich. Schauplatz Sibirien
2 Iver Heath, Pinewood Studios: Zorins unterirdische Labors. Schauplatz 4
3 Iver Heath, Pinewood Studios: Bond und Stacey im Fahrstuhl. Schauplatz 3
4 Amberly, Amberly Chalk Pits Museum: Zorins Silbermine. Schauplatz 2
5 Vedretta di Scerscen Inferiore Gletscher: Bond auf Skiern. Schauplatz Sibirien
6 Oakland, Dunsmuir House and Gardens: Bond vertreibt mehrere Killer.
7 San Francisco: 007 und Stacey begutachten geologische Pläne. Schauplatz 1

1 Chantilly, Château de Chantilly: 007 und Tibbett fahren zu Zorins Schloss.
2 bei Chantilly, Piste d'Avilly: Zorin lädt Bond zu einem Ausritt ein.
3 Paris, Eiffelturm: May springt mit einem Fallschirm vom Stahlgerüst ab.
4 Paris: Pont Neuf
5 Paris, Pont Alexandre III: 007 springt von der Brücke auf ein Ausflugsschiff.
6 Ascot: M und Bond schauen Max Zorin und May Day beim Pferderennen zu.
7 San Francisco, Golden Gate Bridge: Explosives Finale an den roten Aufbauten
8 San Francisco, Market Street: Verfolgungsjagd mit Feuerwehr- und Polizeiwagen
9 San Francisco, Fisherman's Wharf: Bond trifft sich mit seinem CIA-Kollegen Chuck Lee.

1 San Francisco, City Hall: 007 und Stacey begutachten geologische Pläne.
2 San Francisco: Zorins Silbermine
3 San Francisco: Bond und Stacey werden im Fahrstuhl eingeschlossen.
4 bei Paris: Zorins unterirdische Labors

Im Angesicht des Todes

NICHT NUR GUTES KOMMT VON OBEN:
Gleich wird Stacey Sutton von Zorin kassiert

Im Jahr 1960 erschien Flemings Kurzgeschichtensammlung *For Your Eyes Only*, die auch die Story „From A View To A Kill" enthielt. Darin geht es um den Mord an dem britischen Meldefahrer Bates, der im Auftrag des königlichen Marinekorps mit einem Motorrad auf der in Richtung Norden verlaufenden Straße D 98 zwischen Versailles und St. Germain in Frankreich geheime Dokumente transportiert. James Bond befindet sich in Paris, auf der Durchreise nach einem missglückten Auftrag in Ungarn, und wird gebeten, sich um den Fall zu kümmern. Es stellt sich heraus, dass sich Bates auf dem Weg zu SHAPE befand, dem Oberkommando der Alliierten Streitkräfte. Bond entdeckt auf der Strecke, die der Kurier befahren hat, einen geheimen Erdbunker, tarnt sich selbst als Meldefahrer, überlebt einen Anschlag

IM ANGESICHT DES TODES

Großbritannien 1985
Eine Eon Produktion
Regie: John Glen
Musik: John Barry
Drehbuch: Richard Maibaum und Michael G. Wilson
Darsteller:
James Bond - Roger Moore
Max Zorin - Christopher Walken
Stacey Sutton - Tanja Roberts
May Day - Grace Jones
Tibbett - Patrick Macnee
Miss Moneypenny - Lois Maxwell
Jenny Flex - Alison Doody
Q - Desmond Llewelyn
Venz - Dolph Lundgren
M - Robert Brown

Staceys Elternhaus macht was her

und tötet den Attentäter. Trickreich verschafft er sich Zugang zu der unterirdischen Höhle, die damit enttarnt wird.

Fleming stieß bei Recherchen auf ein Jagd-Lied aus Cumberland mit dem Titel „D'Ye Ken John Peel", das John Woodcock Graves 1820 geschrieben hatte. Darin heißt es: „From the drag to the chase, from the chase to the view, from the view to a death in the morning ..." Daraus schuf er den Titel „From A View To A Kill", der für den Film zu *A View To A Kill* verkürzt wurde. Die Handlung der Kurzgeschichte wird in dem Streifen aus dem Jahr 1985 nicht übernommen, aber zumindest ein Schauplatz, und das ist **Paris**. In der literarischen Vorlage ist Bond sowohl in der französischen Hauptstadt als auch nördlich des Parks von Versailles aktiv. Die Filmemacher nutzten vor allem die touristischen Highlights der Stadt, drehten am und auf dem Eiffelturm sowie an den Brücken von Pont Neuf und Pont Alexandre III. Doch der letzte Einsatz von Roger Moore als Bond beginnt in **Sibirien** – auch wenn dort nicht gedreht wurde: Es gelingt 007, einen Mikrochip aus den Händen des ermordeten Kollegen 003 an sich zu bringen. Mit diesem kostbaren Stück kann er dank seiner Ski- und Snowboardkünste einer Gruppe von russischen Soldaten entkommen. Regisseur und Weltklasseskifahrer Willy Bogner war speziell für die alpinen Aufnahmen der „sibirischen" Szenen zuständig, die jedoch in **Island** an einem Gletschersee und Ausläufern des Vatnajokull-Gletschers sowie dem Weiler von Höfn gedreht wurden. Weitere Aufnahmen entstanden an der schweizerisch-italienischen Grenze in der Region **Pontresina**, wo der Vadretta-di-Scerscen-Inferiore-Gletscher zum Schauplatz wurde.

In London wird Bond von M informiert, dass er den Industriellen Max Zorin überprüfen soll, der die Mikrochips herstellt. Beide beobachten Zorin und seine Assistentin May Day beim Pferderennen im englischen **Ascot**, wo auch gedreht wurde. Die Pferderennbahn liegt an der A 330, etwa acht Kilometer südlich von Windsor in der Grafschaft Berkshire. Bond vermutet, dass Zorins Pferd Pegasus mit Hilfe von Drogen manipuliert wird. Bond reist nach Paris und trifft sich mit einem Kontaktmann im Restaurant des Eiffelturms. Das Restaurant Jules Verne auf der zweiten Ebene des Turms wurde auch tatsächlich genutzt. Für zusätzliche Innenaufnahmen wich man auf das Studio aus, wo man den Gourmettempel nachbaute. Als der Kontaktmann durch May Day ermordet wird, folgt Bond ihr bis auf das Stahlgerüst des Turms, muss aber mit ansehen, wie sie mit einem Fallschirm abspringt. Bond rast auf dem Fahrstuhl nach unten, klaut ein Taxi und folgt der Attentäterin auf der Straße entlang des Seineufers. Den Abschluss der Jagd bildet das Ausflugsschiff „Bateau Mouche", das gerade auf der Seine unterwegs ist. Im Zuge der Verfolgung springt 007 von der Brücke Pont Alexandre III, bricht mitten durch das Dach des Schiffes und landet in einer Hochzeitsgesellschaft. May Day entkommt mit Zorins Hilfe in einem Schnellboot.

Anschließend fahren Bond und der Pferdeexperte Tibbett zu Zorins Schloss. Dort ist eine große Pferdeauktion geplant. Dafür nutzte die Filmcrew das 41 Kilometer nordöstlich von Paris gelegene **Schloss Chantilly** und für die Ställe

ZORIN UND MAY DAY:
Vor denen ist man besser auf der Hut

„Gleichberechtigung. Sie hat die Hosen an. Meine sind nur noch Verkleidung."

Die Dunsmuir House and Gardens in Oakland können besichtigt werden. Sie sind im 2960 Peralta Oaks Court zu finden. Führungen sind von April bis September möglich (Tel. 001 510 615 5555).

*

Auch eine Tour durch das in Privatbesitz befindliche Amberley Chalk Pits Museum an der Südküste Englands ist möglich. Infos unter: www.amberleymuseum.co.uk

DIE PERSPEKTIVE TÄUSCHT:
Der Eiffelturm ist über 300 Meter hoch

las Musée Vivant Du Cheval. Auf dem Anwesen beobachtet Bond, wie Zorin und die Amerikane-n Stacey Sutton Geschäfte machen. Er lernt Zo-n und dessen Zuchtberater Mortner kennen und ntersucht mit Tibbett deren unterirdisches Labor. ie finden heraus, dass die Pferde mit Hilfe eines Mikrochips punktgenau mit Stereoiden versorgt verden. Zorin lädt Bond zu einem Ausritt ein. uch die Rennbahn „Piste d'Avilly", der umlie-gende Wald und eine in Chantilly befindliche utowaschanlage wurden so zu Schauplätzen, vobei die Autowäsche Tibbett zum Verhängnis vird: May Day ermordet ihn. Bond wird nieder-eschlagen und in seinem Rolls-Royce anschlie-end in einem See versenkt, doch er kann dem od durch Ertrinken entkommen, indem er die Luft us den Autoreifen atmet. Diese Bilder wurden icht in der Nähe von Paris aufgenommen, son-ern in einem mit Wasser gefüllten Steinbruch in Vraysbury bei Staines im englischen Denham. Die unterirdischen Labors von Zorin entstanden in en Pinewood Studios.

General Gogol vom KGB stattet Zorin einen esuch ab und will ihn zur Räson bringen. Es stellt ich heraus, dass der Industrielle und May Day as Ergebnis genetischer Experimente sind. Gogols Versuch bleibt erfolglos. Zorin hält in **San rancisco** ein Treffen mit Finanziers ab und plant, urch eine unterirdische Explosion am St. Andre-s-Graben Silicon Valley zu überfluten. Damit soll die konkurrierende Computerindustrie ausgeschaltet werden, so dass nur noch Zorin selbst Mikrochips liefern kann. Bond reist in die US-Metropole und trifft sich am Fisherman's Wharf mit seinem CIA-Kollegen Chuck Lee. 007 untersucht eine Pumpstation in der Bucht und beobachtet, wie Zorin einen Agenten des KGB ermorden lässt, der seine Anlage zerstören wollte. Eine zweite KGB-Agentin, Pola Iwanowa, kann mit 007 entkommen. Nachdem Bond Stacey Sutton in der City Hall entdeckt hat, folgt er ihr. Die Dunsmuir House and Gardens in **Oakland** dienten als Drehort für Staceys Heim. Sie wurden Schauplatz einer Attacke mehrerer Killer, die Bond jedoch vertreiben kann, und außerdem zum Ort des Happyends im Film. Von Stacey erfährt er, dass Zorin die Ölfirma ihres Großvaters übernommen hat und sie als Erbin ausbezahlen will. Doch sie lehnt ab. Am nächsten Tag kommt es zwischen Oakland und Haywood zu einem kleineren Erdbeben – dort, wo Zorin sein Ölfeld hat. Bond und Stacey fahren zur San Francisco City Hall, die im Film vom State Office Building an der Van Ness Avenue, Ecke McAllister Street dargestellt wird. Dort nehmen sie Einblick in die geologischen Pläne der Umgebung und entdecken eine verlassene Silbermine namens Main Strike. Doch Zorin und May Day bedrohen sie und schließen sie in einen Aufzug ein, aus dem sie aber entkommen können. Der Fahrstuhlschacht wurde in Pinewood gebaut.

Es folgt eine große Verfolgungsjagd mit einem Feuerwehr- und mehreren Polizeiwagen. Dafür fanden Dreharbeiten auf der Market Street und der aufgeklappten Third Street Bridge statt, über die der Truck hinüberrast. Zudem wurde die Golden Gate Bridge zum Teil für den Verkehr gesperrt. Als Zorins Hauptquartier fungierten Gebäude der Chevron Motoroil Company im Vorort Richmond, außerhalb San Franciscos. Schließlich gelangen Bond und Stacey bis zu Zorins Mine. Das Innere der Mine wurde in der 007 Stage der Londoner Pinewood Studios erschaffen. Für die Außenaufnahmen nutzte man den Eingang zum „Amberly Chalk Pits Museum" in Amberly bei Arundel im englischen West Sussex. Hier vereitelt die von Zorin hintergangene May Day dessen Plan und kommt dabei ums Leben. Stacey wird von Zorin in seinen Zeppelin verschleppt. Schließlich kommt es an den roten Aufbauten der Golden Gate Bridge zum explosiven Finale und in Staceys Heim zum Happy End.

ZORIN ÜBERSPANNT DEN BOGEN:
Da fackelt Bond nicht lange

LUSTSCHLÖSSCHEN:
Zorins bescheidenes Eigenheim in Frankreich

Sag niemals nie

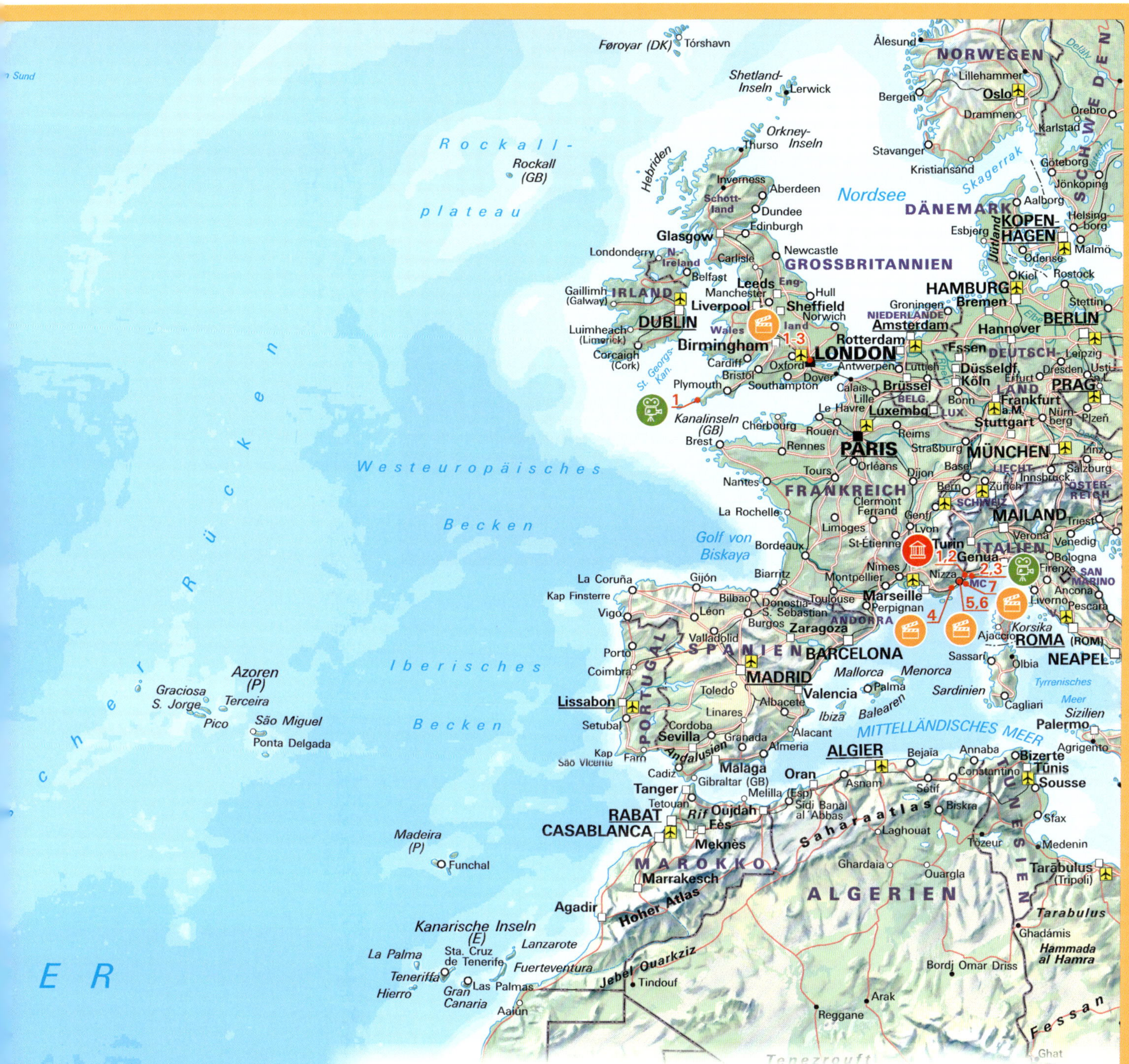

1 Luton: Anwesen Luton Hoo als Klinik Shrublands
2 Elstree Studios: Innenaufnahmen der blauen Grotte. Unterwasserkampf in Largos Versteck.
3 Waddesdon Manor: Zusammenkunft der Organisation Spectre. Schauplatz 1
4 Flughafen Nizza: CIA-Kollege Leiter und die Französin Nicole begrüßen Bond. Schauplatz 2
5 Studios la Victorine, Nizza: Domino wird auf dem Markt zum Kauf angeboten.
6 Saint-Jean-Cap-Ferrat, Villa Ephrussi de Rothschild: Largo bringt Domino und Bond nach Palmyra.
7 Antibes, Fort Carré: Largo fährt mit Domino und Bond auf sein Anwesen Palmyra.
8 Nassau: Penthouse Suite des „Ambassador Beach Hotel". Fatima sprengt Bonds Zimmer.
9 Nassau: Ballsaal des British Colonial Hotels: Innenraum des U-Bootes

1 St. Michael's Mount: Die Cruise Missiles verlassen testweise ihre Kammer.
2 Roquebrune-Cap-Martin: Bond, Felix Leiter und Nicole beobachten die Jacht Flying Saucer.
3 Menton, Verfolgungsjagd: Treppen der Basilika von St. Michel, Hafenstraße Quai Bonaparte, ein Tunnel.
4 New Providence Island: Bond versucht, eine Frau aus den Fängen von Gangstern zu befreien.
5 Nassau, Sheraton-British Colonial Ho tel (innen): Bond und Domino entgehen einem Mordanschlag.
6 Nassau, Sheraton British Colonial Hotel: Fatima Blush läuft an der Bar direkt in Bonds Arme.
7 Rawson Square und Arkaden des Treasury of the Bahamas: Treffpunkt Bond/Nigel Small-Fawcett

1 Casino Monte Carlo: Zusammenkunft der Organisation Spectre
2 Monaco, Flughafen: Leiter und Nicole begrüßen Bond.

Sag niemals nie

18 Jahre nach dem Welterfolg von *Feuerball* (siehe Seite 102 – 103) kam mit dem Film *Sag niemals nie* das erste und bislang einzige Remake eines Bondfilms in die Kinos, wenn man die drei völlig unterschiedlichen Versionen von *Casino Royale* nicht mitzählt. Dieses Konkurrenzprodukt zur „offiziellen" Bond-Reihe kam übrigens fast zeitgleich mit *Octopussy* in die Kinos. Zustande kommen konnte dieses Projekt, weil Ian Fleming nach einer juristischen Niederlage dem Produzenten Kevin McClory Rechte am Roman *Feuerball* einräumen musste. Eine Verfilmung kam ohne Zustimmung McClorys nicht infrage, so dass die Produzenten der offiziellen Reihe *Feuerball* nicht als erstes Projekt in Angriff nahmen, sondern mit *Dr. No* begannen. Als dann 1964 doch relativ bald die Filmversion entstand, musste McClory als weiterer Produzent genannt werden. Er hatte sich außerdem das Recht ausbedungen, nach frühestens zehn Jahren ein Remake drehen zu dürfen. Er konnte dafür sogar Sean Connery als Hauptdarsteller gewinnen, so dass es 1983 für das Kinopublikum zum direkten Vergleich der James Bonds Roger Moore und Connery kam. Der Hauptschauplatz Bahamas ist sowohl in *Feuerball* als auch in *Sag niemals nie* der gleiche. Neu hinzu kamen Südfrankreich und Nordafrika als wichtige Handlungsorte, auch wenn in Afrika gar nicht gedreht wurde.

Der Film beginnt mit einem Test, bei dem Bond beweisen muss, was er noch kann. Dafür schleicht er sich an eine Villa heran, überwältigt diverse Gegner und versucht eine Frau aus deren Fängen zu befreien. Im letzten Moment stößt sie ihm jedoch ein (falsches) Messer in die Rippen. Somit hat Bond den Test nicht bestanden. Drehort war eine Villa, die auf einer Anhöhe im Hinterland der Bahamas-Insel **New Providence Island** stehen soll. Genaueres ist selbst über das Tourismus-Ministerium der Bahamas nicht herauszufinden.

Bonds Chef M sieht sich die Bilder der Aktion in einer Aufzeichnung in seinem Büro an. Er ist unzufrieden mit der Fitness seines Helden. Bond widerspricht, wird aber dennoch in die außerhalb Londons gelegene Klinik Shrublands geschickt. Das Büro entstand in den bei London gelegenen

EIN SCHNEIDIGER BURSCHE:
Sean Connery ist drei Jahre jünger als Roger Moore

Elstree Studios. Für die Klinik nutzte das Team sowohl das Anwesen Luton Hoo in Luton, in der englischen Grafschaft Bedfordshire, als auch den Shrubland Park in Coddenham, in der Grafschaft Suffolk. Derweil ist die junge Frau Fatima Blush auf dem Weg zu einem Treffen der Organisation Spectre. Inszeniert wurde die Zusammenkunft im Landgut Waddesdon Manor, etwa 50 Meilen nordwestlich von London. Unter der Leitung von Spectre-Chef Blofeld und mit Hilfe von Fatima wurde ein erpresserischer Plan erdacht. Fatima hat den amerikanischen Luftwaffenpiloten Jack Petachi heroinabhängig gemacht. Dessen rechtes Auge ist die exakte Kopie des Auges des Präsidenten der USA. Mit dieser biometrischen Legitimation ist Petachi in der Lage, bei einem Testflug der US-Airforce zwei unbewaffnete Cruise Missiles mit Sprengköpfen auszustatten. Auch Petachi befindet sich nach seiner Augenoperation zunächst in Shrublands.

Bond beobachtet die Aktivitäten von Fatima, kann die Cruise Missiles aber nicht stoppen. Petachi gelingt die Aktivierung der Bomben auf der Luftwaffenbasis Swadley, wo das 63. Tactical Air Command stationiert ist. Bei einem Testflug verlassen die Cruise Missiles plötzlich ihre Bombenkammer, fliegen am Mount St. Michael vor Cornwall vorbei, landen unbemerkt auf den Bahamas und werden vom Spectre-Mitarbeiter Maximilian Largo versteckt. Als Petachi die Luftwaffenbasis verlässt, wird er von Fatima verfolgt. Sie wirft ihm auf der Landstraße eine Schlange in den Wagen, woraufhin er von der Straße abkommt und sich überschlägt. Danach bringt sie den Wagen zur Explosion. Petachi stirbt.

Spectre fordert Lösegeld für die entführten Sprengköpfe. Bond entgeht in der Shrublands-Klinik einem Mordanschlag und verführt eine junge Masseurin. M holt ihn von dort zurück und schickt ihn auf die Bahamas. Derweil schenkt Largo seiner Freundin Domino (Kim Basinger) auf seiner Jacht „Flying Saucer" ein Medaillon mit dem Namen „Die Tränen von Allah". Domino ist Jack Petachis Schwester. Gedreht wurde auf der Jacht „Nabila" des Multimilliardärs Adnan Kashoggi, die damals vor der Küste von Südfrankreich lag.

Im Hafen von **Nassau** auf den Bahamas nimmt 007 gerade Kontakt zu einer hübschen Anglerin auf, als er vom örtlichen Regierungsbeamten Nigel Small-Fawcett gestört und am Rawson Square über den Stand der Dinge informiert wird. Immerhin erfährt Bond Details über die „Flying Saucer". Als Nächstes begegnet er Fatima Blush. Die Killerin läuft gegenüber vom Prince George Wharf vor dem Sheraton British Colonial Hotel Wasserski und landet direkt in den Armen Bonds, der dort gerade an der Bar steht. Bond und Fatima fahren gemeinsam mit einem Boot auf See, um fischen zu gehen. Bei einem Tauchgang bringt sie heimlich einen Sender an seiner Taucherflasche an, der einen Hai anlockt. Doch Bond findet das Manöver heraus und entgeht den Attacken des Hais. Diese Szenen entstanden am Clifton Pier, nahe dem Hafen von Nassau. Auch heute noch kann man zu dem Wrack tauchen, an dem damals gefilmt wurde (siehe Seite 210 – 211).

Glücklicherweise wird Bond von der schönen Anglerin aus dem Wasser gefischt. Sie gehen ins Hotel (erneut das Sheraton British Colonial), vergnügen sich und überstehen einen Mordanschlag: Fatima sprengt Bonds Zimmer, der sich mit der Anglerin jedoch in deren Raum zurückgezogen hat und schadlos davonkommt. Die Pent-

ABGEHOBEN:
Ein Überholmanöver à la James Bond

SAG NIEMALS NIE

USA 1983
Regie: Irvin Kershner
Musik: Michel Legrand
Drehbuch: Lorenzo Semple jr.
Darsteller:
James Bond - Sean Connery
Domino Petachi - Kim Basinger
Maximilian Largo - Klaus Maria Brandauer
Fatima Blush - Barbara Carrera
Blofeld - Max von Sydow
M - Edward Fox

IMMER ETWAS ZU LACHEN: *James Bond ergreift wieder einmal eine Gelegenheit*

house Suite des Ambassador Beach Hotels, Heim des Playboy-Clubs, wurde tatsächlich in die Luft gejagt. Vermutlich musste sie ohnehin neu gestaltet werden. Von Small-Fawcett erfährt 007, dass Largo mit seinem Schiff in Südfrankreich ist. Er begibt sich auch dort hin. Die ersten beiden Einstellungen zeigen den Hafen von **Monaco** und ein landendes Flugzeug, doch Bond kommt am Flughafen von Nizza an. Dort wird er von seinem amerikanischen CIA-Kollegen Felix Leiter und der Französin Nicole begrüßt. Witzigerweise drehte man die Ankunft direkt vor dem Abflugbereich. Das Schild „Départ" ist deutlich zu sehen. Das Trio fährt zu einer Villa bei **Roquebrune Cap Martin** und sieht mit einem Fernrohr auf die Jacht „Flying Saucer", wo Domino ausgelassen tanzt. Sie fährt an Land und kommt in dem kleinen Hafen von **Villefranche** an (seit 1988 Villefranche-sur-Mer). Bond heftet sich an Dominos Fersen, folgt ihr in ein Fitnesszentrum, das sich „Centre de la Santé" nennt. Dort gibt er sich als Masseur aus. Er erfährt, dass Largo abends eine Wohltätigkeitsveranstaltung gibt. Das Innere dieses Fitnesszentrums entstand in den Elstree Studios.

Am Abend schleicht sich Bond mit einem Trick in den „Charity Ball For Orphaned Children" im „Casino Royale Monte Carlo" hinein. Im Casino in Monte Carlo wurde wirklich gedreht, aber zusätzliche Aufnahmen entstanden auch im ganz in der Nähe gelegenen Hotel de Paris sowie im French Rococo Room des Waddesdon Manor im englischen Waddesdon. Der luxuriös ausgestattete Saal des in der englischen Grafschaft Buckinghamshire gelegenen Gebäudes ist auch Schauplatz der ersten direkten Konfrontation von 007 und Largo. Dort messen sie sich beim Computerspiel „Domination". Bond gewinnt und wird von Largo zum Lunch auf seine Jacht eingeladen. Doch zunächst fährt er in die Villa zurück. Dort muss 007 feststellen, dass seine Mitarbeiterin Nicole von Fatima ermordet worden ist. Er schwingt sich auf sein Motorrad und rast hinter Fatima her, die im PKW flüchtet. Die Verfolgungsjagd führt zunächst den Berg hinab und dann durch Villefranche und Menton an der Côte d'Azur. So sind etwa die Treppen der Basilika von St. Michel in Menton zu sehen, die Hafenstraße Quai Bonaparte und ein nahe gelegener Tunnel. Dort versucht Fatima Bond auf einen Lkw zu treiben, doch er entkommt mit einem beherzten Sprung von der Ladekante. Nach einem weiteren Motorradsprung über einen PKW und einem gewaltigen Satz im Hafen von Villefranche, dem Port de Villefranche Darse, endet die Jagd schließlich in einem alten Bootslager. Bond erschießt Fatima und entkommt dank Felix Leiter der Polizei. Anschließend taucht er zu Largos Jacht „Flying Saucer", dringt über eine Unterwasserluke ein und wird vom Eigentümer zum Essen eingeladen. An Bord provoziert er Largo und erfährt etwas über die „Tränen von Allah". Largo fährt mit Domino und Bond nach Nordafrika, auch wenn dort nicht gedreht wurde. Er bringt sie auf sein Anwesen Palmyra, das zwei Drehorte hatte: die Villa Ephrussi de Rothschild mit ihrem überdachten Patio in **St. Jean-Cap Ferrat** und das Fort Carré in Antibes.

Bond kann mit Dominos Hilfe einen Funkspruch absetzen, und London schickt Verstärkung. 007 wird von Largo ins hauseigene Verlies gesperrt und Domino auf dem Vorplatz von Largos Anwesen zum Verkauf angeboten. Der „Marktplatz" entstand in den südfranzösischen Studios La Victorine in Nizza. Nachdem Bond sich befreit hat, tötet er einen Wachmann. Diese Szene entstand an der Zitadelle Sainte-Elme in Villefranche. 007 schnappt sich ein Pferd, mischt sich unter die Kaufinteressenten für Domino, befreit sie und flüchtet mit ihr. Die Studios waren nur zum Teil Drehort dieser Sequenz; man nutzte auch hierfür das in Antibes gelegene Fort Carré. Gedreht wurde an der Haupttreppe am Eingang (dort reiten Bond und Domino hinauf), aber auch auf der obersten Ebene an den Schießscharten. Die herbeigerufene Verstärkung bombardiert Palmyra von der See aus. Mit dieser Unterstützung können Bond und Domino den Verfolgern entkommen und springen von der Mauer ins Wasser. Auch dies ist eine Kombination aus mehreren Orten. Der Sprung über die Mauer wurde in Südfrankreich realisiert, der Fall ins Wasser (knappe elf Meter) jedoch auf den Bahamas. Dafür baute man extra einen Sprungturm.

Felix Leiter nimmt die beiden „Turmspringer" an Bord eines U-Bootes. Das Innere des U-Bootes entstand übrigens im Ballsaal des British Colonial Hotels in Nassau. Bond und Leiter finden heraus, dass Dominos Amulett auf einen Landstrich an der Küste Nordafrikas hinweist, wo Largo in einer Unterwasserhöhle eine der Bomben versteckt hat. Auf einer Landkarte ist der Ort Ingal zu sehen, der jedoch frei erfunden ist. Nachdem die erste Bombe in Washington entdeckt wurde, machen sich Bond und Felix mit Düsenrucksäcken auf den Weg zu Largos Versteck. In der Höhle kommt es zu einer Schießerei und zum Unterwasserkampf, bei dem Domino Largo erschießt. Die sogenannte Blaue Grotte auf den Bahamas wurde zum Drehort. Die Innenaufnahmen entstanden in den Elstree Studios bei London. Der Film endet jedoch auf den Bahamas, wo sich Bond und Domino in einem Whirlpool vergnügen. Als plötzlich jemand an der Tür ist, schnappt sich 007 den Eindringling und wirft ihn in hohem Bogen in den Pool. Es ist Nigel Small-Fawcett, der Bond bittet, wieder für den Secret Service zu arbeiten. Doch Bond lehnt ab – allerdings mit einem Augenzwinkern. So macht er deutlich, dass man niemals nie sagen sollte.

TUMMELPLATZ FÜR MILLIONÄRE: *Monacos Hafen*

Beaufortsee
Tschuktschen-see
Beringstraße
Brooks Range
Yukon
Mt. McKinley 6194
Alaska Range
Anchorage
Mt. Logan
Mackenzie Mountains
Nunivak
Alaska-halbinsel
Golf von Alaska
Kodiak
Aleuten
Alexander-Archipel
Queen Charlotte Is.
Coast Mountains
Rocky Mountains
Vancouver-Is.
Queen Elizabeth Islands
Banks Island
Amundsengolf
Victoria Island
Kanadischer Archipel
Ellesmere Island
Baffin-meer
Baffin Island
Grönland
Barrengrounds
Großer Bärensee
Großer Sklavensee
Peace River
Athabasca-see
Kanadischer Schild
Foxe-becken
Hudson-Straße
Davisstraße
Nuuk
Dänemarkstraße
Hudson-bay
Ungava Peninsula
Labradorsee
Labrador
Winnipeg-see
Great Plains
NORDAMERIKA
Neufundland
Oberer See
Huron-see
Ontario-see
Michigan-see
Erie-see
Ottawa
St.-Lorenz-Golf
Coast Range
Großes Becken
Sierra Nevada
San Francisco
Los Angeles
2
1
Mt. Elbert 4399
Missouri
Ohio
Mississippi
Appalachen
New York
Washington D.C.
Bermuda-Inseln
Azoren
Mittelatlantischer Rücken
Rio Grande
Sierra Madre Oriental
Sierra Madre Occidental
Golf von Kalifornien
Florida
Golf von Mexiko
Sargassosee
ATLANTISCHER
Bahamas
Havanna
Kuba
Große Antillen
Westindien
Hispaniola
Jamaika
Mexiko City
Yucatán
Revilla-Gigedo-In.
Karibisches Meer
Kleine Antillen
Kapverdische Inseln
Clipperton
Panama
Caracas
PAZIFISCHER
Cocos-I.
Llanos
Orinoco
Bergland von Guyana
Bogotá
Quito
Rio Negro
Galápagos-Inseln
Chimborazo 6272
Amazonastiefland
Amazonas
Madeira
Tocantins
São Paulo
SÜDAMERIKA
Marquesas-Inseln
Lima
Brasilianisches Bergland
Brasília
Gesellschafts-Inseln
Tuamotu-Archipel
Tahiti
Cook-Inseln
Polynesien
Tubuai-Inseln
Gambier-Inseln
Pitcairn
Rapa-Insel
Peru-Chile-Graben
La Paz
Anden
Trinidade
Martin Vaz
Rio de Janeiro
São Paulo
Gran Chaco
Paraná
Osterinsel
Ostpazifischer Rücken
Aconcagua 6960
Santiago
Pampas
Buenos Aires
Río de la Plata
OZEAN
N
0
2000km
Patagonien
Falkland-Inseln

1 Utah, Moab (Luftaufnahmen): Bond dringt undercover in eine Luftwaffenbasis ein. Schauplatz 1
2 Utah, Hurricane Mesa (Luftaufnahmen): Bond dringt in eine Luftwaffenbasis ein. Schauplatz 2
3 Iver Heath, Pinewood Studios: 007 landet und fragt vor einer Tankstelle nach Benzin.
4 Pinewood Studios: Khan, Orlov und die Messerwerfer in Octopussys Zirkus. Schauplatz 4
5 Pinewood Studios: Jagd über den Markt in Udaipur bei der Bond unverletzt entkommt. Schauplatz 5
6 Wansford Station: Bond entdeckt Orlov. Es schließt sich eine Verfolgungsjagd auf Schienen an.
7 Ferry Meadows Station: Verfolgungsjagd auf Schienen
8 Peterborough, Private Nene Railway: Zirkusmacher fahren im Zug Richtung Feldstadt.
9 Orton Mere Station: Ein Zug erfasst Bonds schwarzen Mercedes und katapultiert ihn ins Wasser.
10 Upper Heyford, RAF Basis: Die Polizei jagt Bond durch Spandau und über die AVUS. Schauplatz 3

1 Sotheby's New Bond Street: Bond begleitet Jim Fanning zur Auktion eines echten Fabergé-Eis.
2 Berlin Kurfürstendamm: Bond trifft sich auf dem Kurfürstendamm mit M.
3 Checkpoint Charlie, Friedrichstraße: Zwei Messerwerfer verfolgen einen Clown.
4 Indien, Taj Mahal: 007 reist nach Indien und fliegt am Taj Mahal vorbei.
5 Udaipur: Luxushotel Shiv Niwas Palace. Bond gewinnt gegen Kamal Khan im Backgammon.
6 Udaipur: Wilde Hatz in den Tuk Tuks genannten örtlichen Taxis über den Markt
7 Udaipur: Bond wird niedergeschlagen und in Kamal Khans Monsoon Palace festgehalten.
8 Insel Jagmandir im Pichola See: Octopussy residiert auf der Insel im Hotel Lake Palace.

1 RAF-Basis Northolt in Ruislip, Middlesex: Bond dringt in die Luftwaffenbasis ein.
2 RAF-Basis Northolt in Ruislip, Middlesex: Bond sprengt während der Flucht einen Teil der Basis.
3 Berlin, AVUS: Bond entwendet ein Auto. Die Polizei verfolgt ihn.
4 Karl-Marx-Stadt
5 Udaipur: Verfolgungsjagd über den Markt

Octopussy

STÖSSCHEN:
Auch ein Geheimagent muss sich mal entspannen

Octopussy and the Living Daylights ist der Titel einer Kurzgeschichtensammlung, die posthum, nach Flemings Tod, im Jahr 1964 in Großbritannien und 1966 in den USA in Buchform erschien. Diese Storys hatte Fleming bereits zuvor in verschiedenen Magazinen veröffentlicht. Die gebündelte Wiederauflage war wohl ein Versuch des Verlegers, noch einmal vom Ruhm des Autors zu profitieren und den potenziellen Käufern zu vermitteln, dass es etwas Neues von Fleming gibt. Speziell „Octopussy" ist jedoch eine Geschichte, die zum Thema Schauplätze nicht viel Neues zu bieten hat (im Gegensatz zu „The Living Daylights", die in Berlin angesiedelt ist, siehe Seiten 50 – 51 und 157). Der Film dagegen profitiert von der Exotik einer fremden Welt, da es der bislang einzige ist, der zu großen Teilen in Indien spielt. Aber auch Berlin und die damals noch existente Mauer sind Schauplätze.

In der Kurzgeschichte hat sich Bond mit dem Taxi vom Flughafen in **Kingston**, Jamaica bis zum Anwesen von Major Dexter Smythe begeben, das sich in Wavelets an der Nordküste der Insel befindet. Dort konfrontiert er den Major mit Vorfällen, die sich am Ende des 2. Weltkriegs nahe Kitzbühel ereignet haben. Smythe gesteht, dass er im Rahmen eines Sonderauftrages für das sogenannte *Miscellaneous Objectives Bureau* bei einer Kletterpartie in Österreich einen Bergführer namens Oberhauser erschossen hat, um an dessen versteckte Munitionskiste zu kommen. Darin befanden sich zwei deutsche Goldbarren. Später schmuggelte er diese nach Jamaika, heiratete und führte fortan ein sorgenfreies Leben mit seiner Frau. Durch die Spur der Projektile überführt, begeht Smythe Selbstmord, indem er sich auf einen Kampf mit einem hochgiftigen Skorpionfisch einlässt, der ihn mit seinem Stachel trifft. Der Major bringt den Fisch zu einem riesigen Octopus und wird in die Tiefe gezogen. Am Ende berichtet 007 in London von dem Fall – und dessen Aufklärung.

Fleming schrieb diese Geschichte als Hommage an seine eigene Zeit in Österreich, während der er selbst Skifahren lernte (siehe Seite 171). Daher spielen die Berge rund um Kitzbühel und der kleine Ort Mittersill in der Story eine Rolle. „Octopussy" ist der Name eines Bootes, das Flemings Freundin Blanche Blackwell ihm für sein Anwesen Goldeneye geschenkt hatte.

Der 1983 entstandene Film bezieht sich nur marginal auf die Kurzgeschichte: Die Titelheldin Octopussy wird im Dialog einmal als Tochter von Major Dexter Smythe eingeführt. Ansonsten verwendet der Film lediglich den Titel der Vorlage. Er beginnt damit, dass Bond als Offizier Toro getarnt in eine lateinamerikanische Luftwaffenbasis eindringt und mit einem Mini-Jet während der Flucht auch gleich einen Teil der Basis sprengt. Als Drehort diente die bereits aus dem Film *Goldfinger* (siehe Seite 106 – 107) bekannte englische RAF-Basis Northolt in Ruislip, Middlesex, mit ihrem Hangar 311. Für die Luftaufnahmen benutzte man das Gebiet von Hurricane Mesa und Moab im Südwesten des US-Bundesstaates Utah. Wenn 007, gespielt von Roger Moore, am Ende der Anfangssequenz auf einer Straße landet und vor einer typischen US-Tankstelle nach Benzin fragt, handelt es sich jedoch nicht um Aufnahmen, die in den USA entstanden sind. Das Set wurde in den englischen Pinewood Studios aufgebaut.

Nach dem Vorspann sieht man als Erstes die Flucht eines Mannes im Clownskostüm, der vom Zelt des „Zirkus Octopussy" in Ostberlin wegläuft, das sich in der Nähe der Mauer befindet. Zwei messerwerfende Zwillingsbrüder verfolgen ihn. Letztendlich schafft es der Gejagte bis zur Residenz des britischen Botschafters, bricht dort aber tödlich getroffen zusammen. Es ist Geheimagent 009. In seiner Hand befindet sich ein seltenes Schmuckstück: ein Fabergé-Ei, das sich später jedoch als Fälschung herausstellt. Dafür drehte man im August 1982 tatsächlich in der Nähe der Berliner Mauer, konzentrierte sich aber zunächst auf den damals noch existenten Grenzübergang **Checkpoint Charlie** an der Friedrichstraße, der später im Film noch eine wichtige Bedeutung erlangen sollte.

In Ms Büro wird Bond dem Kunstexperten Jim Fanning vorgestellt. Bond begleitet ihn zu Sotheby's, wo ein echtes Fabergé-Ei versteigert werden soll. Das altehrwürdige Auktionshaus Sotheby's, 35 Bond Street in London, wurde auch tatsächlich zum Drehort. Von dort führt die Spur nach **Indien**, denn Prinz Kamal Khan erwirbt das seltene Kunstwerk von Carl Fabergé. Bond hat es allerdings durch die von 009 sichergestellte Fälschung ersetzt. Er reist nach Indien, fliegt am Taj Mahal vorbei und landet, auch wenn das ein paar hundert Meilen weit entfernt liegt, kurz danach am Pichola See im indischen **Udaipur**. Er trifft seinen Kontaktmann Vijay, logiert im Hotel Shiv Niwas Palace, spielt gegen Kamal Khan Backgammon und entlarvt ihn als Falschspieler. Aus Rache plant Khans Killer Gobinda einen Anschlag auf 007. Die sich daraus entwickelnde Verfolgungsjagd geht in den Tuk Tuks genannten örtlichen Taxis über den Markt in Udaipur. Bond entkommt und bleibt unverletzt. Gedreht wurde zum Teil vor Ort, aber auch in den englischen Pinewood Studios, wo ein „falscher" indischer Markt entstand. Dort wurde auch Qs Labor errichtet, der u. a. das Fabergé-Ei mit einem Mikrofon ausstattet.

Zurück im Hotel kommen sich Bond und Khans Assistentin Magda näher. Nach einer Liebesnacht stiehlt Magda das mit dem Mikrofon präparierte Fabergé-Ei. Bond wird von Gobinda niedergeschlagen und in Kamal Khans Monsoon Palace gebracht. Khan fährt mit einer Barke zu der geheimnisvollen Octopussy, die umgeben

OCTOPUSSY

Großbritannien 1983
Eine Eon Produktion
Regie: John Glen
Musik: John Barry
Drehbuch: George MacDonald Fraser, Richard Maibaum, Michael G. Wilson
Darsteller:
James Bond - Roger Moore
Octopussy - Maud Adams
Kamal Khan - Louis Jourdan
Orlov - Steven Berkoff
Gobinda - Kabir Bedi
Miss Moneypenny - Lois Maxwell
Q - Desmond Llewelyn

von ihr treu ergebenen Amazonen im Hotel Lake Palace auf der Insel Jagmandir im Pichola See residiert. Er informiert sie über Bond. 007 bricht unterdessen aus seinem Zimmer im Monsoon Palace aus und beobachtet, dass Khan mit dem russischen General Orlov Geschäfte macht. Orlov ist ein größenwahnsinniger, in seiner Heimat politisch isolierter Offizier, der von militärischer Expansion nach Westen träumt. Mit Hilfe der Wanze im Fabergé-Ei kann Bond mithören, wie der General Khan Schmuck- und Juwelenduplikate zeigt. Als Khan das Mikrofon findet, muss 007 fliehen, gerät in eine Tigerjagd und wird von Touristen eines Ausflugsschiffs gerettet.

INDISCHER BILLIGFLIEGER:
Wer muckt, fliegt raus

Bond gelangt heimlich zu Octopussys Palast auf der Insel. Im Rahmen der Ermittlungen stellt er fest, dass sie eine Juwelenschmugglerin ist, die mit Khan Geschäfte macht. Sie weiß aber nicht, dass sie benutzt wird. Bond bleibt als Gast bei Octopussy, doch Kamal Khan engagiert drei Killer, um ihn zu ermorden. Viele der Innenaufnahmen des Palastes, also des Hotels Lake Palace, wurden in den Studios realisiert. Dort entstand auch Octopussys Schlafzimmer mit dem runden Bett, das dem Namen gebenden Tintenfisch nachempfunden ist. Und dort wurde auch der Mordanschlag gefilmt, den Bond unbeschadet übersteht. Kontaktmann Vijay wird am Seeufer dagegen Opfer der Killer.

Bond reist nach Berlin und trifft sich auf dem Kurfürstendamm mit M. Sie fahren zum Checkpoint Charlie. M steigt aus und Bond reist bis Karl Marx Stadt weiter, wo Octopussys Zirkus gerade einen Auftritt hat. Dort sind auch Khan, Orlov und die Messerwerfer präsent. Das Zelt wurde in den Pinewood Studios errichtet. Nach Ende der Vorstellung steigen die Zirkusleute in einen Zug, der ins westdeutsche Feldstadt fährt. Bond stellt fest, dass Khan den Zirkus, den Octopussy betreibt, dazu nutzt, um heimlich Juwelen aus Russland zu schmuggeln. Khan und Orlov tauschen ohne Octopussys Wissen die Juwelen jedoch gegen eine Atombombe aus, die auf der US-Airforce-Militärbasis Feldstadt in Westdeutschland detonieren soll. Bond entdeckt Orlov, stellt ihn und erfährt, dass die Explosion als vermeintlicher Unfall eingestuft werden und dann zur atomaren Abrüstung im Westen führen würde, woraufhin Orlov seine Expansionspläne ungehindert in die Tat umsetzen könnte. Der General kann flüchten. Bond verfolgt den Zirkus-Zug, in dem sich die Bombe befindet, in einer schwarzen Mercedes-Limousine. Im Laufe der Jagd fährt er sogar mit blanken Felgen auf den Gleisen. Für die Zugszenen nutzte man die bei Peterborough gelegene private Eisenbahnlinie Nene Railway. Speziell die Wansford Station und die Ferry Meadows Station, die als deutsch-deutsche Grenze fungierten, wurden Anfang September 1982 zum Drehort. In der Nähe der Orton Mere Station wurde der Stunt gedreht, bei dem ein entgegenkommender Zug die schwarze Mercedes-Limousine erfasst und in hohem Bogen ins Wasser katapultiert. Orlov wird erschossen, als er ebenfalls den Bomben-Zug erreichen will, dabei aber illegal die Grenze überquert.

Bond gelangt in den Zug, wird entdeckt, flüchtet auf das Dach und wird von Khan und seinem Killer Gobinda sowie einem der Messerwerfer gejagt, den er jedoch besiegen kann. Während in Feldstadt die Vorbereitungen für die nächste Zirkusshow laufen, versucht Bond rechtzeitig vor der Detonation der Bombe dort hinzukommen. Nachdem er per Anhalter nur sehr schleppend vorankommt, stiehlt er einen Wagen, um selbst zu fahren. Er wird von der Polizei durch Spandau und über die Berliner Avus bis zur Basis verfolgt. Diese Szenen wurden auf der britischen RAF-Basis in Upper Heyford gedreht. Bond entdeckt die Bombe und kann sie rechtzeitig entschärfen. Zurück in Indien, packen Khan und Gobinda ihr Geld zusammen, um zu flüchten, doch die hintergangene Octopussy und ihre Artistinnen dringen in seinen Palast ein. Bond und Q folgen im Ballon. Die Gangster entführen Octopussy und flüchten in einem Flugzeug. Bond verfolgt sie und ein wilder Kampf entbrennt sowohl innerhalb als auch außerhalb der Maschine. Die Stunt-Szenen auf der Beechcraft entstanden über dem US-Bundesstaat Utah. Die Gangster kommen um. Bond rettet Octopussy und wird von ihr dafür „gepflegt".

DAS TAJ MAHAL:
Kein Palast, sondern ein Grabmal

Nicht nur Bond, sondern jedermann kann bei Sotheby's mitsteigern. Dort kommen auch sporadisch Filmrequisiten unter den Hammer. Die Adresse lautet: 34 – 35 New Bond Street in London. (Tel. 0044 20 7293 5000). Ein kleiner Geldbeutel ist allerdings nicht hilfreich.

In tödlicher Mission

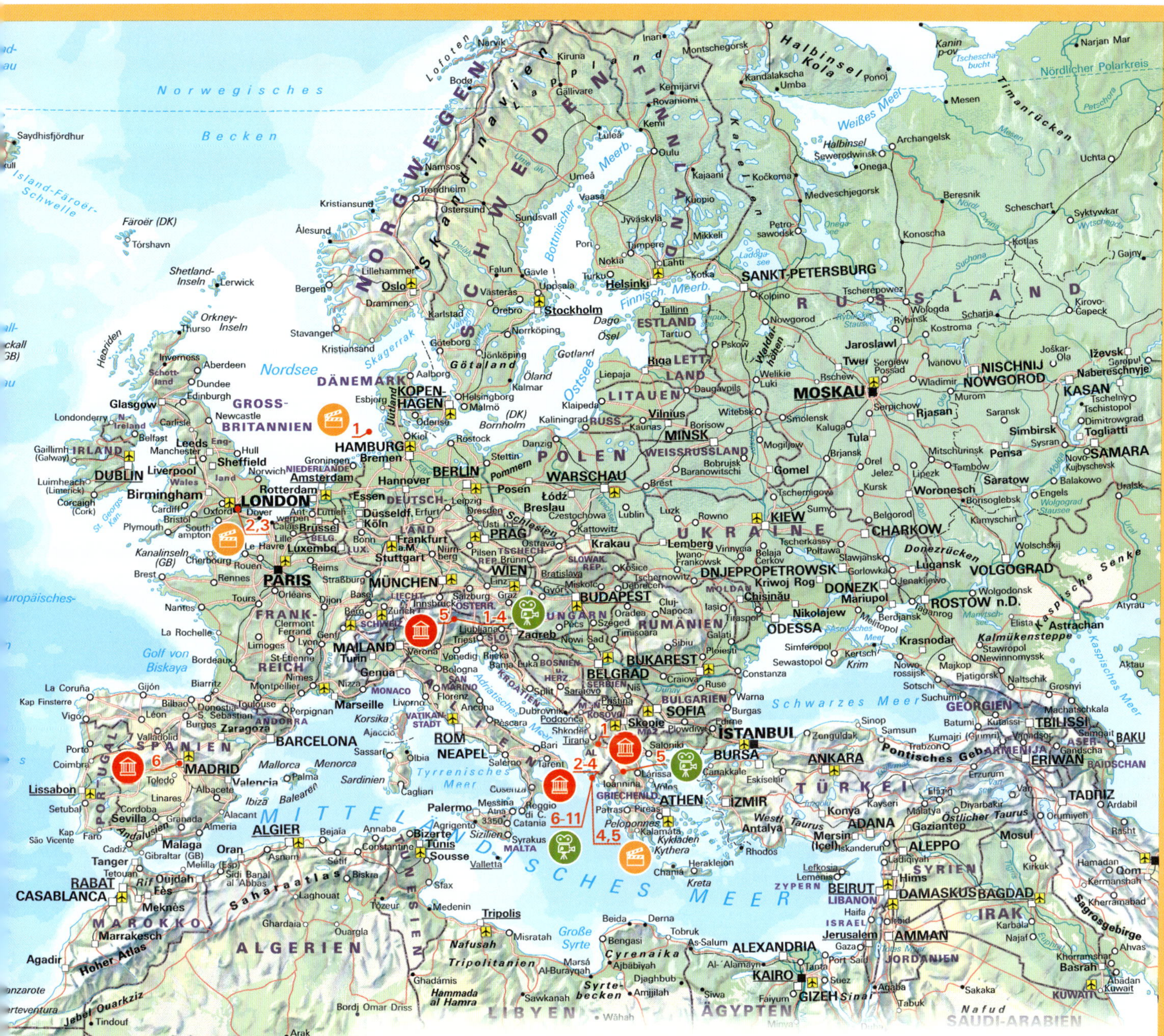

1 Nordsee: Ein englisches Spionageschiff geht vor Korfu unter. Schauplatz 2
2 Pinewood Studios: Hotel Miramonti (Teile der Innenaufnahmen). Schauplatz 5
3 Pinewood Studios: Tauchbecken. Schauplatz 3
4 Villa Sylva auf Halbinsel Kanoni: Bond sucht in der Nähe von Madrid nach Gonzalez. Schauplatz 6
5 Korfu-Stadt: Nordseite der Alten Festung. Colombo führt 007 zu einem Opiumlager. Schauplatz 1
6 Bahamas: Unterwasseraufnahmen. Schauplatz 4

1 Cortina d'Ampezzo: Bond fährt mit neuem Lotus Esprit Turbo vor und steigt im Hotel Miramonti ab.
2 Cortina d'Ampezzo: Bond trifft sich auf dem Dolomitengipfel Tofana mit Ferrara.
3 Cortina d'Ampezzo: Bond und Ferrara treffen sich mit Kristatos im olympischen Eisstadion.
4 Cortina d'Ampezzo: Verfolgungsjagd: Bond nutzt die Olympiaschanze, um zu entkommen.
5 Kloster Agios Triadas: Bond und Melina machen sich auf den Weg zum Kloster in St. Cyrils.
6 Aghios Georgios: Bond und Gräfin Lisl von Schlaf verbringen die Nacht in Lisls Strandhaus.
7 Pagi: Verfolgungsjagd endet mit Überschlag eines Citroen 2 CV.
8 Kalami Bucht: Gonzalez ermordet das Taucherehepaar Havelock.
9 Bouas Danillia: Melina und Bond studieren die letzten Aufzeichnungen von Melinas Vater.
10 Achilleon Palast bei Gastouri: Bond reist nach Korfu, spielt im Casino und beobachtet Colombo.
11 Südseite der alten Festung

1 Albanien: Rohopium-Lagerhaus von Kristatos
2 Korfu: Ein englisches Spionageschiff sinkt vor der Küste
3 Korfu: Unterwasseraufnahmen
4 Korfu: Unterwasseraufnahmen. Bond und Melina entgehen dem Tod durch Ertrinken.
5 Italien: Cortina d'Ampezzo
6 Madrid: Bond sucht in der Nähe nach Gonzalez.

In tödlicher Mission

ER STEHT SO LANGE, BIS DIE SZENE SITZT:
Roger Moore, die Filmcrew und neugierige Badegäste am Strand von Korfu

Flemings Kurzgeschichte „For Your Eyes Only", lieferte 1960 den Titel für einen Sammelband, in dem noch vier weitere *Short Stories* abgedruckt wurden. Mit dem gleichnamigen Film aus dem Jahr 1981 hat die Kurzgeschichte – wieder einmal – nur wenig zu tun. Es tauchen lediglich die Namen Havelock und Gonzales auf sowie eine junge Frau, die den Tod ihrer Eltern rächen will. Der Rest wurde neu erfunden, aber nach dem Weltraumabenteuer *Moonraker – Streng geheim* kehrte man zumindest auf den Boden der Erde zurück und drehte ausschließlich in Europa. Die Kurzgeschichte dagegen spielt in **Jamaika** und in **Kanada**. Fleming wollte damit dem Anwesen eines Freundes ein Denkmal setzen.

Die Story beginnt damit, dass das Ehepaar Havelock in seinem Haus namens „Content" in den Blue Mountains von Jamaika vom Killer Gonzales ermordet wird, weil sie ihre schöne Residenz nicht verkaufen wollen. Bond wird nach Kanada geschickt, da dort der Auftraggeber des Mörders leben soll und weil die Havelocks Freunde von M waren. Er fliegt nach Montreal, fährt nach Ottawa und schlägt sich zu Fuß durch die Wildnis bis zum Versteck des Gangsters. Dessen Anwesen nennt sich „Echo Lake". Unterwegs trifft er auf Judy, die Tochter der Havelocks, die Rache nehmen will und mit Pfeil und Bogen bewaffnet ist. Bond und Judy tun sich zusammen, töten Gonzales und dessen Chef von Hammerstein und verlassen das Waldgebiet. Das Anwesen, das Fleming hier verewigt, gehörte seinem Freund Ivar Bryce. Es liegt an der Grenze zwischen Vermont und New York in der Nähe von Saratoga Springs und nannte sich damals „Black Hole Hollow Farm". Es ähnelt dem Schauplatz in der Geschichte sehr. Fleming verbrachte dort häufig seine Sommerferien.

Der Film beginnt mit sehr viel Action. Obwohl seit dem Tod seiner Frau Tracy am Ende von *Im Geheimdienst Ihrer Majestät* schon sechs Filme und zwölf Jahre vergangen sind, legt Bond in der ersten Szene am Grab seiner Frau Blumen nieder, wird dann aber plötzlich zu einem Auftrag gerufen und mit dem Hubschrauber abgeholt. Diese ersten Einstellungen entstanden an der St. Gilles Church im englischen Stoke Poges. Gar nicht weit davon entfernt liegt der Golfplatz, der in dem Film *Goldfinger* (siehe Seite 106 – 107) eine Rolle spielt. Der Hubschrauber ist nicht etwa im Auftrag der britischen Regierung unterwegs, sondern wird von einem Mann im Rollstuhl ferngesteuert, der sowohl Glatze als auch Katze trägt. Man könnte auf Blofeld schließen, doch genannt wird der Name nicht. Fortan treibt der kleine Mann mit 007 sein Spiel und scheucht ihn durch ein Industriegelände, bis sich Bond seines Peinigers entledigen kann. Der Mann im Rollstuhl fällt in einen Industrieschlot. Die Becton Gasworks im Norden Londons bildeten dafür im Spätherbst 1980 die perfekte Kulisse.

IN TÖDLICHER MISSION

Großbritannien 1981
Eine Eon Produktion
Regie: John Glen
Musik: Bill Conti
Drehbuch: Richard Maibaum und Michael G. Wilson
Darsteller:
James Bond - Roger Moore
Melina Havelock - Carole Bouquet
Aristotle Kristatos - Julian Glover
Milos Columbo - Chaim Topol
Gräfin Lisl von Schlaf - Cassandra Harris
Bibi Dahl - Lynn-Holly Johnson
General Gogol - Walter Gotell
Q - Desmond Llewelyn
Miss Moneypenny - Lois Maxwell
Emile Loque - Michael Gothard

Nach dem Vorspann ist der Untergang eines englischen Spionageschiffes vor **Korfu** zu sehen, bei dem ein Gerät mit dem Kürzel ATAC verlorengeht, das zur Steuerung der U-Boot-Flotte dient. Gedreht wurde die Havarie des Schiffes allerdings in der kalten Nordsee anstatt in griechischen Gewässern. Das Taucherehepaar Havelock wird damit beauftragt, nach dem verschwundenen Gerät zu suchen. Doch die beiden werden von dem Killer Gonzales ermordet, der kurz zuvor noch deren Tochter Melina auf ihrem Schiff vor Korfu abgesetzt hat. Melina muss mit ansehen, wie ihre Eltern sterben, und schwört Rache. Die Aufnahmen wurden in der Kalami-Bucht gedreht. Bond ermittelt bei **Madrid**, da vermutet wird, dass Gonzales sich dort in einer Villa aufhält. Allerdings hat die Bond-Crew nicht in Spanien gedreht, sondern alle Szenen, die dort spielen, auf Korfu inszeniert. Am 15. September 1980 in der Villa Sylva in Kanoni auf Korfu begannen die Dreharbeiten. Das in Privathand befindliche Anwesen liegt etwa vier Kilometer außerhalb von Korfu Stadt und wurde mehrere Tage genutzt. Aber auch die Umgebung wurde ins rechte Licht gerückt, denn in der Nachbarschaft entstanden große Teile der Verfolgungsjagd zwischen einer gelben Ente – beziehungsweise einem Citroën 2 CV – und den Verfolgern, die in schwarzen Peugeots auf „Entenjagd" gehen. Dass Bond in einer Ente fährt, kommt wie folgt zustande: Sein weißer Lotus Esprit Turbo explodiert wegen Qs hochempfindlicher Diebstahlsicherung, so dass er auf Melinas Hilfe angewiesen ist, die das weniger glamouröse Gefährt mit sich führt. Melina entledigt sich dank perfekter Bedienung ihrer Armbrust einiger Schergen. Auch Gonzales segnet so das Zeitliche – insofern gibt es hier eine kleine Parallele zur Kurzgeschichte.

Da macht der Gangster lieber die Flatter...

Nachdem Bond diese Verfolgungsjagd bei Pagi überstanden hat, identifiziert er in **London** Emile Leopold Locque, den Auftraggeber von Gonzales, der sich in Italien aufhält. Die Handlung verlagert sich nach **Cortina d'Ampezzo**. Das noble Wintersportgebiet wurde ab Januar 1981 zum Schauplatz. Bond steigt mit neuem Lotus Esprit Turbo, dieses Mal kupferfarben und mit Skihaltern ausgerüstet, im Hotel Miramonti ab (auch wenn Teile der Innenaufnahmen in einem Set in den Pinewood Studios gedreht wurden) und trifft sich auf dem Dolomitengipfel Tofana mit dem örtlichen Verbindungsmann Ferrara. Sie besprechen die weitere Vorgehensweise und treffen auf einen reichen Griechen namens Kristatos im olympischen Eisstadion, der sich um eine junge Eiskunstläuferin kümmert. Kristatos erzählt ihnen von einem Schmuggler namens Colombo, der in den Mord an den Havelocks verwickelt sein könnte. Bond verhindert in der Innenstadt von Cortina einen Anschlag auf Melinas Leben, der von zwei Motorradfahrern ausgeübt wird. Er schickt Melina zurück nach Korfu. Für diese Szenerie in der Stadt wurde extra ein Blumenladen gebaut, durch dessen Fenster einer der Zweiradfahrer fliegt. Nun wird 007 selbst zum Ziel von Locques Killern, kann ihnen aber durch einen beherzten Sprung von der Olympischen Skischanze und eine anschließende Verfolgungsjagd im nahe gelegenen Waldgebiet und in der Bobbahn entkommen. Exakt während der Weltmeisterschaft im Bobfahren entstanden diese Aufnahmen im Frühjahr 1981. Ferrara wird vor dem Olympischen Eisstadion ermordet. Drinnen entkommt Bond einigen Eishockey-Attentätern.

WAS FÜR EINE WILDSAU:
Stunt-Double Willy Bogner als James Bond im Eiskanal

Bond reist nach Korfu, spielt im Casino, isst mit Kristatos und beobachtet Colombo am Nebentisch. Er lernt Gräfin Lisl kennen, die Geliebte Colombos, die ihn aushorchen soll. Der zwei Kilometer außerhalb von Gastouri auf einem Berg gelegene Achilleion-Palast wurde zum Schauplatz für diese Sequenz. Er verfügt über eine kleine Schlossanlage, von der aus eine schöne Aussicht auf Kanoni und die Berge von Ipirus herrscht. Als die Gräfin Colombo eine Szene macht, nutzt Bond die Gelegenheit, bietet ihr an, sie nach Hause zu bringen, und verbringt die Nacht mit ihr in ihrem Strandhaus. Diese Aufnahmen wurden am Georgios Beach im Nordwesten der Insel gedreht. Das Strandhaus von Lisl existiert jedoch nicht mehr. Am nächsten Morgen werden die beiden vor der Tür von Locques Schergen mit Strandbuggys attackiert. Die Gräfin kommt ums Leben. Bond wird von Colombos Leuten gefangen genommen. Der Schmuggler konfrontiert ihn damit, dass nicht er der Widersacher ist, sondern Kristatos, der mit den Russen Geschäfte macht und ihnen das ATAC verkaufen will. Zum Beweis führt Colombo 007 nachts zu einem Lagerhaus in **Albanien**, das Kristatos gehört. Darin befinden sich Rohopium und Kristatos' Killer Locque, der von Bond beseitigt wird. Gedreht wurde jedoch nicht in Albanien. Stattdessen nutzte das Team die Süd- und die Nordseite der Alten Festung von Korfu, wobei letztere zum Warenlager umfunktioniert wurde.

TRAUMHAFTE FILMKULISSE:
Die Zitadelle von Korfu

Inzwischen trifft Melina in Vlachema auf Korfu ein und besucht mit Bond den etwa neun Kilometer nördlich von Korfu Stadt liegenden kleinen Ort Bouas Danillia, in dem gerade eine Hochzeit von Einheimischen stattfindet. Sie studieren die letzten Aufzeichnungen ihres Vaters. Mit diesem Wissen tauchen sie zur Stelle des versunkenen ATAC-Schiffes, werden attackiert, können aber den Angreifer abschütteln und das ATAC an die Wasseroberfläche bringen. Oben angekommen, können Kristatos' Männer sie gefangen nehmen. Kristatos lässt Bond und Melina aneinanderfesseln und an einem Seil über Bord gehen. Dann zieht er sie mit dem Schiff über das Riff. Sämtliche Unterwasseraufnahmen entstanden auf den **Bahamas** – und im Tauchbecken des Studios. Bond und Melina entgehen dem Unterwassertod, weil Bond die Fesseln am Korallenriff nach und nach aufschleifen kann. Sie erfahren, dass Kristatos ein Versteck in einem Kloster in St. Cyrils besitzt, und machen sich dorthin auf den Weg. Bei diesem Drehort handelt es sich um eines der **Meteora**-Klöster in Griechenland. Auf dem Gipfel des von Mönchen bewohnten Felsenklosters kommt es schließlich zum Finale, bei dem Kristatos umkommt und das ATAC, an dem auch der KGB-General Gogol interessiert ist, von Bond in den felsigen Abgrund geworfen wird, wo es zersplittert.

Moonraker - Streng geheim

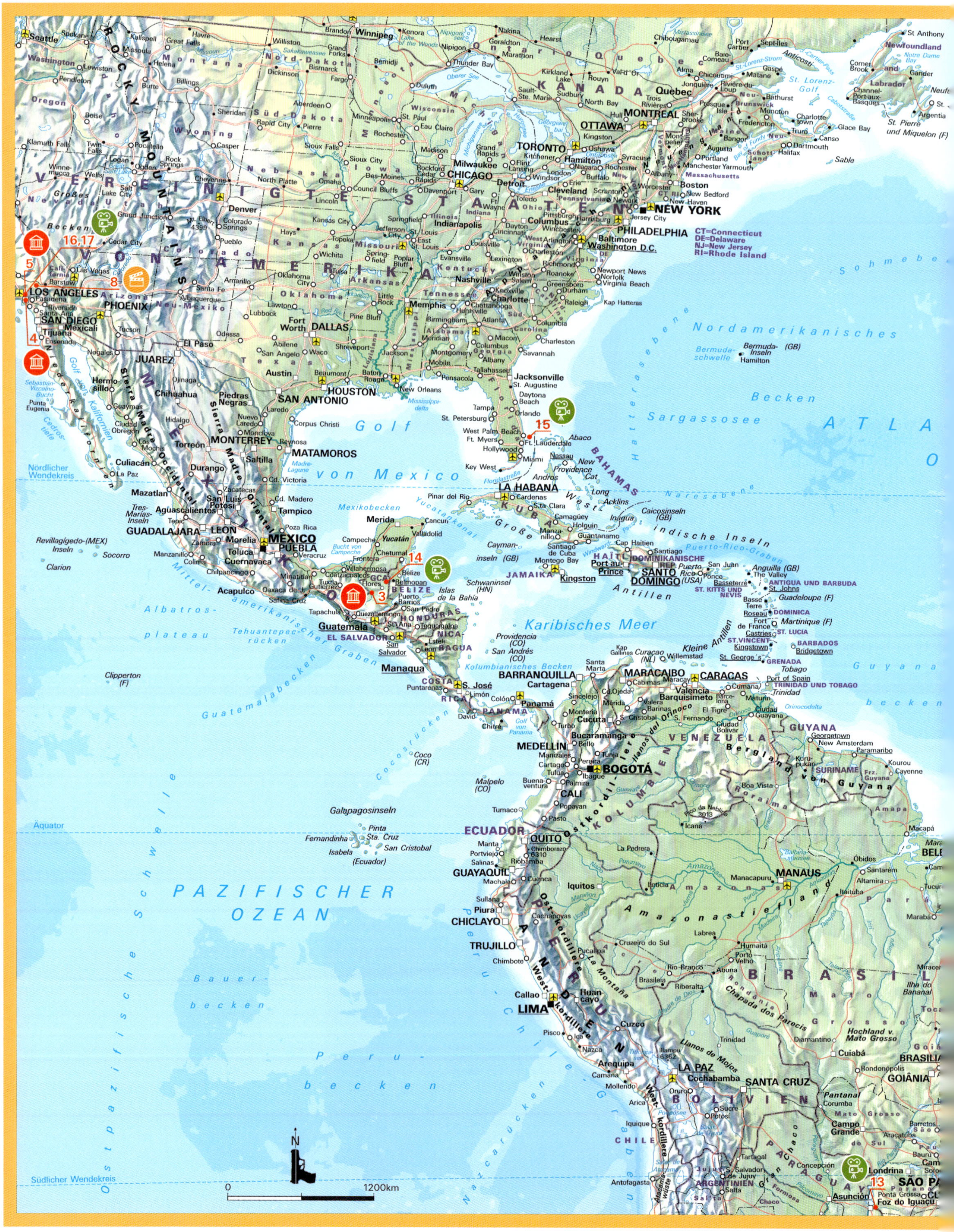

1 Untergrundsystem Livry Gargan: Bond gelangt mit Holly an Bord eines Moonrakers. Schauplatz 3
2 Flughafen Charles de Gaulle: Hubschrauberpilotin Dufour holt Bond am L.A. Airport ab. Schauplatz 5
3 Centre Georges Pompidou (5. Etage): Büro von Dr. Holly Goodhead, Paris.
4 Paris, Boulogne Studios: Schlägerei in der Firma Venini Glass. Schauplatz 1
5 Billancourt Studios: Eine Boeing mit Moonraker-Raumgleiter wird entführt und stürzt ab.
6 Melun, Chateau de Vaux le Vicomte: Schloss des Multimillionärs Hugo Drax nahe Los Angeles. Schauplatz 4
7 San Nicolo, Benediktinerkloster auf dem Lido: Niederlassung des MI 6. Schauplatz 2
8 Palmdale, Rockwell International Assembly Facility: Bond und Holly fliegen ins All.

1 Venedig, Markusplatz: 007 gleitet über den Markusplatz.
2 Canale Grande: Bond wird angegriffen und flüchtet mit seiner zu einem Luftkissenboot verwandelten Gondel.
3 Venedig: Verfolgungsjagd entlang der Ponte Foscarini.
4 Venedig, Galeria Ca' Rezzonico: Bond und M stehen völlig verdutzt vor dem Gangster Drax.
5 Venedig: Verfolgungsjagd entlang des Rio di Santa Caterina
6 Venedig, Torre dell'Orologio: Nach einer Schlägerei wirft 007 Chang aus dem Turm auf den Markusplatz.
7 Venedig, Hotel Danieli: Raumfahrtexpertin Holly muss zugeben, dass sie für die CIA arbeitet.
8 Venedig, Piazzetta dei Leoni 314, nordöstlich der Markuskirche: Bond besucht die Firma Venini Glass.
9 Rio de Janeiro: In einem Hotel an der Copacabana verführt Bond die Einheimische Manuela.
10 Rio de Janeiro, Avenida Carioca: Beim Karneval verhindert Bond einen Angriff auf Manuela.
11 Rio de Janeiro, Zuckerhut: Bond rettet Holly aus einer bedrohlichen Lage.
12 Galeão: Bond reist mit der Concorde an und landet auf dem Flughafen Galeãos.
13 Wasserfälle von Iguaçu: Bond wird beschossen und entgeht einem Absturz mit einem Lenkdrachen.
14 Petén: Bonds Lenkdrachen landet vor einer Frau, die ihn in eine unterirdische Anlage lockt.
15 St. Lucie County: Bootsjagd
16 Vandenberg Airforce Base: Blofeld startet Satelliten von Vandenberg Air Force Base.
17 Los Angeles, Flughafen: Bond fliegt mit Corinne Dufour im Hubschrauber über die Stadt.

1 Venedig: Schlägerei zwischen Bond und Chang im Labor und Museum des Hauses.
2 Brasilien: Niederlassung des MI 6.
3 Guatemala: Bond gelangt an Bord eines Moonrakers
4 Los Angeles: Hugo Drax' Schloss
5 Los Angeles, Flughafen (LAX): Hubschrauberpilotin Corinne Dufour holt Bond ab.

Moonraker - Streng geheim

BOND HAT EIN HÄNDCHEN FÜR DEN RICHTIGEN AUGENBLICK:
Roger Moore und Lois Chiles in Paris

24 Jahre lagen zwischen der Veröffentlichung von Ian Flemings drittem Roman *Moonraker* aus dem Jahr 1955 und der gleichnamigen Verfilmung. Dementsprechend gestaltete man die Handlung zeitgemäßer und trug vor allem dem damals herrschenden Bedürfnis nach Effekten und exotischen Schauplätzen Rechnung. Der Roman spielt ausschließlich in England und ist damit einzigartig in Flemings Schaffen. Für den Film reiste das Produktionsteam um die halbe Welt und drehte in Italien, Frankreich, Brasilien, Guatemala und den USA. Von der Romanhandlung blieben nur Fragmente und zwei Namen übrig.

Fleming führt den Leser zunächst in ein hohes graues Gebäude des Secret Service, nahe am Regent's Park in **London**. Bond übt auf dem Schießstand im Keller. Kurze Zeit später sitzt er bei M in der 9. Etage des Hauses und erfährt etwas über den sehr angesehenen Unternehmer Sir Hugo Drax, der beim Kartenspiel betrügt. Drax ist mit dem Erz Kolumbit zu Geld gekommen. Er hat dem britischen Königreich eine Atomrakete mit dem Namen „Moonraker" („Mondblitz" in der dt. Fassung) gestiftet. Bevor es zur ersten Auseinandersetzung zwischen Bond und Drax kommt, fährt der Agent zunächst in seinem grauen Bentley über die Baker Street nach Hause. Seine Wohnung liegt in einem „Regency House", abseits der King's Road an einem kleinen Platz. Auf dem Weg zu einem Treffen mit Drax überquert er den Sloane Square in die St. James's Street, stellt seinen Wagen vor „Brook's" ab und geht um die Ecke zur Park Street. Dort befindet sich der exklusive Club „Blade's", wo er mit M und Hugo Drax Bridge spielt. 007 durchschaut Drax und entlarvt seine Tricks.

Nach einem kurzen Aufenthalt bei Scotland Yard reist Bond zur Raketenbasis von Drax, als es dort zu einem tödlichen Zwischenfall kommt. Er fährt mit dem Bentley in Richtung Dover nach **Maidstone**, zu der Anlage, wo der „Moonraker" gebaut wird. Dort arbeitet Gala Brand als Sekretärin von Drax, die jedoch als Informantin vom britischen Geheimdienst eingeschleust wurde. Drax stellt Bond seinen Leibwächter Willy Krebs vor und zeigt ihm die Rakete. Nach einem kurzen Besuch im Café Royal in Dover fährt Bond mit Gala zum Strand, um dort spazieren und schwimmen zu gehen. Sie fahren entlang der Strände von Walmer und Deal an die Kalk-Klippen bis nach Sandwich und zur dortigen Bucht. Plötzlich löst sich eine Steinlawine, die beide unter sich begräbt, doch sie überleben den Anschlag. Sie erfrischen sich im Hotel Granville, fahren nach St. Margaret's und zurück zu dem von Drax bewohnten Areal südlich von Kingsdown, wo sie etwas essen.

Am nächsten Tag reist Drax mit Krebs und Gala in seinem Mercedes 300 S Richtung London. Bond folgt ihnen in seinem Bentley. Bei Maidstone versucht Gala Drax' Notizbuch zu stehlen, wird aber von Krebs erwischt. Sie wird nach London gebracht und in einem Haus in der Ebury Street in der Nähe des Buckingham Palace abgeliefert. Sie findet heraus, dass Drax mit der Atomwaffe London zerstören will. Auch Bond fährt nach London und beobachtet Drax, dessen Wagen in der Park Street steht. Er folgt ihm, Krebs und der gefangenen Gala Richtung Buckingham Palace Gate, in die Ebury Street, über die Chelsea Bridge und den südlichen Ring auf die A 20. Sie durchfahren Maidstone, wo Krebs und Drax herausfinden, dass Bond sie verfolgt. Sie erreichen Leeds Castle und durchfahren Charing. Kurz danach entert Krebs einen LKW und löst dessen Ladung, die vor Bonds Wagen auf die Straße fällt. Bond ist hilflos und wird aus dem Bentley geschleudert. Bond findet sich gemeinsam mit Gala gefesselt unter der Rakete wieder. Drax begibt sich auf ein U-Boot, um die Vernichtung Londons dort abzuwarten. Bond und Gala können sich befreien und die Rakete umprogrammieren, die daraufhin auf See einschlägt und Drax' U-Boot trifft.

Der Film beginnt damit, dass ein Moonraker-Raumgleiter, der sich auf dem Rücken einer Boeing 747 befindet, entführt wird. Die Boeing stürzt ab. Auch Bond kommt in der Luft in Bedrängnis. Auf dem Rückflug aus Afrika wollen Pilot und Stewardess eines Privatjets Bond umbringen. Auch der bereits aus *Der Spion, der mich liebte* bekannte Beißer ist mit an Bord. Während des Kampfes wird Bond ohne Fallschirm aus dem Jet gestoßen. Auf dem Weg abwärts kann er dem bereits zuvor abgesprungenen Piloten dessen Fallschirm entreißen und auch noch einem Angriff des Beißers entkommen. Gedreht wurde diese Eingangsequenz sowohl über der kalifornischen Wüste als auch in den französischen Studios von Billancourt. Der Beißer stürzt am Ende in ein Zirkuszelt; Drehort war das Hippodrome de Longchamp an der Route des Tribunes im Pariser Bezirk Bois de Boulogne.

Im Ms Büro wird Bond auf den Eigentümer des Raumgleiters angesetzt. Es ist der Multimillionär Hugo Drax, der bei **Los Angeles** ein Schloss be-

MOONRAKER - STRENG GEHEIM

Großbritannien 1979
Eine Eon Produktion
Regie: Lewis Gilbert
Musik: John Barry
Drehbuch: Christopher Wood
Darsteller:
James Bond - Roger Moore
Dr. Holly Goodhead - Lois Chiles
Sir Hugo Drax - Michael Lonsdale
Corinne Dufour - Corinne Clery
Beißer - Richard Kiel
Manuela - Emily Bolton
General Gogol - Walter Gotell
Chang - Toshiro Suga
Miss Moneypenny - Lois Maxwell
M - Bernard Lee
Q - Desmond Llewelyn

Produzenten, Drehbuchautoren und Ausstatter besuchten vor Drehbeginn ein Luftfahrtseminar in Houston und sahen sich zu Recherchezwecken Raumstationen wie „Rockwell International" und das „Ames Research Center" an, um sich über die geplanten Kolonien im Orbit zu informieren.

*

Der exklusive Londoner Club „Blade's" wird sowohl im Roman *Moonraker* als auch in den Büchern *You Only Live Twice, Thunderball, On Her Majesty's Secret Service* und *The Man With The Golden Gun* erwähnt. Fleming hat ihn zwar erfunden, aber nach einem anderen exklusiven Club gestaltet, in dem er selbst Mitglied war: „Boodle's" in 28 St. James's Street, W 1.

sitzt. Bond landet auf dem L.A. International Airport in Kalifornien (LAX) und wird von der Hubschrauberpilotin Corinne Dufour abgeholt. Sie fliegen nach **Nevada**, wo der Moonraker gebaut wird, und erreichen schließlich das Schloss. Vaux le Vicomte bei Melun in Frankreich diente dem Team als Drehort. Es liegt etwa 30 Kilometer südöstlich von **Paris**. Aber nicht nur hier drehte die Crew, sondern auch am Pariser Flughafen Charles de Gaulle und in der 5. Etage des Centre Pompidou, wo ein Büro auf dem Plateau Beaubourg zum Arbeitsraum von Dr. Holly Goodhead wurde. Die Raumfahrtexpertin soll Bonds Fragen beantworten und zeigt ihm den Zentrifugentrainer. Bond testet ihn und entgeht einem Anschlag, der von Drax' Assistenten Chang verübt wird. Bond verführt die Pilotin Corinne, knackt einen Safe und erfährt von einer Glasfabrik in Venedig. Bei einer Fasanenjagd vor dem Schloss entgeht Bond erneut einem Anschlag. Corinne bezahlt ihre Beziehung zu Bond mit dem Leben. Drax lässt seine Dobermänner-Bluthunde auf sie los.

Bond reist nach **Venedig** und besucht die Firma Venini Glass am Markusplatz. Dazu wurde ein Geschäft genutzt, dessen Eingang an der Piazzetta dei Leoni 314, nordöstlich der Markuskirche zu finden ist. Bond sieht Holly wieder. Bei einer Gondelfahrt wird er angegriffen, kann aber vor den Attentätern auf den Markusplatz flüchten, da sich seine Gondel zunächst in ein Schnellboot und dann in ein Luftkissenfahrzeug verwandelt. Bei einem weiteren Besuch von Venini Glass stellt er fest, dass dort Glasbehälter mit einer hochgiftigen Flüssigkeit bestückt werden. Die Behälter sollen nach **Rio de Janeiro** gebracht werden. Chang taucht auf und bedroht ihn. Nach einem von Kollateralschäden geprägten Kampf im Labor und in einem Museum wirft 007 seinen Gegner schließlich aus dem Uhrenturm auf den Markusplatz. Der Killer landet in einem Klavier. Bond besucht Holly im Hotel Danieli und findet heraus, dass sie für die CIA arbeitet und bei Drax eingeschleust wurde. Danach führt er M und den Verteidigungsminister zu Venini Glass, doch das Labor existiert nicht mehr. Stattdessen werden sie von Drax empfangen und müssen verwundert wieder von dannen ziehen. Drax bestellt unterdessen Ersatz für Chang und engagiert den Beißer.

Bond fliegt nach Rio und wird nach einer Fahrt entlang der **Copacabana** von der Kollegin Manuela im Hotel empfangen. Sie untersuchen ein Lagerhaus von Drax und geraten in den Trubel des dortigen Karnevals. 007 kann gerade noch verhindern, dass Manuela vom Beißer ermordet wird. Auf dem Zuckerhut trifft er Holly wieder. Von dort aus beobachten sie, dass Drax Frachtflugzeuge starten lässt. Auf dem Weg nach unten werden sie vom Beißer in der Seilbahn-Gondel angegriffen, können ihn aber unschädlich machen. Unten angekommen werden sie niedergeschlagen und in einen Krankenwagen verladen. Bond kann flüchten, Holly nicht. Bond besucht das südamerikanische Quartier von M, Q und Miss Moneypenny (für den Dreh wurde allerdings das auf dem Lido von Venedig gelegene Kloster San Nicolo genutzt) und findet heraus, dass die hochgiftige Flüssigkeit aus einer Orchidee gewonnen wird. Sie ist im Amazonasgebiet, in der unteren Region des Tapirape beheimatet. Mit einem von Q ausgerüsteten Boot erkundet er die Gegend, wird verfolgt und be-

GLEICH WIRD IHM DAS GRINSEN VERGEHEN:
Beißer kurz vor den Iguaçu-Wasserfällen

schossen, kann aber dem Absturz an einem riesigen Wasserfall mit einem Lenkdrachen entgehen. Dafür drehte das Filmteam an verschiedenen Orten: St. Lucie County in Florida und an den **Iguaçu-Wasserfällen** an der Grenze zwischen Brasilien und Argentinien.

007 landet im Dschungel und wird von einer schönen Frau bei einem Tempel in eine unterirdische Anlage gelockt, die sich als Drax' Hauptquartier entpuppt. Gedreht wurde in der Nähe der Pyramide von **Tikal**, an den Maya-Ruinen in Guatemala. Nachdem 007 den Kampf mit einer Python überstanden hat, findet er heraus, dass der Verbrecher mit seinem Gift vom Weltraum aus die Menschheit ausrotten und eine neue Superrasse züchten will. Bond wird zu Holly unter eine Raketenrampe gesperrt, kann aber entfliehen und mit ihr an Bord einer von sechs Moonraker-Raumfähren gelangen. Das Untergrundsystem Livry Gargan in Paris, eine ehemalige Gipsmine, aber auch die Studios in Boulogne dienten als Drehorte für diese Szenen.

Die Aufnahmen der Raumgleiter entstanden an mehreren Orten in den USA. Dazu zählen Cape Canaveral und das Kennedy Space Center in Florida, die Vandenberg Airforce Base zwischen San Luis Obispo und Santa Barbara am Coastal Highway 1 im Süden von Kalifornien und die Rockwell International Assembly Facility im kalifornischen Palmdale. Bond und Holly fliegen ins All und entdecken dort eine gigantische Station, die nicht auf dem Radar erscheint. Es gelingt ihnen, das Radarstörsystem abzuschalten, Beißer zum Überlaufen zu bewegen und Drax zu töten. Von der Erde wird nun ein Raumschiff zur Station gesandt und es entspinnt sich eine Schlacht im All. Die Raumstation explodiert. Am Ende zerstören Bond und Holly drei Giftbehälter, die bereits kurz vor dem Eintritt in die Erdatmosphäre stehen und vergnügen sich anschließend schwerelos in einem Moonraker.

DER SCHÖNSTE STRAND DER WELT:
Die Copacabana in Rio de Janeiro

Der Spion, der mich liebte

1 Coral Harbour: Transformation des Wagens in ein U-Boot. Schauplatz 1
2 Kanada: Rettungssprung auf dem Mount Asgard auf Baffin Island. Schauplatz 2
3 Pinewood Studios: Triple X und 007 sollen Pläne für ein U-Boot-Ortungssystem finden. Schauplatz 3
4 Pinewood Studios: Innere des Tempels Abu Simbel. Schauplatz 4
5 Lotus/U-Boot-Transformation, Unterwasseraufnahmen und Supertanker Liparus. Schauplatz 5
6 Skigebiet im Kanton Graubünden nahe St. Moritz: Vier Gangster jagen 007 die Berge hinab.
7 Malta: Bond und Anya retten sich in eine schwimmende Kapsel.
8 Okinawa: Aufnahmen exotischer Fische. Schauplatz 6

1 Marinebasis Faslane: Sitz des Marine-Hauptquartiers. Bond erfährt vom Verlust eines U-Bootes.
2 Palau, Hotel Cala di Volpe: Anya und Bond kommen im Hotel an.
3 Palau: Anya und Bond erhalten von Q einen nagelneuen weißen Lotus Esprit.
4 San Pantaleo: Ausgangspunkt der Verfolgungsjagd mit dem Lotus
5 Costa Smeralda: Ein Hubschrauber verfolgt den Lotus entlang der Costa Smeralda zum Vista Point.
6 Gizeh: Pyramiden und Sphinx
7 Kairo, Gayer-Anderson Museum: Kampf mit dem Killer Sandor, der vom Gebäude in den Tod stürzt.
8 Luxor, Ruinen von Karnak und Tempel von Amun: Kampf zwischen Bond, Anya und Beißer.
9 Tempel von Ramses II. in Abu Simbel: Quartier des russischen und britischen Geheimdienstes

1 Sardinien: Transformation des Wagens in ein U-Boot
2 Österreich: Rettungssprung auf dem Mount Asgard auf Baffin Island
3 Moskau: Die Agentin Triple X und 007 sollen die Pläne für ein U-Boot-Ortungssystem finden.
4 Ägypten: Das Innere des Tempels Abu Simbel
5 Sardinien: Transformation des Lotus in ein U-Boot. Supertanker Liparus schluckt U-Boote.
6 Sardinien: Exotische Fische

EUROPA
ASIEN
AUSTRALIEN
PAZIFISCHER OZEAN
INDISCHER OZEAN
Sibirien
Westsibirisches Tiefland
Barentssee
Karasee
Laptewsee
Ostsibirische See
Beringmeer
Ochotskisches Meer
Japanisches Meer/Ostmeer
Gelbes Meer
Ostchinesisches Meer
Südchinesisches Meer
Arabisches Meer
Golf von Bengalen
Schwarzes Meer
Mittelmeer
Tasmansee
Korallensee
Arafurasee
Timorsee
Javasee
Rossmeer
Spitzbergen
Nowaja Semlja
Sewernaja Semlja
Neusibirische Inseln
Kamtschatka
Aleuten
Sachalin
Kurilen
Hokkaido
Honshu
Kyushu
Taiwan
Philippinen
Große Sundainseln
Kleine Sundainseln
Neuguinea
Neuseeland
Madagaskar
Ceylon
Malediven
Himalaya
Hindukusch
Tian Shan
Kunlun Shan
Hochland von Tibet
Gobi
Tarimbecken
Pamir
Ural
Kaukasus
Arabische Halbinsel
Indien
Kalahari
Namib
Drakensberge
Kongobecken
Libysche Wüste
Äthiopisches Hochland
Große Sandwüste
Victoriawüste
Nullarborebene
Große Australische Bucht
Great Dividing Range
Mt. Everest 8848
Mt. Kosciusko 2229
Moskau
St. Petersburg
Berlin
Kiew
Istanbul
Ankara
Teheran
Bagdad
Riad
Jerusalem
Kairo
Khartum
Addis Abeba
Nairobi
Kinshasa
Kapstadt
Kap der Guten Hoffnung
Delhi
Lahore
Mumbai
Kalkutta
Bangkok
Singapur
Jakarta
Manila
Peking
Shanghai
Tokyo
Ōsaka
Perth
Sydney
Nördlicher Polarkreis
Nördlicher Wendekreis
Äquator
Südlicher Wendekreis
Südlicher Polarkreis
ANTARKTIS
Königin-Maud-Land
Enderbyland
Wilkesland
Amerikanisches Hochland
Amery-Schelfeis
Shackleton-Schelfeis
0 3000km

Der Spion, der mich liebte

TAUCHT IMMER IM RICHTIGEN MOMENT AUF:
James Bond in seinem Lotus Esprit

Immerhin 15 Jahre liegen zwischen der Veröffentlichung des Romans *Der Spion, der mich liebte* und dem gleichnamigen Film. Miteinander zu tun haben sie jedoch so gut wie nichts. Lediglich eine Hauptfigur namens James Bond und zwei Killer haben es aus dem Originalstoff in die Kinoversion geschafft. In der Tat wollte Ian Fleming, dass seine Geschichte niemals verfilmt wird. Genau das ist auch geschehen, aber es gibt einen Film mit demselben Titel. An vollkommen unterschiedlichen Schauplätzen spielen die gegensätzlichen Geschichten übrigens auch.

Der Roman ist aus der Sicht einer Frau geschrieben und erzählt von der 23-jährigen Vivienne Michel, die mit ihrem Motorroller durch die Adirondacks genannte Gebirgsgruppe im nördlichen Teil des Staates New York fährt. Sie steigt im Dreamy-Pines-Motel ab, das etwa zehn Minuten westlich vom Lake George an der Straße zwischen Glens Falls und Lake George liegt. Dort bietet ihr das Haushälterehepaar Phancey für die letzten zwei Wochen der Saison einen Job am Empfang an, den sie annimmt. Das Ehepaar reist ab. Auf den folgenden Seiten muss sie sich zweier Killer mit den Namen Horror und Sluggsy erwehren, ehe ganz plötzlich ein Engländer aufgrund einer Reifenpanne bei ihr anhält. Der entpuppt sich als James Bond, stellt sich als Polizist vor und hilft Vivienne. Die Killer arbeiten im Auftrag eines gewissen Sanguinetti und sollen das Motel abbrennen, um die Versicherungssumme zu kassieren. Bond schaltet die beiden Killer aus, verschwindet noch in der Nacht und hinterlässt Vivienne Ratschläge, wie sie sich zu verhalten hat. Nachdem sie alles der Polizei geschildert hat, steigt sie auf ihre Vespa und fährt davon.

DER SPION, DER MICH LIEBTE

Großbritannien 1977
Eine Eon Produktion
Regie: Lewis Gilbert
Musik: John Barry
Drehbuch: Christopher Wood und Richard Maibaum
Darsteller:
James Bond - Roger Moore
„Triple X" Anya Amasova - Barbara Bach
Karl Stromberg - Curd Jürgens
Beißer - Richard Kiel
M - Bernard Lee
Naomi - Caroline Munro
General Gogol - Walter Gotell

Im Film tauchen lediglich die beiden Killer wieder auf, die jedoch andere physische Merkmale tragen und auf die Namen Sandor und Beißer hören. Er beginnt damit, dass kurz hintereinander auf rätselhafte Weise das britische U-Boot „HMS Ranger" und das russische „Potemkin" verschwinden. Bond hält sich gerade in der Nähe des österreichischen Berngarten auf, wird von vier Skiläufern angegriffen, kann einen von ihnen erschießen und dank eines waghalsigen Sprungs den anderen entkommen.

Das Produktionsteam hat allerdings nicht in Österreich gedreht. Berngarten existiert nicht. Große Teile der Verfolgungsjagd entstanden im **Kanton Graubünden** in der Nähe des schweizerischen **St. Moritz**. Der finale Rettungssprung wurde im Juli 1976 auf dem Mount Asgard auf Baffin Island in Kanada inszeniert. Dank perfekter Schnitttechnik sind räumliche Unterschiede am Ende nicht auszumachen. Die gesamte Sequenz wirkt wie aus einem Guss.

Nach dem obligatorischen Vorspann werden 007 und die russische Agentin Triple X, alias Anya Amasova, unabhängig voneinander auf denselben Fall angesetzt. Sie sollen die Pläne für ein verschollenes U-Boot-Ortungssystem finden, das für hohe Summen auf dem freien Markt angeboten wird. In Moskau fanden selbst in einer Phase relativer Entspannung zwischen Ost und West keine Dreharbeiten statt, sondern in den Londoner Pinewood Studios. Aber Aufnahmen der Faslane Naval Base, am schottischen **Loch Gare** nahe Argyll und Bute gelegen, sorgten für Authentizität.

Hier wird Bond über den Stand der Dinge informiert. Für beide Agenten führen die ersten Spuren nach Ägypten. Bond trifft nach einem Kamelritt in einer Oase an der Totenstadt **Sakkara** ein, übernachtet bei einem Studienkollegen aus Cambridge und reist anschließend nach **Kairo** weiter, um einen gewissen Fekesh zu treffen. Die Ibn-Tulun-Moschee, der Bezirk Al-Basatin und die Straße Sharia el-Muizz liefern einen ersten Eindruck von der Millionenstadt. Auf der Terrasse des Gayer-Anderson Museums, 4 Maydan Ibn Tulun, kommt es zu einer Auseinandersetzung mit dem Killer Sandor, der jedoch den Kürzeren zieht und vom Gebäude stürzt. Die Pyramiden und die Sphinx in der Ebene von **Gizeh** sind der nächste Stopp. Dort ist auch Anya aktiv. Im Mojaba Club in Kairo gibt es ein zweites Zusammentreffen, das allerdings vom Beißer gestört wird. Er tötet nicht nur Fekesh und einen weiteren Kontaktmann, sondern macht auch den beiden konkurrierenden Spionen das Leben schwer. Den Kampf an der Ausgrabungsstätte **Luxor** in den Ruinen von Karnak und am Tempel von Amun überstehen alle drei, ehe sich Bond und Anya auf ein örtliches Transportmittel, eine sogenannte Felucca, begeben und den Nil entlangsegeln. Anschließend begegnen sie sich in den Tiefen des Tempels von Ramses II. in **Abu Simbel** wieder. Dort haben die Leiter des russischen und des britischen Geheimdienstes ihr vorläufiges Quartier aufgeschlagen. Zudem haben sie sich zusam-

FUSSMASSAGE:
Bond gibt Saures

KEIN GEHEIMPROJEKT VON Q:
Bond auf dem Weg zum Scheich in der Wüste

mengetan und instruieren nun ihre Agenten, in dem Fall zu kooperieren. Das Innere des Tempels entstand in den Studios, aber vor und in Abu Simbel wurde wirklich gedreht.

Während des Informationsaustausches gibt es Hinweise, dass der Reeder Stromberg an der Entführung der U-Boote beteiligt sein könnte. Er besitzt vor **Sardinien** ein Laboratorium. Bond und Anya reisen zunächst im Zug dorthin und überstehen einen weiteren Angriff des Beißers. Mit einer Pferdekutsche kommen sie schließlich im sardischen Palau an und erhalten von Q ein nagelneues Auto, einen weißen Lotus Esprit. Zunächst fahren sie in ihr Hotel. Dabei handelt es sich um das **Hotel Cala di Volpe**, die luxuriöse Residenz der Aga Khan, an der Nordostküste der Insel. Dort wurde die Bar des Hauses, heute der sogenannte „Piano Room“, zur Suite A 5, in der das Paar logiert. Nachdem eine Audienz bei Stromberg arrangiert wurde, holt dessen Mitarbeiterin Naomi Bond und Anya mit einem Boot ab, das sie zu Strombergs Laboratorium Atlantis bringt. Das tauchfähige Gebäude ist dem Filmtrick und Modellbauern zu verdanken. In voller Größe existierte es nicht.

Nach dem Aufenthalt in Atlantis beginnt eine Erkundungsfahrt mit dem Lotus, die durch diverse Verfolger empfindlich gestört wird: Stromberg hat die Liquidation Bonds angeordnet. Der Anfang dieser Actionszenen entstand im September und Oktober 1976 in dem Örtchen **San Pantaleo**. Naomi beschießt den Lotus aus einem Hubschrauber und jagt ihn entlang der Costa Smeralda zum Vista Point, einem Aussichtspunkt. Die automobilen Verfolger im schwarzen Ford Taunus werden aus der Kurve getragen und bleiben senkrecht in einem Haus stecken, was in der Nähe des kleinen Örtchens Santa Teresa di Gallura gedreht wurde. Der Lotus stürzt schließlich an einem Steg am Liscia di Vacca ins Wasser. Die bordeigene Bewaffnung sorgt dafür, dass der Hubschrauber, der Bond und Anya verfolgt, explodiert. Die nachfolgende Transformation des Wagens in ein U-Boot und die anschließenden Unterwasseraufnahmen wurden in den klaren Gewässern der Bahamas bei **Coral Harbour** vor der Insel New Providence Island und im Tank der Pinewood Studios realisiert. Auch die Szenen am Ende des Films, in denen der Supertanker die U-Boote schluckt, entstanden im Studio. Die Modellbauer und Ausstatter leisteten wie bei Strombergs Laboratorium ganze Arbeit und erhielten zu Recht eine Oscarnominierung. Nur die Bilder der exotischen Fische wurden an anderer Stelle aufgenommen – und zwar vor Okinawa. Ursprünglich wollte man übrigens vor der japanischen Insel auch das Innere eines Tankers verwenden, der sogar besichtigt, dann allerdings als Drehort wieder verworfen wurde. Die Szene, als der U-Boot-Lotus wieder aus dem Wasser auftaucht, wurde – nach den verlässlichsten Quellen zu urteilen – am Strand von Romazzino auf Sardinien realisiert.

Die Nachforschungen ergeben, dass Stromberg wirklich das U-Boot-Ortungssystem in seiner Gewalt hat. Bond und Anya begeben sich an

Eines der Sets, das authentisch nachgebaute Innere eines Polaris-U-Bootes, wurde nach den Dreharbeiten im „Olympia Fun Fair“, einem Teil des bekannten Wintergartenkomplexes im englischen Seebad Blackpool, ausgestellt.

Bord des Atom-U-Bootes „USS Wayne“, um Strombergs Tanker Liparus zu suchen. Sie stellen fest, dass er damit die U-Boote schluckt, und werden dabei selbst mit entführt. Strombergs Plan, New York und Moskau zu zerstören und den atomaren Holocaust zu provozieren, um eine neue Ära menschlichen Lebens auf dem Grund des Meeres zu beginnen, kann 007 verhindern und Anya aus der Gewalt des Verbrechers befreien. Um das Innere des Tankers zu rekreieren, baute Produktionsdesigner Ken Adam in den Londoner Pinewood Studios eine gigantische, 103 Meter lange und 43 Meter breite Halle, die am 5. Dezember 1976 „007 Stage“ getauft und seitdem immer wieder für James-Bond-Filme genutzt wurde. Der Tanker „Liparus“ existierte ebenso wie das Unterwasserlaboratorium Atlantis lediglich als Modell – beide werden am Ende des Films durch Explosionen zerstört. Im Golf von Biscaya sollen allerdings einige Einstellungen eines echten Tankers gedreht worden sein, die dann mit den Modellaufnahmen kombiniert wurden. Am Ende schaffen es Bond und Anya in eine schwimmende Rettungskapsel des Laboratoriums, die schließlich an Bord eines britischen Kriegsschiffes gehievt wird. Diese Aufnahmen entstanden vor Malta, und mit dieser Szene endet Roger Moores dritter Bondfilm.

ABU SIMBEL:
Der Tempel von Ramses II.

Der Mann mit dem goldenen Colt

1 Bovingdon (Airfield): Der Wagen der Flüchtenden verwandelt sich in ein Flugzeug. Schauplatz 1
2 Iver Heath, Pinewood Studios: Fun House, Freizeitpark mit versteckten Fallen. Schauplatz 2
3 Hongkong, Dragon Garden, Castle Peak Rd: Hip und 007 inspizieren Hai Fats Haus. Schauplatz 3
1 Hongkong, Bottoms Up Club, Hankow Road Nr 14: Scaramanga erschießt Gibson vor den Augen Bonds.
2 Hongkong: 007 springt vom Polizeischiff ab und gelangt auf das Wrack der Queen Elizabeth.
3 Hongkong, Peninsula Hotel, Kowloon, Salisbury Road: Bond findet heraus, dass Andrea Anders hier wohnt.
4 Macao: 007 erfährt, dass Lazar wieder eine Sendung Kugeln fertiggestellt hat.
5 Bangkok, Ratchadamnoen-Boxstadion: Bond erkennt, dass Andrea schon tot ist.
6 Bangkok, Long Dan im Distrikt Thon Buri: Verfolgungsjagd per Schnellboot durch die Klongs.
7 Bangkok, Oriental Hotel: Bond entkommt den Verfolgern und trifft Mary Goodnight beim Dinner.
8 Bangkok, Oriental Hotel: Als Andrea Anders in Bonds Zimmer kommt, versteckt er Mary im Schrank.
9 Muang Boran („Ancient City"): In der Karateschule misst sich Bond mit einem der Kämpfer.
10 Insel Ko Ping Kan in der Bucht von Phang Na: Scaramanga und Rodney im Fun House
1 Bangkok: Der Wagen der Flüchtenden verwandelt sich in ein startendes Flugzeug.
2 Südostasien: Fun House, Mischung aus Freizeitpark und Labyrinth mit versteckten Fallen
3 Thailand: Leutnant Hip und 007 inspizieren das Anwesen Hai Fats.
OMSK
NOWOSIBIRSK
ALMATY
TASCHKENT
KABUL
AFGHANISTAN
LAHORE
KARACHI
DELHI
MUMBAI (Bombay)
ARABISCHES MEER
KOLKATA (Kalkutta)
DHAKA
CHENNAI (MADRAS)
SRI LANKA
COLOMBO
MALEDIVEN
Golf von Bengalen
MYANMAR (BIRMA)
RANGUN
THAILAND
BANGKOK
KAMBODSCHA
HO-CHI-MINH-STADT
HANOI
HONG-KONG
Hainan (China)
Südchinesisches Meer
KUALA LUMPUR
SINGAPUR SINGAPORE
MALAYSIA
INDONESIEN
Sumatra
PEKING
CHONGQING
CHENGDU
WUHAN
GUANGZHOU
K U N L U N S H A N
C H I N A
Hochland von Tibet

Der Mann mit dem goldenen Colt

DAS SIEHT NICHT GUT AUS:
Auf dieser Insel lauert der Killer Scaramanga

> **Zitate aus dem Roman:**
>
> „Es gab eine Sache, die ihm wichtig war. Sein Privatleben. Seine Anonymität. „James Bond". Kein weiterer Name. Kein Bindestrich. Ein stiller, ausdrucksloser, langweiliger, anonymer Name."
>
> Mary Goodnight: „(...) Dann kann ich natürlich für dich kochen, Knöpfe annähen und so weiter." Von allen mit einem Verhängnis behafteten Graffitis, die eine Frau an die Wand schreiben kann, ist das das hinterlistigste, das tödlichste. (...) Gleichzeitig wusste er, tief im Inneren, dass die Liebe von Mary Goodnight, oder irgendeiner anderen Frau, für ihn nicht genug war. Es wäre so, als wenn er ‚ein Zimmer mit Aussicht' buchen würde. Für James Bond würde die immer gleiche Aussicht ihren Reiz verlieren.

Neun Jahre vergingen zwischen der Veröffentlichung von Ian Flemings letztem Roman, der 1965 posthum erschien, und dem gleichnamigen Film. Die einzige Parallele, außer dem Titel, ist die Figur des Killers Scaramanga und der Name Mary Goodnight. Auch die Schauplätze differieren vollständig. Während Flemings Geschichte direkt an *You Only Live Twice (Man lebt nur zweimal)* anschließt und in **Russland**, **London** und **Jamaika** spielt, agiert der Film-Bond fast nur in Südostasien.

Am Ende des Romans *You Only Live Twice* reist 007 aus Japan ab, um nach Russland zu kommen. Dort hofft er, sein partiell verlorenes Gedächtnis wiederzuerlangen. Jetzt wird er in Wladiwostok von der Polizei aufgegriffen und vom KGB untersucht und verhört. Nach einer Gehirnwäsche, und mit einem neuen Pass ausgestattet, kommt er in London an. Dort meldet sich Bond telefonisch beim Secret Service und möchte zu M in dessen Büro vorgelassen werden. Man zweifelt jedoch an seiner Identität. Auf Anweisung von Major Townsend vom Secret Service fährt er vom Ritz Hotel, wo er gerade wohnt, mit dem Taxi nach 44 Kensington Cloisters, wo er intensiv befragt wird. Danach wird er zu M vorgelassen und berichtet, was ihm widerfahren ist. Plötzlich versucht 007 seinen Chef mit einer Zyanid-Pistole zu ermorden, doch M aktiviert rechtzeitig eine Stahlplatte, die von der Decke herunterschnellt. Man bringt 007 zu einem Institut namens „The Park" in Kent, wo er untersucht und einer weiteren Gehirnwäsche unterzogen wird. Nach seiner Genesung soll er auf Jamaika den Killer Francisco Scaramanga dingfest machen.

> **DER MANN MIT DEM GOLDENEN COLT**
>
> Großbritannien 1974
> Eine Eon Produktion
> **Regie:** Guy Hamilton
> **Musik:** John Barry
> **Drehbuch:** Richard Maibaum, Tom Mankiewicz
> **Darsteller:**
> *James Bond* - Roger Moore
> *Francisco Scaramanga* - Christopher Lee
> *Mary Goodnight* - Britt Ekland
> *Andrea Anders* - Maud Adams
> *Sheriff J. W. Pepper* - Clifton James
> *Schnickschnack* - Hervé Villechaize
> *Miss Moneypenny* - Lois Maxwell
> *M* - Bernard Lee
> *Q* - Desmond Llewelyn

Er fliegt mit B.W.I.A. (British West Indies Airlines) via Trinidad nach Jamaika und landet auf dem Kingston International Airport. Bei einem Anruf im Büro des High Commissioners erreicht er seine ehemalige Sekretärin Mary Goodnight, mit der er sich verabredet. Bond fährt mit dem Taxi bis Morgan's Harbour und steigt bei Port Royal, an der Spitze der schmalen Halbinsel Palisadoes, in einem kleinen romantischen Hotel ab. Danach essen Bond und Goodnight in einem Restaurant in den Blue Mountains. Sie fahren in dem Sunbeam Alpine von Strangways entlang der Südküste: von Kingston bis nach Savannah La Mar. Dort angekommen, beginnt 007 mit seiner Arbeit. Mary kehrt zurück. In einem Bordell namens Dreamland Café an der Love Lane No. 3, das nahe am Wasser liegt, stellt sich Bond dem Killer Scaramanga als Bodyguard und Sicherheitsberater Mark Hazard vor. Scaramanga engagiert ihn. Bond fährt zum Thunderbird Hotel an der Bloody Bay bei Negril, wo er übernachtet und sich auf ein Meeting vorbereitet, das am nächsten Tag stattfindet. Es erscheinen diverse Gäste von Scaramanga, die vorhaben, die Zuckerindustrie zu sabotieren, den Ganja-Anbau zu fördern und den Handel mit Marihuana zu forcieren. Glücklicherweise hat sich auch Felix Leiter unter die Gäste gemischt und kann 007 helfen. Bond, Scaramanga und dessen Gäste fahren mit mehreren Fahrzeugen eine Meile zur Bahnstation Thunderbird Halt und gehen an Bord eines kleinen Zuges, der via Green Island Harbour bis zur Küste nach Lucea fahren soll. Unterwegs kommt es zu einem abrupten Stopp. Vor der Orange River Bridge liegt eine Frau auf den Gleisen, die wie Mary Goodnight aussieht. Bond und Leiter springen vom Zug. Es stellt sich heraus, dass Leiter nur eine Schaufensterpuppe dort drapiert hat. Bei einer Schießerei in den Mangrovensümpfen tötet Bond Scaramanga und wird selbst verletzt. Er wacht in einem Krankenhaus in Kingston auf. Nach seiner Genesung bringt Mary Goodnight ihn in ihre kleine Villa in den Bergen bei Mona Dam. Diese ist ideal, um auszuruhen, und bietet einen tollen Ausblick über den Hafen von Kingston, doch Bond hat Zweifel, ob er lange bleiben will.

Der Film beginnt auf einer kleinen Insel in **Südostasien** – mit einem Duell. Der Killer Scaramanga und ein Gangster namens Rodney stehen sich in einem sogenannten Fun House gegenüber. Es ist eine Mischung aus Amüsierpark und Labyrinth mit lauter versteckten Fallen, die Scaramangas Diener Schnickschnack bedient. Er hat das Duell eingefädelt. Scaramanga gewinnt; Rodney stirbt. Die kleine Insel, auf der gedreht wurde, heißt **Khao Ping Kan** und gehört zu Thailand. Sie liegt in der Bucht von Phang Nga, bei Phuket im chinesischen Meer. Für Innenaufnahmen baute man das Labyrinth in den Londoner Pinewood Studios. Es wurde intensiv genutzt, da es auch Schauplatz des Showdowns ist.

Nach dem Vorspann tritt Bond in das Büro von M und erhält von ihm eine goldene Kugel mit der Ziffer 007. Sie stammt aus dem Besitz von Francisco Scaramanga, einem Auftragskiller, der pro Job eine Million Dollar verlangt. Von Miss Moneypenny erfährt 007, dass der Killer auch Bill Fairbanks, alias 002, auf dem Gewissen hat, der sich zum Zeitpunkt seines Ablebens mit der Tänzerin Saida in **Beirut** vergnügte. Bond reist dort hin, kann die goldene Kugel als Bauchnabel-Schmuck der Tänzerin ausfindig machen und übersteht eine Schlägerei mit drei Männern. In Qs Werkstatt findet 007 heraus, dass die Kugel vermutlich von dem in **Macao** ansässigen Portugiesen Lazar geschaffen wurde. 007 sucht Lazar auf und erfährt, dass dieser gerade wieder eine Sendung der Geschosse angefertigt hat. Die übergibt er im Spielcasino Macao Palace an eine unbekannte Schönheit. Das schwimmende Casino liegt an der Westküste von Macao, am Inner Harbour in der Rua das Lorchas, vor Anker. Bond folgt der Unbekannten, reist mit dem Tragflächenboot nach **Hongkong** und findet heraus, dass sie im Hotel Peninsula an der Salisbury Road wohnt. Am Hafen trifft 007 auf die örtliche Secret-Service-Mitarbeiterin Mary Goodnight. Er schleicht sich in das Zimmer 602 des Peninsula-Hotels und stellt die Unbekannte zur Rede. Es ist Andrea Anders, die Geliebte Scaramangas, von der er erfährt, dass der Killer abends im Bottoms-Up-Club in der Hankow Road Nr 14, im Distrikt Tsim Sha Tsui, zu Gast ist.

Vor dem Club muss Bond mit ansehen, dass Gibson, ein Experte für Solarenergie, von Scaramanga erschossen wird. Er war im Besitz eines sogenannten Solex. Es ist ein Gerät, das in der Lage ist, Sonnenenergie zu bündeln und in konzentrierter Form wieder abzugeben. Das Solex wird unmittelbar nach dem Mord gestohlen. Ein am Tatort anwesender Polizist lässt Bond festnehmen und will ihn zum Polizeirevier nach **Kowloon** bringen. 007 springt jedoch auf der Fahrt vom Polizeischiff ab und gelangt auf das im Hafen liegende Wrack der Queen Elizabeth. An Bord muss Bond feststellen, dass sich dort das vorübergehende Quartier von M und Q befindet. Das Innere des Schiffs wurde übrigens im Studio gebaut. Der Polizist heißt Leutnant Hip und wollte ihn am Tatort schützen. Bond erfährt, dass Gibson in Bangkok mit einem gewissen Hai Fat Geschäfte gemacht hat, und reist dort hin. Leutnant Hip und 007 inspizieren das riesige Anwesen des Geschäftsmannes. Für die Aufnahmen nutzte man allerdings keinen Ort in Thailand, sondern den in Hongkong gelegenen Dragon Garden an der Castle Peak Road am Castle Peak. Bond schleicht sich dort ein und gibt sich als Scaramanga aus. Eine von Q gefertigte dritte Brustwarze, die auch Scaramangas Markenzeichen ist, soll ihn „ausweisen". Der falsche Scaramanga warnt Hai Fat vor Bond. Scheinbar von Bonds Auftreten überzeugt, lädt Hai Fat ihn zum Abendessen ein. Doch Bonds Täuschung wird erkannt, da der echte Scaramanga bereits zuvor Kontakt zu dem Geschäftsmann gesucht hat. Nach einem Kampf mit Sumo-Ringern auf Hai Fats Anwesen bringt man 007 zu einer Karateschule, wo er eliminiert werden soll. Er muss sich mit einem der Kämpfer messen und kann flüchten. Die Szenen wurden in Muang Boran, der sogenannten Ancient City, etwa 40 Kilometer außerhalb von **Bangkok**, gedreht. Bond flüchtet zunächst zu Fuß. Dann geht die Hatz per Schnellboot durch die „Klongs" genannten Kanäle im Distrikt Thon Buri weiter. Der Klong Dan, aber auch der Floating Market werden in Mitleidenschaft gezogen. Derweil tötet Scaramanga Hai Fat und nimmt ihm das Solex ab. Bond kann den Verfolgern entkommen und geht abends mit Mary Goodnight im Bangkok Oriental Hotel essen. Als sich ein Techtelmechtel andeutet, taucht plötzlich Andrea Anders in Bonds Hotelzimmer auf. Er versteckt Mary im Schrank und vergnügt sich mit Andrea, wobei sie ihm gesteht, dass sie es war, die die goldene Kugel nach London geschickt hat.

"JAMES BOND ISLAND"
Dieser Felsen beherbergte Scaramangas Sonnenkollektor für die Solex

Am nächsten Tag wollen sich Bond und Andrea im Boxstadion treffen, damit er dort das Solex in Empfang nehmen kann. Das Ratchadamnoen Stadium an der Ratchadamnoen Nok Road bildete die Kulisse. Als Bond den Platz neben Andrea einnimmt, muss er feststellen, dass sie schon tot ist. Scaramanga und dessen Diener Schnickschnack sind ebenfalls dort. Bond entdeckt das Solex auf dem Fußboden. Er reicht es an Hip weiter, der sich als Verkäufer getarnt hat und es Mary Goodnight übergibt. Sie wird vor der Tür gekidnappt und in Scaramangas Auto gestoßen. Bond klaut einen Wagen, nimmt zufällig auch den aus *Leben und sterben lassen* bekannten Sheriff J.W. Pepper mit, der gerade in Bangkok Urlaub macht, und verfolgt Scaramanga und seinen Diener. Nach einer wilden Jagd durch die Straßen Bangkoks und einem Spiralsprung von Bonds Fahrzeug über den Klong Ransit kann Scaramanga entkommen, weil sich sein Wagen plötzlich in ein Flugzeug verwandelt. Dafür verwendeten die Trickexperten ein Modell, das auf dem Bovingdon Airfield im englischen Bovingdon – und nicht in Thailand – gefilmt wurde.

Dank eines Senders in Marys Tasche findet Bond heraus, dass sie sich jetzt auf einer Insel im südchinesischen Meer befindet. 007 reist mit einem Wasserflugzeug dorthin und wird von Schnickschnack und Scaramanga empfangen. Der Killer zeigt ihm seine Anlage zur Gewinnung von Sonnenenergie, demonstriert eine Laserkanone, mit der er Bonds Flugzeug zerstört und schlägt ein Duell vor. Bond willigt ein und schafft es, Scaramanga in dessen Fun House zu erschießen. Mary stürzt unterdessen einen Techniker in die Kühlung der Sonnenenergieanlage, die daraufhin überhitzt und explodiert. Sie flüchten auf Scaramangas Dschunke und müssen dort Schnickschnack ausschalten, der in einen Koffer gesperrt wird. Damit steht dem Happy End nichts mehr im Wege.

DAS HONGKONG PENINSULA HOTEL:
14 Rolls-Royce für die Gäste - und die teuerste Suite kostet schlappe 5.600 Euro pro Tag

Leben und sterben lassen

1 Pinewood Studios: Bonds Appartement in London. Schauplatz 1
2 Pinewood Studios: Innenaufnahmen der Beerdigungsfeier im French Quarter. Schauplatz 3
3 Bond fährt zum „Fillet of Soul"-Restaurant, Upper East Side an der 2nd Avenue/Ecke 94th Street. Schauplatz 2
4 Montego Bay, Lucea Highway: Bond und Solitaire kapern einen Doppeldeckerbus.
5 Montego Bay, Gunpoint Wharf Docks im Hafen: Ende der Verfolgungsjagd
6 Ocho Rios, Jamaica Safari Village: Bond entkommt von der Alligatorenfarm Ross Kanangas
7 Ocho Rios, Couples Hotel Sans Souci: 007 quartiert sich ein und wohnt in Bungalow 12.
8 Ocho Rios, Hotel Sans Souci, Restaurant „Ruins": Tanz des Voodoo Priesters Baron Samedi
9 Zwischen Tower Isle und Rio Nuevo Bay: Bond fliegt mit einem Lenkdrachen zu Solitaires Haus.
10 Sümpfe von Louisiana: Motorbootverfolgungsjagd in den Sümpfen. Schauplatz 5
11 New Orleans, Lakefort Airport: Bond und Solitaire fliegen nach New Orleans. Schauplatz 4
12 New Orleans „Fillet of Soul": Bond wird erneut entführt.
13 New Orleans „Fillet of Soul": Bond und Leiter im Restaurant.
14 Lake Pontchartrain: Southern Yacht Club Marina

1 New York: Flughafen Idlewild (heute John F. Kennedy) Bond fliegt nach New York.
2 New York, Manhattan Bridge: Bond entgeht einem Anschlag aus einem fahrenden Auto heraus.
3 New York, Sullivan & Cromwell-Building: Bond ruft den CIA-Kollegen Felix Leiter an.
4 New York Harlem: „Oh Cult Voodoo Store": Bond untersucht den „Oh Cult Voodoo Store".
5 Ecke 5th Avenue und 117th und 118th Street: Agent Strutter kommt Bond zu Hilfe
6 Nördlich von Phoenix, Louisiana, Highway 39: Motorbootverfolgungsjagd mit Sheriff Pepper
7 Phoenix: Crawdad Bridge, Harlem Lane, Highway 11: Motorbootverfolgungsjagd mit Sheriff Pepper
8 Treadway Estate, 50 km von Slidell entfernt: Motorboot rast durch eine Hochzeitszeremonie.
9 Slidell, Miller's Bridge, Highway 11: Polizisten blockieren die Miller's Bridge für die Bootsjagd.
10 Ocho Rios: Bond und Rosie schippern mit Quarrel jr. in die Nähe des Hauses von Solitaire.
11 Montego Bay, Half Moon Bay Club
12 Montego Bay, Saint James: Verräterin Rosie Carver wohnt im Rose Hall Great House Resort.
13 Montego Bay, Green Grotto Caves/Runaway Caves: Teil von Mr. Bigs Untergrundversteck

1 Bonds Appartement in London
2 „Fillet of Soul"-Restaurant
3 Beerdigungsfeier im French Quarter, New Orleans
4 New Orleans Moisant Field Airport, Kenner: Bond und Solitaire fliegen nach New Orleans.
5 Jamaika: Motorbootverfolgungsjagd in den Sümpfen

Leben und sterben lassen

WAS FLATTERT DENN DA?
Bond und Solitaire werden von Kanangas Helikopter verfolgt

New York, London, Jamaika, eine Szene im Zug, der Voodoo-Kult, die Namen Mr. Big, Solitaire, ein Tisch, der im Boden versinkt, eine unterirdische Höhle und natürlich der Titel: Das sind die Parallelen, die zwischen dem Roman aus dem Jahr 1954 und dem Film aus dem Jahr 1973 bestehen. Ansonsten hat die Filmhandlung – wie so oft – nur wenig mit Flemings Geschichte zu tun. Dafür flossen bestimmte Elemente des Romans in andere Filme (*In tödlicher Mission* und *Lizenz zum Töten*) ein. Immerhin wurde der einprägsame Titel übernommen, der auch heute noch Interesse weckt.

Der Roman beginnt damit, dass Bond mit dem BOAC Stratocruiser zum Flughafen Idlewild in New York (heute John F. Kennedy) fliegt. Er wird im schwarzen Buick abgeholt, ins Hotel St. Regis an der Ecke 5th Avenue / 55th Street gebracht und in Room 2100 in der obersten Etage untergebracht. Er recherchiert in New York über Mr. Big, SMERSCHs Mann in den USA. Bei einer ersten Begegnung lernt Bond auch Bigs Geliebte Solitaire kennen, die 007 aus der Klemme hilft. Die weiteren Ermittlungen führen ihn nach Florida. Dorthin reist er per Zug, in dem Solitaire bereits sitzt: Sie möchte mit Bonds Hilfe Mr. Big entkommen. Sie fahren bis Clearwater und beziehen ein Hotel. Bond und Felix Leiter inspizieren das Lagerhaus der „Ourobouros Inc." und müssen nach der Rückkehr ins Hotel feststellen, dass Solitaire entführt worden ist. Leiter wird nach einem erneuten Besuch des Lagerhauses schwer verletzt. Bond findet ihn im Krankenhaus; Leiter wurde offenbar Opfer einer Hai-Attacke. Diese Episode fand 15 Jahre später in verändertem Kontext für Timothy Daltons zweiten Bondfilm *Lizenz zum Töten* Verwendung (siehe S. 46 – 47). Die Spur führt nach Jamaika. Bond reist via Nassau dorthin und landet auf dem Palisadoes Airport in Kingston. Dort trifft er auf Strangways, erfährt Details über die kriminellen Geschäfte von Mr. Big und reist mit dem Fischer Quarrel bis zur westlichen Spitze der Insel. Bond taucht zu Mr. Bigs Schiff „Secatur", bringt eine Sprengladung am Rumpf an, wird aber kurz darauf gefangen genommen. Mr. Big lässt ihn und Solitaire fesseln; er will beide kielholen. Dieses Handlungselement findet sich im Film *In tödlicher Mission* wieder (siehe S. 66 – 67). Als sie über ein Korallenriff gezogen werden, explodiert die Sprengladung. Mr. Big wird von Haien gefressen; Bond und Solitaire werden von Quarrel gerettet. Im Krankenhaus von Port Maria kuriert 007 seine Verletzungen aus.

LEBEN UND STERBEN LASSEN

Großbritannien 1973
Eine Eon Produktion
Regie: Guy Hamilton
Musik: George Martin
Drehbuch: Tom Mankiewicz
Darsteller:
James Bond - Roger Moore
Solitaire - Jane Seymour
Dr. Kananga / Mr. Big - Yaphet Kotto
Sheriff J. W. Pepper - Clifton James
Baron Samedi - Geoffrey Holder
Felix Leiter - David Hedison
Miss Moneypenny - Lois Maxwell
M - Bernard Lee
Q - Desmond Llewelyn
Rosie Carver - Gloria Hendry

Der Film beginnt mit drei Morden: Bei einer Konferenz im UNO-Hauptquartier in **New York** (46th Street / Ecke First Avenue), bei einer Beerdigungszeremonie im French Quarter in **New Orleans** und bei einer Voodoo-Zeremonie auf der (fiktiven) Insel San Monique wird jeweils ein Agent getötet. Dahinter steckt ein geheimnisvoller Drogenschmuggler, der sich Mr. Big nennt. Bond taucht in den ersten Minuten des Films gar nicht auf und wird dann zunächst in seinem Appartement gezeigt – natürlich bei einem Schäferstündchen. Einen solchen Einblick in seine Privatresidenz hat es in der Geschichte der Serie bislang nur ein weiteres Mal gegeben und das gleich zu Anfang bei Sean Connerys Debüt in Dr. No, als Bond seine Casino-Bekanntschaft Sylvia Trench überraschend in seiner Wohnung vorfindet. In beiden Fällen gibt es keine Außenansicht des Gebäudes; die Räume wurden in den Pinewood Studios gebaut. In der Wohnung erhält er unerwarteten Besuch von M und Miss Moneypenny. Sein Chef schickt ihn in die USA, um die Morde aufzuklären.

007 fliegt mit einer Pan-Am-Maschine nach New York und lässt sich in die Stadt fahren. Er nähert sich der Manhattan Bridge und entgeht einem Anschlag, der aus einem fahrenden Auto heraus verübt wird. Der Auto-Stunt wurde entlang des Franklin Delano Roosevelt Drive und des East River Drive gedreht. Bonds Fahrer wird erschossen und 007 bringt den Wagen kurz nach der Abfahrt „Tunnel to Brooklyn / Staten Island Ferry" zum Stehen. Das defekte Fahrzeug stellt er am Sullivan & Cromwell-Building (International Law Firm, 125 Broad Street) ab und ruft den CIA-Kollegen Felix Leiter an, der gerade den Diplomaten Kananga beobachtet. Er ist im New Yorker Konsulat von San Monique in der 69th Street in Manhattan zu Gast.

Aufgrund eines Tipps von Leiter fährt Bond nach Harlem. Er untersucht den „Oh Cult Voodoo Store" in der 33 East 65th Street an der East Side, entdeckt den Wagen der Attentäter und beobachtet, wie Kananga und seine Leute das Haus verlassen. Die Garage, aus der der Wagen der Gangster wieder auf die Straße fährt, liegt in der Madison Avenue. Bond nimmt ein Taxi und folgt ihnen Richtung Harlem. Er fährt am Central Park vorbei, über die Fifth Avenue, vorbei an der W. 111th Street zum „Fillet-of-Soul"-Restaurant, das im Film an der „Lenox Avenue und 124th Street" liegen soll. Gedreht wurde jedoch an der Upper East Side, an der 2nd Avenue / Ecke 94th Street. Bond wird im Restaurant über eine drehbare Sitzgruppe in ein Hinterzimmer befördert und begegnet dort erstmals Mr. Big und der Wahrsagerin Solitaire. Mr. Big beschließt, ihn auf einem Hinterhof beseitigen zu

In diesem Film spielt erstmals der 1927 geborene Roger Moore den Part des James Bond. Bekannt wurde er vor allem durch die Fernsehserie *Simon Templar*; in Deutschland war die Serie *Die Zwei* an der Seite von Tony Curtis erfolgreicher, nicht zuletzt wegen der exzessiven Freiheiten, die sich die Synchronisation nahm.

Moore war schon 1967 als Nachfolger Sean Connerys im Gespräch, wurde aber erst für *Leben und sterben lassen* verpflichtet. Insgesamt verkörperte er sieben Mal den Geheimagenten.

lassen. Der nachfolgende Kampf entstand tatsächlich in der Nähe von Harlem – an der Ecke 5th Avenue und 117th und 118th Street. CIA-Agent Strutter kommt Bond zu Hilfe.

FLITZT ALLEN DAVON:
James Bond gibt mal wieder richtig Gas

Der nächste Schauplatz ist der fiktive Ort San Monique, der bei Dreharbeiten auf **Jamaika** entstand. Die im Folgenden genannten Örtlichkeiten sind alle auf Jamaika zu finden. 007 quartiert sich im Hotel Sans Souci (2171 Magenta Drive, etwa drei Kilometer östlich von Ocho Rios), ein und wohnt in Bungalow 12. Die angebliche CIA-Kontaktfrau Rosie ist schon dort. Am nächsten Morgen fahren sie zum Hafen, treffen den Kollegen Quarrel jr. und schippern mit ihm in die Nähe des Hauses von Solitaire. Bond und Rosie reisen mit dem Auto weiter. 007 findet heraus, dass sie ein doppeltes Spiel spielt. Die Verräterin flüchtet und wird von einer ferngesteuerten Schusswaffe ermordet. Bond fliegt mit einem Lenkdrachen zu Solitaires Haus, das zwischen Tower Isle und Rio Nuevo Bay liegt, und verfuhrt die Wahrsagerin. Bond und Solitaire flüchten, entdecken die Mohnfelder Kanangas, überleben eine Helikopterattacke und kapern den örtlichen Doppeldeckerbus. Die sich anschließende Verfolgungsjagd zwischen Bus, Motorrädern und Autos entstand auf dem Lucea Highway bei **Montego Bay**. Wer von Montego Bay in Richtung Negril fährt, wird unterwegs an kleinen Orten wie Johnson Town vorbeikommen. Für einen Stunt in Johnson Town (Region Lucea) wurde das Oberdeck des Busses so präpariert, dass es bei der Fahrt unter einer niedrigen Brücke hindurch mühelos „abrasiert" werden konnte. Für das Ende der Jagd entstanden Aufnahmen an den Gunpoint Wharf Docks im Hafen von Montego Bay. Dort liegt der Steg, an dem Quarrel wartet.

Bond und Solitaire fliegen nach New Orleans. Sie kommen auf dem International Airport an, doch das Taxi bringt sie nicht zum Hotel, sondern zu einem Privatjet von Kananga. Solitaire bleibt zurück, während Bond entkommen kann, wobei er und seine Verfolger auf dem Gelände des Flughafens enorme Schäden anrichten. Zwar wird der Eindruck erweckt, als handele es sich um den New Orleans Moisant Field Airport im Vorort Kenner (heute der Louis Armstrong International Airport), aber genutzt wurde der ältere Lakefront Airport (5901 Walter Beech Boulevard).

Felix Leiter und Bond suchen das örtliche „Fillet-of-Soul"-Restaurant auf, wo Bond erneut entführt wird und direkt vor Mr. Big landet. Er stellt fest, dass die Wahrsagerin Solitaire Mr. Big die Zukunft vorhersagt. Mr. Big und der Diplomat Kananga sind ein und dieselbe Person. Geschützt durch den Voodoo-Zauber von Baron Samedi vertreibt Big / Kananga Heroin über die Restaurants. Um 007 loszuwerden, lässt er ihn zur Alligatorenfarm von Ross Kananga transportieren, die im Film zwar in der erweiterten Umgebung von New Orleans angesiedelt ist, in Wirklichkeit aber zirka 30 Kilometer von Jamaikas Montego Bay entfernt liegt (heute: Jamaica Safari Village). Sie wurde zum Schauplatz einer Szene, in der Bond das Gewässer des Alligatorengeheges überwindet, indem er über die Rücken der Reptilien läuft und so das rettende Ufer erreicht. Es folgt eine aufwendige Motorbootverfolgungsjagd, die jedoch nicht auf Jamaika entstand, sondern in den Sümpfen Louisianas, wo sie auch spielt.

DIE RICHTIGE KULISSE FÜR EINEN AGENTENFILM:
Die Skyline von Manhattan

Eines der Boote überquert in der Nähe der Crawdad Bridge den Highway 11. Auch der Louisiana State Highway 39 wurde zum Schauplatz; insbesondere die Anwesen Baldwin Estate (dort schlittern die Boote über den Rasen; eines landet im Pool) und Treadway Estate (dort rast ein Boot durch eine Hochzeitszeremonie). Beide liegen in der Umgebung von Slidell an der Nordseite des Lake Pontchartrain. Treadway ist etwa 50 Kilometer entfernt. Polizisten blockieren die Miller's Bridge für die Bootsjagd und müssen dann zusehen, wie die Barrikade zerstört wird. Insbesondere der Sheriff J. W. Pepper ist von der Anwesenheit Bonds in seinem Zuständigkeitsbereich überfordert. In der Werft von Slidell geht die Bootsverfolgungsjagd mit einer gigantischen Explosion zu Ende.

Bond und Quarrel landen auf der Insel San Monique und während Quarrel am Mohnfeld Bomben platziert, befreit 007 Solitaire aus den Händen des Voodoo-Priesters Samedi. Diese Zeremonie des Baron Samedi entstand auf dem Areal des Hotels Sans Souci. Danach entdecken 007 und Solitaire das unterirdische Hauptquartier von Kananga, das kurz darauf genauso aufhört zu existieren wie sein Eigentümer. Die abschließenden Szenen spielen in einem Zugabteil, denn Bond und Solitaire wollen langsam und ungestört reisen. Nach einer kleinen Störung durch einen Killer Kanangas könnte der Wunsch in Erfüllung gehen. In der letzten Einstellung des Films sitzt jedoch Baron Samedi außen auf dem Zug und lacht ins Publikum …

Diamantenfieber

1 Newport Pagnell: Aston Martin Werke
2 Pinewood Studios: Der echte Peter Franks und 007 kämpfen im Fahrstuhl. Schauplatz 1
3 Pinewood Studios: Bond und Tiffany im Wasserbett. Schauplatz 5
4 Pinewood Studios: Mine in Südafrika. Schauplatz 4
5 Flughafen Frankfurt: Bond schmuggelt Diamanten in die USA. Schauplatz 2
6 Las Vegas Hilton: Der getarnte Blofeld nimmt den Millionär Whyte gefangen.
7 Johns Manville Gypsum Plant: Bond und Tiffany verfolgen einen Lieferwagen.
8 Wüste von Nevada: Die Killer Wint und Kid fangen einen Skorpion. Schauplatz 3
9 Henderson: Dep. of Cultural Arts and Tourism: Bond wird zur „Slumber Inc." gefahren
10 Hollywood, Paramount-Studios: Verfolgungsjagd auf dem Parkplatz
11 Palm Springs: Elrod Residence: Felix Leiter macht Whyte in seinem Sommerhaus ausfindig.

1 Dover: Bond alias Peter Franks überquert mit dem Hovercraft den Ärmelkanal.
2 Amsterdam Rembrandtplein: 007 überquert die Rembrandtplein.
3 Amsterdam, Reguliersgracht 36: Bond gibt sich im Appartement von Tiffany Case als Franks aus.
4 Amsterdam, Amstelkanaal: Die Leiche einer alten Dame wird aus dem Amstelkanal gezogen.
5 Hotel Cap d'Antibes Eden Roc: Bond foltert Marie, um Blofelds Aufenthaltsort zu erfahren.
6 Las Vegas, Hotel Tropicana: Bond soll sich im „Whyte House" eine Show ansehen.
7 Las Vegas, Riviera Hotel and Casino: Bond spielt im Casino und lernt dort Plenty O'Toole kennen.
8 Las Vegas: Circus Circus, Hotel und Casino
9 Las Vegas: Verfolgungsjagd auf dem Sunset Strip
10 Los Angeles International Airport: Bond wird zum Firmengebäude der „Slumber Inc." gefahren
11 Ölplattform vor der Küste: Bond erfährt, dass Blofeld sich auf eine Bohrinsel zurückgezogen hat.
12 Vandenberg Airforce Base: Blofeld startet Satelliten Air Force Base

1 Amsterdam: Der echte Peter Franks und 007 prügeln sich im Fahrstuhl.
2 Amsterdam, Flughafen Schiphol: Bond schmuggelt Diamanten in die USA.
3 Afrika: Die Killer Wint und Kid fangen einen Skorpion.
4 Mine in Südafrika
5 Las Vegas: Bond und Tiffany vergnügen sich im Wasserbett.

Prinz-Christian-Sund
Kap Farvel
Labradorsee
Labrador-becken
Neufundland
St. John's
Neufundland-Bank
Neufundland-Becken
Nordatlantischer Rücken
ATLANTISCHER OZEAN
Rockall-plateau
Rockall (GB)
Westeuropäisches Becken
Iberisches Becken
Kanarisches Becken
Kapverdisches Becken
Sierra-Leone-Schwelle
Sierra-Leone-Becken
Golf von Guinea
Bucht von Benin
Azoren (P)
Graciosa
S. Jorge
Terceira
Pico
São Miguel
Ponta Delgada
Madeira (P)
Funchal
Kanarische Inseln (E)
La Palma
Teneriffa
Hierro
Gran Canaria
Las Palmas
Fuerteventura
Lanzarote
KAP VERDE
Santo Antão
São Vicente
Mindelo
São Nicolau
Sal
Boa Vista
Santiago
Fogo
Praia
São Paulo (BR)
Ascension (GB)
Fernando de Noronha
Shetland-Inseln
Lerwick
Orkney-Inseln
Hebriden
GROSSBRITANNIEN
IRLAND
DUBLIN
LONDON
Birmingham
Glasgow
Edinburgh
Newcastle
Liverpool
Manchester
Leeds
Belfast
Nordsee
NORWEGEN
Oslo
Bergen
SCHWEDEN
Göteborg
DÄNEMARK
KOPENHAGEN
HAMBURG
Bremen
BERLIN
DEUTSCHLAND
Amsterdam
Rotterdam
Brüssel
Köln
Düsseldorf
Frankfurt a.M.
Stuttgart
MÜNCHEN
PARIS
FRANKREICH
Golf von Biskaya
Bordeaux
Lyon
Marseille
MONACO
Turin
MAILAND
Genua
ROMA
SPANIEN
MADRID
BARCELONA
PORTUGAL
Lissabon
Sevilla
Valencia
Mallorca
Menorca
Ibiza
Balearen
Korsika
Sardinien
MITTELLÄNDISCHES MEER
Palermo
Tunis
ALGIER
Oran
Tanger
RABAT
CASABLANCA
MAROKKO
Marrakesch
Agadir
Hoher Atlas
Saharaatlas
ALGERIEN
Tindouf
Jebel Ouarkziz
Reggane
Tenezrouft
Ahaggar
Tamanrasset
Nördlicher Wendekreis
SAHARA
Adrar des Iforas
Aïr ou Azbine
Ténéré
WESTSAHARA
Ad-Dakhlah
MAURETANIEN
Nouakchott
Azaouad
MALI
Timbuktu
Gao
NIGER
Niamey
Agadès
DAKAR
SENEGAL
GAMBIA
GUINEA BISSAU
GUINEA
Conakry
SIERRA LEONE
FREETOWN
LIBERIA
MONROVIA
ELFENBEINKÜSTE
ABIDJAN
BURKINA FASO
Ouagadougou
GHANA
Accra
TOGO
BENIN
NIGERIA
Lomé
Cotonou
Porto Novo
LAGOS
IBADAN
Abuja
Kano
KAMERUN
DOUALA
YAOUNDÉ
ÄQUATORIAL-GUINEA
SÃO TOMÉ UND PRINCIPE
São Tomé
GABUN
Libreville
Port Gentil
Cabinda (Ang.)
Pointe Noire
BELEM
São Luís
FORTALEZA
Teresina
Natal
João Pessoa
RECIFE
Maceió
1-4
1,2
2,4
1
3
4
5
N
0
1000km

Diamantenfieber

Afrika, Amsterdam und die USA sind die wesentlichen Schauplätze von Flemings viertem Roman *Diamonds Are Forever (Diamantenfieber)*, in dem es um den Schmuggel von Diamanten geht. Der 1956 erschienene Roman wurde erst 1971, mit Sean Connery in der Hauptrolle, verfilmt. Dafür übernahm man zwar nur einen Teil der Handlung und nur einige wenige Charaktere, aber die Hauptschauplätze blieben gleich. Manche Orte, wie das Spielerparadies Las Vegas, waren sogar identisch.

EIN KLEINER AUSSCHNITT AUS „DIAMANTENFIEBER":
James Bond und Plenty O'Toole im Spielcasino

Der Roman beginnt mit einer Szene in **Französisch-Guinea**, in der ein Skorpion einen Käfer tötet und ein Mann den Skorpion. Es ist ein Schmuggler, der Diamanten an eine Hubschrauberbesatzung übergibt. Bond erhält, äußerlich verändert, Zugang zum sogenannten „Haus der Diamanten" in **London** und wird von dessen Vizepräsidenten Rufus B. Saye empfangen. Daraufhin sucht er, getarnt als Schmuggler Peter Franks, seine Kontaktperson in einem Londoner Hotel auf. Dies ist eine Miss Tiffany Case. Von ihr erhält er die Aufgabe, Diamanten nach New York zu schmuggeln. Es stellt sich heraus, dass Rufus B. Sayes Identität eine Tarnung ist. Sein wirklicher Name lautet Jack Spang. Er leitet mit seinem Bruder Seraffimo Spang das Gangstersyndikat „Spangled Mob". Bond fliegt über das irische Shannon nach New York und landet auf dem Flughafen Idlewild. Die Diamanten hat er in Golfbällen der Marke Dunlop 65 geschmuggelt. Auch Tiffany Case taucht in den USA auf und geht mit Bond aus. Zwei Gangster teilen ihm mit, dass er sein Honorar durch die Teilnahme an manipulierten Pferderennen in Saratoga erhält. Er macht sich mit seinem Freund und Kollegen Felix Leiter auf den Weg dorthin. Beide sorgen durch Bestechung eines Jockeys dafür, dass der Deal platzt. Daraufhin wird Bond nach Las Vegas geschickt, um sich sein Honorar in einem Casino zu besorgen. Tiffany Case sorgt als Croupier dafür, dass Bond die ihm zustehende Summe auch erhält. Nachdem Bonds Tarnung aufgeflogen ist – der echte Peter Franks sitzt in England im Gefängnis –, wird er von den Killern des Spangled Mob, die hier Winter und Kitteridge heißen, in die Mangel genommen. Mit Tiffanys Hilfe kann er entkommen. Einer der Brüder Spang, die hinter der Angelegenheit stecken, kommt bei einer Verfolgungsjagd um. Bond und Tiffany fliegen nach Los Angeles und beschließen, mit der „Queen Elizabeth" nach Europa zurückzureisen. An Bord kommt es zu einem Kampf mit Winter und Kitteridge, die von 007 erschossen werden. Am Ende beschießt Bond in Französisch-Guinea einen Hubschrauber mit Jack Spang an Bord, der daraufhin abstürzt.

ALLES SO SCHÖN BUNT HIER:
Las Vegas präsentiert sich nachts von seiner besten Seite

Im actionreichen Anfang des Films versucht Bond, den Tod seiner Frau Tracy zu rächen. Sie starb am Ende des vorherigen Films *Im Geheimdienst Ihrer Majestät* im Kugelhagel von Erzfeind Blofelds Gehilfin Irma Bunt. So verprügelt er anfangs einen Asiaten, dann einen Mann in Kairo und foltert eine junge Frau namens Marie, um Blofelds Aufenthaltsort zu erfahren. Die ersten beiden Szenen entstanden im Studio, letztere an der felsigen Küste des Hotels Cap d'Antibes Eden Roc bei Cannes in **Südfrankreich**. Nachdem sich herausgestellt hat, dass Blofeld gerade Doppelgänger von sich anfertigen lässt, schafft es 007, ein Double zu beseitigen. Zurück in London wird der Agent von M über Diamanten unterrichtet. Beide erfahren zudem etwas über den Schmuggel der kostbaren Steine von den Minen in Südafrika über Amsterdam in die USA. Dafür entstanden jedoch keine Bilder in Südafrika; man benutzte bereits vorliegendes Archivmaterial, um die Mine zu zeigen und inszenierte die restlichen Szenen in Studiokulissen. Zu Anfang des Films tauchen auch gleich zwei Killer mit den Namen Mr. Wint und Mr. Kidd auf, die in Afrika einen Skorpion fangen, um damit den Überbringer der Diamanten zu ermorden. Diese Szenen entstanden in der Wüste von Nevada. In Afrika war keiner der Akteure.

Bond taucht als Peter Franks an der Küste in Dover auf, passiert dank Miss Moneypenny die Grenzkontrolle und reist im Triumph Stag auf dem Hovercraft über den Ärmelkanal nach Holland. In **Amsterdam** kommt er nahe der Magere Brug am Amstelkanal an. Auf einer der Grachten ist gerade zu sehen, dass die beiden Killer erneut ihrer Arbeit nachgegangen sind. Sie haben eine alte Dame beseitigt, die als Diamantenkurier fungier

e. Ihre Leiche wird aus dem Amstelkanal gezo- gen. Bond fährt zu Reguliersgracht 36, da sich m dortigen 3. Stock das Appartement von Tiffa- ny Case befindet. Er gibt sich als Franks aus und erfährt, dass er 50.000 Karat Diamanten (= 10 Kilogramm) nach Los Angeles schmuggeln soll. Als in Amsterdam dann doch noch der echte Pe- er Franks auftaucht, kommt es zwischen ihm und 007 zum Kampf im Fahrstuhl von Tiffanys Haus. Diese Sequenz entstand in den Pinewood Stu- dios in London. Bond überlebt, übernimmt die Diamanten und schmuggelt sie im Sarg des toten Peter Franks in die USA. Für die Flughafenszenen wich man nach Frankfurt aus, da der Flughafen Amsterdam aus verschiedenen Gründen nicht zur Verfügung stand – und die Lufthansa als Sponsor beteiligt war.

Bond und der Sarg landen per Lufthansa-Flug H 450 auf dem Flughafen von **Los Angeles**, werden dort vom Fahrer des Bestattungsunterneh- mens „Slumber Inc." abgeholt und zum Firmenge- bäude gefahren. „Welcome To Nevada", heißt es unterwegs auf einem Schild. Als „Slumber Inc." fungierte das Palm Mortnay nahe des City of Henderson Departement of Cultural Arts and Tourism in Nevada. Beim Bestattungsunterneh- mer soll er Geld für die Diamanten erhalten, doch die Übergabe scheitert, da keiner keinem traut. Wint und Kidd versuchen vergeblich, 007 umzu- bringen. Schließlich landet der Agent im Hotel Tropicana und erhält Hinweise, dass er sich im „Whyte House" eine Show ansehen soll. Tatsäch- lich war das Tropicana eines der zahlreichen Ho- tels, das ab April 1971 sowohl zum Drehort als auch zum Schauplatz wurde. Auch die Hotels Riviera, Dunes, Landmark, International, Sands, Mint und Circus Circus sind zu sehen. Das Ge- bäude mit dem Schriftzug „Whyte House" ist in der Realität ein Hotel. Da der Bösewicht Blofeld sich als Willard Whyte tarnt und den Multimillio- när Whyte gefangen hält, montierte man den Schriftzug einfach an das Las Vegas Hilton (jetzt das Las Vegas International Hotel). Nach dem

DIE HEISSE KISTE:
Bond im Moon Buggy

Showbesuch spielt Bond im Riviera Hotel and Casino, 2901 Las Vegas Boulevard. Beim Spiel lernt 007 den attraktiven „Glücksbringer" Plenty O'Toole kennen und landet mit ihr in seiner Suite. Allerdings sind auch drei Gangster dort und wer- fen Plenty aus dem Fenster, die spärlich bekleidet in einem Pool landet. Da trifft es sich gut, dass Tiffany Case, ebenso spärlich bekleidet, James Bond schon erwartet. Die Gangster sind wortlos verschwunden. Tiffany soll herausfinden, wo die von Bond geschmuggelten Diamanten sind. Sie wird ins Circus Circus geschickt, um dort die Stei- ne zu übernehmen und dann Bond beim Autover- mieter Hertz wieder zu treffen. Sie versucht zu entkommen, doch 007 erwartet sie in ihrem Haus. Plenty treibt tot im Pool. Tiffany erkennt, dass Plenty an ihrer statt ermordet wurde, und ver- bündet sich nun mit Bond.

Die Diamantenübergabe erfolgt am McCarran International Airport in **Las Vegas**. Sie werden in einen grünen Lieferwagen verladen, den Bond und Tiffany verfolgen. Die Fahrt geht am Dunes Hotel vorbei in die Wüste bis zur Firma „Tectro- nics". Drehort war das Johns Manville Gypsum Plant am Stadtrand von Vegas. Bond dringt dort ein und stellt fest, dass die Diamanten für eine gi- gantische Laserwaffe verwendet werden sollen. Er entkommt dank seiner Fahrkünste mit verschie- densten Gefährten: einem Moon Buggy, einem Kleinstmotorrad und später in der Innenstadt von Las Vegas in einem roten Ford Mustang Mach 1. 53 Autos waren beteiligt, als die Verfolgungs- jagd mehrere Nächte lang auf dem Sunset Strip in Las Vegas, entlang des Horseshoe, Golden Nugget und Fremont Hotels sowie auf dem Parkplatz des Paramount-Studiogeländes gedreht wurde. Letzterer wird als konkreter Handlungsort im Film zum Parkplatz des Mint Hotels, denn Schilder mit der Aufschrift „The Mint Parking" sind zu sehen.

Die „Hochzeitssuite" des Whyte House ist der nächste Schauplatz. Bond und Tiffany verbringen amouröse Abenteuer in einem ganz besonderen Bett. Dabei handelt es sich um eine Art Wasser- bett, das fast einem Aquarium entspricht, da die komplette Umrandung von Fischen bevölkert ist. Diese Szenen entstanden allerdings nicht in Ve- gas, sondern in den Londoner Pinewood Studios. Nach der Entspannung fährt Bond auf dem Fahr- stuhl außen am Whyte House hoch und steht plötzlich Blofeld gegenüber, der sich dank Stim- menmodulator als Whyte ausgibt und noch einen Doppelgänger von sich erschaffen ließ, den 007 allerdings unschädlich macht. Doch Bond wird überwältigt und soll von Wint und Kidd ermordet werden, was erneut scheitert. Dank der Hilfe des CIA-Kollegen Felix Leiter wird Whyte in seinem Sommerhaus ausfindig gemacht. Hierfür wurde das in Privatbesitz befindliche Anwesen Elrod Residence, 2175 Southridge Drive, in Palm Springs benutzt. Bond erfährt, dass Blofeld sich auf eine Bohrinsel zurückgezogen hat. Dazu diente den Filmemachern eine ausrangierte Öl- plattform, die vor der Küste Südkaliforniens vor Oceanside an der Route 5 zwischen Los Angeles und San Diego lag – zwei Bootsstunden von San Diego entfernt. Nach dem großen Showdown an Bord der Plattform gehen Bond und Tiffany an Bord eines Kreuzfahrtschiffes, werden aber von den Killern Wint und Kidd überrascht, denen 007 endgültig den Garaus machen kann. Dieses Happy End wurde an Bord des Schiffes „Canberra" im Hafen von Southampton gedreht.

DIAMANTENFIEBER

Großbritannien 1971
Eine Eon Produktion
Regie: Guy Hamilton
Musik: John Barry
Drehbuch: Richard Maibaum und Tom Mankiewicz, nach dem gleichnamigen Roman von Ian Fleming
Darsteller:
James Bond - Sean Connery
Tiffany Case - Jill St. John
Blofeld - Charles Gray
Plenty O'Toole - Lana Wood
Willard Whyte - Jimmy Dean
'Bert' Saxby - Bruce Cabot
Miss Moneypenny - Lois Maxwell
M - Bernard Lee

VOR DEN TOREN VON LAS VEGAS:
In der Mojave-Wüste ist nichts los

Im Geheimdienst Ihrer Majestät

1 Schweiz, Lauterbrunnen: Bond sucht eine Telefonzelle im örtlichen Jungfrau Hotel auf.
2 Schweiz, Bern, Hotel Schweizerhof: Bond besucht das Anwaltsbüro Gumbold.
3 Pinewood Studios: Casino Saal. Schauplatz 3
4 Pinewood Studios: Innenaufnahmen des Piz Gloria Restaurant. Piz Gloria. Schauplatz 1
5 Pinewood Studios: Innenaufnahmen der verlassenen Hütte. Schauplatz 2
6 Pinewood Studios: Bond fährt zum Palácio Hotel und sieht den Wagen von Comtessa Teresa. Schauplatz 4
7 Marlow, Haus Thames Lawn
8 London, HM Treasury Chambers, Great George Street: Hauptquartier des MI 6

1 Mürren, Bobbahn: Blofeld entkommt in der Bobbahn, wo Bond vergeblich versucht, ihn zu stoppen.
2 Lauterbrunnen, Bahnhof: Getarnt als Sir Hilary Bray wird Bond von Irma Bunt abgeholt.
3 Schilthorn Piz Gloria, Außenaufnahmen: Bond wird per Helikopter auf den Piz Gloria gebracht.
4 Feld zwischen Stechleberg und Lauterbrunnen: Autojagd auf dem Eisring
5 Winteregg, Außenaufnahmen: Bond und Tracy entkommen den Verfolgern in eine verlassene Hütte.
6 Grindelwald: Bond wird gefangen genommen und flüchtet auf Skiern.
7 Ciudadela Cascais: Bond folgt mit seinem Aston Martin DBS einem Ford Cougar an der Küste.
8 Playa Guincho nahe Cascais: Schlägerei mit zwei Angreifern
9 Playa Guincho, Cascais: Bond rettet Tracy.
10 Lissabon, Salazar-Brücke: Bond wird von Gangstern zu Tracys Vater Draco gebracht.
11 Lissabon/Benfica, Gärten des Palácio de Marqueses Fronteira: Bond und Tracy verlieben sich.
12 Lissabon: Bond kauft Eheringe beim Juwelier Joalharia Ferreira Marques.
13 London, College of Arms: Bond nimmt am College of Arms die Stelle eines Ahnenforschers ein.

1 Schweiz, Piz Gloria, Drehrestaurant: Innenaufnahmen der Piz-Gloria-Szenen
2 Schweiz, Winteregg: Innenaufnahmen der verlassenen Hütte.
3 Portugal, Estoril: Casino Saal
4 Portugal, Estoril: Bond fährt zum Palácio Hotel und sieht dort den Wagen von Comtessa Teresa.

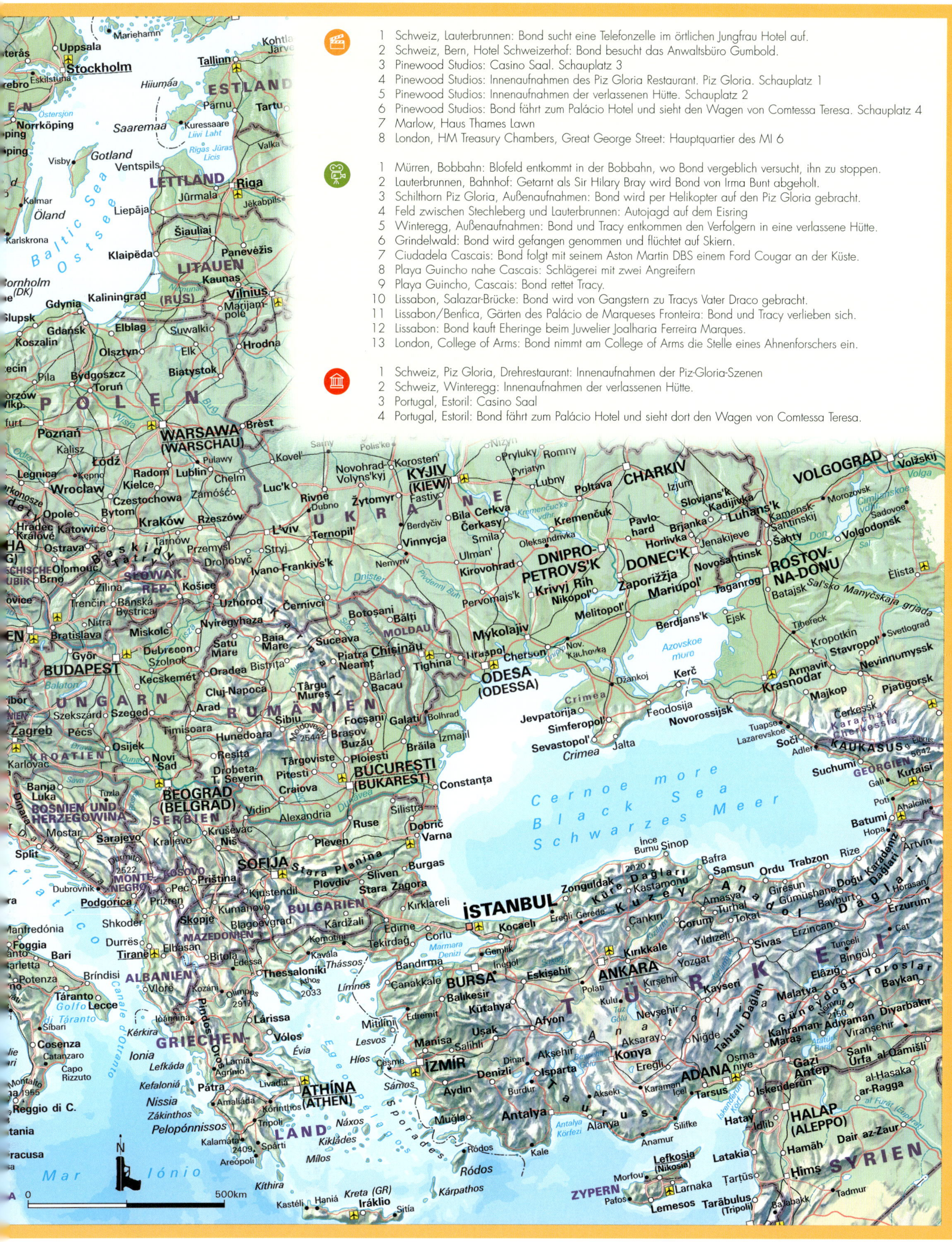

Im Geheimdienst Ihrer Majestät

Für viele Kritiker gilt der Roman *Im Geheimdienst Ihrer Majestät*, der im Jahr 1963 erschien, als einer von Flemings besten. Auch der sechs Jahre später angelaufene Film kam bei den Rezensenten gut an. Besonders gelobt wurde die werkgetreue Umsetzung des Stoffes, wobei bei näherer Betrachtung allerdings auffällt, dass sowohl verschiedene Handlungselemente als auch einige Schauplätze verändert wurden. Der Roman spielt in Frankreich, England, den italienischen Alpen und in Deutschland. Für den Film drehte man in Portugal, England und den Schweizer Alpen.

Zu Beginn des Romans befindet sich Bond, wie schon in *Casino Royale* (siehe Seite 120 – 121), im fiktiven französischen Ort Royale-les-Eaux. Von der Strandpromenade aus, vor dem Café de la Plage, beobachtet er eine Frau, die sich umbringen will. Nachdem er sie aus dem Wasser gezogen hat, wird er von zwei Männern bedroht. Er und die Frau werden in ein Boot geschafft. Danach erfolgt eine Rückblende: Bond spielt mit dem Gedanken an eine Kündigung. Auf der Fahrt zwischen Abbeville und Montreux fällt ihm eine junge Frau auf, die ihn überholt. Er logiert im Hotel Splendide an der Promenade des Anglais und denkt über seine bisherige Reise nach, die ihn aus Sizilien über Ventimiglia an der Loire entlang geführt hat. Im Casino trifft er die Autofahrerin wieder. Sie heißt Tracy und ist auch im Hotel Splendide abgestiegen. Er leiht ihr Geld, da sie ihre Spielschulden nicht bezahlen kann. Schließlich verbringt er die Nacht mit ihr und folgt ihr am nächsten Tag zum Strand, wo er den Selbstmordversuch vereitelt. Er wird mit Tracy zu ihrem Vater Marc-Ange Draco gebracht. Er möchte, dass Bond sich um sie kümmert, doch 007 ist nur an Informationen über Blofeld interessiert.

In **London** recherchiert Bond im Amt für Heraldik, da Blofeld als Graf anerkannt werden möchte und eine entsprechende Anfrage gestellt hat.

IM GEHEIMDIENST IHRER MAJESTÄT

Großbritannien 1969
Eine Eon Produktion
Regie: Peter Hunt
Musik: John Barry
Drehbuch: Richard Maibaum, nach dem gleichnamigen Roman von Ian Fleming
Darsteller:
James Bond - George Lazenby
Tracy di Vicenzo - Diana Rigg
Blofeld - Telly Savalas
Irma Bunt - Ilse Steppat
Marc-Ange Draco - Gabriele Ferzetti
M - Bernard Lee
Miss Moneypenny - Lois Maxwell
Q - Desmond Llewelyn
Catherine Schell - Nancy

VOM DRESSMAN ZUM GEHEIMAGENT:
George Lazenby als James Bond

Bond soll anstelle des Mitarbeiters vom Amt zu Blofeld reisen. Sein Deckname lautet Sir Hilary Bray. Bond fliegt vom London Airport mit einer Swissair Caravelle nach **Zürich** und wird dort von Blofelds Sekretärin Irma Bunt empfangen. Von einem Privatflugplatz in Kloten aus geht es bis zum **Piz Gloria**, dem Sitz des Grafen de Bleuchamp – tatsächlich jedoch Blofeld. Der betreibt dort ein Institut für Allergiebehandlung. Bond muss feststellen, dass ein Kollege auf der örtlichen Bobbahn zu Tode kam, und wird Zeuge einer Hypnose. Mehrere junge Frauen sollen für Blofeld ein Virus verbreiten. Bond wird enttarnt und flüchtet auf Skiern, entgeht mehreren Angriffen und überlebt eine Lawine. Er kehrt in einem Gasthaus auf der Straße nach **St. Moritz** ein, fährt von der Talstation in Pontresina zur Eisbahn in Samaden und trifft auf Tracy, die ihm hilft, den Verfolgern zu entkommen. Sie fahren in ihrem Lancia Richtung St. Moritz und Pontresina, biegen dann links ab Richtung Filisur und Coire und erreichen Zürich. Bond macht Tracy einen Heiratsantrag.

Tracy reist nach München, Bond nach London. Er informiert M in dessen Privathaus „Quarterdeck" bei Windsor und fliegt im Anschluss zu Draco nach Marseille, der seinem künftigen Schwiegersohn bei der Suche nach Blofeld helfen will. Mit Draco und seinen Leuten fliegt er im Helikopter über den Rhein Richtung Basel und Zürich und über den Züricher Flughafen, bis sie auf dem Piz Gloria landen. Dort entbrennt ein wilder Kampf. Bond verfolgt Blofeld auf der Bobbahn, doch der Gangster entkommt. Bond wird aus dem Bob geschleudert, schafft es aber zur Seilbahnstation, von wo aus er zum Bahnhof nach Samaden gelangt. Mit dem Zug erreicht er via Coire Zürich. In der Bahnhofstrasse sucht er den Schweizer Verbindungsmann Muir auf. Dann fliegt er nach **München**, wo Tracy ihn abholt. Sie steigen im Hotel „Vier Jahreszeiten" ab. 007 geht zum Odeonsplatz. Später fährt er zu einem Antiquitätenladen in der Nähe des Nymphenburger Schlosses, wo er Eheringe kauft. Im Franziskanerkeller trinkt er Bier und isst Würstchen. In den Räumen des Britischen Konsulats geben sich beide das Jawort. Sie fahren mit ihrem Auto in die Flitterwochen, werden aber auf der Autobahn Richtung Kitzbühel hinter Rosenheim überholt und beschossen. Tracy ist sofort tot, Bond überlebt, obwohl der Wagen noch gegen einen Baum rast.

Im Gegensatz zum Roman beginnt der Film damit, dass M nach Bond sucht, der an der portugiesischen Küste den Selbstmord einer schönen Frau verhindert. Die ersten On-Location-Aufnahmen, nach den Studiobildern von Ms Büro, zeigen Bond in seinem Aston Martin auf der Straße Ciudadela in Cascais. Die daraufhin folgende Schlägerei mit zwei Angreifern entstand am Strand Playa Guincho außerhalb von **Estoril** bei Cascais, westlich von Lissabon. Den Kampf gestaltet er siegreich, allerdings läuft ihm die Frau davon. Der neue James-Bond-Darsteller George Lazenby, der den amtsmüden Sean Connery ersetzt, tritt kurzzeitig aus der Fiktion, indem er dem Publikum augenzwinkernd mitteilt: „Das wär' dem anderen nie passiert".

Bond fährt zum Palácio Hotel in der Rua Do Parque in Estoril und sieht dort den Wagen der schönen Frau vor der Tür. Abends entdeckt er sie im Spielcasino wieder. Sie entpuppt sich als Comtessa Teresa, wird aber Tracy genannt. Die Spielszenen wurden übrigens nicht in Estoril gedreht; der Casino-Saal entstand in den englischen Pinewood Studios. Er leiht Tracy Geld und verbringt eine Nacht mit ihr. Am nächsten Morgen ist sie verschwunden. Dafür nehmen ihn vor der Tür ein paar zwielichtige Gestalten in Empfang, die ihn unsanft in ein Auto befördern und zu Tracys Vater Draco bringen. Unterwegs überqueren sie die in Lissabon gelegene Salazar-Brücke (heute Ponte 25 de Abril). Draco bedankt sich bei Bond für die Rettung seiner Tochter und bietet ihm sogar Geld. Doch Bond lehnt ab und will etwas über Blofeld erfahren. Draco lädt ihn zu seinem Geburtstag ein. Das Fest wird auf dem Anwesen „Da Vinhas" begangen, das etwa 20 Meilen südlich von Lissabon in der Provinz **Zambujal** liegt. Auch ein Stierkampf ist zu sehen. Nach und nach verlieben sich Bond und Tracy ineinander und entsprechend romantische Szenen schließen sich an. Entstanden sind sie in den Gärten des Palácio Fronteira im Stadtteil Benfica in Lissabon. Danach besucht Bond das Anwaltsbüro Gumbold in Bern, als dessen Drehort jedoch das Berner Hotel Schweizerhof (Bahnhofsplatz 11) fungierte.

DAS IST DER GIPFEL:
Blofelds Virenlabor auf dem Piz Gloria

Zurück in England trifft Bond auf seinen Chef M. Die Begegnung ist diesmal nicht im Büro, sondern in dessen Anwesen Quarterdeck bei Windsor. Dafür benutzten die Filmemacher das Haus Thames Lawn in Marlow, in der Grafschaft Buckinghamshire. M entbindet Bond von der Suche nach Blofeld, woraufhin 007 seinen Dienst quittieren will, doch Miss Moneypenny wandelt die Kündigung in zwei Wochen Urlaub um. Diese Szenen entstanden wieder einmal in den Londoner Pinewood Studios. Bond besucht das College of Arms in der Londoner Queen Victoria Street im Stadtteil Blackfriars, erfährt, dass Blofeld als Graf de Bleuchamp anerkannt werden will, und nimmt die Stelle des Ahnenforschers ein, der zu dem vermeintlichen Grafen reisen soll. Getarnt als Sir Hilary Bray fährt er in die Schweiz und kommt auf dem Bahnhof in Lauterbrunnen an. Dort wird er von Blofelds Sekretärin Irma Bunt abgeholt und per Helikopter zum Forschungsinstitut auf dem Piz Gloria gebracht. Dieses einzigartige Drehrestaurant liegt im **Berner Oberland** auf dem Schilthorn und wurde für die Filmproduktion erst hergerichtet (siehe dazu S. 166 – 167). Einige Innenaufnahmen fanden auch in den Studios statt, aber ein Großteil der Piz-Gloria-Filmszenen entstand tatsächlich hier. In luftiger Höhe findet Bond heraus, dass Blofeld eine Reihe junger Frauen unter Hypnose setzt, damit sie ein Virus verbreiten, das zur Unfruchtbarkeit führt. Er wird gefangen genommen, hangelt sich an den Kabeln der Gondelbahn entlang, flüchtet weiter auf Skiern und kommt pünktlich zu den Feiern zum Jahreswechsel im Tal an. Diese Aufnahmen entstanden in dem Ort **Grindelwald**. Bond trifft auf Tracy. Beide fliehen im Auto vor Irma Bunt und ihren Schergen in Richtung Lauterbrunnen. Bond sucht eine Telefonzelle auf, die sich direkt vor dem örtlichen Jungfrau Hotel befindet, wird aber beschossen und steigt erneut in Tracys Auto. Sie rasen weiter und geraten in ein Stockcar-Rennen, das auf einer Eisbahn stattfindet. Zwar sollte diese Sequenz in Mürren gedreht werden, doch letztendlich nutzte man im Februar 1969 einen speziell präparierten Parkplatz und ein Feld zwischen Stechleberg und Lauterbrunnen, das etwa drei Kilometer von Mürren entfernt liegt. Schließlich entkommt das Paar den Verfolgern und lässt sich in einer verlassenen Hütte nieder, wo Bond Tracy einen Heiratsantrag macht. Die Außenaufnahmen entstanden in Winteregg, die Innenaufnahmen in den Studios. Am nächsten Morgen geht die Hatz auf Skiern weiter, bei der Blofeld sogar eine Lawine auslöst. Dazu nutzte man bereits existierende Aufnahmen einer Naturdokumentation. Das Paar überlebt, doch Tracy wird gefangen genommen. Bond kann entkommen, weil Blofeld ihn verschüttet glaubt.

DOPPELTES GLÜCK:
James Bond und seine zukünftige Frau Tracy

Bond informiert Draco über die Situation und fliegt mit ihm und seinen Leuten in Helikoptern zum Piz Gloria. Sie befreien Tracy und sprengen das Institut in die Luft. Blofeld entkommt in der bei Mürren gelegenen Bobbahn, wo 007 vergeblich versucht, ihn zu stoppen. Danach kauft Bond bei dem Juwelier Joalharia Ferreira Marques in Lissabon die Eheringe und anschließend wird auf dem Da-Vinhas-Anwesen in Portugal geheiratet, ehe das Paar in die Flitterwochen fährt. Unterwegs nimmt er die zahlreichen Blumen vom Auto, was Tracy zum Verhängnis wird, denn aus einem plötzlich vorbeirasenden Wagen, den Blofeld steuert, wird sie von Irma Bunt erschossen. Diese abschließenden Szenen entstanden auf der Arrábida-Straße im Arrábida National Park (Parque Natural da Serra da Arrábida), in der portugiesischen Provinz **Setúbal**. Die idyllische Küste bildete somit den Schauplatz für einen der traurigsten Momente der ganzen Bondserie.

Man lebt nur zweimal

1 Bahamas allgemein: Unterwasserszenen. Schauplatz 1
2 Bermudas: Rettung Bonds und Kissys aus dem Wasser. Sie treiben auf offener See. Schauplatz 2
3 Gibraltar, Zerstörer H.M.S. Tenby F-65: Bond wurde scheinbar ermordet. Schauplatz 5
4 Über Torremolinos: Bond inspiziert mit seinem Mini-Helikopter erloschene Vulkane. Schauplatz 3
5 RAF Finmere: Bond stürzt mit einem Kleinflugzeug ab. Schauplatz 4
6 Pinewood Studios: Bond wird zum Schein ermordet. Schauplatz 6
7 Mågerø: Russische Radarstation, die zu Anfang des Films zu sehen ist. Schauplatz 7
8 Himeji-Schloss, 50 km westlich von Kobe: Ausbildungslager von Ninjas
9 Tokio, Hotel New Otani: Bond schleicht sich in die Zentrale der Firma Osato Chemical.

1 Tokio, Kuramae Kokugikan Sumo-Halle: Bond nimmt mit Aki beim Sumo Ringkampf Kontakt auf.
2 Tokio: Eine Verfolgungsjagd durch Tokio wird durch einen Lastenhubschrauber beendet.
3 Kyoto: Aufenthalt Bonds
4 Kumano-Nachi-Schrein südlich der Stadt Shingu: Bond wird zur Sicherheit verheiratet.
5 Kobe, Docks, speziell Pier 8: Den Häschern entkommen, fahren Bond und Aki nach Kobe.
6 Fukuoka: Sitz von Dr. Guntram Shatterhands „Castle of Death"
7 Akime: Bond inspiziert mit seinem Mini-Helikopter „Little Nellie" die erloschenen Vulkane.
8 Akime: Bond versteckt sich, als Fischer getarnt, im Dorf Akime bei der Perlentaucherin Kissy.
9 Kagoshima: Stunts und Schlägereien sowie Außenaufnahmen eines im Hafen liegenden Schiffes
10 Vulkan Mt. Shinmu-dake: Bond und Kissy erklettern den Vulkan, der Blofelds Domizil versteckt.
11 Ebino: Bond inspiziert mit seinem Mini-Helikopter die erloschenen Vulkane. Luftkampf.
12 Ibusuki: Connery und Cilento wohnen im Ibusuki Kanko Hotel.
13 Vulkan Sakura Jima: Haus von Tanaka, im Park Shigetomiso Kagoshima mit Blick auf den Vulkan
14 Beppu: Aufenthalt Bonds
15 Kuro: Bond schwimmt zur Ama Insel Kuro und tarnt sich als Taro Todoroki. Er wohnt bei Familie Suzuki.
16 Kuro: Bond und Kissy besuchen den Shinto Schrein hinter dem Haus und nahe gelegene Höhlen.

1 Japan: Unterwasserszenen.
2 Japan: Bond und Kissy treiben auf offener See.
3 Japan: Bond inspiziert im Mini-Helikopter Vulkane
4 Japan: Bond stürzt mit einem Kleinflugzeug ab.
5 Hongkong: Bond wurde scheinbar ermordet. Seebestattung im Hafen.
6 Hongkong: Bond wird zum Schein ermordet
7 Russland: Russische Radarstation

Man lebt nur zweimal

ERSTMAL EINEN HAPPEN ESSEN:
James Bond passt sich perfekt den einheimischen Sitten an

Japan steht im Mittelpunkt von Flemings vorletztem Roman *You Only Live Twice (Man lebt nur zweimal)* aus dem Jahr 1964, was ebenso für den nur drei Jahre später erschienenen gleichnamigen Film gilt. Es gibt eine Reihe von Schauplätzen und Charakteren, die in beiden Versionen vorkommen. Generell haben die Roman- und die Filmhandlung jedoch nichts miteinander zu tun. Bei Fleming geht es darum, dass Bond das Trauma der Ermordung seiner Frau Tracy am Ende des vorhergehenden Abenteuers *On Her Majesty's Secret Service* verarbeitet und Blofeld und dessen Freundin Irma Bunt zur Strecke bringt. Tracys Tod bannten die Filmemacher jedoch erst 1969 auf Zelluloid. Im Film *Man lebt nur zweimal* geht es um nichts Geringeres als den 3. Weltkrieg, den Blofeld entfachen will, indem er im Weltall abwechselnd amerikanische und russische Weltraumschiffe kapert und in Japan versteckt.

Fleming räumt Bonds Gesundheitszustand viel Raum ein. Das erklärt sich damit, dass seine eigene Gesundheit damals schon stark angegriffen war. So beginnt der Roman damit, dass Bond sich mit Tanaka, dem Chef des japanischen Geheimdienstes, in einem Geishahaus in Tokio verwöhnen lässt. In einer Rückblende wird erzählt, dass sich M und der Neurologe Sir James Molony sorgenvoll über die Gesundheit und den mentalen Zustand ihres besten Mannes austauschen. Schließlich schickt M Bond nach **Japan** und nimmt dabei in Kauf, dass er eventuell nicht mehr zurückkommt. 007 fliegt mit Japan Airlines in einer Douglas DC 8 via Paris nach **Tokio**. Dort trifft er sich mit dem japanischen Verbindungsmann Dikko Henderson in einem Gebäude abseits der Tokioter Hauptstraße Ginza. Sie ist später auch Schauplatz im Film. Im Roman wohnt Bond im Hotel Okura und nimmt ein paar Drinks in der hauseigenen Bamboo Bar, aber auch in der Melody's Bar abseits der Ginza zu sich.

Bond und Henderson fahren in Richtung **Yokohama**. Nach einer halben Stunde erreichen sie das „Bureau of All-Asian Folkways". An einem Gleis einer unterirdisch gelegenen und nicht genutzten U-Bahnstation trifft Bond auf Tanaka. Durch ihn erfährt 007 von einem sogenannten „Castle of Death", das von Dr. Guntram Shatterhand betrieben wird. Es liegt auf der südlich gelegenen Insel Kyushu, nicht weit von **Fukuoka**, gegenüber der Straße von Tsushima. Bond und Tanaka reisen bis zu einer Ninja-Schule, die als „Central Mountaineering School" firmiert und in einem alten Schloss in den Bergen beheimatet ist. Nach weiteren Aufenthalten in Kyoto, Beppu und Fukuoka schwimmt Bond zur Ama-Insel namens **Kuro**, die etwa eine halbe Meile vor dem Festland liegt, und tarnt sich unter den einheimischen Fischern und Perlentauchern als Taro Todoroki. Er wohnt in der Familie von Kissy Suzuki.

Bond wohnt in Kissy Suzukis Haus am Ende des Dorfes auf Kuro. Sie besuchen den Shinto-Schrein hinter dem Haus, wie auch nahe gelegene Höhlen. Bond klettert zum Schloss und versteckt sich auf dem Areal. Nach einem Kampf mit einem Wächter wird er gefangen genommen und gefoltert. Shatterhand entpuppt sich als Blofeld. Seine Geliebte ist Irma Bunt. Nach einem Kampf kann 007 Blofeld erwürgen und mit einem Ballon fliehen. Kissy Suzuki rettet ihn aus dem Meer und bringt ihn in ihr Dorf zurück. Er hat Teile seines Gedächtnisses verloren und lebt mehrere Jahre bei Kissy. Als seine Erinnerungen nach und nach zurückkommen, verlässt er Kuro Richtung Fukuoka. Bond will nach Wladiwostok, um sein Gedächtnis vollständig zurückzugewinnen.

Der Film beginnt damit, dass ein amerikanisches Raumschiff von einem anderen im Weltraum abgefangen und entführt wird. Dann wechselt der Schauplatz nach **Hongkong**, wo Bond zum Schein ermordet wird. Daraufhin findet im Hafen der Metropole, die damals noch unter britischer Besatzung stand und zum Commonwealth gehörte, eine feierliche Seebestattung statt. Zwei Taucher bergen den Sarg und bringen ihn an Bord eines U-Bootes, wo 007 schon von M und Miss Moneypenny erwartet und über den Zwischenfall im Weltall informiert wird. Die Spur führt nach Japan, wo Bond ermitteln soll. Durch die Torpedoluke verlässt er das U-Boot, gelangt unter Wasser bis an die japanische Küste und schließlich nach Tokio. Eine Straße im Stadtteil 5th Chome in der Nähe der Ginza ist zu sehen. Die Bestattung wurde im Dezember 1966 auf dem Zerstörer „H.M.S. Tenby F-65" gefilmt, der damals im Hafen von Gibraltar lag. Die Unterwas-

MAN LEBT NUR ZWEIMAL

Großbritannien 1967
Eine Eon Produktion
Regie: Lewis Gilbert
Musik: John Barry
Drehbuch: Roald Dahl
Darsteller:
James Bond - Sean Connery
Kissy Suzuki - Mie Hama
Blofeld - Donald Pleasence
Aki - Akiko Wakabayashi
Helga Brandt - Karin Dor
Tiger Tanaka - Tetsuro Tamba
Miss Moneypenny - Lois Maxwell
M - Bernard Lee
Q - Desmond Llewelyn

Wenn Bond die Rakete zerstört, geht Blofeld in die Luft

Hotel New Otani Tokyo
4-1 KIOI-CHO, CHIYODA-KU, TOKYO,
102-8578 JAPAN
Tel. 0081-3-3265-1111
Fax 0081-3-3221-2619
www.newotani.co.jp/en/tokyo/index.html

serszenen entstanden auf den Bahamas. Die fingierte Ermordung drehte man in den Londoner Pinewood Studios.

In Tokio nimmt Bond mit Aki, der Assistentin von Tiger Tanaka, der auch im Film Chef des japanischen Geheimdienstes ist, im Kuramae-Kokugikan-Stadion bei einem Sumo-Ringkampf Kontakt auf. Über sie gelangt er zu seinem Kontaktmann Henderson, der vor seinen Augen hinterrücks ermordet wird. Er verfolgt und stellt den Killer, nimmt dessen Platz ein und lässt sich vom Komplizen des Attentäters im Auto mitnehmen. So gelangt er zum Osato-Chemiekonzern. Er dringt ein, entwendet Dokumente aus einem Safe und flüchtet. Aki taucht wieder auf. Von ihr wird 007 zu Tanaka gebracht, der in einem U-Bahn-Zug residiert. Bei den Dokumenten handelt es sich um Bestellungen von Treibstoff für Raumkapseln. Bond soll Osato überprüfen und schleust sich, als Geschäftsmann Fisher getarnt, erneut in die Zentrale der Firma ein. Dort begegnet er Osato, der ihn sofort durchschaut und seiner Assistentin Helga Brandt den Auftrag zur Liquidation Bonds erteilt. Als Drehort für Osatos Firma diente das heutige Hotel New Otani, 4-1 Kioi-cho, Chiyoda-Ku, das zur Zeit der Produktion noch Hilton International hieß und rechtzeitig zu den Olympischen Spielen 1964 fertiggestellt wurde. Gedreht wurde innen im Hotel, auf dem Dach und vor dem Eingang. Vor der Firmenzentrale wird Bond aus einem Auto heraus beschossen, aber dank Aki aus der brenzligen Situation gerettet. Die sich anschließende Verfolgungsjagd durch Tokio und außerhalb der Stadt endet mit einem sogenannten „Abschleppdienst auf japanisch". Ein Lastenhubschrauber mit einem riesigen Magneten zieht das Verfolgerauto an sich und wirft es ins Meer.

Den Häschern entkommen, fahren Bond und Aki nach Kobe in der Region Hyogo. Im Industriehafen der westlich von und sehr nahe bei Osaka gelegenen Stadt, den dortigen Docks, speziell Pier 8, und im Hafen von Kagoshima wurden Stunts und Schlägereien inszeniert. Auch die Außenaufnahmen des vor Anker liegenden Schiffes Ning-Po entstanden im Hafen von Kagoshima. Bond wird gefangen genommen, als er in Kobe ein Schiff überprüfen will, und zu Helga Brandt gebracht. Nach einem Schäferstündchen versucht diese, ihn durch den Absturz eines Kleinflugzeugs ins Jenseits zu befördern. Brandt springt mit dem Fallschirm ab. Das Flugzeug geht auch tatsächlich in Flammen auf, allerdings nicht in Japan, wie es dem Zuschauer suggeriert wird, sondern auf dem englischen Finmere Aerodrome in der Provinz Oxfordshire. Bond entkommt rechtzeitig.

Der nächste Schauplatz ist das etwa 50 Kilometer von Kobe entfernte Himeji-Schloss. Es dient als Ausbildungslager von Ninjas. Auch Bond wird hier trainiert. Als er mit seinem Mini-Helikopter „Little Nellie" die erloschenen Vulkane inspiziert, um nach Spuren der verschollenen Raumschiffe zu suchen, kommt es zum Luftkampf mit vier gegnerischen Helikoptern, bei dem Bond siegreich bleibt. Die Szenen mit dem Mini-Hubschrauber wurden in **Akime**, auf der Insel Kyushu, aber auch in der Luft über dem Dorf Ebino inszeniert. Aufgrund eines Unfalls drehte man

Bond hat seine Last mit Verfolgern

zudem an der spanischen Küste über Torremolinos und Málaga. Nachdem die Vulkane erkundet sind, schleicht sich Bond, als einheimischer Fischer getarnt und kosmetisch verändert, auf die Insel Kyushu und versteckt sich im Dorf Akime bei der Perlentaucherin Kissy Suzuki. Auch das Örtchen Ibusuki diente als Kulisse. Zur Tarnung wird Bond noch verheiratet. Diese Szenen wurden in dem im 4. Jahrhundert gebauten Kumano-Na-chi-Schrein gedreht. Die Crew wohnte in Kii-Katsura, etwa 30 Kilometer entfernt. Nachdem Bond und Kissy die Rosaki-Höhle inspiziert haben, aber aufgrund einer Gasverseuchung nicht weiterkommen, klettern sie auf den Vulkan, in dessen Krater Blofeld sein unterirdisches Domizil errichtet hat. Gedreht wurde dafür im Kirishima National Park bei Kagoshima, im Süden der Insel Kyushu. Der Vulkan selbst heißt Mount Shinmu-dake. Die spektakulären Spezialeffekte entstanden in einem künstlichen Krater, der in den Londoner Pinewood Studios gebaut wurde. Blofelds Anlage wird zerstört, der dritte Weltkrieg ist verhindert, doch der Bösewicht kann entkommen.

Allein 14 Orte in Japan standen auf dem Reiseplan des Filmteams und noch heute erinnert eine Steinplatte mit den Unterschriften der Beteiligten an die Dreharbeiten in Kobe. Gedreht wurde zudem im norwegischen **Mågerø**. Dort steht die russische Radarstation, die zu Anfang des Films zu sehen ist. Zudem verwendete der Regisseur Lewis Gilbert Archivmaterial vom Pentagon in Arlington, im US-Bundesstaat Virginia und von Cape Kennedy (seit 1973 Cape Canaveral) in Florida. Zudem reiste er mit seinem Team auf die Bermudas, denn hier entstanden die letzten Einstellungen des Films. Die Inselgruppe befindet sich östlich vor dem US-Bundesstaat North Carolina. Sie liegt zwar im Atlantik, gehört aber zum britischen Hoheitsgebiet. Handlungsort ist natürlich Japan. Bond und Kissy treiben glücklich vereint in einem Rettungsboot auf offener See, als plötzlich Ms U-Boot auftaucht. Insgesamt reiste die Crew über 70.000 Kilometer, um die Aufnahmen für diesen fünften Bondfilm einzufangen.

DA TUN SICH ABGRÜNDE AUF:
Der Kirishima National Park auf der Insel Kyushu

Casino Royale 1967

1 Irland, Killeen Castle bei Galway: Altersruhesitz von Sir James Bond
2 Irland, Glencree, County Wicklow: Bond überlebt Anschlag. Schauplatz 2
3 England, Denham Uxbridge, MGM Studios: Kulissen für skurrile Bauten und Sets. Schauplatz 3, 5
4 England, Iver Heath, Pinewood Studios: Evelyn Tremble begegnet Le Chiffre im Casino Royal. Schauplatz 6
5 England, Iver Heath, Pinewood Studios: Bonds Tochter Mata reist nach Berlin. Schauplatz 7
6 England, Shepperton Studios: Kulissen für skurrile Bauten und Sets aller Art. Schauplatz 4
7 England, Mereworth, Mereworth Castle: Wohnsitz der Witwe Mimi. Schauplatz 1

1 Killin und Falls of Dochart: Bond fährt am Killin und den Falls von Dochart vorbei zur Witwe Mimi.

1 Schottland: Wohnsitz der Witwe Mimi
2 Schottland: Bond überlebt Anschlag.
3 London, Trafalgar Square: Mata wird in ein landendes UFO geschleppt.
4 London, The Old War Office, Whitehall, MI 6: Bond trifft beim MI 6 auf Miss Moneypennys Tochter.
5 London, Downing Street No. 10. Sir James und Mata Bond reisen zur Downing Street No. 10.
6 Le Touquet, Frankreich: Casino Royale
7 Deutschland, Berlin: Checkpoint Charlie: Bonds Tochter Mata steigt beim Checkpoint aus.

Casino Royale 1967

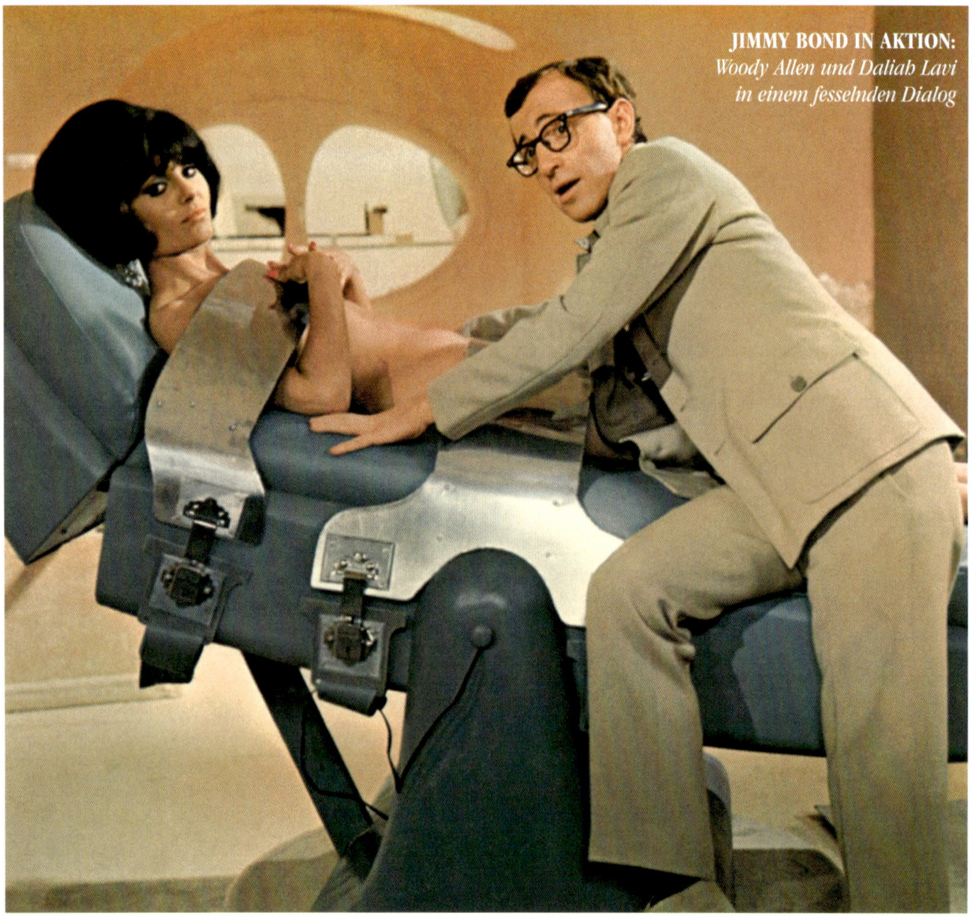

JIMMY BOND IN AKTION:
Woody Allen und Daliah Lavi in einem fesselnden Dialog

Wer weiß, wie Ian Flemings Reaktion gewesen wäre, wenn er diesen Film gesehen hätte. Auch die zweite Verfilmung seines Erstlingsromans hat nur sehr wenig mit der Vorlage zu tun. Wie der Vorgänger auch (siehe Seite 120 – 121), spielt dieser Streifen zwar zum Teil in Frankreich, aber gedreht wurde dort nicht. Stattdessen gab es auch diesmal sehr viele Studioaufnahmen und künstliche Kulissen. Speziell die in London beheimateten Shepperton-Studios, die MGM- und die Pinewood Studios bildeten die Basis für skurrile Bauten und Sets aller Art. Ansonsten wurde lediglich in England, Irland und Schottland gedreht. Und da die Macher vor allem die bisherigen 007-Spielfilme parodieren wollten, gibt es auch keine Pre-Title-Sequenz, sondern lediglich eine ganz kurze Szene. Diese spielt in einem Pissoir und zeigt, wie sich Mathis vom französischen Geheimdienst gegenüber einem vermeintlichen James Bond ausweist. Danach beginnt der Vorspann.

Im Gegensatz zu den anderen Spielfilmen, bei denen eine mehr oder weniger stringente Handlung besteht, ist Casino Royale in der 1967er Version anders. Es ist eine hochkarätig besetzte, eher lockere Abfolge von Szenen, deren Reihenfolge nicht immer logisch ist, weil sechs Regisseure und diverse Drehbuchänderungen die Produktion beeinträchtigten und Schauspieler Peter Sellers den Film sogar vor Drehschluss verließ. Daher erscheint der Handlungsfortgang nicht immer vollständig nachvollziehbar.

Die erste Szene spielt in Irland. Auf dem Weg zum Altersruhesitz von Sir James Bond kommen die Chefs der vier Geheimdienste aus Großbritannien, den USA, Frankreich und der Sowjetunion zusammen. Sie wollen den Agenten im Ruhestand dazu bewegen, wieder in den Dienst zurückzukehren, was dieser jedoch zunächst ablehnt. Das irische **Killeen Castle** nahe Galway City diente dafür als Drehort. Ein Modell des Schlosses wurde sogar gesprengt, um Sir James die Motivation zu liefern, nun doch wieder aktiv in den Dienst einzusteigen. Da sein Chef M bei der Explosion ums Leben kommt, reist er nach Schottland und überbringt dessen trauernder Witwe Mimi das Haarteil des Verstorbenen. Dafür fährt er mit seinem Bentley am schottischen **Killin** und den dortigen Falls von Dochart vorbei. Ms Witwe residiert ebenfalls in einem Schloss, das in der realen Welt jedoch nicht in Schottland zu finden ist. Regisseur John Huston, einer der sechs Regisseure des Films, nutzte für die Dreharbeiten **Mereworth Castle** im englischen Kent.

Nach einem Festmahl und Saufgelage kommt es zum Kräftemessen zwischen Bond und den Dudelsackpfeifern der Witwe, weil Sir James die Forderung Mimis, von ihm „getröstet" zu werden, ablehnt. Er überlebt sowohl die Pfeifer als auch einen Anschlag mit ferngesteuerten, explosiven Schottenhühnern und bringt das Auto der Angreifer zur Explosion. Der Mordauftrag kommt von der Internationalen Mütterhilfe in Ost-Berlin, einer Deckorganisation der russischen Killer von SMERSH. Diese Szenen entstanden in der Nähe des irischen Orts **Glencree** im County Wicklow an der Ostseite der Insel.

Bond fährt im Bentley von Schottland nach England – im Film sind die Autobahnen AZ2 und AZ30 zu sehen. Er wird unterwegs von einem gelben Jaguar E und einem weißen Milchlaster mit Aufprallzünder verfolgt und bedroht, kann aber dafür sorgen, dass der Laster den Jaguar pulverisiert und bleibt selbst unbeschadet. Im Dienstgebäude von MI 6, in Whitehall im Londoner Stadtteil Westminster, trifft er auf die Tochter von Miss Moneypenny und wird von Stabschef Hadley über den Stand der Dinge informiert, der nicht ermutigend ist. Viele Geheimdienst-Mitarbeiter wurden, vor allem von Frauen, liquidiert. So kommt Sir James auf die Idee, einen sogenannten Sex Spionage Abwehr Agenten (SSAA) zu rekrutieren, der gegen weibliche Verführung immun ist. Nach ausführlichen Recherchen findet sich ein geeigneter Kandidat, der zur Verwirrung des Gegners auch „James Bond" genannt wird.

Derweil nimmt Sir James mit der einflussreichen Geschäftsfrau Vesper Lynd Kontakt auf. Sie soll den bekannten Baccarat-Spieler Evelyn Tremble rekrutieren, der als einziger dem Gangster Le Chiffre, einem hohen Mitglied von SMERSH, Paroli bieten kann. Le Chiffre hat Schulden und will versuchen, diese beim Spiel wettzumachen. Vesper verführt inzwischen Evelyn Tremble in ihrer Wohnung in Mayfair. Derart motiviert lässt sich Tremble kurz darauf in den Räumen von MI 6 technisch hochrüsten und zieht mit allerlei Equipment als ein weiterer „James Bond" an die Front.

CASINO ROYALE

Großbritannien 1967
Eine Famous Artists Produktion
Regie: John Huston, Val Guest, Robert Parrish, Joe McGrath, Ken Hughes, Richard Talmadge
Musik: Burt Bacharach
Drehbuch: Wolf Mankowitz, John Law und Michael Sayers, nach dem gleichnamigen Roman von Ian Fleming
Darsteller:
Sir James Bond 007 - David Niven
Evelyn Tremble - Peter Sellers
Vesper Lynd - Ursula Andress
The Detainer - Daliah Lavi
LeGrand - Charles Boyer
Le Chiffre - Orson Welles
Mata Bond - Joanna Pettet
Dr. Noah / Jimmy Bond - Woody Allen
Miss Moneypenny - Barbara Bouchet
Miss Goodthighs - Jaqueline Bisset
Ransom - William Holden
Lady Fiona McTarry - Deborah Kerr
M / McTarry - John Huston
Französischer Legionär - Jean-Paul Belmondo
George Raft - George Raft

rät, werden alle Frauen schön und alle Männer über 1,52 vernichtet."

Diese technischen Spielereien werden später jedoch niemals eingesetzt. Offensichtlich ist diese Sequenz ein nicht weiter ins narrative Gefüge integrierter Seitenhieb auf die Macher der bisherigen Bondfilme.

BESTENS GETARNT:
Diese Verkleidung taucht was...

Sir James reist nach Indien und besucht Mata Bond, die Tochter aus seiner Beziehung mit Mata Hari. Er überzeugt sie, ihm zu helfen und sich in die Organisation der Internationalen Mütterhilfe einzuschleichen. Sie reist mit dem Taxi von London nach Berlin, wobei sich der Fahrer auch als Secret-Service-Agent entpuppt. Er bringt sie bis zur Berliner Friedrichstraße, wo ihre Mutter Mata Hari einst eine „Tanzschule" unterhielt. Mata Bond steigt nahe dem Checkpoint an der Mauer aus und gelangt in eine internationale Schule, die allerdings nicht in Tanz, sondern in Spionage ausbildet. Als Tochter der großen Gründerin wird sie herzlich empfangen und lässt sich die Ausbildungsmethoden zeigen. Sie entdeckt, dass Le Chiffre hier durch eine große Kunstauktion Geld verdienen will, um so seine Schulden zurückzuzahlen. Doch Mata sabotiert die Auktion, verwirrt die angereisten Bieter und sorgt sogar für ein großes Loch in der Mauer, so dass die Ostdeutschen ungehindert flüchten können. Dies war im Jahr 1967 natürlich unvorstellbar und sorgte für absurde Komik!

In den Londoner Studios entstanden die Szenen, die in Frankreich spielen. Evelyn Tremble vergnügt sich im Hotel Tropical mit der Angestellten Miss Langbein und begegnet Le Chiffre am Spieltisch im Casino Royale, der die Anwesenden mit Zaubertricks unterhält. Le Chiffre verliert, lässt Vesper vor der Tür des Casinos entführen und Tremble foltern. Da der Gangster sein Geld nicht zurückzahlen kann, wird er von SMERSH-Killern erschossen.

ALLES AUF EINE KARTE:
Le Chiffre verspielt nicht nur seinen guten Ruf

Sir James und Mata Bond reisen inzwischen im Bentley zur Downing Street No. 10, doch Mata wird von der Palastwache am Buckingham Palace entführt und am Trafalgar Square in ein landendes UFO geschleppt, das an Big Ben vorbeifliegt. Miss Moneypennys Tochter kann dies beobachten und berichtet Sir James. Beide begeben sich zum Casino Royale, das sich als Hauptquartier von SMERSH entpuppt. Die Organisation wird von Jimmy Bond, dem Neffen von Sir James, geleitet. Er plant, alle Frauen „schön" zu machen, Doppelgänger an den wichtigsten Stellen der Welt einzusetzen und alle Männer über 1,52 Meter zu eliminieren – er selbst ist auch nicht größer. Seine Widersacher schaffen es, dass Jimmy eine Pille schluckt, die aus 400 Explosionen besteht. Nachdem noch die Kavallerie, Indianer und Fremdenlegionäre unter der Führung Jean-Paul Belmondos auftauchen, kommt es zu einer gigantischen Schlägerei, an deren Ende das Casino Royale in die Luft fliegt.

Autor Ian Fleming hat den von ihm sehr geschätzten englischen Schauspieler David Niven in dem Roman *You Only Live Twice (Man lebt nur zweimal)* verewigt. Dort gibt es einen Kormoran mit dem Namen David. Außerdem wird erwähnt, dass Niven der einzig nette in Hollywood lebende Darsteller war, der sich um Kissy Suzuki kümmerte, als sie dort plante, im Filmgeschäft Karriere zu machen. Interessanterweise hatte Fleming sogar David Niven ins Spiel gebracht, als man 1961 einen Darsteller für die Rolle von 007 im ersten Spielfilm suchte.

Feuerball

Labrador-see
Neufundland
Labradorhalbinsel
Manitoba
Kanada
Quebec
Nain
Schefferville
Fort Severn
Belcher-inseln
Kuujjuarapik
Ilford
Flin Flon
The Pas
Winisk
Berens River
Winnipegsee
Pickle Lake
Akimiski
James Bai
Chisasibi
Eastmann
Fort Albany
Ogoki
Moosonee
Fort Rupert
Rigolet
Goose Bay
Lake Melville
Groswater Bay
Labrador City
Gagnon
Fox Harbour
St Anthony
Harrington Harbour
Red Lake
Dauphin
Winnipeg
Nakina
Kenora
Brandon
Hearst
Geraldton
Nipigon
Marathon
Thunder Bay
Oberer See
Chibougamau
Port Cartier
Sept-Iles
Baie-Comeau
Anticosti
Gaspé
Matane
Chicoutimi
Alma
Jonquière
Rivière-du-Loup
St. Lorenz-Golf
Corner Brook
Gander
Notre Dame Bay
Channel-Port-aux-Basques
St. Pierre und Miquelon (F)
Argentia
Nord-Dakota
Grand Forks
Bismarck
Fargo
Bemidji
Duluth
Kirkland Lake
Rouyn
Val-d'Or
Sault-Ste. Marie
Sudbury
North Bay
Quebec
Trois Rivières
Sherbrooke
Presque Isle
Bathurst
Moncton
Fredericton
Charlottetown
Truro
Glace Bay
Canso
Halifax
Dartmouth
Sable
Aberdeen
Süd-Dakota
Pierre
Minneapolis
St. Paul
Wisconsin
Eau Claire
OTTAWA
MONTREAL
Hull
Kingston
TORONTO
Oshawa
Hamilton
Kitchener
Montpelier
Augusta
Bangor
Portland
Yarmouth
Manchester
Massachusetts
Boston
Worcester
New Bedford
New Haven
Sioux Falls
Rochester
Madison
Grand Rapids
Milwaukee
Flint
Lansing
London
Niagara
Rochester
Syracuse
Albany
Buffalo
Sioux City
Iowa
Des Moines
Rockford
Cedar Rapids
CHICAGO
Detroit
Windsor
Erie
Cleveland
Scranton
Newark
NEW YORK
Nebraska
Omaha
Council Bluffs
Lincoln
Davenport
Peoria
Gary
Toledo
Ft. Wayne
Ohio
Pennsylvania
Pittsburgh
Harrisburg
Jersey City
PHILADELPHIA
CT=Connecticut
DE=Delaware
NJ=New Jersey
RI=Rhode Island
STAATEN VON
Kansas City
Springfield
Indianapolis
Columbus
Dayton
Cincinnati
Winchester
Arlington
Baltimore
Washington D.C.
Topeka
Jefferson City
St. Louis
East St. Louis
Missouri
Louisville
West Virginia
Charleston
Kansas
Wichita
Spring-field
Poplar Bluff
Evansville
Lexington
Richmond
Virginia
Newport News
Norfolk
Virginia Beach
Tulsa
Kentucky
Nashville
Winston Salem
Roanoke
Greensboro
Durham
Raleigh
Kap Hatteras
AMERIKA
Tennessee
Knoxville
Charlotte
Oklahoma
Little Rock
Arkansas
Memphis
Chattanooga
Huntsville
Süd-Carolina
Columbia
Fort Worth
Pine Bluff
Birmingham
Atlanta
DALLAS
Alabama
Meridian
Macon
Charleston
Shreveport
Columbus
Georgia
Savannah
Waco
Jackson
Montgomery
Albany
Texas
Mobile
Tallahassee
Jacksonville
St. Augustine
Austin
Beaumont
Baton Rouge
Pensacola
HOUSTON
New Orleans
Mississippidelta
Daytona Beach
Tampa
Orlando
St. Petersburg
Florida
West Palm Beach
Ft. Myers
Ft. Lauderdale
Hollywood
Miami
Key West
Floridastraße
Nordamerikanisches Becken
Bermudaschwelle
Bermuda-Inseln (GB)
Hamilton
Sohmeben
Sargassosee
Hatterasebene
ATLA
Golf von Mexico
Abaco
3-7
8,9
10
Nassau
New Providence
Andros
Cat
8
1
Long
Acklins
BAHAMAS
Naresebene
Nördlicher Wendekreis
Pinar del Rio
LA HABANA
Cardenas
Sta Clara
Mexikobecken
Yucatankanal
KUBA
Camagüey
Holguin
Inagua
Caicosinseln (GB)
Merida
Cancun
Valladolid
Große
Manzanillo
Guantanamo
Westindische Inseln
Campeche
Yucatán
Bucht von Campeche
Cayman-inseln (GB)
Santiago de Cuba
Cap Haitien
Santiago
Puerto-Rico-Graben
Veracruz
Frontera
Chetumal
Montego Bay
HAITI
Port-au-Prince
DOMINIKANISCHE REP.
SANTO DOMINGO
Puerto Rico (USA)
San Juan
Ponce
Anguilla (GB)
The Valley
Minatitlan
Villahermosa
Coatzacoalcos
Belize
Belmopan
JAMAIKA
Kingston
Schwaninsel (HN)
Basseterre
ST. KITTS UND NEVIS
ANTIGUA UND BARBUDA
St. Johns
MEXIKO
Tuxtla Gutierrez
Flores
BELIZE
Islas de la Bahia
Antillen
Guadeloupe (F)
Salina Cruz
GUATEMALA
Puerto Barrios
San Pedro
Basse Terre
Roseau
DOMINICA
Tapachula
Quezaltenango
HONDURAS
Karibisches Meer
Fort de France
Martinique (F)
Guatemala
Sta. Ana
Tegucigalpa
Castries
ST. LUCIA
EL SALVADOR
San Salvador
NICARAGUA
Esteli
Providencia (CO)
Kleine Antillen
ST. VINCENT
Kingstown
BARBADOS
Bridgetown
Leon
San Andrés (CO)
Kap Gallinas
Curacao (NL)
Willemstad
St. George's
GRENADA
Managua
Kolumbianisches Becken
Santa Marta
Tobago
Guyana-becken
BARRANQUILLA
MARACAIBO
Cabimas
Maracay
CARACAS
Port of Spain
TRINIDAD UND TOBAGO
Trinidad
COSTA RICA
Puntarenas
S. José
Cartagena
Cd.Ojeda
Valencia
Cumana
Barquisimeto
Barcelona
Maturin
Orinocodelta
Limón
Colón
Panamá
Sincelejo
Mérida
Valera
Barinas
Orinoco
El Tigre
Ciudad Guayana
PANAMA
Monteria
Cucuta
S. Cristobal
Llanos del Orinoco
S. Fernando
Ciudad Bolivar
David
Chitré
Golf von Panama
Turbo
Bucaramanga
VENEZUELA
GUYANA
Georgetown
N
0
800km

1 Silverstone, Rennstrecke: Bond entdeckt Dervals Leiche, reist im Aston Martin ab und wird verfolgt.
2 Chalfont St. Peter, Chalfont Park House: Bond wird in die Klinik Shrublands geschickt.
3 Northolt, Ruislip/RAF Basis (nur Eingang): Der falsche Derval wird zur Luftwaffenbasis gefahren.
4 Uxbridge, Harvil Road bei den Denham Querry Lakes: Fiona versenkt das Zweirad im Wasser.
5 Beaconsfield, London End, Royal Saracen's Head Pub: Major Dervals Haus
6 Pinewood Studios: Bond entdeckt die Bomben und gelangt an Bord der „Disco Volante".
7 Frankreich, Chateau d'Anet: Bond schaltet den gegnerischen Agenten Jacques Bouvoir aus.
8 Paradise Island, Café Martinique: Fiona hintergeht Bond, der in den Kiss Kiss Club flüchtet.
9 Paradise Island: Villa Rock Point.
10 Miami: Unterwasserkampf. Schauplatz 1

1 Paris, Avenue d'Eylau: Emilio Largo betritt ein Büro, in dem ein Treffen von "SPECTRE" stattfindet.
2 Paris, Boulevard Haussmann: SPECTRE heckt den Plan „Operation Omega" aus.
3 Bahamas, Rose Island: Derval versenkt den Bomber im Meer, was er mit dem Leben bezahlt.
4 Bahamas, Nassau: Bond, Felix Leiter und Pinder recherchieren die Fahrten von Largos Jacht
5 Bahamas, Nassau, nahe West Bay Street: Fiona nimmt Bond im Auto mit.
6 Bahamas, Nassau, Bay Street, East Street: Bond und Domino besuchen den örtlichen Karneval.
7 Bahamas, New Providence Island: Bond informiert Domino über den Tod ihres Bruders.
8 Bahamas, Staniel Cay: Fiona wird irrtümlich von ihren eigenen Leuten erschossen.

1 Unterwasserkampf. Schauplatz Bahamas

Feuerball

HAT GUT LACHEN:
Sean Connery bekam $ 750.000 für seine Rolle in Feuerball

Nur vier Jahre vergingen zwischen dem Erscheinen des Romans *Feuerball* und der Verfilmung. Nur das nächste Kinoabenteuer *Man lebt nur zweimal* (siehe Seite 94 – 95) folgte noch ebenso knapp auf seinen literarischen Vorläufer. Beinahe hätte *Feuerball* in dieser Hinsicht sogar eine vollständig einzigartige Stellung innerhalb der 007-Serie erhalten, denn der Stoff wurde ursprünglich für den ersten Bond-Film in Erwägung gezogen. Unabhängig davon ist es ein Glücksfall, dass sich die Filmversion relativ genau an die Romanvorlage anlehnt, auch in Bezug auf die Schauplätze. Vor allem die zur damaligen Zeit speziell für Europäer noch recht unbekannten **Bahamas** rückten nun erstmals in den Fokus der Kinobesucher.

Der Roman beginnt fast alltäglich. Bond ist in seiner Wohnung abseits der Kings Road und fährt zu M ins Büro des MI 6 in der Park Lane. Er erfährt, dass seine Gesundheitswerte so schlecht sind, dass er in die Klinik Shrublands muss. Ein Fahrer bringt ihn in einem braunen Austin Taxi zur Klinik, die nahe bei Washington in der Grafschaft Sussex liegt. Der Weg führt über die Brighton Road, westlich unter den Downs, durch Poynings und Fulking nach Shrublands. Dort angekommen, fällt ihm ein anderer Patient mit dem Namen Graf Lippe auf, der Mitglied eines Geheimbundes ist und sich mit Bond ein Duell der Wellness-Attentate liefert. Indes trifft sich die Verbrecherorganisa-tion von Bonds Erzfeind Blofeld, SPECTRE, in einem Haus am Boulevard Haussmann in Paris und heckt den Plan „Operation Omega" aus, wonach die britische Regierung erpresst werden soll. Nach dem Klinikaufenthalt wird Bond wieder ins Büro beordert. M informiert ihn über die Entführung eines Bombers und schickt ihn nach Nassau. Als er das Büro verlässt, wird er von Graf Lippe in einem VW-Bus verfolgt. Lippe will Bond erschießen, wird aber seinerseits Opfer eines SPECTRE-Attentäters, der von einem 500er Triumph-Motorrad eine Handgranate in den VW-Bus wirft. Unbeschadet fliegt 007 via New York auf die Bahamas.

Der Pilot Giuseppe Petacchi ist mit der Bombercrew vom Stützpunkt St. Alban's Head abgehoben, hat diese vergiftet, das Flugzeug bis nach Palm Beach vor **Grand Bahama Island** gebracht und auf den Grund des Meeres sinken lassen. Blofelds zweiter Mann Largo und seine Crew verstecken die Bomben unter Einsatz der Jacht „Disco Volante" bei Dog Island und **Andros Island** – etwa 100 Meilen von Nassau entfernt. Petacchi wird erstochen. Bond beobachtet in Nassau unterdessen Giuseppes Schwester Domino Petacchi und macht sich mit ihr bekannt. Später holt er den CIA-Kollegen Felix Leiter am Flughafen ab.

Bond gibt sich als Kaufinteressent für Largos Anwesen Palmyra in Lyford Key aus und stellt Leiter als seinen New Yorker Anwalt vor. Largo führt sie herum und die Herren verabreden sich für den Abend im Kasino. Dort gewinnt Bond beim Spiel und lädt Domino ein, die ihm von ihrem Bruder erzählt. Nachts taucht 007 heimlich zur „Disco Volante", wird aber entdeckt und muss vor Wasserbomben flüchten. Bond und Leiter überfliegen die Region südlich von North Bimini und Cat Cays. 50 Meilen von Andros Island entfernt finden sie das versunkene Flugzeug. Danach fliegen sie zurück zum Flughafen von Windsor Field. Bond erzählt Domino vom Tod ihres Bruders und gibt ihr einen Geigerzähler, um an Bord der Jacht Messungen durchzuführen. Leiter sorgt für Verstärkung und kurze Zeit später begrüßen er und 007 am Prince George Wharf die Mannschaft des US-Atom-U-Bootes „Manta". Sie fahren im U-Boot durch den North West Providence Channel, um Largo und seine Crew zu stellen. Wenig später kommt es zum Unterwasserkampf mit Largos Männern. Als 007 in höchster Gefahr schwebt, kommt Domino ihm zu Hilfe, die Largo mit einer Harpune durchbohrt. Am Ende werden Bond und Domino im Hospital in Nassau behandelt.

Die Anfangssequenz der Verfilmung weicht wieder einmal vom Beginn des Romans ab. Bond schaltet in der Nähe von Paris den gegne-

FEUERBALL

Großbritannien 1965
Eine Eon Produktion
Regie: Terence Young
Musik: John Barry
Drehbuch: Richard Maibaum und John Hopkins, nach dem gleichnamigen Roman von Ian Fleming
Darsteller:
James Bond - Sean Connery
Domino Derval - Claudine Auger
Emilio Largo - Adolfo Celi
Fiona Volpe - Luciana Paluzzi
Felix Leiter - Rik Van Nutter
Miss Moneypenny - Lois Maxwell
M - Bernard Lee
Q - Desmond Llewelyn

rischen Agenten Jacques Bouvoir aus, der höchst lebendig bei seiner eigenen Beerdigungszeremonie präsent ist, wenngleich er sich als Witwe verkleidet hat. Als Drehort fungierte im Februar 1965 das **Chateau D'Anet**, das sich westlich von Paris befindet (siehe S. 147). Nach dem Vorspann ist zunächst Emilio Largo zu sehen, der ein Pariser Büro betritt, hinter dessen Türen die Verbrecherorganisation SPECTRE („Phantom" in der deutschen Kinoversion) ein Treffen abhält. Regisseur Terence Young nutzte dafür die Pariser Avenue d'Eylau, von der aus der Eiffelturm gut sichtbar ist, und kombinierte diese Bilder mit Studioaufnahmen in Pinewood. SPECTRE bespricht den Plan, die britische Regierung zu erpressen. Unterdessen wird auch der Film-Bond in die Klinik Shrublands geschickt. Drehort war das Chalfont Park House, Chalfont St. Peter in Buckinghamshire. 007 fällt der Patient Graf Lippe auf, der an einer Aktion beteiligt ist, den NATO-Piloten Francois Derval zu töten und durch einen Doppelgänger zu ersetzen. Als Haus von Major Derval fungierte der Royal Saracen's Head Pub, London End in Beaconsfield. Bond entdeckt den toten Derval, reist im Aston Martin ab und wird von Lippe und einem Motorradfahrer verfolgt. Diese Szenen entstanden auf der Rennstrecke in Silverstone. Der Motorradfahrer beschießt Lippes Wagen, der in Brand gerät und explodiert. Die rothaarige Fiona Volpe entpuppt sich als die Attentäterin, die im Auftrag von SPECTRE den eigenen, fehlerhaft arbeitenden Komplizen beseitigt. Sie versenkt das Zweirad nach dem Anschlag in einem See. Gedreht wurde dies an der Harvil Road bei den Denham Quarry Lakes in Uxbridge.

Der falsche Derval wird inzwischen zur Luftwaffenbasis gefahren. Erneut diente die RAF-Basis Northolt in Ruislip als Drehort, auch wenn dieses Mal nur die Einfahrt in die Basis zu sehen ist. Zurück in London wird Bond informiert, dass Derval bei einem Übungsflug der NATO den Jet mit zwei H-Bomben entführt hat. Die britische Regierung soll 100 Millionen Pfund in Diamanten bezahlen. Dervals Doppelgänger, der unvorsichtigerweise versucht hat, für seine Dienste mehr

Bond sticht die Bösen aus

HIER LÄSST ES SICH LEBEN:
Villa Palmyra / Rock Point auf den Bahamas

Geld von SPECTRE zu erpressen, versenkt den Bomber auf dem Meeresgrund der Bahamas und wird von Largo noch im Cockpit ermordet. Largos Taucher tarnen das Flugzeug mit Netzen. Dies wurde vor Rose Island an der Nordküste von New Providence Island gedreht. Bond berichtet M von seiner Begegnung mit Derval und wird auf dessen Schwester Domino angesetzt, die sich auf den Bahamas befindet. Dort angekommen, nimmt er umgehend (unter Wasser) Kontakt mit ihr auf, speist mit ihr im Café Martinique auf Paradise Island und lernt im dortigen Casino auch ihren Vormund Largo kennen. 007 besiegt ihn beim Spiel und wird in dessen Haus Palmyra eingeladen. Dafür nutzte das Filmteam die in Privatbesitz befindliche Villa des amerikanischen Millionärs Nicolas Sullivan aus Philadelphia, die den Namen Rock Point trägt.

Vor dem Besuch erkundet Bond Largos Jacht „Disco Volante" unter Wasser und muss dann dessen Häschern entkommen, die ihn mit Bomben traktieren. Als Bond in unmittelbarer Nähe der West Bay Street ans Ufer kommt, wird er von der zufällig vorbeifahrenden Fiona im Auto mitgenommen. Gemeinsam mit dem CIA-Kollegen Felix Leiter und dem örtlichen Verbindungsmann Pinder recherchiert 007 die Fahrten der „Disco Volante". Als Drehort diente ein Haus am Rawson Square in Nassau. Während eines Fluges über die Inseln entdecken Leiter und Bond den Bomber und 007 nimmt persönliche Gegenstände Dervals von der Leiche des Doppelgängers an sich. Nachts schleicht er sich in Largos Anwesen und überlebt eine Schießerei sowie einen Haiangriff. Gemeinsam mit Domino besucht er den örtlichen, Junkanoo genannten Karneval, der eigens für die Filmemacher Ostern 1965 auf der Bay Street und East Street im Zentrum von Nassau zelebriert wurde. Kurz darauf lässt er sich auf eine riskante Affäre mit Fiona ein, wird aber von ihr hintergangen und mit Hilfe ihrer Handlanger abgeführt. Im Trubel des Junkanoo kann er in den Kiss Kiss Club flüchten. Bond wird von Fiona und ihren Komplizen gestellt, dreht seine Gegenspielerin auf der Tanzfläche des Clubs aber in die Schussbahn der für ihn selbst vorgesehenen Kugel und kann so entkommen. Das auf Paradise Island gelegene Café Martinique im Atlantis Resort wurde für diese Aufnahmen genutzt. Bond entdeckt, wo Largo seine Bomben versteckt hat, mischt sich unter dessen Taucher und gelangt so an Bord der „Disco Volante". Staniel Cay auf den Exumas diente als Drehort. Schließlich informiert Bond Domino über den Tod ihres Bruders und setzt am Privatstrand der Familie Love auf New Providence Beach, dem sogenannten Love Beach, einen von Largos Schergen außer Gefecht. Letztendlich kommt es sowohl unter Wasser als auch an Bord der Jacht zum Showdown, wobei die Szenen des Unterwasserkampfes in der Nähe des Clifton Pier und vor Miami gedreht wurden. Die Bilder an Bord der „Disco Volante" entstanden zum Teil in den Pinewood Studios, aber die perfekte Schnitttechnik sorgt dafür, dass das fast nicht auffällt.

Largo behält Domino im Auge

Goldfinger

Hudson Bay
Labradorsee
Labrador-becken
Neufundland-becken
Neufundland-Bank
Sohmebene
Nordamerikanisches Becken
Sargassosee
Hatterasebene
Naresebene
ATLANTISCHER OZEAN
Nordamerikanisches Becken
Golf von Mexico
Karibisches Meer
Kolumbianisches Becken
Guyana-becken
Nördlicher Wendekreis
Floridastraße
Yucatankanal
Windward-Pass
Puerto-Rico-Graben
Große Antillen
Kleine Antillen
Westindische Inseln
Bermuda-schwelle
Bermuda-Inseln (GB)
Hamilton
KANADA
Labrador
Neufundland
VEREINIGTE STAATEN VON AMERIKA
Manitoba
Minnesota
Wisconsin
Michigan
Iowa
Illinois
Indiana
Ohio
Pennsylvania
New York
Vermont
New Hampshire
Maine
Massachusetts
Kentucky
Tennessee
Virginia
North Carolina
South Carolina
Georgia
Alabama
Mississippi
Florida
New Brunswick
Neu-Schottland
Québec
St.-Lorenz-Golf
St.-Lorenz-Strom
Anticosti
Oberer See
Michigansee
Huronsee
Ontariosee
Eriesee
James Bai
Ungava Bay
Churchill
Sundance
Ilford
Fort Severn
Winisk
Pickle Lake
Red Lake
Kenora
Ogoki
Fort Albany
Moosonee
Nakina
Geraldton
Hearst
Nipigon
Marathon
Thunder Bay
Duluth
Sault-Ste. Marie
Sudbury
North Bay
Kirkland Lake
Rouyn
Val-d'Or
Chibougamau
Ottawa Islands
Inukjuak
Belcher-inseln
Kuujjuarapik
Chisasibi
Akimiski
Eastmain
Fort Rupert
Kangirsuk
Port Burwell
Kuujjuaq
Nain
Schefferville
Rigolet
Goose Bay
Labrador City
Gagnon
Fox Harbour
St Anthony
Harrington Harbour
Port Cartier
Sept-Iles
Baie Comeau
Alma
Chicoutimi
Jonquière
Matane
Gaspé
Rivière-du-Loup
Quebec
Trois Rivières
MONTREAL
OTTAWA
Hull
Kingston
Sherbrooke
Corner Brook
Gander
Channel-Port-aux-Basques
St. John's
Argentia
St. Pierre und Miquelon (F)
Glace Bay
Canso
Sable
Bathurst
Moncton
Charlottetown
Fredericton
Truro
Dartmouth
Halifax
Presque Isle
Bangor
Augusta
Portland
Yarmouth
Manchester
Montpelier
Albany
Boston
Worcester
New Bedford
New Haven
NEW YORK
Jersey City
Newark
Scranton
TORONTO
Oshawa
Hamilton
Kitchener
London
Niagara
Buffalo
Rochester
Syracuse
Erie
Cleveland
Pittsburgh
Harrisburg
PHILADELPHIA
Baltimore
Washington D.C.
Arlington
Winchester
Charleston
Richmond
Newport News
Norfolk
Virginia Beach
Kap Hatteras
Minneapolis
St. Paul
Eau Claire
Rochester
Madison
Milwaukee
Grand Rapids
Flint
Lansing
Detroit
Windsor
Toledo
CHICAGO
Rockford
Cedar Rapids
Davenport
Gary
Ft. Wayne
Dayton
Columbus
Indianapolis
Cincinnati
Springfield
St. Louis
East St. Louis
Louisville
Lexington
Evansville
Poplar Bluff
Nashville
Roanoke
Winston Salem
Greensboro
Durham
Raleigh
Knoxville
Charlotte
Chattanooga
Huntsville
Memphis
Birmingham
Atlanta
Columbia
Charleston
Macon
Columbus
Savannah
Albany
Montgomery
Jackson
Meridian
Mobile
Pensacola
Tallahassee
Baton Rouge
New Orleans
Mississippidelta
Jacksonville
St. Augustine
Daytona Beach
Orlando
Tampa
St. Petersburg
West Palm Beach
Ft. Myers
Ft. Lauderdale
Hollywood
Miami
Key West
1,2
3,4,5
BAHAMAS
Nassau
Abaco
New Providence
Andros
Cat
Long
Acklins
Inagua
Caicosinseln (GB)
LA HABANA
Cardenas
Pinar del Rio
Sta. Clara
Camagüey
Holguin
Manzanillo
Guantanamo
Santiago de Cuba
KUBA
Cayman-inseln (GB)
Montego Bay
JAMAIKA
Kingston
Cap Haitien
HAITI
Port-au-Prince
DOMINIKANISCHE REP.
Santiago
SANTO DOMINGO
San Juan
Puerto Rico (USA)
Ponce
Anguilla (GB)
The Valley
ANTIGUA UND BARBUDA
St. Johns
ST. KITTS UND NEVIS
Basseterre
Guadeloupe (F)
Basse Terre
DOMINICA
Roseau
Martinique (F)
Fort de France
ST. LUCIA
Castries
ST. VINCENT
Kingstown
BARBADOS
Bridgetown
GRENADA
St. George's
Tobago
Port of Spain
TRINIDAD UND TOBAGO
Trinidad
Schwaninsel (HN)
Islas de la Bahía
Providencia (CO)
San Andrés (CO)
Merida
Cancun
Valladolid
Chetumal
Belize
Belmopan
BELIZE
Puerto Barrios
San Pedro
HONDURAS
Sta. Ana
Tegucigalpa
San Salvador
Esteli
Leon
NICARAGUA
Managua
COSTA RICA
Puntarenas
S. José
Limón
Colón
Panamá
PANAMA
BARRANQUILLA
Cartagena
Santa Marta
Sincelejo
Monteria
Kap Gallinas
Curacao (NL)
Willemstad
MARACAIBO
Cabimas
Cd.Ojeda
Merida
Valera
Barinas
Barquisimeto
Maracay
Valencia
CARACAS
Barcelona
Cumana
Maturin
El Tigre
Ciudad Guayana
Ivittuut
Narssarssuaq
CT=Connecticut
DE=Delaware
NJ=New Jersey
RI=Rhode Island
N
0
800km

1 Pinewood Studios. Oddjob stirbt beim Kampf in Fort Knox.
2 Ruislip/RAF Basis Northolt: Start von Pussy Galores Flugstaffel
3 Luzern, Pilatus-Flugzeugfabrik: Goldfingers Fabrikhallen

1 Andermatt, Tankstelle
2 Furka-Pass: Bond stoppt Tilly in einem weißen Mustang Cabriolet.
3 USA, Miami, Schrottplatz: Oddjob lässt die Leiche in einem nagelneuen Cadillac zusammenpressen.
4 USA, Miami, Hotel Fontainebleau: Bilder eines Turmspringers
5 USA, Miami, Kentucky Fried Chicken: Felix Leiter und Simmons suchen 007.

1 USA, Kentucky: Oddjob stirbt beim Kampf in Fort Knox.
2 USA, Kentucky: Blue Grass Field, Start von Pussy Galores Flugstaffel

Goldfinger

SCHÖNE AUSSICHTEN - DOCH GLEICH GIBT'S ÄRGER:
James Bond zeigt Pussy Galore noch schnell die Gegend

Für viele Bond-Fans setzt die Verfilmung von Ian Flemings siebtem 007-Roman immer noch Maßstäbe nicht nur in der Bond-, sondern auch in der Filmgeschichte. Dabei gibt es einige Unterschiede zwischen Roman (1959) und Film (1964) und nach Aussagen des Drehbuchautors Richard Maibaum übernahm er auch nur wenige Zeilen aus dem Buch in die Filmdialoge. Auch die Einsatzorte des Agenten Ihrer Majestät sind in beiden Versionen durchaus unterschiedlich. Wer also die Schauplätze von Roman und Film besuchen möchte, muss sich auf mehrere Reisen einstellen.

Der Roman beginnt auf dem Flughafen von Miami. Bond wartet auf den Abflug und erinnert sich an seinen letzten Auftrag: die Zerschlagung eines Opium-Deals in Mexiko. 007 beschließt, in Miami zu bleiben und sich zu betrinken. Doch er wird von einem Mann namens Junius Du Pont angesprochen, mit dem er schon bei den Abenteuern am Bakkarat-Tisch in *Casino Royale* zu tun hatte. Du Pont fragt ihn, ob er ihm bei einer Canasta-Partie gegen einen gewissen Mr. Goldfinger Tipps geben könne. 007 sagt zu, ihm zu helfen, und wird in das Aloha-Appartement des Hotels Floridiana gebracht. Sie fahren durch die Innenstadt von Miami, den Biscayne Boulevard entlang über die Biscayne Bay, zum Douglas MacArthur Causeway, um im Restaurant Bill's on the Beach zu essen. Am nächsten Tag findet Bond im Cabana Club des Hotels heraus, dass Goldfinger betrügt, indem er sich von einer Frau namens Jill Masterton über Funk die Karten des Gegenspielers in sein Hörgerät melden lässt. Bond entlarvt und erpresst ihn: Du Pont erhält einen Scheck und 007 zwei Tickets für den Zug „Silver Meteor" nach New York. Jill nimmt er mit.

GOLDFINGER

Großbritannien 1964
Eine Eon-Produktion
Regie: Guy Hamilton
Musik: John Barry
Drehbuch: Richard Maibaum nach dem gleichnamigen Roman von Ian Fleming
Darsteller:
James Bond - Sean Connery
Auric Goldfinger - Gert Fröbe
Pussy Galore - Honor Blackman
Jill Masterson - Shirley Eaton
Tilly Masterson - Tania Mallet
Oddjob - Harold Sakata
M - Bernard Lee
Miss Moneypenny - Lois Maxwell
Q - Desmond Llewelyn

Zurück in London setzt M Bond auf Goldfinger an. Der Geheimdienstchef vermutet, dass der anerkannte Juwelier Gold schmuggelt. 007 recherchiert über Goldfinger und dessen Geschäfte und trifft ihn beim Golfspiel im englischen Huntercombe, auf dem Royal-St.-Marks-Golfplatz unweit von Sandwich. Auch hier versucht Goldfinger zu betrügen. Bond tut es ihm gleich und gewinnt. Anschließend lädt Goldfinger Bond auf seinen Gutshof Reculver ein. Dafür fährt 007 mit seinem Aston Martin DB III nach Rochester und Chatham, über die A2 nach Sandwich und über die Isle of Thanet nach Ramsgate. Er biegt nach Canterbury ab und durchfährt die Bungalow-Welt der Ferienorte von Whitstable, Herne Bay, Birchington und Margate. Er passiert die Postkartenlandschaft von Herne Bay und biegt links ab nach Reculver. Dann nimmt er die rechte Abzweigung über das Manston-Plateau nach Ramsgate und steigt im Hotel Channel Packet ab. Auf dem Gutshof lernt er Goldfingers Diener Oddjob (Fakto in der dt. Übersetzung) kennen. Bei der Rückreise fährt er wieder über die Isle of Thanet.

Am nächsten Tag reist Bond Richtung Canterbury bis Ferryfield, wo Goldfingers Rolls-Royce „Silver Ghost" auf einen Frachter verladen wird. Er gibt sich als Mitarbeiter von Scotland Yard aus, überprüft den Rolls, kann aber nichts finden, so dass der Wagen nach Le Touquet in Frankreich verschifft werden kann. 007 installiert einen Minisender in Goldfingers Wagen und folgt dem Rolls-Royce in gebührendem Abstand. Die Reise geht von Le Touquet über Rouen, Orléans, Nevers, Mâcon und Bourg nach Coppet in der Schweiz, zu Goldfingers Firma „Entreprises Auric S.A.". Im französischen St. Laurent stoppt Bond eine junge Frau namens Tilly Soames, die in ihrem hellgrauen Triumph TR 3 Goldfinger ebenfalls folgt. Zur „Kontaktaufnahme" fährt er ihr rückwärts gegen die Wagenfront, nimmt sie mit dann in seinem Aston Martin mit und setzt sie im Genfer Hôtel Bergues ab.

In Coppet angekommen, schleicht sich 007 an Goldfingers Firmengelände heran. Er stellt fest, dass dessen Wagen über versteckte Goldplatten verfügt, die nun zu Flugzeugsitzen einer indischen Luftfahrtlinie umgearbeitet werden, um sie so zu schmuggeln. Plötzlich taucht Tilly auf, die aber nicht Soames heißt, sondern Masterton. Sie will ihre in Miami ermordete Schwester Jill rächen, die von Goldfinger komplett mit Goldfarbe bedeckt wurde und daran erstickte. Doch beide werden entdeckt, von Oddjob in den Schweizer Bergen mit Pfeil und Bogen gejagt und gefangen genommen. Bond wird auf einen Tisch gefesselt und gefoltert. Goldfinger will ihn mit einer Kreissäge zerteilen, überlegt es sich aber anders und nimmt Bond wie auch Tilly mit in die USA.

Sie landen auf dem New Yorker Flughafen Idlewild (heute: John F. Kennedy), wachen in einem Lagerhaus auf und werden in den Harkness-Pavillon des Presbyterian-Hospitals gebracht. Bond vermutet, dass sich das Krankenhaus entweder am Hudson oder am East River befindet. Goldfinger enthüllt, dass er Fort Knox überfallen und die Goldreserven der USA rauben will.

SCHUMMELT SICH DURCHS LEBEN:
Goldfinger mit seinem Diener Oddjob

„Das ist meine Bank. Das Golddepot von Fort Knox, Gentlemen."

Dabei soll ihm eine Reihe von Gangstern helfen, zu denen auch Pussy Galore, die lesbische Anführerin der Gruppe „Die Zementmixer", zählt. Die Bevölkerung soll durch eine Verseuchung der Wasserversorgung ausgeschaltet werden. Bond kann heimlich eine Nachricht absetzen und die Armee informieren. Die Gangsterbande kommt, getarnt als Rotkreuzhelfer, mit dem Zug via Pennsylvania in Kentucky an und sprengt die Eingangstür von Fort Knox mit einer Rakete. Die Armeeangehörigen, die die Verseuchung nur vorgetäuscht haben, werden plötzlich aktiv und ein heftiger Kampf um Fort Knox entbrennt. Oddjob tötet Tilly und flüchtet mit Goldfinger im Zug.

Tage später kidnappt Goldfinger Bond und Pussy, die sich auf Bonds Seite geschlagen hat, am Flughafen von New York und entführt beide in einem Flugzeug. In der Luft gelingt es 007, eine Scheibe zu zerstören. Der starke Sog zieht Oddjob durch die Scheibe aus dem Flugzeug und Bond erwürgt Goldfinger. Nach der Notlandung erhält Pussy „a little TLC – Tender Loving Care".

Der Film beginnt direkt mit einer Actionszene und liefert in wenigen Minuten all die Bestandteile, die die Bondfilme in Zukunft so erfolgreich machen sollten: den sogenannten *Teaser*, einen perfekten Film vor dem Film. Darin wechselt 007 vom Taucheranzug zum Dinnerjackett und sprengt die Anlage eines lateinamerikanischen Drogenschmugglers in die Luft. Drehort dieses Teasers war allerdings das englische Stanwell (außerhalb Londons zwischen Staines und Hounslow). Bond küsst eine Frau und kämpft mit einem plötzlich auftauchenden Killer, den er beseitigen kann. „Widerlich, einfach widerlich!", lautet sein ironischer Kommentar. Nach dem Vorspann folgt eine erste Begegnung mit Goldfinger aus der Distanz. Er entlarvt ihn beim betrügerischen Kartenspiel im Hotel Fontainebleau in Miami und erpresst ihn über Funk. Sean Connery und sein von Gert Fröbe gespielter Widersacher haben Miami jedoch nie besucht. Lediglich das zweite Kamerateam drehte Bilder eines Turmspringers am Hotel-Pool. Der Rest entstand in der Halle D der Pinewood Studios in London – mit dem künstlichen Licht starker Scheinwerfer. Jill Masterson, Goldfingers Komplizin beim Kartenspiel, lässt sich mit 007 ein und wird aus Rache am ganzen Körper mit Goldfarbe bedeckt. Sie erstickt.

Zurück in London erstattet Bond M Bericht. Er will Jills Tod rächen, doch sein Chef maßregelt ihn, er habe seinen Auftrag vernachlässigt. Bei einem Abendessen mit M und Colonel Smithers von der Bank von England erhält 007 Informationen über Goldfinger. In seiner Werkstatt erläutert Q den neuen Aston Martin DB 5 mit eingebautem Navigationssystem und übergibt Bond auch einen Minisender. Es folgt ein arrangiertes Treffen mit Goldfinger auf dem Golfplatz von Stoke Poges. Dort lernt 007 auch Goldfingers stummen Diener Oddjob kennen, der nach Bonds trick-

EIN PÄUSCHEN ZUR RECHTEN ZEIT:
Bond rastet am Schweizer Furka-Pass

reich gewonnenem Match eine mehr oder weniger deutliche Drohung seines Herrn in Richtung 007 veranschaulicht: Er köpft mit seiner Wurf-Melone, die eine Stahlkrempe hat, eine Marmorstatue. Bond bringt den Minisender in Goldfingers Wagen an, der kurze Zeit später auf dem Flughafen in Southend, in der Grafschaft Essex, verladen und nach Genf transportiert wird. Bond reist ihm nach und kann ihn dann dank des Senders und des Navigationssystems verfolgen. Bei Andermatt verläuft die Route am Hotel Galenstock vorbei, über den Furka Pass bis zum Hotel Belvedere. Bei einem Zwischenstopp auf den Serpentinen des Passes schießt eine junge Frau namens Tilly auf Goldfinger und trifft beinahe Bond. Anschließend bringt 007 mit Hilfe seines vielseitig ausgerüsteten Wagens die Reifen von Tillys weißem Mustang Cabrio zum Platzen und nimmt sie mit bis zur Tankstelle Andermatt.

Bond erreicht die Fabrikhallen von Goldfingers Firma, wofür die Filmemacher die Pilatus-Flugzeugfabrik außerhalb von Luzern verwendeten, und schleicht sich nachts auf das Gelände. Auch Tilly erscheint und sorgt unvorsichtigerweise dafür, dass beide entdeckt werden. Bei der folgenden Hetzjagd stirbt Tilly durch einen gezielten Wurf von Oddjobs Melone. Bond wird zunächst gefasst, flüchtet dann in seinem Aston Martin bis ihn Oddjob auf Goldfingers Fabrikgelände stoppt. Die Verfolgungsjagd entstand sowohl in Black Park, außerhalb der Londoner Pinewood Studios, als auch zwischen den Studiohallen. Bond droht der Tod durch einen Laserstrahl, doch er kann Goldfinger davon überzeugen, lebendig nützlicher zu sein. Er wird betäubt und in die USA zu Goldfingers Gestüt in Kentucky geflogen. Hierbei handelt es sich um ein Set, das auf dem Freigelände der Pinewood Studios errichtet wurde. 007 trifft auf Pussy Galore, die sich als Goldfingers Pilotin entpuppt, und verführt sie. Inzwischen stellt der Gangster seinen Plan vor, Fort Knox zu überfallen und lässt einen der abtrünnigen Geldgeber durch Oddjob ermorden. Der stumme Diener bringt den Toten zum Schrottplatz der Firma Atlantic Miami Iron & Metal Company (3440 NW North River Drive in Miami) und übergibt die Leiche in einem nagelneuen Cadillac der Schrottpresse. Außer einigen Einstellungen von Miami (siehe S. 196 – 197) und von ein paar Straßenzügen – etwa der 7th Avenue – sowie den Luftaufnahmen über Fort Knox, südlich von Louisville, Kentucky, entstand kein weiteres Material in den USA. So startet Pussy Galores Flugstaffel von der britischen Luftwaffenbasis RAF Northolt im englischen Ruislip, um die US-Besatzungstruppen in Fort Knox außer Gefecht zu setzen. Hangar 311 liegt nur zwölf Meilen von London entfernt. Auch das Ende des Films entstand hier. Der große Kampf in und um Fort Knox, bei dem Oddjob stirbt, entstand auf dem Gelände der Pinewood Studios. Goldfinger plant jedoch nicht, Fort Knox auszurauben; das wäre logistisch nicht möglich. Er will die Goldreserven der USA mit einer Atombombenexplosion radioaktiv verseuchen, so dass sie entwertet werden und sein vorhandenes Goldvermögen in Europa schlagartig an Wert gewinnt. Der Plan misslingt, doch Goldfinger entkommt zunächst. Bond soll zum US-Präsidenten nach Washington fliegen, um dessen Dank persönlich entgegenzunehmen. Der Drehort für das Rollfeld des Flughafens lag außerhalb von Hangar 5 in Northolt. An Bord stellt sich heraus, dass Goldfinger das Flugzeug gekapert hat. Ein letzter Kampf endet tödlich für Goldfinger. Danach stürzt ein (Modell-)Jet in den Nordatlantik, aber Bond und Pussy Galore springen mit dem Fallschirm ab und landen sicher im Grünen, offensichtlich auf einer günstig gelegenen Insel. Diese abschließende Szene entstand wiederum in den Gärten der Pinewood Studios – ein Happy End in der Natur, sozusagen direkt vor der Haustür.

Fleming entlehnte den Namen Goldfinger von dem bekannten britischen Architekten Erno Goldfinger. Sein Freund John Blackwell, mit dem er viel Golf spielte, brachte ihn auf die Idee, denn ursprünglich hatte Fleming den Namen „Goldfinkle" im Sinn. Der Autor und Literaturkritiker Cyril Connolly schlug „Goldprick" vor, doch Fleming lehnte diese vulgäre Variante ab. Für Blackwell war es übrigens pure Rache, denn er mochte weder Erno Goldfinger noch seine Gebäude – zudem war Goldfinger mit seiner Kusine verheiratet.

*

Als der Reisende und Vielflieger Ian Fleming erfuhr, dass ein amerikanischer Passagier bei einem Flug über den Libanon aufgrund eines Lochs im Fenster und dem daraus resultierenden Druckverlust aus dem Fenster gesogen worden war, notierte sich der Autor diesen Unfall und griff diese Idee später in seinem Roman auf. Während bei Fleming Oddjob auf diese Weise umkommt, ereilt dieses Schicksal im Film Goldfinger selbst.

*

Die Tankstelle Andermatt existiert noch heute. Inhaber Ruedi Ruessl an der Gotthardstrasse 161 in 6490 Andermatt freut sich auf Kunden.

Liebesgrüße aus Moskau

1 Schottland, Firth of Lorn: Bootsverfolgungsjagd mit Ausgangspunkt Firth of Lorn, nahe Kilmichael
2 Schottland, Crinan und Lochgilphead: Bond und Tatiana kapern einen LKW. Schauplatz 3
3 Pinewood Studios, Renaissance Gärten: Ein Mann, der wie Bond aussieht, misst sich mit Grant.
4 Pinewood Studios: Innenaufnahmen. Kronsteen gewinnt souverän ein Schachturnier. Schauplatz 1
5 Pinewood Studios: Szenen im Garten. Rosa Klebb engagiert den Killer Grant.
6 Pinewood Studios: Kerim bringt Bond zu einem Zigeunerlager. Schauplatz 4
7 Pinewood Studios: Zugabteil. Grant gibt sich als Nash aus und erwirbt Bonds Vertrauen.
8 Pinewood Studios: Aufprojektionen. Bond und Tatiana planen eine Venedigreise. Schauplatz 2
9 Türkei, Bucht von Pendik: Tatiana und 007 müssen sich Verfolgern auf See stellen.

1 Hurley, Berkshire: Bond verabschiedet sich von Sylvia Trench.
2 Istanbul: Bond und sein Chauffeur laufen durch den Markt und den großen Basar Kapali.
3 Istanbul: Bond stellt fest, dass sein Zimmer im Kristal Palace Hotel verwanzt ist.
4 Istanbul, Cisterna Yerebatan: Bond und Bey tauchen in das Untergrundsystem der Cisterna ab.
5 Istanbul, Hagia Sofia: Bond und Tatiana sehen sich in der Hagia Sophia.
6 Istanbul, Halaskargazi Caddesi in Sisli: Im russischen Konsulat zündet Kerim eine Bombe.
7 Istanbul, Hauptbahnhof Sirkeçi: Bond, Tatiana, Lektor und Benz springen in den Orient Express.

1 Italien, Venedig: Kronsteen gewinnt souverän ein Schachturnier.
2 Italien, Venedig: Bond und Tatiana planen, nach Venedig zu fahren.
3 Grenze Italien/Jugoslawien: Bond und Tatiana kapern einen LKW.
4 Istanbul: Kerim bringt Bond zu einem Zigeunerlager.

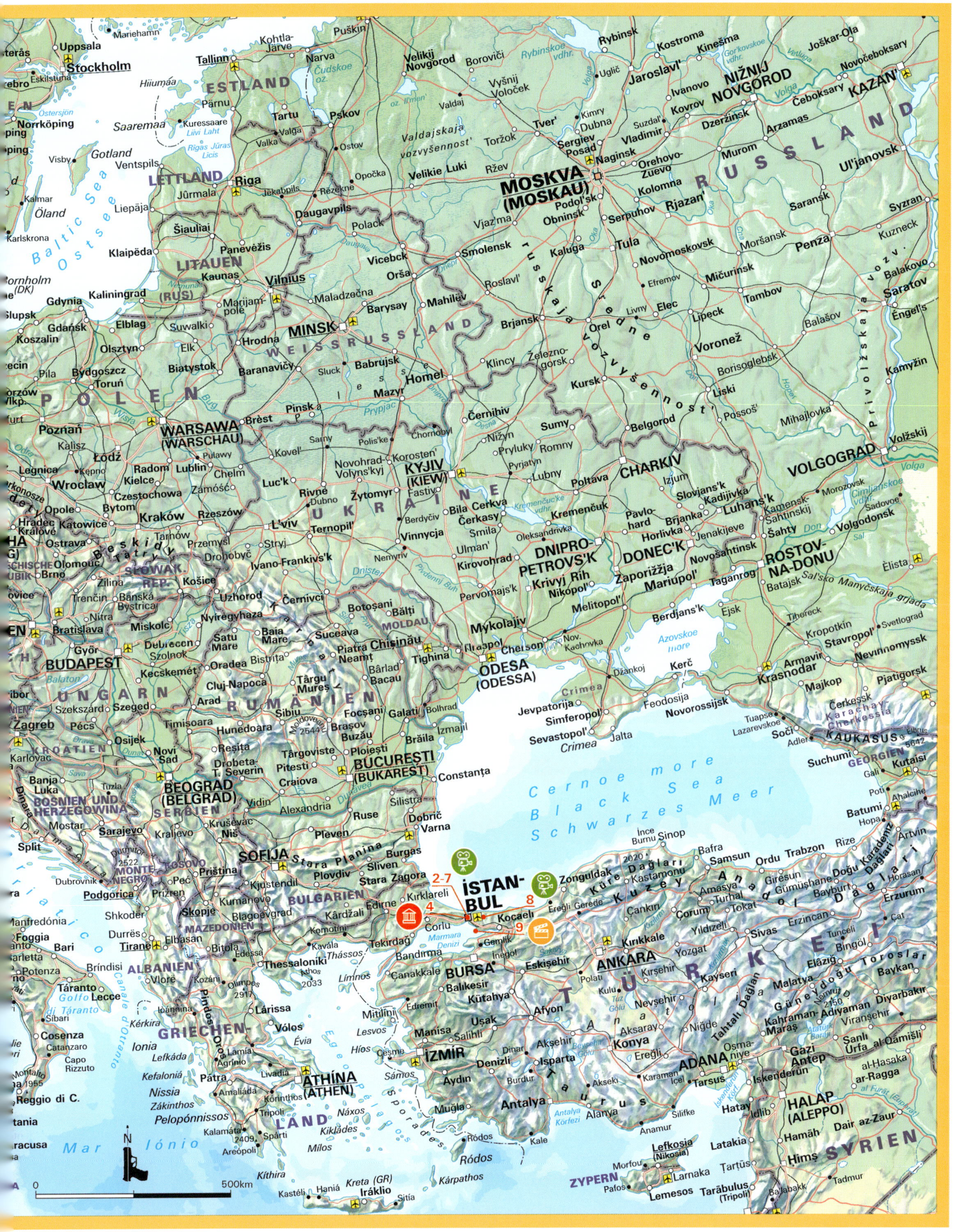

Stockholm
Uppsala
Tallinn
ESTLAND
Narva
Pskov
Tartu
Riga
LETTLAND
Jūrmala
Gotland
Öland
Baltic Sea
Ostsee
Klaipėda
Kaliningrad
(RUS)
LITAUEN
Kaunas
Vilnius
MINSK
WEISSRUSSLAND
Hrodna
Gdynia
Gdańsk
Olsztyn
POLEN
Bydgoszcz
Toruń
Poznań
WARSAWA
(WARSCHAU)
Łódź
Lublin
Wrocław
Kraków
Katowice
Opole
Rzeszów
Brest
Pinsk
Homel
Babrujsk
Mazyr
Velikij Novgorod
Tver'
MOSKVA
(MOSKAU)
Smolensk
Kaluga
Tula
Brjansk
Orel
Kursk
Voronež
Lipeck
Jaroslavl'
Kostroma
NIŽNIJ NOVGOROD
KAZAN'
Vladimir
Rjazan'
RUSSLAND
Penza
Saratov
VOLGOGRAD
Tambov
Belgorod
CHARKIV
Poltava
Sumy
Černihiv
KYJIV
(KIEW)
UKRAINE
Žytomyr
Rivne
L'viv
Ternopil'
Vinnycja
Čerkasy
Kirovohrad
DNIPRO-PETROVS'K
Zaporižžja
DONEC'K
Luhans'k
Mariupol'
ROSTOV-NA-DONU
Taganrog
Krasnodar
Stavropol'
KAUKASUS
Novorossijsk
Azovskoe more
Crimea
Simferopol'
Sevastopol'
Kerč
Mykolajiv
Cherson
ODESA
(ODESSA)
Chișinău
MOLDAU
Cernoe more
Black Sea
Schwarzes Meer
Beskidy
Tatry
SLOWAK. REP.
Košice
Bratislava
BUDAPEST
UNGARN
Debrecen
Szeged
Miskolc
Cluj-Napoca
RUMÄNIEN
Iași
Brașov
Constanța
BUCUREȘTI
(BUKAREST)
Timișoara
Craiova
Zagreb
KROATIEN
BOSNIEN UND HERZEGOWINA
Sarajevo
BEOGRAD
(BELGRAD)
SERBIEN
Niš
Split
MONTENEGRO
KOSOVO
Podgorica
Priština
Skopje
MAZEDONIEN
ALBANIEN
Tiranë
SOFIJA
BULGARIEN
Plovdiv
Varna
Burgas
Ruse
Thessaloniki
GRIECHENLAND
ATHÍNA
(ATHEN)
Pátra
Kreta (GR)
Iráklio
Ródos
İSTAN-BUL
Edirne
Bursa
İZMİR
Eskişehir
ANKARA
TÜRKEI
Konya
Antalya
ADANA
Kayseri
Sivas
Samsun
Trabzon
Erzurum
Malatya
Gaziantep
HALAP
(ALEPPO)
SYRIEN
ZYPERN
Lefkosia
(Nikosia)
GEORGIEN
Batumi
Suchumi
Taurus
Mar Iónio
Bari
Táranto
Brindisi
0
500km

Liebesgrüße aus Moskau

Lediglich sechs Jahre liegen zwischen der Erstveröffentlichung des Romans und dem gleichnamigen Film. Nach *Man lebt nur zweimal*, *James Bond – 007 jagt Dr. No*, *Feuerball* und *Goldfinger* ist der zeitliche Abstand bis zur filmischen Umsetzung hier am geringsten. Was zudem auffällt, ist die Werktreue, mit der die Filmemacher an den Stoff herangegangen sind. In beiden Fällen sind Russland, England, die Türkei, der Balkan mit Istanbul und darüber hinaus als Reiseverkehrsmittel der Orient Express die Hauptschauplätze der Handlung. Allerdings geht der Roman am Ende etwas andere Wege als der Film. Er endet in Frankreich statt in Italien. Lesens-, beziehungsweise sehenswert ist beides auch heute noch – nicht zuletzt wegen der tollen Schauplätze.

Moskau und die **Krim** sind die ersten Orte des Geschehens im Roman, der eben nicht mit James Bond beginnt, sondern mit den Plänen der Widersacher. Dies sind der Leiter von SMERSH, der Organisation, die feindliche Spione tötet, Oberst Rosa Klebb vom sowjetischen Militär, der Schachstratege Kronsteen und der Killer Grant. Grant befindet sich gerade in einer Villa an der südöstlichen Küste der Krim und wird nach Moskau beordert. Am dortigen Hauptsitz von SMERSH an der Svetenka Ulitza nimmt er an einer Besprechung teil, wie man den britischen Secret Service attackieren und James Bond eine Falle stellen kann. Der Köder ist sowohl eine schöne russische Agentin namens Tatjana Romanova als auch eine Dechiffriermaschine vom Typ Spektor. Tatjana trifft bei SMERSH erstmals auf Rosa Klebb und wird von ihr instruiert: Sie soll vortäuschen, in James Bond verliebt zu sein und mit der Spektor überlaufen zu wollen.

JAMES HAT EIN BOND-GIRL GEFUNDEN:
Sean Connery mit Daniela Bianchi

James Bond fährt von seiner Wohnung zum Büro, wird von M über Tatjana informiert, fliegt via Rom und Athen nach **Istanbul** und landet auf dem Flughafen Yesilkoy. Dort wird er abgeholt und zum Hotel „The Kristal Palas" oberhalb von Pera gebracht. Am nächsten Tag trifft er in einem Warenhaus auf den türkischen Verbindungsmann Darko Kerim Bey. Sie tauchen in das Untergrundsystem der Stadt ab. Mit Hilfe eines versteckt angebrachten Periskops können sie die Gegenseite beobachten. Sie sehen Tatjana und den bulgarischen Killer Krilencu. Beim Besuch eines Zigeunerrestaurants werden sie Zeugen eines Kampfes zweier Frauen und eines Überfalls von Bulgaren. Um sich zu rächen, lauern sie Krilencu auf, der den Überfall initiiert hat. Kerim erschießt ihn kaltblütig. Im Hotel findet 007 plötzlich Tatjana in seinem Bett vor. Ihre Liebesnacht wird von SMERSH auf Film dokumentiert. Tatjana schafft es, die Spektor an sich zu bringen, so dass sie mit Kerim und Bond Istanbul im Orient Express verlassen kann. Doch schon ab dem Bahnhof Sirkeçi sind ihnen drei Verfolger auf den Fersen. Zwei Gegner können Kerim und 007 auf dem Weg über Uzunköprü und das griechische Pithion ausschalten, doch der dritte Mann und Kerim töten sich scheinbar gegenseitig. Bond bittet M, ihm einen Helfer zu schicken. Dieser heißt Captain Nash und taucht am Bahnhof von Triest auf. Dort wird er aber von Grant kaltblütig ermordet. Der Killer nimmt Nashs Stelle ein und erwirbt Bonds Vertrauen. Im **Simplon-Tunnel** will er Tatjana und Bond mit dessen Waffe erschießen und erläutert den Plan von SMERSH. Der auf Film dokumentierte Geschlechtsakt zwischen Bond und Tatjana soll als Motiv für 007 dienen, erst die Russin und dann sich selbst umzubringen. Grant will die Angelegenheit als Mord und Selbstmord inszenieren, doch ein Zigarettenetui und ein Buch, die Bond vor dem Herzen trägt, stoppen seinen Schuss. 007 beseitigt Grant. Bond und Tatjana steigen im französischen **Dijon** aus und treffen sich mit dem – mehrfach in Flemings Bond-Universum auftauchenden – Kollegen René Mathis. Im Hotelzimmer steht Bond auf einmal Rosa Klebb gegenüber, die sowohl mit vergifteten Stricknadeln als auch einem in der Spitze des Schuhs versteckten Dorn auf 007 einsticht. Er überlebt die Attacke, wird aber verletzt und bricht zusammen.

Böse, böse, böse – drei finstere Gestalten beim Pläneschmieden

Im Film bestreitet, im Gegensatz zum Roman, 007 den Anfang, auch wenn das ein wenig täuscht. Ein Mann, der wie Bond aussieht, misst sich mit dem Killer Grant und hat am Ende keine Chance. Dann stellt sich heraus, dass es sich lediglich um einen Test für Grant handelte; der unbekannte Tote trägt eine Bond-Maske. Im April

TRAUMKULISSE IN ISTANBUL: *Die Hagia Sophia Moschee über dem Bosporus*

1963 entstand diese Szene in den Renaissance-Gärten der Londoner Pinewood Studios. Viele Sets wurden in den Studiohallen gebaut, so zum Beispiel für Innenaufnahmen, die in Venedig spielen. Dort findet ein Schachturnier statt, das der Stratege Kronsteen souverän gewinnt. Er wird zu seinem Chef Blofeld von der Verbrecherorganisation Phantom (SPECTRE in der Originalfassung) gerufen und erläutert seinen neuesten Plan. Er und die russische Offizierin Rosa Klebb wollen James Bond ködern. Wie im Roman auch, geht es hier mit Hilfe von Tatiana (statt Tatjana) um die Dechiffriermaschine, die allerdings Lektor und nicht Spektor genannt wird. Rosa Klebb engagiert den Killer Grant, nachdem sie seine Fitness getestet hat. Auch diese in einem Garten spielenden Szenen entstanden auf dem Areal der Pinewood Studios.

Bond verabschiedet sich von einem Rendezvous mit Sylvia Trench, die er schon im vorhergehenden Spielfilm aufgrund dienstlicher Verpflichtungen verlassen musste. In Hurley, in der **Grafschaft Berkshire**, wurde diese Szene gedreht. M informiert Bond über die angeblich in ihn verliebte Tatiana und die Dechiffriermaschine. Beide glauben an eine Falle der Russen, wollen sich aber die Chance auf eine Lektor nicht entgehen lassen. 007 fliegt nach Istanbul, landet auf dem Flughafen Yesilköy und wird von einem Chauffeur abgeholt. Der bringt ihn zum türkischen Kontaktmann Kerim Bey. Sie laufen über den Markt und den großen Basar Kapali Carsi und treffen am Neru Osmaniye Camii auf Kerim Bey. Dort besprechen sie die weitere Vorgehensweise. Bond erreicht sein Hotel, das Kristal Palace, untersucht sein Zimmer und stellt fest, dass es abgehört wird. Er wechselt in die Hochzeitssuite. Eine Bombe detoniert im Büro von Kerim Bey, der aber unverletzt bleibt. Gemeinsam mit Bond taucht er in den Untergrund der Stadt ab, in die Cisterna Yerebatan, und beobachtet dank eines Periskops ein Gespräch in der russischen Botschaft (siehe Seite 187). So sehen sie auch den bulgarischen Mörder Krilencu. Kerim bringt Bond zu einem Zigeunerlager, das allerdings in den englischen Studios erschaffen wurde. Während des Kampfes zweier Frauen wird das Lager von Krilencu und seinen Männern überfallen. Krilencu verfehlt Kerim, der sich postwendend revanchiert. Kerim erschießt ihn, als der Killer versucht, aus seinem Versteck in der Stadt zu fliehen.

NACH ALLEN SEITEN SICHERN: *Bond schießt sich den Weg frei*

Zurück im Hotel, entdeckt Bond Tatiana in seinem Bett, lässt sich nicht lange bitten, wird aber dabei heimlich gefilmt. Er erkundigt sich nach einem Plan des russischen Konsulats, den Tatiana am nächsten Tag besorgen will. Sie sehen sich in der Hagia Sophia. Dort schaltet Grant einen Bulgaren aus, so dass Bond ungehindert an den Plan gelangt. 007 vergleicht ihn in Kerims Büro mit dem des Architekten und befragt Tatiana bei einer Fahrt auf dem Bosporus nach den Details der Lektor-Maschine. Dann beginnt die Operation innerhalb des russischen Konsulats, das übrigens im Halaskargazi Caddesi in Sisli zu finden ist. Kerim zündet eine Bombe. In dem allgemeinen Durcheinander schnappt sich Bond Tatiana sowie die Lektor und verschwindet mit ihr und Kerim in unterirdischen Gängen. Auf der anderen Straßenseite tauchen sie wieder auf und laufen zum Sirkeçi genannten Hauptbahnhof, wo sie in den Orient Express springen. Der russische Agent Benz steigt ebenfalls zu. Grant ist schon im Zug und hält sich im Hintergrund.

Auf der Fahrt in Richtung **Triest** werden die Leichen von Kerim Bey und Benz entdeckt. Sie scheinen sich gegenseitig umgebracht zu haben. Allerdings hat Grant beide auf dem Gewissen und seine Tat als Kampf der beiden Opfer getarnt. Bond erkundigt sich in **Belgrad** nach einem Ersatzmann. Er bittet einen von Kerims Söhnen, M anzurufen und Hilfe zu schicken. Die kommt jedoch nur in Gestalt von Grant, der Beys Ersatzmann Nash auf dem Bahnhof von **Zagreb** ermordet. Interessanterweise ist der Drehort der Bahn-Stationen identisch. Beide Sequenzen entstanden auf dem Sirkeçi-Bahnhof in Istanbul. Grant gibt sich als Nash aus und erwirbt Bonds Vertrauen. Bei einem Essen im Zugrestaurant betäubt er Tatiana. Kurz danach schlägt er Bond im Abteil nieder, doch beim nachfolgenden Kampf behält 007 nicht zuletzt dank eines von der Abteilung Q präparierten Aktenkoffers die Oberhand. Grant stirbt. Das Abteil entstand in den Studios. Bond und Tatiana springen vor der italienischen Grenze ab und kapern einen Laster. Sie werden aus der Luft von einem Hubschrauber beschossen. Diese Szenen entstanden nicht in Südeuropa, sondern in Crinan, etwa sieben Meilen von Lochgilphead entfernt an der schottischen Westküste. Schließlich erreicht das Paar ein Motorboot und flüchtet. Dafür drehten die Macher ebenfalls in der schottischen Provinz Argyll; in Lunga, am Lunga House. Danach müssen sich Tatiana und 007 mehreren Verfolgern auf See stellen, aber sie können entkommen. Dafür wurde die Bucht von Pendik an der türkisch-griechischen Grenze zum Drehort. Sie planen, von Istrien aus bis nach Venedig zu fahren. Gedreht wurde in der Lagunenstadt allerdings nicht. Studiokulissen und sogenannte „Aufprojektionen“ schufen die Illusion, das heißt, dass die Akteure vor bereits gefilmtem Material agierten. In einem Hotelzimmer in „Venedig“ taucht plötzlich Rosa Klebb auf, die Bond mit einer im Schuh integrierten, vergifteten Messerspitze den Garaus machen will. Das gelingt ihr jedoch nicht. Am Ende fahren Bond und Tatiana in einer Gondel unter der Seufzerbrücke in **Venedig** hindurch. Der im Hotel aufgenommene kompromittierende Film, der Bond und Tatiana beim Liebesakt zeigt, landet in der Lagune.

LIEBESGRÜSSE AUS MOSKAU

Großbritannien 1963
Eine Eon-Produktion
Regie: Terence Young
Musik: John Barry
Drehbuch: Richard Maibaum und Johanna Harwood nach dem gleichnamigen Roman von Ian Fleming
Darsteller:
James Bond - Sean Connery
Tatiana Romanova - Daniela Bianchi
Ali Kerim Bey - Pedro Armendariz
Rosa Klebb - Lotte Lenya
James Bond - Robert Shaw
M - Bernard Lee
Miss Moneypenny - Lois Maxwell
Q - Desmond Llewelyn

©2006 Roust Trading, Ltd. Imperia® Vodka 100% grain neutral spirit 40% Alc./Vol. Grown, distilled and bottled in Russia. Imported by CAMPARI DEUTSCHLAND GmbH, Oberhaching. PLEASE DRINK RESPONSIBLY. www.imperiavodka.com
1894
РУССКИЙ СТАНДАРТ
IMPERIA
РУССКИЙ СТАНДАРТ
- 1894 -
ST. PETERSBURG
RUSSIAN
VODKA
VODKA IS RUSSIAN
AND THIS IS RUSSIA'S NUMBER 1 LUXURY VODKA.
IMPERIA VODKA. CRYSTAL CLEAR. VELVETY SMOOTH.

James Bond – 007 jagt Dr. No

1 London, Queensborough und Hampton House, 12-18 Albert Embankment: M informiert Bond.
2 London, Club Les Ambassadeurs, Hamilton Place, 22 Park Lane: Außenaufnahmen
3 Pinewood Studios, Innenaufnahmen des Club „Les Ambassadeurs": Bond spielt im Club Karten.
4 Pinewood Studios: Gebäude von Dr. No
5 Pinewood Studios: Explosion des Reaktors, in dem Dr. No stirbt
6 Jamaika, White River bei Ocho Rios: Honey, Bond und Quarrel flüchten ins Hinterland der Insel.
7 Jamaika, Ocho Rios, Reynolds Bauxit Mine: Dr. No kommt in dem verstrahlten Reaktor ums Leben.
8 Jamaika, Ocho Rios, Villa im Hotel Sans Souci: Bond entgeht einem Anschlag.
9 Jamaika, Dunn's River Falls: Honey, Bond und Quarrel baden in den Dunn's River Falls.
10 Jamaika, Laughing Waters in der St. Ann's Bay: Dr. No übergibt Dent eine Tarantel als Mordwaffe.
11 Jamaika, Laughing Waters in der St. Ann's Bay: Bond und Quarrel segeln zur Insel Crab Key.
12 Jamaika, King's House: 007 bringt die Leiche des Chauffeurs zum Haus des Gouverneurs.
13 Jamaika, Liguanea Club: Drei vermeintlich blinde Männer ziehen bettelnd durch die Straßen.

1 Jamaika, Kingston: Strangways wird hinterrücks erschossen.
2 Jamaika, Kingston: Mitarbeiterin von Strangways wird in dessen Wohnung getötet.
3 Jamaika, Kingston, Port Royal: Kneipe beim Morgan's Harbour Hotel.
4 Jamaika, Kingston, Norman Manley Int. Airport: Bond steigt in den Wagen eines Chauffeurs.

James Bond – 007 jagt Dr. No

Im Frühjahr 1957 schrieb Ian Fleming in seinem Haus Goldeneye auf Jamaika seinen sechsten James-Bond-Roman *Dr. No*, der ein Jahr später in Großbritannien und den USA erschien und auf **Jamaika** sowie der fiktiven, vorgelagerten Insel Crab Key spielt. Fünf Jahre später kam der erste James-Bond-Spielfilm in die Kinos, der in Deutschland den Titel *James Bond – 007 jagt Dr. No* erhielt. Auch die Filmhandlung ist überwiegend auf Jamaika angesiedelt und die Filmemacher hielten sich insgesamt relativ eng an die literarische Vorlage.

Der Roman beginnt damit, dass der in Jamaika arbeitende Kontaktmann des Britischen Geheimdienstes John Strangways im Kingstoner Queens Club an der Richmond Road mit Freunden Karten spielt. Danach fährt er zu seinem Bungalow in den Blue Mountains und wird dort, ebenso wie seine Mitarbeiterin Mary Trueblood, von Unbekannten erschossen. Der Britische Geheimdienst erfährt, dass die Verbindung nach Jamaika abgerissen ist, da das erwartete Funksignal von Strangways ausbleibt. Also wird Bond zu M ins Büro des MI 6 am Regent's Park in London gerufen und nach Jamaika geschickt. 007 fliegt in einer Super Constellation über Kuba nach Kingston. Am Flughafen wird Bond vom einheimischen Fischer Quarrel abgeholt. Einen Verfolger können sie abschütteln. Die beiden fahren im schwarzen Sunbeam Alpine auf der folgenden Strecke zum (fiktiven) Blue Hills Hotel: Am Ende der Palisadoes rechts in die Morant Road, dann in die Kingston Road, Halfway Tree und Junction Road bis zum Hotel, das fünf Meilen oberhalb von Kingston liegt.

Bei einem Besuch des Gouverneurs und dem Vertreter des Kolonialamtes erfährt Bond etwas über Unregelmäßigkeiten auf der Insel Crab Key, die einem gewissen Dr. No gehört. Im Hafen von Kingston ermittelt 007 in dem Club The Joy Boat. Danach befragt er den Gouverneur in dessen Büro und isst im Queen's Club. Bond und Quarrel

JAMES BOND – 007 JAGT DR. NO

Großbritannien 1962
Eine Eon Produktion
Regie: Terence Young
Musik: Monty Norman
Drehbuch: Richard Maibaum, Johanna Harwood und Berkely Mather, nach dem gleichnamigen Roman von Ian Fleming
Darsteller:
James Bond - Sean Connery
Honey Rider - Ursula Andress
Dr. Julius No - Joseph Wiseman
Felix Leiter - Jack Lord
M - Bernard Lee
Miss Moneypenny - Lois Maxwell
Miss Taro - Zena Marshall
Professor R.J. Dent - Anthony Dawson

SCHÖNE AUSSICHTEN:
Wenn er zuckt, zückt sie das Messer

fahren im Austin A 30 von Stony Hill in nördlicher Richtung durch die Castleton Gardens nach Beau Desert und Port Maria. Dort besuchen sie Morgan's Harbour und fahren durch die Bambusfelder zu einer Ruine des Great House of Desert Plantation. In unmittelbarer Nachbarschaft mieten sie einen Bungalow. Bond denkt an die direkt vor ihm liegende Isle of Surprise, die er bereits aus seinen Abenteuern in dem Roman *Leben und sterben lassen* kennt. Danach setzen sie im Schutze der Dunkelheit zur Insel Crab Key über, auf der Dr. No residiert. Am nächsten Morgen treffen sie auf Honey, die halbnackt aus den Fluten steigt; sie hat nach Muscheln getaucht. Bond und Honey erzählen sich gegenseitig von ihren Erfahrungen. Zu dritt flüchten sie vor den Schergen Dr. Nos, werden aber dennoch gefangen genommen. Quarrel stirbt. Bond erfährt von Dr. No, dass dieser in der Lage ist, das amerikanische Raumfahrtprogramm mit Hilfe von Strahlen zu stören. Bond kann aus seiner Zelle flüchten, gleitet ins Wasser und muss dort zunächst einen gigantischen Kraken überwinden, ehe er Honey ausfindig macht, die von riesigen Krabben gefressen werden soll. Er befreit sie und tötet Dr. No, der im Guano-Mist versinkt. Das Paar entkommt durch ein Tunnelsystem auf der Insel und flieht in Richtung Küste. Den letzten Streckenabschnitt überwinden sie mit einem Moor Buggy. Dann segeln sie in Quarrels Kanu von der Südküste Crab Keys bis Morgan's Harbour auf Jamaika und übernachten in Honeys Haus in Beau Desert. Am nächsten Tag treffen sie den Gouverneur im King's House in Kingston. Schließlich lädt Hone Bond erneut in ihre Wohnung ein, wo sie sich li ben.

Der Film zeigt als Erstes drei vermeintlich bli de Bettler. Sie ziehen durch die Straßen von Kin ston und bekommen von einem Mann namen Strangways ein Almosen, als dieser den Queen Club verlässt. Der Liguanea Club in Kingsto diente als Drehort. Auf dem Weg zum Auto a der Harbour Street wird Strangways hinterrück von den „Bettlern" erschossen. Kurz danach wir auch noch eine Mitarbeiterin von Strangways dessen Wohnung in der Kinsale Street im No den von Kingston ermordet. Dabei werden wic tige Unterlagen über einen gewissen Dr. No ge stohlen. Strangways wollte von seinem Büro ein Meldung an den britischen Geheimdienst abse zen. Als diese ausbleibt, wird dessen Leiter M i formiert, der nach 007 sucht. Bond spielt derwe im feinen Club Le Cercle Karten. Er besiegt ein Frau namens Sylvia Trench und verabredet sic mit ihr. Als Fassade für Le Cercle diente der Clu Les Ambassadeurs, der sich am Hamilton Plac am Hotel Hilton in der Londoner Park Lane befi det. Die Innenaufnahmen wurden jedoch in de Londoner Pinewood Studios gedreht. Im Büro de MI 6 wird Bond von M über die Vorkommniss informiert und mit einer neuen Waffe ausgesto tet. Nach einem kleinen Techtelmechtel mit Sylvi Trench in seiner Wohnung fliegt Bond nach Ja maika und landet auf dem Norman Manley Inte national Airport, dem Flughafen in Kingston.

Von einem Unbekannten beobachtet, steigt Bond in den Wagen eines Chauffeurs, der angeblich beauftragt wurde, ihn abzuholen, sich aber bald als Gangster entpuppt. Nach kurzer Fahrt kommt es abseits der Hauptstraße zu einem Kampf, in dessen Verlauf der Fahrer den Kürzeren zieht und sich per Zyankali-Zigarette das Leben nimmt. 007 bringt die Leiche zum Haus des Gouverneurs. Drehort war das King's House im Zentrum von Kingston. Daraufhin untersucht Bond die Wohnung von Strangways, trifft dessen Bridge-Partner und sucht den Fischer Quarrel im Hafen von Kingston auf. Der macht ihn nach einer kurzen Auseinandersetzung im nahe gelegenen Restaurant mit Freunden bekannt. Der unbekannte Beobachter vom Flughafen entpuppt sich als CIA-Agent Felix Leiter. Eine Kneipe in Port Royal, nahe dem Morgan's Harbour Hotel, wurde zum Schauplatz. Beim Essen erfährt 007 etwas über Dr. No und dessen Insel Crab Key. Bond entgeht einem Anschlag der drei Killer, die schon Strangways auf dem Gewissen haben, und besucht das Labor des zwielichtigen Professor Dent, der Gesteinsproben von Strangways untersucht hat. Der Metallurge, einer der Bridge-Partner Strangways', versucht 007 klarzumachen, dass die Proben uninteressant und nicht etwa radioaktiv sind. Bond hat Zweifel. Dent, ein Komplize Dr. Nos, fühlt sich von Bonds Ermittlungen bedroht und fährt vom Scotler's Wharf, 2 Harbour Street, St. Ann´s Bay mit einem Boot nach Crab Key, um seinen Chef zu informieren. Dr. No übergibt ihm eine Tarantel, mit der er 007 umbringen soll. Doch der Anschlag schlägt fehl. Bond tötet das Tier.

Bei einem Besuch im Kolonialamt erfährt Bond, dass die Akten über Dr. No verschwunden sind.

RETTE SICH, WER KANN:
Gleich explodiert der Reaktor von und mit Dr. No

Eine Angestellte im Amt, Miss Taro, lauscht an der Tür. Bond stellt sie zur Rede und verabredet sich mit ihr. Auf dem Weg zu ihrem Haus entgeht er einem Anschlag und erreicht sein Ziel in den **Blue Mountains**. Bei dem Gebäude handelt es sich übrigens um eine der Villen des Hotels Sans Souci in Ocho Rios, das nicht nur in diesem Film zum Drehort wurde, sondern später auch noch in *Leben und sterben lassen* (siehe Seite 82 – 83) eine Rolle spielen sollte. Miss Taro versucht Bond zu hintergehen, doch ihr gemeinsames Mordkomplott mit Professor Dent geht schief. Bond trifft sich mit Quarrel und segelt mit ihm zu Dr. Nos Insel Crab Key, wo sie am folgenden Tag auf die Muschelsucherin Honey Rider treffen. Gedreht wurde ihr erstes Auftauchen im Film am Strand des in Privatbesitz befindlichen Areals Laughing Waters in der St. Ann's Bay.

AUGENFUTTER:
Ursula Andress und Bond-Autor Ian Fleming beim Mittagessen am Filmset

Honey, Bond und Quarrel baden in den Dunn's River Falls nahe Ocho Rios, werden beschossen und verfolgt und flüchten im White River in das Hinterland der Insel. Schließlich nehmen Dr. Nos Helfer sie in den Sümpfen von Vanzie bei Falmouth gefangen und bringen sie mit Hilfe eines motorgetriebenen Fahrzeugs, das aussieht wie ein Drachen, in dessen Labor. Quarrel kommt ums Leben. Die Gebäude von Dr. No wurden in den Londoner Pinewood Studios erschaffen. Bei einem opulenten Mahl erfährt Bond, was sein Kontrahent vorhat. Der Wissenschaftler verursacht das sogenannte „Toppling", denn er stört durch Strahlung das amerikanische Raumfahrtprogramm. Bei der Forschung hat er beide Hände verloren und trägt seitdem zwei Stahlprothesen. Nach dem Essen flieht Bond aus seiner Zelle, gelangt durch den Lüftungsschacht und die Wasserversorgung ins Freie, rettet Honey und tötet Dr. No, der sich aufgrund seiner stählernen Hände nicht festhalten kann und in den verstrahlten Reaktor rutscht. Das Areal fliegt in die Luft. Als Drehort fungierte die Reynolds Bauxit Mine nahe Ocho Rios, aber es explodierte lediglich ein Modell. Letztendlich finden Bond und Honey ihr Happy End in einem kleinen Boot.

Casino Royale 1954

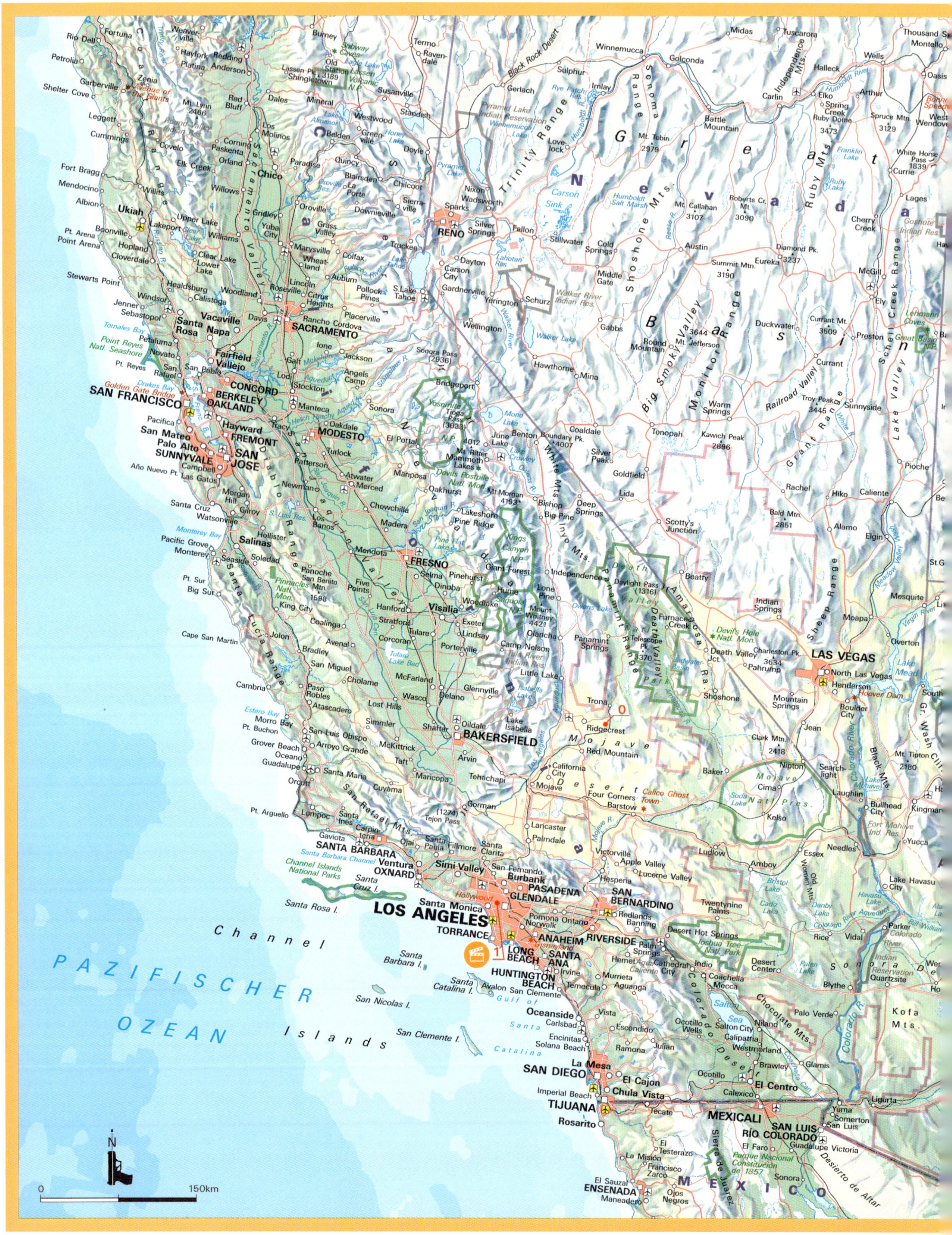

1 USA, Los Angeles, CBS Television City: Kulissen für Eingang, Spielsaal und andere Szenen im Casino Royal

Casino Royale 1954

ABONNIERT AUF FIESE GESTALTEN:
Peter Lorre – hier in der Rolle von Le Chiffre

Nicht etwa James Bonds Heimat Großbritannien suchte sich Ian Fleming als Schauplatz für seinen ersten Roman aus, sondern die französische Nordwestküste mit ihren eleganten Casinos, Luxushotels und Stränden. Die erste Verfilmung des Stoffes, die 1954 im amerikanischen Fernsehen zu sehen war, machte allerdings überhaupt keinen Gebrauch von der faszinierenden Atmosphäre des Casinos, die Fleming so detailgetreu beschrieb. Das Innere des Hauses entstand im Studio in Los Angeles und strahlte überhaupt keinen Reiz aus. Im Gegensatz dazu wird im Roman durch die Wahl des Schauplatzes bereits ganz zu Beginn James Bonds Welt treffend eingeführt.

Flemings Erstlingswerk fängt damit an, dass Bond im Casino von Royale-Les-Eaux am Roulettetisch sitzt und einen Mann namens Le Chiffre beobachtet. Nach Flemings Angaben liegt Royale-Les-Eaux, nördlich von Dieppe, in der Nähe der Mündung der Somme. Es ist ein fiktiver Ort, der aber Parallelen zu tatsächlich existierenden Städten in der Nachbarschaft und sogar zu einigen Casinos der 50er Jahre aufweist (siehe dazu Seite 145). Im Roman ist das Casino nahe dem Hotel Splendide. In dessen erster Etage, Zimmer 45, erreicht Bond die Nachricht, dass eine große Summe Geldes an ihn unterwegs ist, die er benötigt, um gegen Le Chiffre anzutreten. Sein Gegenspieler arbeitet für die Organisation SMERSCH (SMERSH in der Originalfassung), einen russischen Geheimdienst, der auf die Enttarnung und Eliminierung feindlicher Spione spezialisiert ist. Aufgrund seiner Spielleidenschaft schuldet Le Chiffre SMERSCH allerdings einen beträchtlichen Betrag und muss seinerseits um sein Leben fürchten. Le Chiffre versucht, seine Schulden durch Gewinne im Casino wieder wett zu machen. Bond hingegen will genau das verhindern und ihn am Spieltisch besiegen.

Bonds örtlicher Kontaktmann ist René Mathis vom französischen Geheimdienst Deuxième Bureau, mit dem er sich in einem Restaurant trifft. Dort lernt er auch die Agentin Vesper Lynd kennen. Außerhalb des Hauses entgeht 007 nur knapp einem Bombenanschlag. Abends spielt er im Casino und trifft auf den CIA-Kollegen Felix Leiter, um mit ihm die Details des Spiels gegen Le Chiffre zu besprechen. Anschließend nehmen sie an der Bar des Hotels Hermitage einen Drink – Bond einen Wodka Martini. Im Hotel wird Bond von Vesper Lynd darüber informiert, dass die Bombenattentäter, drei Bulgaren, festgenommen worden sind. Bond bereitet sich auf die große Auseinandersetzung vor und geht ins Casino, um gegen Le Chiffre anzutreten. Kurz vor Ende des Spiels taucht einer der Schergen Le Chiffres hinter ihm auf, bedroht ihn mit einer Pistole und will ihn zwingen, das Spiel abzubrechen. Bond kann ihn jedoch abschütteln. Er gewinnt 70 Millionen Francs und beschließt, mit Leiter und Vesper im Nachtclub Roi Galant zu feiern. Vesper wird herausgelockt und entführt. Bond verfolgt die Kidnapper in seinem Bentley, doch diese werfen eine Ladung Stahlnägel auf die Straße, so dass er sich mit dem Wagen überschlägt und verletzt liegen bleibt. Er wird in Le Chiffres Villa geschafft, die sich etwa zehn Meilen südlich entlang der Küstenstraße befindet, und dort durch Schläge mit einem Teppichklopfer auf die Genitalien gefoltert. Doch Le Chiffre kann sein grausames Werk nicht weitertreiben, denn er wird ganz plötzlich von einem SMERSCH-Agenten erschossen. Bond erhält Schnitte auf dem rechten Handrücken und wird so als Spion gezeichnet. Er wacht im Krankenhaus von Royale wieder auf, erfährt, dass man seinen Wagen gefunden hat, Le Chiffres Gehilfen ebenfalls erschossen wurden und Vesper Lynd wohlbehalten ins Hotel zurückgekehrt ist. Nach dreiwöchiger Genesung fährt er gemeinsam mit Vesper in einem Mietwagen in Richtung Les Noctambules. Unterwegs halten sie an der „L'Auberge du Fruit Défendu, crustaces, fritures", einem netten kleinen Hotel und erhole

BARRY NELSON:
Der erste Film-Bond

„Hör auf zu lügen, das konntest Du noch nie."

CASINO ROYALE

USA 1954
Regie: William H. Brown
Drehbuch: Charles Bennett und Anthony Ellis, nach dem gleichnamigen Roman von Ian Fleming
Darsteller:
James "Jimmy" Bond - Barry Nelson
Le Chiffre - Peter Lorre
Valerie Mathis - Linda Christian
Clarence Leiter - Michael Pate
Croupier - Jean Del Val
Basil - Gene Roth

WEDER GESCHÜTTELT NOCH GERÜHRT:
Bond-Girl Linda Christian ohne Martini

sich von den Strapazen. 007 ist bereit, seinen Beruf für das private Glück mit Vesper aufzugeben. Eines Tages erfährt Bond vom Hotelchef, dass er einen Brief von Vesper gefunden hat. Aus dem geht hervor, dass sie Doppelagentin war und sich selbst das Leben genommen hat. Bond nimmt sich vor, SMERSCH zu jagen.

Der 1954 entstandene und am 21. Oktober desselben Jahres erstmalig ausgestrahlte Fernsehfilm weicht in vielen Dingen, nicht nur geografisch, von der Romanvorlage ab. Dadurch, dass die TV-Produzenten nur über ein sehr begrenztes Budget verfügten, wurde ausschließlich im Studio gedreht. Dafür nutzte man die Gebäude von CBS Television City in Los Angeles. Sie sind im Stadtteil Fairfax, 7800 Beverly Boulevard, zu finden. Um das amerikanische Publikum zu erreichen, wurde die Handlung den heimatlichen Gegebenheiten angepasst und aus dem britischen Geheimagenten ein einheimischer Staatsbürger. Auch Flemings Royale-Les-Eaux, in dem das Casino steht, wird nicht erwähnt. Die Geschichte spielt an nur wenigen Orten, die als Kulissen auf dem Studiogelände errichtet wurden. Dabei handelt es sich um den Eingang zum Casino Royale, den eigentlichen Spielsaal mit seiner Inneneinrichtung, einen Aufzug, einen Hotelflur und zwei Zimmer. Die typische Atmosphäre von James Bonds Welt, wie sie Fleming skizzierte, kommt hier nicht auf.

Der nur knapp 50 Minuten lange Film beginnt damit, dass der US-Agent Jimmy (!) Bond das Casino betritt, als plötzlich aus dem Hinterhalt auf ihn geschossen wird. Der Attentäter verfehlt sein Ziel, wird aber nicht weiter verfolgt. Im Inneren trifft Bond auf den Briten (!) Clarence Leiter, dem er zunächst das Spiel Baccarat erklärt. Leiter informiert ihn im Gegenzug über den Gangster Le Chiffre, der sich, von drei Bodyguards beschützt, im Casino aufhält. Zudem lernt Bond, dessen Codenummer 007 nicht einmal erwähnt wird, Valerie Mathis kennen, die von Le Chiffre erpresst wird und für den französischen Geheimdienst Deuxième Bureau arbeitet.

Valerie und Bond gehen in dessen Hotel, wo er sie küsst, ihren Angaben über Le Chiffre aber nicht traut. Le Chiffre hört die Unterredung von seinem Zimmer aus mit, ehe Bond die Musik so laut stellt, dass das unmöglich wird. Anschließend verhört der Gangster Valerie und gibt zu, dass er 80 Millionen Francs benötigt, um seine Spielschulden zu begleichen. Leiter hat für Bond 26 Millionen Francs aufgetrieben, die der Agent einsetzen soll, um damit Le Chiffre in den endgültigen Ruin zu treiben. Einer der Leibwächter von Le Chiffre will Leiter zwingen, das Geld herauszugeben, doch er schafft es rechtzeitig, die Banknoten an die Kasse weiterzureichen und sicher einzuzahlen. Valerie stellt James Bond Le Chiffre vor und die beiden Männer verabreden sich zum Baccarat. Zuvor wird Bond noch zum Telefon gerufen und von einem Unbekannten aufgefordert, das Spiel zu verlieren. Wenn das nicht geschehe, werde Valerie Mathis darunter leiden. Bond geht zum Spieltisch und die Auseinandersetzung beginnt.

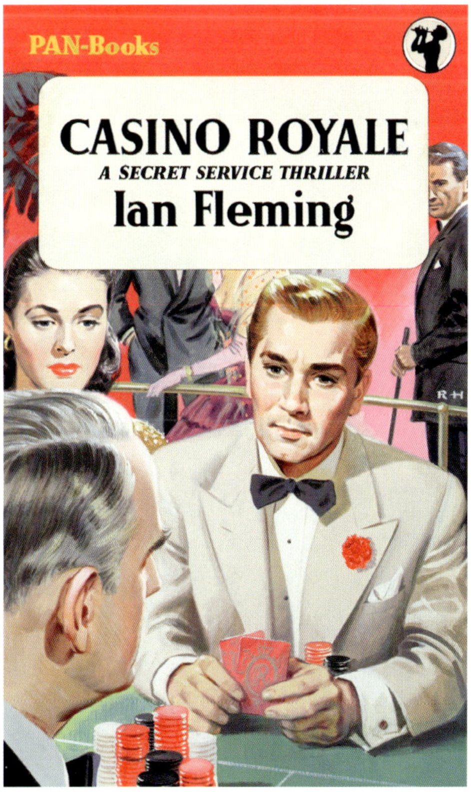

Die Einsätze schnellen von einer bis auf 32 Millionen Francs hoch und zunächst verliert Bond mehrfach. Er ist bald mittellos, als ihm plötzlich jemand einen Umschlag mit der Summe von 35 Millionen Francs zusteckt. Jetzt verliert Le Chiffre, hat nun Schulden in Höhe von 87 Millionen Francs und ist tatsächlich ruiniert. Bond wird noch am Spieltisch von einem der Gangster mit einer in einem Stock versteckten Waffe bedroht, kann sich aber befreien. Allerdings haben die Gangster inzwischen Valerie entführt. Bond erhält einen Scheck über seinen Gewinn und versteckt diesen hinter dem Türschild Nr. 53 seines Hotelzimmers. Dort wird er von Le Chiffre und seinen Männern überfallen, gefesselt, in die Badewanne gesteckt und gefoltert, doch das Versteck des Schecks gibt er nicht preis. Dank Valerie kann er sich befreien, Le Chiffre überwältigen und die Polizei rufen.

Der Film war ein Beitrag zu einer übergeordneten, allgemeinen Krimireihe mit dem Titel *Climax!*. Er ist in drei Akte unterteilt, die am Beginn und Ende jeweils mit Auf- bzw. Abblenden markiert sind. Hier wurden die für das Fernsehen obligatorischen Werbeblöcke geschaltet.

HOTEL
GLETSCHER-RESTAURANT
BELVEDERE

Die Schauplätze

Großbritannien und Nordirland

HIER SCHLÄGT SO MANCHEM DIE STUNDE:
Der Palace of Westminster und Big Ben in London

Als die Produzenten Harry Saltzman und Albert R. Broccoli Mitte des Jahres 1961 die Firmen Eon Productions Ltd. und Danjaq S.A. gründeten, um die Bond-Filme zu produzieren und die Figur zu vermarkten, legten sie ihre Firmensitze nach London und in die Schweiz, obwohl beide aus den USA beziehungsweise Kanada stammen. Sie erkannten schon früh, dass die erste TV-Verfilmung von *Casino Royale* aus dem Jahr 1954, in der Bond US-amerikanischer Staatsangehöriger ist, nicht funktionierte (siehe Seite 120–121). So gab es in dieser Hinsicht auch keine Fortsetzung. Bond musste Brite sein, im Auftrag Ihrer Majestät handeln und damit auch auf und von britischem Boden aus operieren.

Ian Flemings England

Diese Treue zu England hätte Ian Fleming sicher gefallen. Der immer sehr patriotische Autor und überzeugte Brite verbrachte zwar viel Zeit in anderen Ländern und besaß in Jamaika einen Zweitwohnsitz, doch England hat er nie wirklich verlassen. In den ersten 40 Jahren seines Lebens wohnte der Autor ausschließlich in London. Er zog zwar mehrfach innerhalb der Stadt um, verließ sie aber nie komplett. Im Sommer 1949 bezog er mit seiner Frau Ann zusätzlich ein Haus in St. Margaret's Bay in der Nähe von Dover (Kent). Sie wurden Nachbarn von Noël Coward, dem dort eine ganze Reihe von Anwesen gehörte. Coward hatte ihnen das Haus im Dezember des vorherigen Jahres angeboten. Zudem wurde der passionierte Golfer Fleming Mitglied des Royal St. George's Golf Club. Im Herbst 1957 kauften sich Ann und Ian Fleming ein Haus in der Grafschaft Kent. Der sogenannte „Old Palace" aus dem 18. Jahrhundert steht in Bekesbourne, einem Vorort von Canterbury, nicht weit entfernt von den historischen Kathedralen der Stadt. Daraufhin gaben sie das Anwesen in St. Margaret's Bay an der Küste auf. Fleming spielte weiterhin gern Golf, vor allem im schottischen Gleneagles, in Cooden in Sussex und im Royal St. Georges in Kent (www.royalstgeorges.com). Er hatte das Handicap 9, das er auch seiner Romanfigur Bond andichtete, und baute sogar ein Golfspiel in seinen Roman *Goldfinger* ein, was die Filmemacher später in gekürzter Form übernahmen, auch wenn die Szenen anderswo entstanden (siehe Seite 106–107). Der Club hat übrigens über 800 Mitglieder, zu denen einige Verwandte Flemings auch heute noch zählen. Selbst aufgenommen zu werden ist jedoch schwierig, denn es sind sowohl eine Einladung, drei Referenzen als auch diverse Empfehlungen notwendig.

Makabererweise ist ein Aufenthalt nahe seinem Lieblingsgolfclub auch der letzte, den er erleben sollte. Als der Autor im August 1964 mit Frau und Sohn in seinem Lieblingshotel, dem Guildford an der Sandwich Bay, Urlaub machte, erlitt er dort einen Herzanfall. Am 8. August hatte er noch an der Sitzung des Golfkomitees teilgenommen und zwei Tage später dort zu Mittag gegessen, doch es sollte der letzte Blick auf seinen geliebten Golfclub gewesen sein. Nachdem er am 11. August sein Abendessen zu sich genommen hatte, brach er zusammen und wurde in das Canterbury Hospital gebracht. Er starb am Morgen des 12. August gegen 1.00 Uhr. Nach Flemings Tod wurde auf dem Golfplatz die Fahne auf Halbmast gesetzt. Begraben liegt er jedoch nicht in Kent, sondern rund 150 Kilometer nordwestlich in der Nähe der Stadt Sevenhampton, bei Swindon in der Grafschaft Wiltshire. Dort haben auch seine Frau Ann und sein Sohn Caspar die letzte Ruhe gefunden.

Südostengland und speziell die Grafschaft Kent hat Fleming ausführlich in den beiden Romanen *Moonraker* (1955) und *Goldfinger* (1959) verewigt. Zudem wird Bond in dem Roman *The Man With The Golden Gun* (*Der Mann mit dem goldenen Colt*, 1965) zur Überprüfung in ein nicht genauer verortetes Institut namens „The Park" in Kent gebracht, wo man ihn einer Gehirnwäsche unterzieht. In *Moonraker* werden Dover, Maidstone und die Kalkklippen bei Sandwich zum Schauplatz. Vier Jahre später fährt Bond mit seinem Aston Martin noch etwas weiter nördlich durch Rochester, Chatham, Whitstable, Herne Bay, Reculver, bis Sandwich und später auch nach Canterbury. In dem knapp neun Kilometer südlich von Canterbury gelegenen Örtchen Pett Bottom befindet sich das Gasthaus „The Duck Inn". Dort hängt eine kleine Tafel, auf der zu lesen ist, dass Ian Fleming hier den Roman *Man lebt nur zweimal* verfasst hat. Das ist jedoch falsch, da der Autor alle Bücher auf Jamaika geschrieben hat.

Die Filmemacher drehten nur wenige Szenen in Südostengland. So wurde das in Mereworth gelegene Mereworth Castle für einige Einstellungen des Films *Casino Royale* aus dem Jahr 1967 genutzt. Das von 1722 bis 1725 entstandene Bauwerk ist inzwischen im Besitz eines Botschafters der Vereinigten Arabischen Emirate, der es 1976 erwarb. Es ist generell nicht öffentlich zugänglich, aber es gibt sehr selten geführte Touren. Ein weiteres Filmteam besuchte Dover für den Film *Diamantenfieber*. Dort ist zu sehen, wie Bond mit falscher Identität auf ein Hovercraft fährt, um so nach Holland zu gelangen.

EIN HÄUSCHEN AUF DEM LANDE:
Das Mereworth Castle in der Grafschaft Kent

Südwestengland

1 Holywell Bay: Zao wird schwer verletzt. Schauplatz koreanisches Militärgebiet (DAD)

1 St. Austell, Eden Project: Graves Anwesen (DAD)
2 St. Michael's Mount: Die Cruise Missiles fliegen am St. Michael's Mount vorbei. (NSNA)

Südostengland

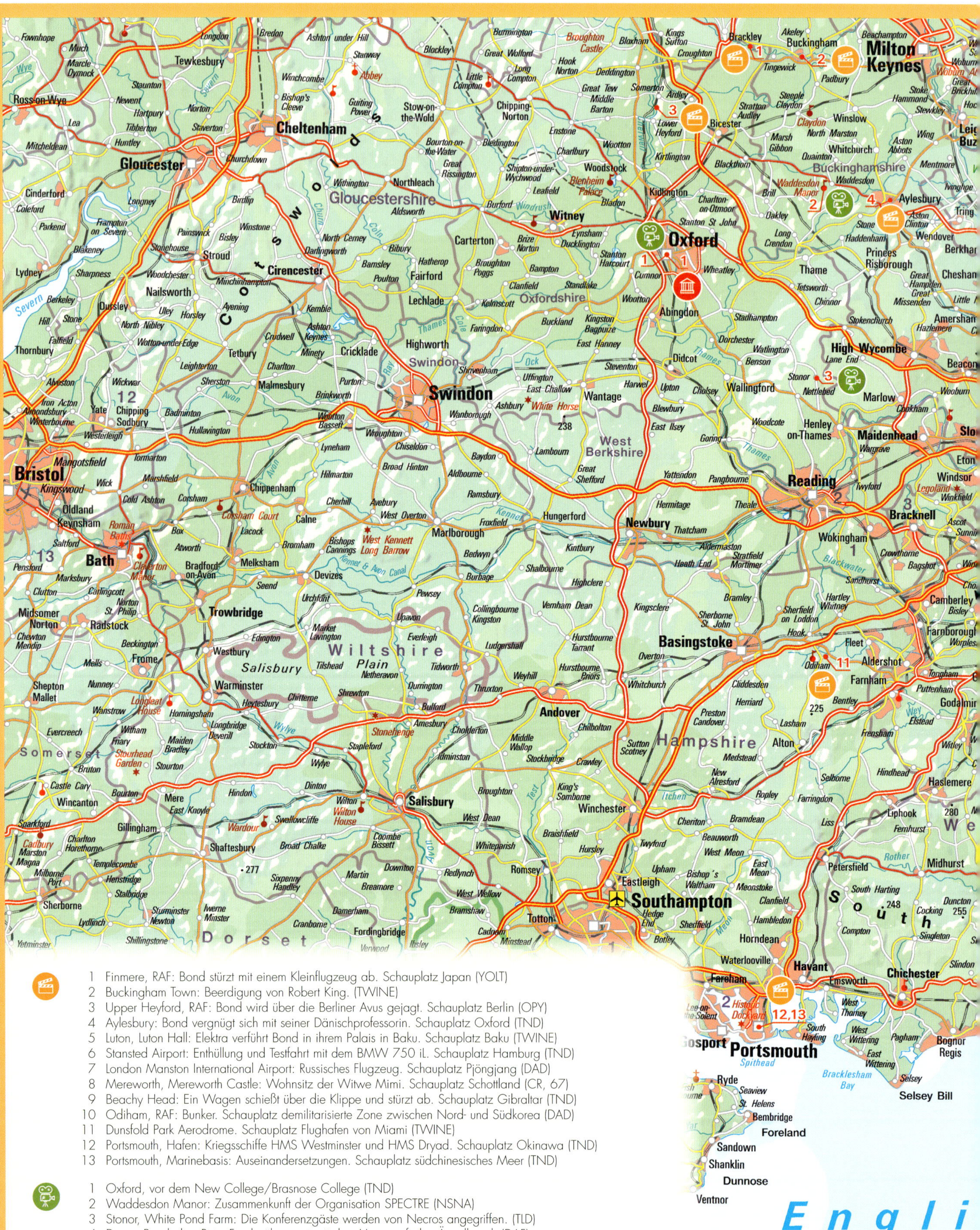

1 Finmere, RAF: Bond stürzt mit einem Kleinflugzeug ab. Schauplatz Japan (YOLT)
2 Buckingham Town: Beerdigung von Robert King. (TWINE)
3 Upper Heyford, RAF: Bond wird über die Berliner Avus gejagt. Schauplatz Berlin (OPY)
4 Aylesbury: Bond vergnügt sich mit seiner Dänischprofessorin. Schauplatz Oxford (TND)
5 Luton, Luton Hall: Elektra verführt Bond in ihrem Palais in Baku. Schauplatz Baku (TWINE)
6 Stansted Airport: Enthüllung und Testfahrt mit dem BMW 750 iL. Schauplatz Hamburg (TND)
7 London Manston International Airport: Russisches Flugzeug. Schauplatz Pjöngjang (DAD)
8 Mereworth, Mereworth Castle: Wohnsitz der Witwe Mimi. Schauplatz Schottland (CR, 67)
9 Beachy Head: Ein Wagen schießt über die Klippe und stürzt ab. Schauplatz Gibraltar (TND)
10 Odiham, RAF: Bunker. Schauplatz demilitarisierte Zone zwischen Nord- und Südkorea (DAD)
11 Dunsfold Park Aerodrome. Schauplatz Flughafen von Miami (TWINE)
12 Portsmouth, Hafen: Kriegsschiffe HMS Westminster und HMS Dryad. Schauplatz Okinawa (TND)
13 Portsmouth, Marinebasis: Auseinandersetzungen. Schauplatz südchinesisches Meer (TND)

1 Oxford, vor dem New College/Brasnose College (TND)
2 Waddesdon Manor: Zusammenkunft der Organisation SPECTRE (NSNA)
3 Stonor, White Pond Farm: Die Konferenzgäste werden von Necros angegriffen. (TLD)
4 Dover: Bond alias Peter Franks überquert mit dem Hovercraft den Ärmelkanal. (DAF)

1 Oxford: Bond vergnügt sich mit seiner Dänischprofessorin. (TND)

Saffron Walden
Stotfold
Letchworth Garden City
Hitchin
Luton
Stevenage
Bishop's Stortford
Stansted Airport
Great Dunmow
Braintree
Halstead
Essex
Colchester
Felixstowe
Harwich
Pennyhole Bay
The Naze
Walton-on-the-Naze
Frinton-on-Sea
Clacton-on-Sea
Brightlingsea
Mersea Island
West Mersea
Witham
Chelmsford
Maldon
Osea I.
Harlow
Hertford
Hertfordshire
St Albans
Welwyn Garden City
Hatfield
Harpenden
Hoddesdon
Ware
Sawbridgeworth
Epping
Waltham Abbey
Cheshunt
Potters Bar
Enfield
Borehamwood
Barnet
Bushey
Chipping Ongar
Brentwood
Billericay
Wickford
Rayleigh
Hadleigh
Basildon
Canvey Island
Southend-on-Sea
Shoeburyness
Foulness Island
Burnham-on-Crouch
River Crouch
1 Workingham
2 Reading
3 Bracknell Forest
4 Windsor & Maidenhead
5 Slough
6 Thurrock
7 Southend on Sea
8 Medway
Greater London
LONDON
Westminster
City of London
Wembley
Richmond
Kingston Upon Thames
Sutton
Croydon
Bromley
Barking
Dagenham
Rainham
Chigwell
Thames
Grays
Tilbury
Gravesend
Dartford
Swanley
Rochester
Gillingham
Chatham
Sheerness
Isle of Sheppey
Sittingbourne
Faversham
The Swale
Whitstable
Herne Bay
Margate
North Foreland
Broadstairs
Ramsgate
Pegwell Bay
Sandwich
Canterbury
Deal
The Downs
Kent
Dover
South Foreland
White Cliffs
Channel Tunnel
Tunnel Sous la Manche
Folkestone
Hythe
Ashford
Maidstone
Sevenoaks
Tonbridge
Royal Tunbridge Wells
North Downs
Vale
The Weald
Walton-o.-Th.
Esher
Epsom
Banstead
Purley
Warlingham
Caterham
Leatherhead
Reigate
Redhill
Dorking
Surrey
Crawley
Horsham
East Grinstead
Haywards Heath
Burgess Hill
Crowborough
Uckfield
East Sussex
Heathfield
Hailsham
Lewes
Brighton
Hove
City of Brighton & Hove
Worthing
Shoreham-by-Sea
Portslade by-Sea
Newhaven
Seaford
Seven Sisters
Beachy Head
Eastbourne
Bexhill
Hastings
Battle
Rye
Rye Bay
Camber
Lydd
New Romney
Dungeness
East Road
West Road
Strait of Dover
Channel
N
0
20km

FLIEGT VOLL AUF JAMES BOND:
Das RAF Northolt Aerodrome in Ruislip

Flugplätze und Militärbasen

Seit Beginn der 007-Spielfilmgeschichte erhielten die Produzenten vielfache Unterstützung von behördlicher und militärischer Seite, etwa von Filmkommissionen oder Regierungsvertretern, aber auch von den britischen Bodentruppen und der Royal Air Force (RAF). Politiker kämpften sogar mehrfach darum, Bond-Filme in Großbritannien zu halten – auch wenn sie nicht immer erfolgreich waren. Immerhin erlaubte das britische Parlament 1999 zum ersten Mal in der Londoner Stadtgeschichte, dass mit Schnellbooten über die Themse gejagt werden durfte. Daniel Craigs Premiere erfolgte mit Hilfe der Marine, als er am 14. Oktober 2005 an Bord des auf der Themse liegenden Kreuzers „HMS President" der Weltöffentlichkeit als neuer Bond vorgestellt wurde.

Im Laufe der Jahre fanden des Öfteren Filmaufnahmen auf Armee- und Marinebasen, Flughäfen und anderen militärischen Anlagen statt, zu denen üblicherweise nur an einem Tag der offenen Tür Zugang besteht. So wurde allein die RAF-Basis in Northolt an der West End Road in Ruislip für vier Filme aufgesucht. In *Goldfinger* fungierte das Areal als Blue Grass Field in Kentucky, USA. Die Dreharbeiten fanden außerhalb der Hangare 5 und 311 statt. Für *Feuerball* nutzte man die Einfahrt zur Basis, durch die Major Derval auf das Gelände gelangt. In *Octopussy* verwandelte sich Ruislip in eine Luftwaffenbasis, die in Lateinamerika liegt, und für *Die Welt ist nicht genug* diente das sogenannte Crash Gate 1 zu Aufnahmen, die in Nordkorea spielen. Das Finmere Aerodrome (www.finmere-aerodrome.co.uk) wurde zum Schauplatz eines Flugzeugabsturzes (siehe Seite: 94–95), Bovingdon Airfield in Bovingdon zur Startbahn eines fliegenden Autos (siehe Seite 78–79). Das Dunsfold Park Aerodrome mutierte zum Flughafen von Miami, und das Farnborough Aerodrome in Hampshire war gleichermaßen geeignet, Friedrichshafen und eine südamerikanische Basis darzustellen. Die RAF-Basis in Upper Heyford sah nach entsprechendem Umbau aus wie das westdeutsche Feldstadt, und aus der Offiziersmesse der RAF Halton in Buckinghamshire zauberten die Ausstatter ein Casino für *Die Welt ist nicht genug*: Im „L'Or Noir Casino" taucht ganz plötzlich Elektra King auf, verspielt eine Million Dollar und verschwindet wieder. Als Bunker in der demilitarisierten Zone von Nordkorea ließ sich die Basis RAF Odiham in Hampshire verwenden. Die englischen Kriegsschiffe „HMS Westminster" und „HMS Dryad" wurden ebenso in die Filme integriert wie der Hafen von Portsmouth und die Militärbasen RAF Mildenhall in Suffolk und RAF Lakenheath (www.lakenheath.af.mil), die rund 112 Kilometer nordöstlich von London liegt. Hier entstand die Kulisse für die Militäranlage auf Okinawa wie sie im Film *Der Morgen stirbt nie* zu sehen war.

IN VOLLER MONTUR:
Commander James Bond mal nicht in Zivil

Herrschaftliche Anwesen in ganz England wurden zu James-Bond-Drehorten

Ganz gleich ob 007 nun in Marokko, Südfrankreich oder Aserbaidschan zu tun hat, herrschaftliche Anwesen in Großbritannien bieten dafür die perfekte Kulisse. So inszenierte Regisseur Irvin Kershner die Zusammenkunft der Gangsterorganisation SPECTRE, aber auch das Domination-Spiel zwischen Bond und Largo im Film *Sag niemals nie* nicht etwa in Frankreich, sondern in Aylesbury, rund 70 Kilometer nordwestlich von London. Das dort gelegene Anwesen Waddesdon Manor wurde zwischen 1874 und 1889 im Renaissance-Stil erbaut. Eigentümer Baron Ferdinand de Rothschild nutzte es als Sommerhaus. Inzwischen ist es im Besitz des jüngsten Lord Rothschild und beherbergte bereits häufiger Dreharbeiten. Waddesdon Manor bietet genug Platz, um Filmcrews unterzubringen und kann sogar besichtigt werden (siehe Info-Kasten).

EINLADEND:
Das Luton Hoo Hotel

Auch das zum Teil in Privatbesitz befindliche Anwesen Elveden Hall wurde für Filme wie *Eyes Wide Shut*, *Lara Croft: Tomb Raider*, oder auch den Bond-Film *Der Hauch des Todes* zum Drehort. Das über 93.000 Quadratmeter große Areal gehört zum Elveden Estate in der Grafschaft Suffolk. Die zumeist leerstehende marmorne Halle des beeindruckenden Gebäudes diente im Dezember 1986 bei Timothy Daltons erstem Einsatz zu Aufnahmen der Handelskonferenz in Tanger. Der letzte Maharadscha von Punjab baute das ehemalige georgianische Landhaus ab 1863 zu einem Palast um. Die Website www.literarynorfolk.co.uk gibt unter dem Menüpunkt Film and TV Locations Aufschluss über die zahlreichen Dreharbeiten in Elveden und der Umgebung und verweist auch auf die weiteren 007-Filme, die in Norfolk entstanden. Elveden Hall befindet sich etwa 130 Kilometer nordöstlich von London. Etwa 100 Kilometer weiter westlich liegt Peterborough. Die dort verkehrende Nene Railway fand in den Filmen *Octopussy* und *GoldenEye* Verwendung (siehe Seiten: 62–63 und 42–43).

Das exklusive Fünf-Sterne-Hotel Luton Hoo, das auch über einen 18-Loch-Golfplatz verfügt, war bereits in zwei 007-Filmen zu sehen. In *Sag niemals nie* (1983) diente es als Klinik Shrublands. Hier fährt Bond im Bentley vor, wird medizinisch betreut und entdeckt eine Verschwörung der Gangsterorganisation SPECTRE. Das Hotel liegt rund 54 Kilometer nordöstlich von London, in der Nähe des Luton Airports in der Grafschaft Bedfordshire. 16 Jahre nach dem ersten Auftritt kam erneut eine Bond-Crew in das exklusive Haus und nutzte es für Innenaufnahmen eines Gebäudes in Baku, Aserbaidschan. Die Gangsterin Elektra aus dem Film *Die Welt ist nicht genug* residiert hier, und es wird sicher nicht das letzte prunkvolle Anwesen sein, das die Bond-Produzenten für ihre Zwecke verwenden. Die vielfältige und abwechslungsreiche Geschichte Großbritanniens bietet in dieser Hinsicht auch viel Auswahl. Insofern erwies sich die Entscheidung der Produzenten, die Filme von der Basis London und England aus herzustellen, als absolut richtig und der Serie sicher dienlich.

GOLDIG:
Prunksaal in Waddesdon Manor

HIER VERJUBELTE ELEKTRA KING EINE MILLION:
Das Halton House in Buckinghamshire

Waddesdon Manor
Waddesdon, Nr Aylesbury
Buckinghamshire, HP18 0JH
Tel: 0044 (0) 1296 653226
www.waddesdon.org.uk
E-Mail: waddesdonmanor@nationaltrust.org.uk

*

Luton Hoo Hotel
Golf & Spa
The Mansion House, Luton,
Bedfordshire, LU1 3TQ
Tel: 0044 (0)1582 734437
Reservierungen:
Tel: 0044 (0)1582 698888
www.lutonhoo.co.uk
E-Mail: reservations@lutonhoo.com
Das Hotel Luton Hoo verfügt über 94 Zimmer zu Preisen ab £ 300.

Großraum London

1 Bovingdon, Airfield: Ein Auto verwandelt sich in ein Flugzeug. Schauplatz Bangkok (TMWTGG)
2 Leavesden, Leavesden Studios (GE)
3 Borehamwood, Elstree Studios: Innenaufnahmen der Blauen Grotte. Schauplatz Nordafrika (NSNA)
4 London, Brent Cross Shopping Centre: Verfolgungsjagd. Schauplatz Hamburg (TND)
5 London, Stoke Newington Road: Innenaufnahmen einer Zigarrenfabrik. Schauplatz Kuba (DAD)
6 London, Harmsworth Quays Printers: Wai Lin und Bond jagen Carver. Schauplatz Hamburg (TND)
7 Epsom, Racecourse: Bond kommt am Flughafen an. Schauplatz Flughafen St. Petersburg (GE)
8 Elstead, Hankley Common: Aufnahmen einer Pipeline. Schauplatz Kasachstan (TWINE)
9 Aldershot, Army Driving Training Area: Hovercraft-Jagd. Schauplatz Nord- und Südkorea (DAD)
10 Aldershot: Agentenaustausch auf einer Brücke. Schauplatz Nord- und Südkorea (DAD)
11 Farnborough, Aerodrome: Bond landet auf dem Flughafen. Schauplatz Friedrichshafen (QOS)
12 Shepperton, Shepperton Studios: Kulissen für skurrile Bauten und Sets aller Art (CR, 67)
13 East Bedfont, IBM Hauptquartier: Gala-Party. Schauplatz Hamburg (TND)
14 Iver Heath, Pinewood Studios (z.B. 007 Stage, Wassertank): alle Filme
15 ehemals in Denham, Uxbridge gelegen, MGM Studios: Kulissen für Bauten aller Art (CR, 67)
16 Uxbridge, Harvil Road: Fiona versenkt das Zweirad nach einem Anschlag im Wasser. (TB)
17 Stoke Poges, Golf Club: Carvers Frau vergnügt sich mit Bond. Schauplatz Hamburg (TND)
18 Hurley: Bond verabschiedet sich von Sylvia Trench. (FRWL)
19 Marlow, Thames Lawn: Ms Anwesen Quarterdeck nahe Windsor (OHMSS)
20 Beaconsfield, Royal Saracen's Head Pub, London End: Haus von Major Derval (TB)
21 Chalfont St. Peter, Chalfont Park House: Bond wird in die Klinik Shrublands geschickt. (TB)
22 Ruislip, RAF Northolt: Start von Pussy Galores Flugstaffel. Schauplatz Kentucky (GF)
23 Ruislip, RAF Northolt: 007 nimmt die Identität von Dr. Arkoff an. Schauplatz Kasachstan (TWINE)
24 Ruislip, RAF Northolt: Der falsche Derval fährt zur Luftwaffenbasis. Schauplatz Bahamas (TB)
25 Frogmore, Frogmore Studios (TND)

1 Greenwich, Millennium Dome: Die Killerin flüchtet in einem Ballon und begeht Selbstmord. (TWINE)
2 Ascot: M und Bond beobachten Max Zorin und May Day beim Pferderennen. (AVTAK)

1 Ruislip, RAF Northolt: Bond dringt in eine lateinamerikanische Luftwaffenbasis ein. (OPY)

ENGLANDS HOLLYWOOD:
Die Pinewood Studios bei London

Bonds Londoner Heimat: Die Pinewood Studios

Mit Ausnahme von nur vier Filmen und der 1954er US-Fernsehfassung von *Casino Royale* wurden die bei London gelegenen Pinewood Studios zur Heimat aller 007-Abenteuer. Sowohl Sean Connery als auch Roger Moore und Pierce Brosnan haben mehrfach in Interviews von Pinewood als ihrer „zweiten Heimat" gesprochen, und wenn man die Gelegenheit hat, die außerhalb Londons gelegenen Studios zu besuchen, kann man das gut nachvollziehen. Der Charme der Geschichte weht durch die heute etwas altmodisch wirkenden Hallen und durch die engen Gassen mit Schildern wie „Goldfinger Avenue" oder „007 Drive", in denen einst Teile der Autoverfolgungsjagd von *Goldfinger* entstanden. Ebenso beeindruckend sind aber auch die herrschaftlichen Gebäude der 1930er Jahre, die über 30 Jahre alte riesige „007 Stage", die immer noch wie ein Monument alle anderen Hallen überragt, und die riesigen Freiflächen mit Tanks, wie etwa dem Paddock Tank, für Aufnahmen auf und unter Wasser. Auch Waldgebiete und Parkanlagen mit „verwunschenen" Ecken gehören dazu. In verschiedenen Gängen der historischen Gebäude hängen Fotos und Filmplakate, aber auch Preise und Auszeichnungen sind in Vitrinen ausgestellt. Ein ganzer Bond-Trakt gibt einen Überblick über die Arbeit der Set Designer. Man kann ihre Skizzen und Zeichnungen sehen, feststellen, wen Halle Berry in den Arm genommen hat und wem Prinzessin Diana, anlässlich ihres Besuchs bei den Dreharbeiten zu *The Living Daylights (Der Hauch des Todes)*, 1987 eine (präparierte) Flasche auf den Kopf schlug.

Dabei war das Areal zunächst Teil eines Privathauses, bevor es zum Filmstudio umfunktioniert wurde. An eine große Tradition war nicht zu denken. Das in Privatbesitz befindliche Anwesen namens „Heatherden Hall" bei Iver Heath in der Grafschaft Buckingham wurde 1934 zum Kauf angeboten. Charles Boot, ein vermögender Bauunternehmer und Geschäftsmann, erwarb das über 400.000 Quadratmeter große Gelände und begann im November 1935 dort Studios zu errichten. Nur etwa drei Wochen benötigte er für jede der Hallen, und schon am 30. September 1936 staunten rund 1000 Gäste vor Sound Stage „D" über die schnell vollbrachte Leistung. Innerhalb der ersten Monate frequentierten bereits acht Filmteams den Komplex, und schon kurz danach wurde das in den Kiefernwäldern gelegene und entsprechend benannte Pinewood zum geschäftsträchtigsten Studio Europas. In den Jahren nach dem Zweiten Weltkrieg begründeten vor allem drei Filmserien den weltweiten Ruf des Hauses: die *Doktor*-Serie mit Dirk Bogarde als Doktor Sparrow, von der sieben Folgen entstanden, die *Ist ja irre …*-Komödien-Reihe mit 31 Filmen und die James-Bond-Serie.

In einer der Hallen begannen am 26. Februar 1962 die Innenaufnahmen zu *Dr. No (James Bond – 007 jagt Dr. No)*, und seitdem entstanden dort alle bis auf fünf 007-Abenteuer. Für *Moonraker* wich man nach Paris aus und verlegte nur die Nachproduktion in die Studios der Kiefernwälder. Für das nicht von Eon produzierte Konkurrenzprodukt *Sag niemals nie* wurden die Elstree Studios genutzt, für *Lizenz zum Töten* Mexiko City und die Churubusco Studios, für *GoldenEye* Leavesden. Große Teile von *Casino Royale* (2006) entstanden in Prag, aber auch für diesen Film wurde in geringem Umfang in Pinewood gedreht. Die 1954er Version dieses Stoffes blieb als budgetmäßig eingeschränkte US-TV-Produktion verständlicherweise in den hauseigenen Studios in Kalifornien.

Die in den beiden folgenden angeführten Informationen fußen zum Teil auf Gareth Owens und Brian Burfords umfassender Arbeit *The Pinewood Story. The Authorised History Of The*

VON WEGEN „COME IN AND FIND OUT":
Die Pinewood Studios kann man leider nicht besichtigen

AS TIME GOES BY!
Die „007-Stage" trotzte zweimal dem Feuer

Bilder, Videos und einige Filmplakate der Filme, die im Laufe der über 30-jährigen Geschichte der „007 Stage" dort realisiert wurden, sind auf der Website www.007stage.com zu sehen. Allerdings ist die Auflistung nicht komplett.
Einen Überblick über die schieren Dimensionen, aber auch die Arbeitsmöglichkeiten in den Pinewood Studios bietet die Internetseite: www.pinewoodgroup.com

Besichtigungen für Touristen bieten die Pinewood Studios bedauerlicherweise nicht an.

World's Most Famous Studio. Die Tatsache, dass es sich bei diesem Werk um eine genehmigte (authorised) Ausgabe handelt, die bereits im Titel mit Superlativen aufwartet, deutet schon an, dass es sich nicht unbedingt um eine objektive Studie handeln muss. Dennoch sind die zusammengetragenen Fakten durchaus von Wert. In Pinewood beschränkten sich die Bond-Teams nicht nur auf die Hallen des Areals, sondern drehten auch intensiv in den Gärten oder auf dem Freigelände. So spielen gleich die ersten nächtlichen Szenen von *Liebesgrüße aus Moskau* (1963) in der hauseigenen Parkanlage. Hier liefern sich der Killer Red Grant und ein Mann, der wie James Bond aussieht, ein Katz-und-Maus-Spiel. Beim SPECTRE-Hauptquartier handelt es sich in Wirklichkeit um das Verwaltungsgebäude der Studios. Das Gelände wurden von Ausstatter Syd Cain mit Statuen versehen und fortan als Renaissance-Garten bezeichnet. Ob die Namensgebung auf die Statuen, die generelle Atmosphäre der Anlage oder auf anderes zurückzuführen ist, bleibt unklar. Doch auch weitere Szenen des Films entstanden dort, wie etwa das russische Trainingslager oder Rosa Klebbs Ankunft im Hauptquartier. Hier ist erneut das Verwaltungsgebäude zu sehen, bevor Klebb den Killer Red Grant auf seine Eignung für den künftigen Auftrag überprüft. Das Zigeunerlager hingegen errichtete man auf dem Freigelände des Paddock-Tanks. Als Oddjob ein Jahr später in *Goldfinger* eine Statue mit seiner Melone köpft und Bond und Pussy sich am Ende des Films unter einem Fallschirm vergnügen, sind es ebenfalls Aufnahmen, die in den Renaissance-Gärten Pinewoods entstanden – auch wenn es sich im ersten Fall in Bezug auf den Schauplatz um Goldfingers Golfclub und bei der Schlussszene um den Handlungsort USA handelt.

Immer wenn die Gärten oder die Hallen nicht ausreichten, wich man auf das Freigelände aus. Für *Goldfinger* wurde dort Fort Knox errichtet, für *Man lebt nur zweimal* (1967) ein ganzer Vulkankrater, dessen riesige Ausmaße sogar dazu führten, dass sich Anwohner beschwerten. Als den Bond-Produzenten auch das Freigelände nicht mehr ausreichte, ließen sie kurzerhand eine eigene Halle bauen, die den immer größeren Dimensionen der Filme entsprach. 1976 führte der Bedarf des Ausstatters Ken Adam an zusätzlichem Platz für drei Atom-U-Boote zu dieser Maßnahme, denn ein bereits existierendes geeignetes Studio konnte nirgends gefunden werden. Produzent Albert R. Broccoli überzeugte mit dem Konzept, dass die neue Halle auch an andere Filmproduktionen vermietet werden sollte, und letztendlich führte eine Gewinnteilungsvereinbarung zwischen seiner Produktionsfirma Eon und den Studiobetreibern zum grünen Licht für den Bau der „007 Stage". Dieser begann im Sommer 1976 und dauerte sieben Monate, so dass die Halle vom damaligen britischen Premierminister Harold Wilson und im Beisein der Stars Roger Moore und Barbara Bach am 5. Dezember 1976 eingeweiht und ihrer Bestimmung übergeben werden konnte. Bis dahin hatten die Architekten und Ausstatter aber schon am Innenausbau gearbeitet und präsentierten auch noch das komplette Innenleben eines Supertankers, in dessen Bauch die gewünschten drei Atom-U-Boote schwammen. Der so aufwendig produzierte Film namens *Der Spion, der mich liebte* (siehe Seite 76–77) entwickelte sich zum Welterfolg, so dass fortan auch andere Großproduktionen den Weg nach Pinewood fanden. Letztlich waren die Studios so begehrt, dass die Produzenten für den Film *GoldenEye* sogar in die ehemaligen Rolls-Royce-Herstellungshallen nach Leavesden bei Watford ausweichen mussten, um die Produktion zu stemmen.

Zweimal wurde die „007 Stage" bei Dreharbeiten durch Brände so sehr in Mitleidenschaft gezogen, dass sie monatelang nicht zu gebrauchen war. Die Eigentümer nutzten die Gele-

MY HOME IS MY CASTLE:
Albert R. Broccoli vor der 007-Stage

genheit zum Neuaufbau, erweiterten die „007 Stage", indem sie sie verlängerten und die Tiefe vergrößerten und außerdem die technische Einrichtung modernisierten. Das erste Feuer brach am 24. Juni 1984 aus, während Regisseur Ridley Scott mit Tom Cruise den Film *Legende* drehte. Die Bond-Crew von *Im Angesicht des Todes* war zu Vorbereitungen der Dreharbeiten bereits auf dem Gelände und konnte sich schnell ein Bild vom enormen Schaden machen. Ausstatter Peter Lamont und Architekt Michael Brown versicherten Albert R. Broccoli jedoch, dass sie die Halle innerhalb von drei Monaten wieder aufbauen könnten. Im Januar 1985 weihte Roger Moore die nun in „Albert R. Broccoli 007 Stage" umbenannte Halle ein. Sie wurde mit einem gigantischen Bergwerk-Set für den Film *Im Angesicht des Todes* bestückt. Im Jahr 2004 ging das Eigentum an der „007 Stage" vollständig an die Betreiber von Pinewood über. Als die Halle am Sonntag, den 30. Juli 2006 erneut ein Feuer überstehen musste, war die Neuverfilmung von *Casino Royale* gerade abgedreht. Das darin aufgebaute Set eines venezianischen Platzes und diverser Häuser wurde glücklicherweise nicht mehr gebraucht. Dennoch bedeutete der erneute Brand einen großen Verlust, und die gesamte Halle musste abgerissen und erneuert werden. Doch der Wiederaufbau des Prunkstücks der britischen Filmindustrie stand nie in Zweifel, und so konnte auch der jüngste Bond-Film wieder in seiner angestammten Studioumgebung ansiedeln.

Für *Ein Quantum Trost* entstanden in den Hallen verschiedene Bauten. Die Sets eines bolivianischen Hotels und einer Suite wurden dort ebenso nachempfunden wie auch detailgetreue Teile des Untergrundsystems der italienischen Stadt Siena, ein dort unterirdisch verstecktes Quartier des MI 6 und eine italienische Kunstgalerie, wo Bond eine Kampfszene haben soll. Weitere Aufnahmen in Pinewood zeigen Ms Büro beziehungsweise ihr Haus. Außerdem mussten diverse Einstellungen von Bond im Aston Martin nachgefilmt werden, denn die Außendreharbeiten am Gardasee fanden ohne den Hauptdarsteller Daniel Craig statt. Sämtliche Spezialeffekte wurden von Firmen realisiert, die auf dem Gelände ansässig sind, und alle Verantwortlichen bezogen dort Zimmer. Schilder an den Türen beweisen, dass die Büros von Michael G. Wilson, Barbara Broccoli und Marc Forster, aber auch das von Sir Roger Moore nicht weit auseinander liegen. Barbaras Vater Albert R. Broccoli verließ übrigens im April des Jahres 1976 aus Steuergründen England und zog nach Los Angeles um. Saltzman zog nach Paris, aber dennoch blieb die Produktionsfirma, inzwischen geführt von Stiefsohn Michael G. Wilson und Tochter Barbara, in Großbritannien.

Die neuesten Meldungen aus Pinewood kreisen um beachtliche Expansionspläne. Großbritanniens größte Filmstudios möchten ihr Gelände erweitern, um eine Reihe dauerhafter Standard-Sets zu errichten. Im Gespräch sind ein Venedig-Kanal, Straßenzüge verschiedener Großstädte wie New York, Los Angeles, Paris und natürlich London. Besonders James-Bond-beeinflusst scheint das Vorhaben, auch ein Schloss dort aufzubauen sowie eine italienische Seenlandschaft – ein Schauplatz, der ja in den beiden jüngsten Bond-Filmen *Casino Royale* (Comer See) und *Ein Quantum Trost* (Gardasee) durchaus Konjunktur hat. Zudem sollen etwa 2000 Wohnungen dort entstehen, was bisweilen auch als die eigentliche Motivation hinter den „Project Pinewood" genannten Expansionsplänen angesehen wird. Es sollen hier Angestellte von Pinewood und der dort ansässigen Support-Firmen wohnen, aber die Anlage soll gleichermaßen auch offen für jedermann sein. Das Feststellungsverfahren für die Planung wird vermutlich noch im Jahr 2008 durchgeführt.

DA IST DIE QUEEN „AMUSED":
Elizabeth II. besichtigte 2007 die Underwater Stage in Pinewood

Der am 5. Februar 1921 geborene Sir Kenneth Adam wirkte an über 70 Filmen mit. 1994 und 1997 gab es Ausstellungen zu seinen Arbeiten. Das Deutsche Filmmuseum in Frankfurt zeigte im Jahr 2002 die Ausstellung „Visionäre Filmwelten – Dr. Strangelove, Goldfinger und andere Filmsets", die einen Einblick in Adams' Werk gab. Die Ausstellung umfasste 350 Originalentwürfe aus seinem Archiv sowie Großfotografien und Modelle. Im Jahr 2001 verlieh ihm die Art Directors Guild als bislang einzigem Filmdesigner einen Preis für sein Lebenswerk (Lifetime Achievement Award).

Ken Adam – Set Designer

Der deutschstämmige Architekt Ken Adam gilt nach wie vor als der bedeutendste Ausstatter der James-Bond-Serie. Geboren im Jahr 1921 in Berlin als Klaus Hugo Adam, emigrierte er 1934 nach England, wo er studierte und im Zweiten Weltkrieg in der Royal Air Force diente. Nach dem Krieg änderte er seinen Vornamen in Ken um und begann beim Film zu arbeiten. Adam wurde durch seine Arbeit an den Bond-Filmen weltberühmt, hat aber ebenso für zahlreiche andere Filme die Sets entwickelt, so etwa für Stanley Kubricks *Dr. Seltsam* und *Barry Lyndon*, für den er auch seinen ersten von zwei Oscars gewann. Nummer zwei folgte in den neunziger Jahren für Nicholas Hytners Historienfilm *King George – Ein Königreich für mehr Verstand*. Adam schuf Ausstattungen für insgesamt sieben James-Bond-Filme und seine Arbeiten gehören zu den beeindruckendsten Bauten, die in den Pinewood Studios errichtet wurden. Gleich beim ersten Film der „offiziellen", von Broccolis und Saltzmans Firma Eon produzierten Reihe, war Ken Adam mit an Bord und kreierte unverwechselbare Sets. Hierzu gehören unter anderem auch der Audienzraum Dr. Nos, in dem sein Handlanger Strangways eine Giftspinne erhält, mit der er Bond ermorden soll. Auch die Kommandozentrale, von der aus der Bösewicht Raketenstarts durch „Toppling" manipuliert, ist ein Adam-Design.

Goldfinger, Adams zweite Bond-Ausstattung, erlangte Weltruhm vor allem aufgrund seines Entwurfs für das Innere von Fort Knox, dem Depot der US-amerikanischen Goldreserven. Das Vorbild stand auch ehrbaren Filmschaffenden nicht zur Besichtigung offen, und so musste sich Adam ausschließlich auf seine Fantasie verlassen, um einen glaubwürdigen Schauplatz für den Showdown zu schaffen. Bei diesem Showdown ereilt Oddjob nach erbittertem Kampf mit 007 der Tod durch Stromschlag und der im Entschärfen von Nuklearwaffen ungeübte James Bond wird von einem Experten (der im Übrigen lediglich einen Schalter umlegt) exakt 007 Sekunden vor der Detonation gerettet. Aber neben den Bauten ersann Adam auch den trickreichen Aston Martin, angeblich eine Wunschvorstellung, die während seiner Teilnahme am regulären Straßenverkehr aus Verärgerung über die anderen Autofahrer er-

HATTE EIN HÄNDCHEN FÜR 007:
Sir Ken Adam, der Set-Designer zahlreicher Bond-Filme

wuchs. In *Feuerball*, seinem dritten Bond-Projekt, in dem auch der Aston Martin wieder auftaucht, entwickelte Adam als weiteres Fortbewegungsmittel die Jacht „Disco Volante", die sich durch Abkoppelung des Hecks in ein Tragflächenboot verwandeln kann.

Im nächsten 007-Film *Man lebt nur zweimal* zeichnete Ken Adam zum vierten Mal für die Ausstattung verantwortlich und übertraf sich nochmals selbst, indem er die Dimensionen für Blofelds Versteck enorm ausweitete: Das Innere des japanischen Vulkankraters war ein 42 Meter hohes Bauwerk, an dem 250 Leute in Pinewood etwa sieben Monate arbeiteten. Demgegenüber fällt der „Look" von Sean Connerys erstem Comeback *Diamantenfieber* eher unspektakulär aus. Das erinnerungswürdigste Studio-Set in Adams fünfter Bond-Arbeit war vielleicht die Hochzeitssuite im „Whyte House", wo sich 007 und Tiffany Case in einem Aquarium-Bett die Zeit vertreiben. Wie oben bereits erwähnt, mündete Adams Tendenz, immer umfangreichere Entwürfe zu erstellen, für *Der Spion, der mich liebte* sogar in den Bau der „007 Stage". Bei Ken Adams siebten und letzten Bond-Design gelang die Steigerung der Ausmaße aber hauptsächlich durch Spezialeffekte: In *Moonraker* stattete er den Weltraum mit Hugo Drax' Raumstation aus. Bei diesem Film waren die Pinewood Studios nur der Ort der Nachbearbeitung des Films; die Dreharbeiten wurden in diesem Falle nach Frankreich ausgelagert (siehe Seite 147). Auch die anderen Ausstatter lieferten spektakuläre Entwürfe, die unter anderem in Pinewood realisiert wurden, so etwa Peter Murtons Labyrinth beziehungsweise „Fun House" in *Der Mann mit dem Goldenen Colt*, wo Scaramanga seine Duelle am Anfang und Ende des Films ausficht. Auch Peter Lamonts Bergwerk-Set gehört zu den Highlights: in *Im Angesicht des Todes* wurde die nach dem ersten Brand wiederaufgebaute „007 Stage" damit bestückt. Und schließlich war es wieder Lamont, der für die 2006er Produktion von *Casino Royale*, die eigentlich in den Prager Studios ihr Hauptquartier bezog, in Pinewood tätig war. Lamont ließ auch für diesen „ausgelagerten" Film in der „007 Stage" in Pinewood Bauten anfertigen, wie etwa Teile eines venezianischen Platzes und Teile eines einstürzenden venezianischen Hauses, in dem Vesper Lynd ertrinkt. Dennoch bleibt Ken Adam wohl bis auf weiteres der einflussreichste Set Designer der Bond-Geschichte.

Die anderen Londoner Bond-Studios

Neben Pinewood gibt es noch einige andere Studios im Großraum London, in denen ebenfalls schon James-Bond-Dreharbeiten stattfanden. Die traditionsreichsten sind sicherlich die 1926 gegründeten Elstree Studios in Borehamwood, Hertfordshire. Hier feierte Sean Connery sein spätes Comeback als James Bond in *Sag niemals nie* (1983), einem Konkurrenzprodukt zur „offiziellen" Eon-Reihe. Ms Büro, noch relativ zu Beginn des Films, das Fitnesszentrum „Centre de la Santé", wo Bond sich als Masseur ausgibt und die von Kim Basinger gespielte Domino „bearbeitet", und Teile des Showdowns in Largos unterirdischem Versteck sind Studioaufnahmen. Einer breiten Öffentlichkeit bekannt wurden die Studios vor allem, als George Lucas seine ursprüngliche *Star-Wars*-Trilogie (die Episoden IV, V und VI) dort drehte beziehungsweise drehen ließ. Aufnahmen für die ersten drei *Indiana-Jones*-Filme entstanden ebenso hier, wie auch für *Der Soldat James Ryan* und in jüngerer Zeit für *Batman Begins* oder *Die Schwester der Königin*. Außerdem werden hier TV-Sendungen produziert, wie etwa die britische Version von *Big Brother*.

Es gibt mehrere Produktionshallen verschiedener Größe, von zirka 1300 bis zirka 5300 Quadratmetern Nutzfläche. Zwei Hallen haben drei Meter tiefe Wassertanks, und es existiert zusätzlich ein großer Außentank. Popstars wie Cliff Richard, Madonna und Robbie Williams nutzten die Elstree Studios bereits für Tournee-Proben, weil es hier zwei der wenigen Hallen in ganz Europa gibt, die komplette Stadionaufbauten mit Lichtanlagen beherbergen können. Die filmspezifische Infrastruktur ist modernsten Bedürfnissen an-

KEIN EINZIGER ROLLS-ROYCE VOR DER TÜR:
In diesen Hallen entstehen Kino-Blockbuster

gepasst, und über 20 Support-Firmen sind auf dem Gelände angesiedelt. Die Elstree Studios stehen bei Bedarf 365 Tage im Jahr 24 Stunden am Tag zur Verfügung, und dementsprechend sind auch einige Einrichtungen für private beziehungsweise geschäftliche Zwecke buchbar. Mit entsprechend großem Budget können 250 bis 300 Gäste bewirtet werden. Themenpartys sind ebenfalls im Angebot, darunter natürlich auch eine „Bond Night".

Die Dimensionen, die das James-Bond-Produktionsdesign im Laufe der Jahre und Jahrzehnte entwickelte, brachten immer wieder logistische Probleme mit sich. So waren die Produzenten gezwungen, sich eigene Hallen zu bauen, wie etwa die „007 Stage" in Pinewood, oder gar komplette Studiokomplexe zu übernehmen, um darin verschiedene Sets errichten und so mit mehreren Teams gleichzeitig drehen zu können. 1989 nahm Eon fast alle Hallen der Churubusco Studios in Mexiko City in Beschlag, um dort den Film *Lizenz zum Töten* zu realisieren. Als Mitte der 90er Jahre nach der eher unbefriedigenden Arbeit in Mexiko die Entscheidung fiel, doch wieder in England zu drehen und sich herausstellte, dass die traditionelle Basis Pinewood belegt war, wich man auf die ehemaligen Militäranlagen und Rolls-Royce-Fertigungshallen in Leavesden bei London aus. Schon Mitte 1994 zogen zahlreiche Architekten, Ingenieure und Statiker in die 32 Kilometer nordwestlich der Hauptstadt in der Nähe des Städtchens Watford gelegenen Fabrikhallen ein, die glücklicherweise nicht mehr benötigt wurden. Dort führten sie erste Tests durch. Geräuschmessungen und Testfahrten standen ebenso auf dem Programm, wie die Erneuerung der Büros und die Errichtung einer neuen Kommunikationsinfrastruktur, denn schließlich sollten dort große Teile des Films *GoldenEye* entstehen. Das ganze Areal umfasst 46.500 Quadratmeter. Dazu zählen fünf Hallen und etwas über 40.000 Quadratmeter Freifläche. Auf dem Freigelände entstanden Straßenzüge von St. Petersburg und die Startbahn für ein Kleinflugzeug sowie diverse Jets, die in verkleinerten Maßstäben gebaut wurden. Die Panzerverfolgungsjagd wurde zum Actionhighlight des Films. Innerhalb der Hallen entstanden ein russischer Club, die Büros von M und Q, die russische Nervengasfabrik, das bibliografische Archiv, das Verhörzimmer, Modelle der Satellitenanlage in Arecibo, die Räume der Satellitenstation Severnaya und das Hauptquartier von Bonds Widersacher Alec Trevelyan. Die Planungsgeschicklichkeit der Produzenten beweist die Tatsache, dass diese Schaltzentrale des Gangsters erst eingerichtet wurde, nachdem dort die Pressekonferenz stattgefunden hatte, bei der sich Regisseur, Produzenten, Autoren und Stars im Januar 1995 erstmals der Weltöffentlichkeit vorstellten.

GoldenEye sollte der bislang einzige 007-Film werden, der in Leavesden, in der Grafschaft Hertfordshire, entstand. Als die Produzenten knapp zwei Jahre später erneut anfragten, waren sie nur zweiter Sieger, denn George Lucas hatte sich die Hallen gesichert, um dort große Teile von *Star Wars Episode I – Die dunkle Bedrohung* zu inszenieren. Bis dahin hatte Leavesden nur als Teilzeitstudio gedient. Doch mit den riesigen Aufbauten, die Lucas dort installierte, erlangte das Areal den Ruf, eine der seltenen Anlagen in Großbritannien zu sein, wo Großproduktionen realisiert werden können. So entstanden hier etwa *Sleepy Hollow* (1999), *Star Wars – Episode II* (2002), die Harry-Potter-Filme und das jüngste Batman-Abenteuer *The Dark Knight* (2008). Mittlerweile sind die Leavesden-Studios langfristig belegt; sie können übrigens nicht besichtigt werden.

Elstree Studios
Shenley Rd.
Borehamwood, Hertfordshire, WD6 1JE
0044 - 020 8953 1600
www.elstreefilmstudios.co.uk

Wer tatsächlich eine „Bond Night" oder Ähnliches buchen will oder seine nächste Weihnachtsfeier in ausgefallenem Ambiente ausrichten möchte, setzt sich mit Hospitality Manager Brian Coleman in Verbindung: 0044 - 020 8324 2734. Man kann auch direkt über die Elstree-Homepage eine Buchungsanfrage eingeben oder eine email schicken an: info@elstreefilmstudios.co.uk

Da zur Zeit der Dreharbeiten von *Der Morgen stirbt nie* Pinewood ebenfalls ausgebucht war, sah sich die Bond-Produktionsfirma Eon wieder einmal gezwungen, neue Wege zu gehen. Die Bond-Produzenten wichen auf das ausgediente Lagergelände eines Kwik-Save-Lebensmittelmarktes aus. Der ehemalige Shopping-Komplex in Frogmore, in der Nähe von St. Albans bei London, wurde kurzerhand in die präzise benannten Eon-Studios umgewandelt, wo am ersten April 1997 das Produktionsteam von Pierce Brosnans zweitem Bond-Abenteuer Einzug hielt. Dort entstanden vor allem vietnamesische Straßenzüge für die Verfolgungsjagd mit dem Motorrad. Aber auch Wai Lins Kampf gegen einige Gangster, der in ihrem Haus beziehungsweise High-Tech-Büro stattfindet, wurde dort gedreht. Außerdem sind Teile von Carvers in Hamburg spielender Ansprache zum Start seines neuen Satellitennetzwerkes sowie Brosnans Szenen der Eröffnungssequenz Eon-Studio-Aufnahmen.

PLATZ GENUG FÜR COOLE KULISSEN:
Die Hallen der alten Rolls-Royce-Werke in Leavesden

London

Marylebone
Mayfair
Soho
St. James's
Westminster
Belgravia
Pimlico
Hyde Park
Green Park
St. James's Park
Buckingham Palace
Gardens
Oxford Street
Wigmore Street
Seymour Street
Piccadilly
Knightsbridge
Portman Square
Cavendish Square
Hanover Square
Grosvenor Square
Berkeley Square
Soho Square
Belgrave Square
Leicester Sq.
Trafalgar Sq.
Parliament Square
Cadogan Square
Sloane Square
Warwick Square
Eccleston Sq.
Victoria Station
Victoria Coach Station
Victoria Air Terminal
Charing Cross Station
Hyde Park Corner
Wellington Barracks
New Scotland Yard
Depts. of the Environment and Transport
Westminster School Playing Field
Chelsea Barracks
Royal Hospital
Royal Hospital Chelsea
Westminster Bridge
Lambeth Bridge
Vauxhall Bridge
Victoria Embankment
Victoria Tower Gdns.
Black Rod Gardens
Whitehall
Downing St.
Victoria Street
Horseferry Road
Vauxhall Bridge Road
Belgrave Road
Bressenden Pl.
Grosvenor Pl.
Park Lane
Regent Street
Shaftesbury
Pall Mall
The Mall
Birdcage Walk
Millbank
British Museum
National Gallery
Westminster Abbey
Houses of Parliament
Big Ben
Tate Gallery of British Art
0
600 m
N

1	Club Les Ambassadeurs, Hamilton Place: Außenaufnahmen des Club Le Cercle. (DN)
2	Langham Hilton Hotel: Bond steigt im Grand Hotel Europe ab. Schauplatz St. Petersburg (GE)
3	St. Pancras Station: Natalya schafft es nach Moskau und kommt auf dem Bahnhof an. (GE)
4	Draper's Hall an der Throgmorton Street, EC2N (innen): Treffen der Minister (GE)
5	HM Treasury Chambers, Great George Street: Hauptquartier des MI 6 (OHMSS)
6	Trafalgar Square, Fassade des Reform Club: Bond und Graves liefern sich ein Fechtduell. (DAD)
7	Trafalgar Square, Lobby des Reform Club: Bond begegnet Graves. (DAD)
8	Hof des Somerset House, The Strand (Außenaufnahmen) (GE)

1	Vauxhall Bridge, 85 Albert Embankment: Dienstgebäude des MI 6 (GE), (DAD), (TWINE)
2	Queensborough und Hampton House, Albert Embankment: Hauptquartier des MI 6 (DN)
3	Buckingham Palace: Die Palastwache entführt Mata Bond am Buckingham Palace. (CR, 67)
4	Buckingham Palace: Graves landet per Fallschirm vor den Gärten des Buckingham Palace. (DAD)
5	Parlamentsgebäude: Bond verfolgt die Attentäterin im Boot. (TWINE)
6	Vauxhall Cross: Ein Portier gibt Bond einen Schlüssel für die U-Bahnstation „Vauxhall Cross." (DAD)
7	Downing Street No. 10: Sir James und Mata Bond reisen zur Downing Street No. 10. (CR, 67)
8	The Old War Office, Whitehall: Dienstgebäude des MI 6. Hadley informiert Bond. (CR, 67)
9	Trafalgar Square: Mata wird in ein landendes UFO geschleppt. (CR, 67)
10	Inland Revenue Offices: Bond sieht die Tagesausgabe des Tomorrow. (TND)
11	Auktionshaus Sotheby's, 34-35 New Bond Street: Bond begleitet Fanning zu Sotheby's. (OPY)
12	College of Arms: Bond nimmt die Stelle eines Ahnenforschers ein. (OHMSS)
13	London Wall: Bond, M und Miss Moneypenny fahren entlang des London Wall. (TND)

1	Big Ben (CR, 06)

England

Heimat und Familie: James Bonds Wohnung und sein Arbeitsplatz MI 6

Dem amerikanischen Fernseh-Bond von 1954 war, wie bereits erwähnt, kein durchschlagender Erfolg beschieden. Bei Harry Saltzmans und Albert R. Broccolis Produktionen erhielt der Geheimagent wieder die englische Staatsbürgerschaft, wie bei Ian Fleming vorgesehen. Er ist in England zu Hause, seine Wohnung und sein Arbeitgeber MI 6 befinden sich in der Hauptstadt London. In Flemings Romanen gibt es bestimmte wiederkehrende Orte, die in den Filmen nur zum Teil übernommen wurden. So liegt zum Beispiel das Hauptquartier von MI 6 am Londoner Regent's Park, in einem hohen Gebäude, das im Keller über einen Schießstand verfügt. Merkwürdigerweise variiert jedoch die Büroetage, in der 007 auf M trifft, zwischen dem 7., 8. und 9. Stock *(Goldfinger, Feuerball, Moonraker)*. Dorthin fährt er von seiner Wohnung, die sich an „einem kleinen Platz abseits der King's Road in einem Regency House" befindet. Der amerikanische Journalist John Griswold ist den vielen Hinweisen in Flemings Büchern nachgegangen. Demnach bewegt sich Bond von Nr. 30 Wellington Square, dem Sloane Square und der Sloane Street via Knightsbridge, Park Lane, Marble Arch, Oxford Street und Baker Street zu MI 6. In den Filmen taucht Bonds Appartement nur zweimal auf: relativ zu Beginn des ersten Eon-Films *James Bond – 007 jagt Dr. No* (siehe Seite 116–117) und noch einmal zu Anfang des ersten Roger-Moore-Einsatzes *Leben und sterben lassen* (siehe Seite 82–83), aber diese Szenen entstanden im Studio.

NICHT KLEIN ZU KRIEGEN:
Der Tower vor der Londoner Skyline

Nach Ian Flemings Angaben ist Bonds Vater ein Schotte und seine Mutter eine Schweizerin. In den Filmen wird Bonds familiärer Hintergrund so gut wie nie thematisiert und seine Herkunft sogar verschwiegen. In *Dr. No* lässt Geheimdienstchef M spät nachts nach Bond, den er zu Hause nicht erreichen kann, suchen. Da die Ära des Mobiltelefons noch weit in der Zukunft lag, muss die Nachricht auf altmodische Weise per Kurier überbracht werden. Bond wird in privatem Kontext in die Kino-Historie eingeführt: er befindet sich zum rein persönlichen Vergnügen und vollkommen außerdienstlich in einem Club namens Le Cercle, wo er am Spieltisch eine schöne Frau um ihr Geld erleichtert. Seine Freizeit verbringt 007 also in exklusivem Ambiente und auch zu nicht unbedingt der Norm entsprechenden Tagesbeziehungsweise Nachtzeiten. Er kann es sich leisten, denn Familie im klassischen Sinne hat er nicht. Sylvia Trench, die Frau vom Spieltisch, fungiert in den ersten beiden Spielfilmen zumindest als eine Art amouröses Basislager. Nach der Begegnung im Le Cercle verschafft sie sich Zugang zu Bonds Wohnung und verkürzt die Wartezeit auf den von seiner Dienstbesprechung zurückkehrenden Agenten auf unkonventionelle Art und Weise: Sie versucht, notdürftig in ein knappes Negligé gehüllt, auf dem Teppichboden mit Golfball und Schläger das Einlochen zu üben.

MIT VOLLGAS DURCH DIE CITY:
Bond und M stehen in London niemals im Stau

Bonds Wohnung ist, soweit erkennbar, ein recht gewöhnliches Studio-Set aus den sechziger Jahren, das sich im Look und Design nicht maßgeblich unterscheidet von seinem Hotelzimmer in *Liebesgrüße aus Moskau*, ein Jahr später. In diesem Film wird der echte James Bond (das als 007 maskierte Mordopfer von Grant sei hier ausgeklammert) erneut in sehr privater und fast schon institutionalisierter Weise bei einer Art Picknick im Freien mit Sylvia Trench eingeführt. Sie vergnügen sich am Ufer eines Flusses im Grünen, als MI 6 seinen Agenten zum Dienst einbestellt. Dieses nahezu familiäre Verhältnis der beiden sollte nach Regisseur Terence Youngs Willen ein regelmäßig wiederkehrendes Element der Filmserie werden, doch schon ein Jahr später in *Goldfinger* strich der für diesen Film verpflichtete Regisseur Guy Hamilton die von Eunice Gayson verkörperte Rolle, die seitdem auch nicht mehr auftauchte.

Bonds eigentliche Familie sind die immer wiederkehrenden Charaktere aus dem Arbeitsumfeld: Geheimdienstleiter M (Bernard Lee und später Robert Brown) als Vaterfigur, der seit *GoldenEye* (1995) zu einer von Judi Dench gespielten Mutterfigur mutierte, der lustige Onkel Q (Desmond Llewelyn und später John Cleese) und die gute Freundin Moneypenny, die von Lois Maxwell fast ein Vierteljahrhundert lang geprägt wurde. Bezeichnenderweise ist genau dieses Dreiergespann auch in Bonds privatestem und familiärstem Moment anwesend, nämlich bei seiner Hochzeit in *Im Geheimdienst Ihrer Majestät*. Dort fungieren sie inmitten der zahlreichen Gäste als die einzigen Angehörigen Bonds, und Miss Moneypenny vergießt sogar ein paar Tränen. Offensichtlich sind sie einander so vertraut, dass in Roger Moores erstem Auftritt in *Leben und sterben lassen* sowohl M als auch Moneypenny unangemeldet in Bonds Wohnung auftauchen und dabei dessen amouröse Freizeitgestaltung unterbrechen. Moneypenny beschützt sogar in kollegialer

Dass auch die Handlungen von Bond-Filmen eine Menge Wahrheit enthalten, ist im Laufe der Jahre gelegentlich lobend erwähnt worden. Am 20. September 2000 musste das der britische Geheimdienst erfahren, denn an diesem Tag verübte eine Splittergruppe der IRA einen Anschlag auf das Hauptquartier von MI 6 an der Themse in London. Eine ähnliche Szene ist in den ersten Minuten von *Die Welt ist nicht genug* (1999) zu sehen. Nach dem Film-Attentat klafft ein großes Loch in der Außenwand, was jedoch unrealistisch ist, denn das echte Gebäude ist bombensicher, und die Fenster sind dreifach panzerverglast. Daher entstand in der Realität nur geringer Sachschaden.

Angelehnt an weitere Szenen des Films flüchteten fünf Männer nur zwei Monate später mit einem Schnellboot über die Themse. Sie drangen mit Gasmasken und einem Bulldozer in den Millennium Dome ein und erbeuteten bei ihrem Raubzug Diamanten im Wert von 560 Millionen Euro. Das Schnellboot nützte nichts. Sie wurden gefasst.

007 UND SEINE BESSERE HÄLFTE:
Bond und Moneypenny beim Small Talk im Büro

und freundschaftlicher Weise 007 vor einer peinlichen Situation seinem Chef (und seiner Vaterfigur) gegenüber, als sie Ms Mantel aus dem Schrank holt, bevor der Geheimdienstleiter dies selbst tut und dabei die dort versteckte Liebschaft entdeckt. In *Im Geheimdienst Ihrer Majestät* sorgt eine sturköpfige Kommunikationsblockade zwischen „Vater und Sohn" beinahe für den verfrühten Austritt von 007 aus dem Geheimdienst, wäre da nicht die integrative Kraft Moneypennys, die Bonds Kündigungsschreiben an M in ein zweiwöchiges Urlaubsgesuch umwandelt. Während sie dies tut, sehen wir Bond zum einzigen Mal in der Serie in seinem eigenen Büro, das ein ebenso unscheinbares Studio-Set ist, wie seine Wohnungen. Es handelt sich um ein langweiliges Zimmer mit Schreibtisch und ohne irgendwelche, seinen Charakter erklärende Auffälligkeiten. Es verwundert kaum, dass er hier einige Souvenirs aus früheren Abenteuern wehmütig begutachtet und ansonsten lieber Dienst an den exklusivsten und exotischsten Schauplätzen der Welt tut, als an diesem tristen Ort, der zu sehr nach Bürokratie und Normalität aussieht.

Dementsprechend treibt er sich, wenn er nicht in Ms Büro beordert wurde, auch lieber in Moneypennys Vorzimmer zum Standard-Flirt oder in Qs Arbeitsbereich herum, denn dort verspricht es, amüsanter zu sein. In den ersten beiden Eon-Filmen heißt die Figur jedoch noch nicht Q. In *James Bond – 007 jagt Dr. No* spielt Norman Burton einen noch namenlosen Waffenmeister, der Bond seine Beretta, eine Waffe, gut geeignet für eine Damenhandtasche, abnimmt und ihm stattdessen eine Walther PPK überreicht. *Liebesgrüße aus Moskau* führt erstmals Desmond Llewelyn ein, der hier noch als Major Boothroyd einen trickreichen Aktenkoffer an 007 weitergibt, und ab *Goldfinger* in seiner Amtsbezeichnung Q die Rolle des genialischen Ausrüsters ausfüllt, was er bis ins hohe Alter fortführte. Am 19. Dezember 1999 verunglückte der 85-jährige Llewelyn bei einem Autounfall auf der A 27 bei Firle, East Sussex, nachdem er die Dreharbeiten zu *Die Welt ist nicht genug* abgeschlossen hatte. In siebzehn Bond-Abenteuern belieferte er 007 mit großen und kleinen Gadgets. Seit *Goldfinger* zeigte er sich auch immer genervter von James Bonds verantwortungslosem Umgang mit wertvoller Ausrüstung, was stets zu humorigen Wortgefechten führte. Aber so erhält Bond neben den notwendigen, teils lebenserhaltenden Erfindungen auch aus seiner Beziehung zu Q eine Art familiären Rückhalt. Heimat, Familie und zu Hause ist für 007 eben MI 6.

In den Filmen wechselt das Hauptquartier des MI 6 innerhalb der Stadt. Zwar deutet das Firmenschild „Universal Exports", das als Cover für den britischen Geheimdienst dient, gelegentlich auf ein entsprechendes Gebäude hin, doch es hängt fast immer an unterschiedlichen Häusern. Generell liegt es im Zentrum Londons. Mehrfach wurde etwa das War Office in Whitehall benutzt, einmal war es an der Südseite des Trafalgar Square. In *James Bond – 007 jagt Dr. No* handelt es sich um das Queensborough und Hampton House (12–18 Albert Embankment) an der Themse, an dem das Schild zu sehen ist. In *Im Geheimdienst Ihrer Majestät* befindet es sich an den HM Treasury Chambers in der Great George Street. Seit dem Film *GoldenEye* ist MI 6, der Realität entsprechend, im Vauxhall-Cross-Gebäude an der Themse untergebracht. Es liegt an der Vauxhall Bridge (85 Albert Embankment) und wurde sogar schon Ziel eines Anschlags (siehe Info-Kasten).

Bisweilen wurden auch relevante Häuser und Objekte der englischen Hauptstadt in den Filmen kurz gezeigt, wie der Palace of Westminster mit den beiden Houses of Parliament oder aber Big Ben, Buckingham Palace, die Bond Street, The Strand, Downing Street No. 10 oder ein roter Doppeldeckerbus. Sporadisch gibt es einige Fahrszenen in der Stadt, aber generell spielt London, was die Außenaufnahmen an markanten, wiedererkennbaren Drehorten betrifft, in den Spielfilmen keine so große Rolle wie in den Büchern, wo genaue Ortsbezeichnungen innerhalb der Hauptstadt sehr häufig vorkommen. Am ausführlichsten präsentiert der Film *Die Welt ist nicht genug* die Stadt im Rahmen einer Bootsverfolgungsjagd, die von März bis Mai 1999 auf der Themse realisiert wurde und bis zum Millennium Dome führte. Einzelne Londoner Gebäude stellten jedoch häufig Handlungsorte dar, die in anderen Städten spielen (siehe z.B. *GoldenEye* Seite 98–99).

BOMBENSICHER:
Das MI 6-Hauptquartier im Vauxhall-Cross-Gebäude

1 Eilean Donan Castle, Loch Alsh: Treffen im schottischen Hauptquartier des MI 6 (TWINE)
2 Crinan: Bond und Tatiana kapern einen Laster. (FRWL)
3 Firth of Lorn: Bootsverfolgungsjagd. Schauplatz Grenze Italien/Jugoslawien (FRWL)

1 Killin und Falls of Dochart: Bond überbringt der Witwe Mimi das Haarteil ihres Mannes. (CR, 67)
2 Faslane, HM Naval Base Clyde: Bond wird über den Verlust eines U-Bootes informiert. (TSWLM)

Nur zu einem Land hat James Bond eine noch engere familiäre Bindung als zu England: Dabei handelt es sich um Schottland. Laut Ian Flemings Steckbrief ist 007 der Sohn eines Schotten und einer Schweizerin. Der Autor selbst war dem Land sehr verbunden. Sein Großvater Robert wuchs in Dundee auf. Ian machte häufiger in Schottland Urlaub, spielte gern Golf auf der berühmten Anlage von Gleneagles oder besuchte seine Familienangehörigen in Black Mount am Loch Tulla, etwa 70 Meilen nördlich von Glasgow. Auch dienstlich hielt er sich in Schottland auf. Fleming bekleidete den Rang eines Commanders – eine Ehre, die er seinem Romanhelden James Bond ebenfalls zuteilwerden ließ – und musste, um die Position zu behalten, jedes Jahr zwei Wochen Marineausbildung absolvieren. Er tat dies unter anderem an Bord eines U-Bootes in Invergordon an der Nordwestküste Schottlands. Die Filmemacher haben Bonds familiären Hintergrund so gut wie nie thematisiert und seine Herkunft sogar verschwiegen. Erst drei Mal wurde in der Heimat von Bonds Vater gedreht. Aber nicht jedes Mal spielen die Szenen auch dort.

PILGERSTÄTTE FÜR ALLE HIGHLANDER:
Das Eilean Donan Castle am Loch Alsh

Dieser Fall tritt schon in einem sehr frühen Stadium der Bond-Filmserie ein, und zwar mit einer Verfolgungsjagd, die deutlich zeigt, dass die Verantwortlichen von Alfred Hitchcocks Klassiker *Der unsichtbare Dritte* inspiriert wurden. In diesem Film aus dem Jahr 1959 muss Cary Grant vor einem angreifenden Flugzeug flüchten, dessen Piloten ihn mit Insektenvernichtungsmitteln malträtieren. Nur vier Jahre später wird Sean Connery in *Liebesgrüße aus Moskau* gezwungen, vor einem Hubschrauber wegzulaufen, aus dem der Co-Pilot Handgranaten abwirft. Im Film spielt die Sequenz auf dem Balkan, vermutlich im heutigen Slowenien, kurz vor der italienischen Adriaküste. Inszeniert wurde jedoch in Crinan, bei Lochgilphead in der Provinz Argyll in den schottischen Highlands. Das Gebiet liegt rund 100 Meilen westlich von Glasgow. Genau dort kam es am 6. Juli 1963 zu einem schweren Unfall. Regisseur Terence Young und ein Kameramann stürzten mit einem Hubschrauber aus etwa zwölf Metern Höhe ab und fielen ins Wasser. Der Kameramann wurde schwer verletzt, Terence Young leicht. Er konnte die noch ausstehenden Szenen beenden, musste aber einen Arm in einer Schlinge tragen. Unabhängig von seinem Gesundheitszustand drehte Young in der Provinz Argyll am Lunga House in Lunga, das etwa 16 Meilen nördlich von Crinan liegt. Außerdem inszenierte er Teile einer Bootsverfolgungsjagd, die am Firth of Lorn bei Kilmichael und am Minard Point Richtung Süden, in der Nähe von Insh Island, vorbeiführte. Ferner verlief die Strecke dieses explosiven Highlights entlang Luing, Shuna, Dub Mor und Loch Craignish, der sich ebenfalls in der Provinz Argyll befindet.

Rund 25 Meilen nordwestlich von Glasgow in Faslane liegt die HM Naval Base Clyde. Das Hauptquartier der Königlichen Marine in Schottland, Standort der strategischen nuklearen Abschreckungswaffen des Vereinigten Königreichs, wurde für einige Einstellungen des Films *Der Spion, der mich liebte* aus dem Jahr 1977 genutzt. Dort wird Bond, alias Roger Moore, über den Verlust eines U-Bootes informiert.

22 Jahre später findet in *Die Welt ist nicht genug* ebenfalls eine Art Briefing in Schottland statt. Nach einem Anschlag auf das Hauptquartier des britischen Geheimdienstes in London trifft sich M mit ihren Mitarbeitern im sogenannten Castle Thane. Anfang Februar 1999 wurden dafür Außenaufnahmen des schottischen Eilean Donan Castle am Loch Alsh in der Provinz Rossshire an der Westküste gedreht. Das Schloss war schon in *Braveheart, Highlander* und diversen anderen Filmen zu sehen. Innenaufnahmen machte die Bond-Crew jedoch keine. Stattdessen sorgten Studiokulissen für das benötigte Ambiente. Wer das Anwesen besucht, kann im Eingangsbereich ein Foto entdecken, auf dem Pierce Brosnan als James Bond in seinem silbernen Aston Martin DB 5 vom Schloss aus über die Brücke wegfährt. Inszeniert wurde dort auch, aber bis in den fertigen Film hat es die Szene nicht geschafft. Das Foto ist der einzige Beweis.

TOURISTEN NICHT ERWÜNSCHT:
HM Naval Base Clyde in Faslane

Frankreich

Frankreich
1 Anet, Château d'Anet: Bond schaltet
2 Chamonix: Elektra und Bond fliegen
3 Hochplateau bei Peyresourde: Ein Je
4 Gréolières, Gebirgsstraßen: Verfolgu
5 Nizza, Studios la Victorine: Domino
6 Saint-Jean-Cap-Ferrat, Villa Ephrussi c
7 Nizza, Flughafen: Bond wird von Fe
8 Antibes, Fort Carré: Largos Anwesen
1 Menton: Fatima versucht, Bond auf e
2 Roquebrune-Cap-Martin: Bond, Leiter
3 Villefranche: Bond schwingt sich auf
4 Villefranche, Zitadelle Sainte-Elme: B
Monaco
1 Casino, Teatro Fort Antoine: Im Cas
2 Jachthafen: Xenia und ein Kollege er
1 Monaco: Verfolgungsjagd (GE)
2 Monaco: Leiter und Nicole begrüße
Celtic Sea
GROSSBRITANNIEN UND NORDIRLAND
LONDON
English Channel
La Manche
Channel Islands (UK.)
Golfe de St. Malo
Golf von Biscaya
Golfe de Gascogne
Golfe du Lion
PARIS
LILLE
ROUEN
CAEN
RENNES
NANTES
LE MANS
ORLÉANS
TOURS
ANGERS
DIJON
BESANÇON
LYON
LIMOGES
CLERMONT-FERRAND
ST.-ETIENNE
GRENOBLE
BORDEAUX
TOULOUSE
MONTPELLIER
NÎMES
MARSEILLE
TOULON
PERPIGNAN
AIX-EN-PROV.
GENÈVE
REIMS
METZ
AMIENS
FRANKREICH
SPANIEN
PYRENÄEN
Massif Central
FRANKREICH
MONACO
MONTE CARLO
Casino
Kongresszentrum
Hafen von Monaco
Ozeanographisches Museum
Hafen von Fontvieille
Côte d'Azur
0
2 km

:hen Agenten Jacques Bouvoir aus. (TB)
n die Berge. Schauplatz Baku (TWINE)
orpedos wird gesichtet. (TND)
uplatz Monaco (GE)
angeboten. (NSNA)
argos Anwesen Palmyra (NSNA)
Nicole begrüßt. Schauplatz Monaco (NSNA)
NA)

heuchen. (NSNA)
eobachten die Flying Saucer. (NSNA)
und rast hinter Fatima her. (NSNA)
aus dem Gefängnis befreien. (NSNA)

Xenia kennen. (GE)
tenen Tiger-Helikopter. (GE)

A)

TEURES PFLASTER: *Die Côte d'Azur ist nichts für arme Schlucker*

Außer in Großbritannien war Bond am häufigsten in Frankreich im Einsatz. Für sieben Filme wurde in Frankreich gedreht und sechs Romane und Kurzgeschichten spielen in Teilen dort. Einmal wurde fast die gesamte Produktion nach Paris verlegt (*Moonraker*, 1979), und zudem erhielten viele französische Akteure wie etwa Claudine Auger, Corinne Clery, Carole Bouquet, Sophie Marceau, Hervé Villechaize, Michael Lonsdale, Louis Jourdan, Simon Abkarian und Mathieu Amalric zumeist Haupt- oder wichtigen Nebenrollen. Diese besondere Affinität zu Frankreich galt übrigens auch für Ian Fleming.

Schon in den 30er Jahren besuchte Fleming mehrfach Dieppe. Im März 1942 war er erneut dort, um sich über den Kampf der eigenen Truppen gegen die Deutschen zu informieren. Im September 1948 hielt er sich zum ersten Mal in Paris auf. Als er im Frühjahr 1952 seinen ersten Roman *Casino Royale* verfasste, siedelte er diesen in einem Casino in Frankreich an – und nicht in England. Nach Flemings Angaben, befinden sich das Casino und das Hotel Splendide in Royale-Les-Eaux, nördlich von Dieppe, „in der Nähe der Sommemündung, bevor der flache Küstenstreifen der südlichen Picardie zu der bretonischen Steilküste ansteigt, die erst in Le Havre endet." Dort wohnt Bond im Hotel Splendide an der Promenade des Anglais.

Die Beschreibung der Lage erinnert sehr an Orte, die Fleming selbst kannte und an Casinos, in denen er gespielt hatte. Dabei handelt es sich um die Badeorte Le Touquet, Trouville und Deauville an der Nordwestküste. Die Spielszene hatte er in ähnlicher Weise im Juni 1941 im Casino der portugiesischen Stadt Estoril erlebt. Der Ort Royale-Les-Eaux ist erfunden, doch in der Picardie gab es in den 50er Jahren tatsächlich eine Reihe luxuriöser Casinos.

Fleming siedelte seine Geschichten nicht nur in Nordwestfrankreich an. In *Liebesgrüße aus Moskau* kommt Bond nach Vallorbes und Dijon und wohnt im Hotel Ritz an der Rue Cambon – also nicht in Venedig wie im gleichnamigen Film. Der Roman *Im Geheimdienst Ihrer Majestät* spielt zum Teil in Marseille und Straßburg.

In der Paris spielen ebenfalls Teile von Flemings Geschichten. Drei Filme entstanden zu wesentlichen Teilen dort (siehe Seite 151 – 152). Einmal suchte ein Produktionsteam auch den Süden und da speziell die Côte d'Azur auf. Für Sean Connerys Rückkehr als 007 in *Sag niemals nie* nutzte die Crew die in Nizza gelegenen Studios La Victorine als Basis. Gedreht wurde im September und Oktober 1982 am örtlichen Flughafen, in Menton, Villefranche-sur-Mer sowie im Hafen Port de Villefranche Darse, in Antibes und in St. Jean-Cap Ferrat. Vor allem die aufwändige Motorradjagd sorgte für Aufsehen und kann sich immer noch mit heutigen Actionsequenzen messen. 13 Jahre später war man erneut an der Côte d'Azur. Aber jetzt tanzten nicht Sean Connery und Kim Basinger im Spielcasino von Monaco, sondern Pierce Brosnan und Famke Janssen spielten dort Blackjack um hohe Einsätze (*GoldenEye*). Außerdem wurde für den ersten Einsatz des Iren eine Verfolgungsjagd in Gréolieres inszeniert, die bis kurz vor Monaco führte. Zwei weitere Sequenzen entstanden in Frankreich. Der Auftakt des Films *Der Morgen stirbt nie* wurde im Januar und Februar 1997 auf einem Hochplateau nahe Peyresourde und Luchon in den Pyrenäen inszeniert, wenn auch ohne Pierce Brosnan, der stattdessen im Studio kämpfte. Rund zwei Jahre später musste Brosnan für *Die Welt ist nicht genug* allerdings doch in den Schnee, denn bei Chamonix, im Skigebiet La Flégère, wurde eine Skiverfolgungsjagd realisiert. Das war der bislang letzte Arbeits-Aufenthalt der Bond-Produzenten in Frankreich, der sich auf mehrere Besuche verteilte, denn aufgrund von Lawinen mussten die Dreharbeiten öfter unterbrochen werden.

Bond und Elektra King in Die Welt ist nicht genug

Großraum Paris

1 Flughafen Charles de Gaulle: Corinne holt Bond mit dem Hubschrauber ab. Schauplatz LAX (MR)
2 Melun, Château de Vaux-le-Vicomte: Anwesen des Multimillionärs Hugo Drax. Schauplatz L.A. (MR)
3 Paris, Livry Gargan: Bond wird unter eine Raketenrampe gesperrt. Schauplatz Guatemala (MR)
4 Billancourt Studios: Bond rast ohne Fallschirm auf die Erde zu. (MR)
5 Château d'Anet: Agent Jacques Bouvoir bei seiner eigenen Beerdigung (TB)

1 Chantilly, Château de Chantilly: Bond und Tibbett fahren zu Zorins Schloss. (AVTAK)
2 Piste d'Avilly (Rennbahn): Zorin lädt Bond zu einem Ausritt ein. (AVTAK)

Château de Chantilly
Das Schloss liegt rund 50 Kilometer nordöstlich von Paris und wurde um 1560 erbaut. Innenräume des Schlosses, aber auch das Gestüt und die Rennbahn wurden für den Film *Im Angesicht des Todes* genutzt. Es dient als Basis des Gangsters Max Zorin. Chantilly gilt als das größte europäische Trainingszentrum für Rennpferde. Das Schloss ist vom Pariser Bahnhof Gare du Nord erreichbar. Man kann von dort aus bis Chantilly-Gouvieux fahren.

Château de Chantilly - Musée Condé
BP 70243 , 60631 Chantilly
Tel. 0033 03 44 27 31 80
www.chateaudechantilly.com

Öffnung:
22. März 2008 bis 2. November 2008
von 10 – 18 Uhr.
Ab 3. November 2008
von 10.30 – 17 Uhr
(außer dienstags)

NAH AM WASSER GEBAUT:
Das Château de Chantilly in der Nähe von Paris

ALPTRAUM FÜR FENSTERPUTZER:
Schloss Vaux-le-Vicomte bei Melun

Château Vaux-le-Vicomte
Das Barockschloss wurde zwischen 1656 und 1661 vom französischen Finanzminister König Ludwigs XIV. erbaut. Es befindet sich rund 50 Kilometer südöstlich von Paris im Nordosten der Stadt Melun. Im Film *Moonraker – Streng geheim* liegt es nahe Los Angeles und dient dem Gangster Drax als Basis für seine kriminellen Geschäfte. Die Außenanlagen und der Barockgarten wurden ebenso von den Filmemachern genutzt wie Räumlichkeiten innerhalb des Schlosses.

Chateau Vaux-le-Vicomte
77950 Maincy
Tel: 0033 01 64 14 41 90
E-Mail: chateau@vaux-le-vicomte.com
www.vaux-le-vicomte.com

Öffnung:
Vom 25. März bis 12. November
von 10 – 18 Uhr

Château d'Anet
Das französische Renaissance-Schloss wurde von 1547 bis 1552 von Diane de Poitiers rund 78 Kilometer außerhalb von Paris und 16 Kilometer außerhalb von Dreux erbaut. Während der französischen Revolution wurde es fast vollständig zerstört und ab 1840 restauriert. Wer Kontakt aufnehmen möchte, macht das am besten über:

M et Mme de Yturbe
Château d'Anet
28260 Anet
Tel: 0033 (0)2 37 41 90 07
www.chateaudanet.com

Öffnung vom 1. April bis 31. Oktober:
Mo, Mi, Fr 14 – 18 Uhr
Vom 1. bis 30. November
und vom 1. Februar bis zum 31. März:
Sa, So 14 – 17 Uhr
(im Dezember und Januar ist nicht geöffnet)

UND LEISE KNIRSCHT DER KIES...
Das Château d'Anet war 1965 ein Drehort von Feuerball

Paris

1 Centre Georges Pompidou, 5. Etage: Büro von Dr. Holly Goodhead (MR)

1 Boulevard Haussmann: SPECTRE plant, die britische Regierung zu erpressen. (TB)
2 Pont Neuf (AVTAK)
3 Pont Alexandre III.: Bond klaut ein Taxi und verfolgt May Day entlang der Seine. (AVTAK)
4 Eiffelturm, Restaurant Jules Verne: Bond trifft sich mit einem Kontaktmann. (AVTAK)
5 Avenue d'Eylau: Emilio Largo betritt ein Büro, in dem SPECTRE ein Treffen abhält. (TB)

IX
X
XI
III
IV
V
Gare du Nord
Gare de l'Est
Belleville
Hôpital St-Louis
Jardin Villemin
Canal St-Martin
Bd. Montmartre
Bd. Poissonnière
Bd. de Bonne Nouvelle
St Denis
St-Martin
Bourse du Travail
Pl. de la République
Av. de la République
Bd. du Temple
Cirque d'Hiver
Th. d. Bataclan
St Ambroise
Conservatoire des Arts et Métiers
Lyc. Turgot
Ste-Elisabeth
Marché St-Martin
Th. A.S. Berriau
Mairie du 10. Arr.
Palais des Glaces
Douanes
Pompiers
Folies Bergère
Th. des Variétés
La Bourse
N. D. des Victoires
Hôtel des Postes
St-Eustache
Bourse du Commerce et d'Industrie
Forum
Centre G. Pompidou
St-Merri
Musée d'Art et d'Histoire du Judaïsme
Mus. de la Chasse et de la Nature
Hôtel de Roban
Cath. Ste. Croix
Mus. Picasso
Mus. de la Serrure
Musée Carnavalet
St-Denys du St-Sacr.
Marais
Pl. des Vosges
Maison de V. Hugo
Rue de Rivoli
Hôtel de Ville
Quai de l'Hôtel de Ville
Conciergerie
Palais de Justice
Ste Chap.
Hôtel Dieu
Cathedr. Notre-Dame
Île de la Cité
Île St-Louis
Pont Marie
Quai des Célestins
Bd. Henri IV
Col. de Juillet
Pl. de la Bastille
Opéra de Paris Bastille
Rue du Faubourg Saint Antoine
Hôp. des Quinze Vingts
Bibl. de l'Arsenal
Port de Paris Arsenal
Inst. d. M. Arabe
Mus. de Sculp. en Plein Air
La Seine
Jardin T. Rossi
Universités Paris VI Pierre et Marie Curie Paris VII Denis Diderot
Jardin des Plantes
Ménageries
Vivarium
Gr. Galerie de l'Évolution
Muséum National d'Histoire Naturelle
Gare de Lyon
Pont d'Austerlitz
Bd. St-Michel
Mus. Nat. et Hôtel de Cluny
Univ. Paris IV Sorbonne
Collège de France
Lycée L. le Grand
St-Etienne du Mont
Panthéon
Lycée Henri IV
Quartier Latin
Rue Soufflot
Inst. Curie
Inst. Oceanique
Mém. de la Déport.
Préfecture de Paris
Quai Saint-Bernard
Quai de la Tournelle
Bd. St Germain
Bd. Richard Lenoir
Bd. Voltaire
Bd. Beaumarchais
Bd. de Sébastopol
Bd. de Strasbourg
Bd. de Magenta
Bd. de la Villette
Bd. de Belleville
N.D. d'Espérance
Th. d. l. Bastille
Préf. de Paris
I.M.L.
0
600 m
R.A.T.P.
N

KEIN MOONRAKER SONDERN DER EIFFELTURM:
Produzent Albert R. Broccoli, Roger Moore, Lois Chiles und Regisseur Lewis Gilbert in Paris

Flemings Vorliebe für Frankreich und Paris ist aufgrund seiner zahlreichen Besuche und Reisen dorthin offensichtlich (siehe Seiten 150 – 151). Mehrfach siedelte er auch Teile seiner Romane dort an. So trifft sich die Verbrecherorganisation SPECTRE in dem Roman *Feuerball* am Boulevard Haussmann in Paris.

Schauplätze der Kurzgeschichte „From A View To A Kill" sind Paris und die rund 30 Kilometer entfernte Umgebung. Dort kommt es zwischen Versailles und St. Germain zu Attentaten auf britische Meldefahrer (Details: siehe Seite 54). Währenddessen hält sich 007 am Pariser Place Pigalle, am Gare du Nord und in seinem Hotel Terminus Nord auf. Er nimmt bei Fouquet's an den Champs Elysées einen Drink zu sich und wird ins Pariser Hauptquartier des Secret Service in der Avenue Gabrielle gebracht. Die Kollegin, die ihn abholt, fährt mit ihm über den Rond Point und die Avenue Matignon bis zum Ziel. Später besucht Bond ein Gebäude, das nördlich des Parks von Versailles an der N 184 liegt, nahe der Kreuzung der Hauptstraßen von Paris nach Mantes und nach Versailles. Er fährt via Etoile und Bois auf der N 184, ehe er den Attentaten auf der D 98 bei Versailles nachgeht.

Paris besuchten die Filmemacher auch schon dreimal. Für *Feuerball* entstand eine kurze Szene an der Avenue d'Eylau. Von dort hat man nicht nur einen guten Blick auf den Eiffelturm; an der Straße befindet sich auch SPECTREs Hauptquartier. Zudem wurde das knapp 80 Kilometer westlich von Paris liegende Château d'Anet zum Schauplatz der ersten actionreichen Minuten des Films. Produzent Harry Saltzman, der selbst viele Jahre in Neuilly-sur-Seine am Stadtrand von Paris lebte, fand das historische Bauwerk (siehe Info-Kasten Seite 147) und nutzte es für eine spektakuläre Flucht mit einem Ein-Mann-Düsenrucksack, den die US-Armee für Kriegseinsätze entwickelt hatte. Das Ergebnis war *die* Kinosensation des Jahres 1965 und selbst zur Eröffnung der Olympiade in Los Angeles 1984 zog ein derart ins Stadion einfliegender Mann noch die Massen in seinen Bann.

13 Jahre nach dem Film *Feuerball*, am 11. August 1978, begannen in den Pariser Epinay Studios die Dreharbeiten zu *Moonraker*. Die hohen britischen Steuern und immer höhere Studiokosten hatten dazu geführt, dass Produzent Albert R. Broccoli sich erstmals auf eine englisch-französische Koproduktion einließ. Nach einer Party zum Drehbeginn auf dem Boot „Ile de France", die drei Tage später stattfand, wurde in den Studios de Boulogne, in Billancourt, Eclair und Epinay gearbeitet, aber auch auf dem Schloss Vaux-le-Vicomte bei Melun (siehe Info-Kasten Seite 147), im Pariser Centre Pompidou, auf dem Flughafen Charles de Gaulle und im Untergrundsystem Livry Gargan in Paris. Kurz vor Drehschluss, am 27. Februar 1979, gab Produzent Broccoli erneut eine große Party, dieses Mal im Nobelrestaurant „Chez Régine's", um sich für die Zusammenarbeit zu bedanken und versprach wiederzukommen. Das geschah auch, aber nie wieder in Form eines kompletten Umzugs von London nach Paris.

ABGEHOBEN:
Bond mit Raketen-Rucksack über dem Château d'Anet

PFLICHTPROGRAMM IN PARIS:
Eine Fahrt auf der Seine am Pont Neuf und der Ile de Cité

SCHON WIEDER PARIS:
Broccoli und Moore in einer Drehpause bei Im Angesicht des Todes

Fünf Jahre nach den Dreharbeiten von *Moonraker* war es so weit. Für den Film *Im Angesicht des Todes* nutzte das Team der Bond-Crew vor allem touristische Highlights wie den Eiffelturm und die Brücken über die Seine, aber auch das außerhalb gelegene Schloss in Chantilly (siehe Info-Kasten). Der Eiffelturm wurde für drei Tage geschlossen. Der erstmals ausgeführte Fallschirmsprung von dem 324 Meter hohen Turm führte sogar zu ungewollten Nachahmern. Jahrelang gelang es niemandem, die strengen Sicherheitsbestimmungen zu umgehen, denn der Turm wird rund um die Uhr von 16 Militärpolizisten bewacht. Im August des Jahres 2000 schafften es zwei junge Franzosen, mit einem Gleitschirm von der obersten Etage abzuspringen. Vier weitere Männer konnten gerade noch zurückgehalten werden. Im Mai 2005 gelang einem Norweger, der sich heimlich einschließen ließ, der Absprung. Sein Schirm öffnete sich jedoch nicht und der Mann starb. Der Schweizer Ueli Gegenschatz sprang am 1. April 2008 (mit Genehmigung) von dem Pariser Wahrzeichen. Für Grace Jones doubelte damals B.J. Worth, der mehrfach für 007- Filme engagiert wurde (siehe Seite 54 – 55).

Ein besonderes Highlight des Films war auch eine von Kaskadeur Remy Julienne konzipierte Verfolgungsjagd, die vom Eiffelturm entlang der Seine bis zur Brücke Pont Alexandre III führte. Unterwegs wurde Bonds Auto sogar geteilt, doch dank spezieller Tricks fuhr der vordere Teil alleine weiter – zumindest bis zur Brücke. Diese Autojagd war in Frankreich so populär, dass die Firma Renault das blaue Taxi später für seine Anzeigenkampagne verwendete. Außerdem entstanden Spielzeugmodelle des Gefährts. Rund um den Turm wurde zudem ein Musikvideo der Popgruppe Duran Duran produziert, in dem ein Bäckereiwagen zum Kontrollzentrum mutierte. Auch dafür musste das berühmte Wahrzeichen drei Tage lang gesperrt werden.

DEN SCHNAPPE ICH MIR:
Sean Connery und Bond-Girl Maryse Guy Mitsouko vor dem Château d'Anet in Feuerball

Niederlande/Amsterdam

1 Rembrandtplein: 007 überquert im Triumph Stag die Rembrandtplein. (DAF)
2 Amstelkanaal, Magere Brug: Die Leiche einer alten Frau wird aus dem Kanal gezogen. (DAF)
3 Reguliersgracht 36: Bond fährt zum Appartement von Tiffany Case. (DAF)

1 Flughafen Schiphol: Bond schmuggelt Diamanten im Sarg des toten Peter Franks. (DAF)

Als Ian Fleming 1955 seinen vierten James-Bond-Roman *Diamonds Are Forever (Diamantenfieber)* verfasste, der ein Jahr später erschien, recherchierte er dafür in London. Er besuchte den Diamantenhändler De Beers und bekam einen Termin in den Büroräumen der Diamond Corporation. Amsterdam selbst, das Zentrum des Diamantenhandels, besuchte er jedoch nie. Dieses Versäumnis holten die Produzenten der Kinoserie nach. Als sie 1971 den gleichnamigen Film drehten, statteten sie auch der holländischen Metropole einen Besuch ab.

Rund neun Minuten des achten James-Bond-Films spielen in Amsterdam. Zunächst biegt das Ausflugsschiff „Prins Willem Alexander" unter der sogenannten Magere Brug in den Amstelkanal ein. Die Bootsgäste müssen im Vorbeifahren mit ansehen, wie die Leiche einer alten Dame aus dem Gewässer gezogen wird. Die beiden Killer Mr. Wint und Mr. Kidd stehen unterdessen auf der schmalen Brücke und fotografieren die Szene.

Parallel dazu fährt 007 in einem gelbfarbenen Triumph Stag in die Stadt. Während im Hintergrund der Thorbeckeplatz (Thorbeckeplein) zu sehen ist, überquert er den Rembrandtplein und hält an der Reguliersgracht an. In dem Haus mit der Nummer 36 wohnt die Schmugglerin Tiffany Case, mit der er verabredet ist. Er gibt sich als Schmuggler Peter Franks aus, wird eingelassen und von Tiffany überprüft. Die Innenaufnahmen der Wohnung und die nachfolgende Schlägerei mit dem echten Peter Franks, der am Abend ganz plötzlich doch auftaucht, entstanden allerdings in den Kulissen der Londoner Pinewood Studios. Nachdem der wahre Peter Franks das Zeitliche gesegnet hat, nimmt Bond von Tiffany Case die Diamanten entgegen und reist nach Los Angeles.

Letztendlich spielen noch einige Szenen auf dem Flughafen Schiphol, doch da das Team dafür keine Drehgenehmigung erhielt, wich es für diese 30 Sekunden Film auf den Frankfurter Flughafen aus. Es blieb eben doch nur ein sehr kurzes Gastspiel in Amsterdam.

TIMES SQUARE FÜR HOLLÄNDER:
Der Rembrandtplein im Herzen der Metropole

SCHMUCKES HÄUSCHEN:
Tiffany Case wohnte in Reguliersgracht 36

RUMHÄNGEN IN AMSTERDAM:
Die Magere Brug am Amstelkanal

Die 1671 gebaute Hebebrücke Magere Brug ist eine der bekanntesten Sehenswürdigkeiten der Stadt und Teil des rund 80 Kilometer langen Netzes von Grachten, die die Metropole durchziehen. Sie liegt an der Kreuzung Kerkstraat / Nieuwe Kerkstraat, zwischen Keizersgracht und Prinsengracht. Grachtenfahrten gibt es auch heute noch. Der Tagespass kostet ca. 18 Euro für Erwachsene und 12 Euro für Kinder.

Nach dem Klingelschild „T. Case" an der Reguliersgracht 36 sucht man vergeblich. Es wurde in London separat aufgenommen und ist nicht am Haus zu sehen.

Deutschland

1 Nordsee: Ein englisches Spionageschiff geht vor Korfu unter. Schauplatz Korfu (FYEO)
2 Frankfurt, Flughafen: Bond schmuggelt Diamanten im Sarg. Schauplatz Flughafen Schiphol (DAF)

1 Hamburg, Flughafen: 007 überprüft mit Q die Versicherungen für sein Dienstauto. (TND)
2 Hamburg, Hotel Atlantic, Alster, Ballin- und Holzdamm sowie Mönckebergstraße (TND)

1 Hamburg, Hotel Atlantic: Carvers Frau vergnügt sich mit Bond in dessen Suite. (TND)
2 Hamburg, Hotel Atlantic: Parkhausszenen und anschließende Verfolgungsjagd (TND)
3 Hamburg: Wai Lin und Bond sind hinter Carver her. (TND)
4 Hamburg: Große Gala anlässlich Carvers neuem Satellitennetzwerk (TND)
5 Berlin: Bond versucht, nach Feldstadt zu kommen und wird von Autofahrern mitgenommen. (OPY)
6 Karl-Marx-Stadt (heute Chemnitz): Octopussys Zirkus hat einen Auftritt in Karl-Marx-Stadt. (OPY)
7 Friedrichshafen, Flughafen: 007 kommt am Flughafen von Friedrichshafen an. (QOS)

AIRPORT IM DIAMANTENFIEBER:
Auf dem Frankfurter Flughafen drehte man 1971 einige Filmszenen

Es gibt nicht gerade viele britische Schriftsteller, die sowohl eine Verehrung als auch eine Art von Hassliebe mit Deutschland verbindet. Auf Ian Fleming trifft dies jedoch zu. Zunächst schätzte er den Lebensstil, die Lebensfreude, die technischen Errungenschaften und viele Produkte der Deutschen. Begründet durch die Angriffe im 2. Weltkrieg, begann er sie zu hassen und zu bekämpfen und dieser Kampf spiegelt sich auch in einigen seiner Romane wider, die er ab 1952 verfasste. Dennoch besuchte er das Land immer mal wieder und schrieb seine Eindrücke in den verschiedensten Formen nieder. Die Filmemacher haben Deutschland dagegen selten besucht. Nur vier Mal fanden Dreharbeiten zu James-Bond-Filmen bei uns vor Ort statt.

Im Herbst 1928 ist der gerade 20-jährige Ian Fleming zum ersten Mal in Deutschland und beginnt in München ein Psychologie-Studium. Er bleibt für ein Jahr und wechselt im Herbst 1929 an die Universität von Genf. Am 19. Oktober 1931 beginnt Ian Fleming seine Arbeit für die Nachrichtenagentur Reuters. Sein erster Auslandsauftrag führt ihn ausgerechnet nach Deutschland. Er soll über die *Alpine Motor Trials* berichten, die im Juli und August 1932 stattfinden und in München gestartet werden. Interessanterweise fährt Fleming sogar mit, denn er agiert als Navigator des bekannten britischen Rennfahrers Donald Healey. In den 1930er Jahren hält er sich noch mehrfach in Deutschland auf. Er erlebt Hitlers erste Aktivitäten als Reichskanzler. Ende der Dreißiger beschäftigt sich Fleming auch als Geheimdienstmitarbeiter für den Marinenachrichtendienst mit Deutschland und setzt seine exzellenten Sprachkenntnisse für Radiosendungen der BBC ein. Unmittelbar nach Kriegsende besucht er Freunde in Bayern.

In seine Romane fließen sowohl seine guten als auch seine schlechten Erfahrungen mit den Deutschen ein. So ist Hugo Drax in dem Roman *Moonraker* (1955) zwar ein Ex-Nazi, der deutsche Mitarbeiter beschäftigt, er fährt aber auch einen keinesfalls negativ konnotierten Mercedes Benz, denn Fleming schätzt die Wagen der Marke. Zudem rettet Bond den Kollegen 008 aus Berlin. In *Diamonds Are Forever* (1956) erinnert sich 007 an einen Kurierdienst von Straßburg nach Deutschland. Sowohl der Killer Red Grant aus *From Russia With Love* als auch Dr. No sind Halbdeutsche, wobei Grants Mordlust unabhängig von seiner Herkunft zu sein scheint, denn er hat in Berlin auch schon im Auftrag der Russen gemordet. Im Roman *Dr. No* bekommt Bond erstmals eine deutsche Walther-Pistole. Goldfinger beschäftigt einen deutschen Metallkundler. In Flemings *Thunderball* hat die Organisation S.P.E.C.T.R.E. Himmlers Juwelen entdeckt, einen Verkauf von russischen Geheimdokumenten aus Ost-Berlin an die CIA eingefädelt und einen früheren SS-Gruppenführer erpresst. Auch ein VW-Bus spielt eine kleine Rolle, als Graf Lippes Attentats-Fahrzeug.

1960 besucht Ian Fleming unter anderem Hamburg und Berlin. In St. Pauli echauffiert er sich über die dortige Sex-Industrie. Seine Erfahrungen fließen in die Zeitungsserie „Thrilling Cities" ein, die später auch in Buchform erscheint. Im Anschluss an diesen Deutschland-Aufenthalt schreibt er die in Berlin spielende Kurzgeschichte „The Living Daylights" (siehe Seite 50 – 51).

In dem 1963 erschienenen Roman *On Her Majesty's Secret Service* (siehe Seite 90 – 91) ist zwar die Schweiz der Hauptschauplatz, aber Bond fliegt auch nach München und übernachtet mit seiner späteren Frau Tracy im Hotel Vier Jahreszeiten. Ihren Vater trifft er ebenfalls dort. Bond und Tracy heiraten im Britischen Konsulat, aber hinter Rosenheim wird sie aus einem vorbeifahrenden Auto – einem schwarzen Mercedes – erschossen. In der ein Jahr später erschienenen Kurzgeschichte „Octopussy" spielen deutsche Dokumente aus dem 2. Weltkrieg eine wichtige Rolle (siehe Seite 62 – 63).

Flemings letzter Besuch in Deutschland ist auch dokumentiert. Im Herbst 1963 besucht er den Herzspezialisten Dr. Ottomar Melchow in Bad Nauheim, der ihm empfiehlt, ein gemäßigteres Leben zu führen, mehr auszuruhen, längere Pausen einzulegen, weniger zu trinken und zu rauchen. Fleming ignoriert dies – und stirbt ein Jahr später.

Die ersten in Deutschland inszenierten Filmszenen wurden im Sommer 1971 realisiert, und das auch nur, weil der Amsterdamer Flughafen Schiphol nicht zur Verfügung stand. Am 2. Juli 1971 stand Sean Connery in Frankfurt für *Diamantenfieber* vor der Kamera. Die Lufthansabasis auf dem Frankfurter Flughafen sprang ein, da in Schiphol bestimmte Maschinen nicht länger als 45 Minuten stehen durften. 40 Mann arbeiteten zehn Stunden lang an den Aufnahmen zur Verladung einer Leiche. Weitere Flughafenszenen wurden am 24. Mai in Los Angeles schon vorab gedreht. Im Film kommt Deutschland daher verständlicherweise nicht vor. Knapp zehn Jahre später wurde für den Film *In tödlicher Mission* in der Nordsee ein Schiff versenkt. Auch dabei spielte Deutschland keine Rolle. Das sollte sich erst weitere zwei Jahre später ändern. Roger Moores sechster Einsatz *Octopussy* spielte zum Teil in der Berliner Innenstadt und an der deutsch-deutschen Grenze (siehe Seite 156 – 157).

Erst 14 Jahre später besuchte erneut eine Bond-Filmcrew Deutschland. Für *Der Morgen stirbt nie* wurde in Hamburg gedreht, auf dem Flughafen Fuhlsbüttel, vor und auf dem Hotel Atlantic, an der Alster, auf dem Ballin- und dem Holzdamm sowie in der Mönckebergstraße. Am 24. März und vom 18. bis 22. Juli arbeitete das Team in der Hansestadt. Seitdem hat man keine Aufnahmen mehr in Deutschland realisiert und sogar eine Szene in einem anderen Land inszeniert, die jedoch in Deutschland spielt (siehe Info-Kasten). Dafür kamen Stars und Macher selbstverständlich sehr häufig nach Deutschland, nach München, Hamburg oder Berlin, um ihre Filme bei der Premiere vorzustellen.

Im jüngsten Bondfilm *Ein Quantum Trost* soll es eine Szene geben, in der 007 am Flughafen von Friedrichshafen am Bodensee ankommt. Gedreht wurde dort jedoch nicht. Die Szenen entstanden in England.

DAS ERSTE HAUS AM PLATZ:
Dieses Hotel war Flemings Münchener Lieblingsherberge

Berlin

AUF DER ANDEREN SEITE LAUERT DER FEIND:
Roger Moore posiert vor dem Checkpoint Charlie

Zeit seines Lebens war Fleming vom Reisen und speziell von Großstädten fasziniert. *Thrilling Cities* lautete daher der Titel seiner Reiseerzählungen. Wenn er Deutschland besuchte, dann reiste er gerne nach München, Hamburg (siehe Seite 159) und natürlich nach Berlin. Schon im Frühjahr und Spätherbst 1933 war Ian Fleming zweimal in der Stadt an der Spree. Erst im Frühjahr 1960, zur Zeit des Kalten Krieges also, kehrte er dorthin zurück. Zwar besuchte er seinen Deutschlandkorrespondenten Antony Terry und dessen Frau, aber er wohnte nicht bei ihnen. Stattdessen bezog er ein Zimmer im Hotel Kempinski. Gerne wäre er im Adlon abgestiegen, das jedoch im sowjetischen Sektor lag. Der Autor besuchte das Museum Dahlem, die Gedächtniskirche, das Stauffenberg-Denkmal, das Hotel Adlon, das Pergamon Museum, den Alexanderplatz und das Café Marquardt. Er fuhr auf der Autobahn, amüsierte sich über die Auto- und Rennleidenschaft der Deutschen und ihr „hysterisches Rasen". Der Weitgereiste empfahl das Hotel Kempinski und das Hilton. Kurz danach schrieb er eine Kurzgeschichte, in der die Stadt im Mittelpunkt steht.

Flemings Story *The Living Daylights* erschien 1962 und spielt zum großen Teil am Checkpoint Charlie und an der Mauer (siehe Seite 90 – 91). Eine weitere Veröffentlichung wenige Monate später im US-amerikanischen Magazin Argosy trug denn auch den Hauptschauplatz im Namen. Der heute vornehmlich bekannte und verwendete Titel wurde für diesen Abdruck in „Berlin Escape" umgewandelt. Die Details recherchierte Fleming aber nicht persönlich in der Stadt. Er ließ sich Stadtpläne besorgen und beauftragte Antony Terry, die Fakten zu kontrollieren. In der Kurzgeschichte absolviert Bond Schießübungen und trainiert seine Zielsicherheit für den nächsten Auftrag. Er soll in Berlin einen gegnerischen Scharfschützen erschießen, der auf einen Überläufer angesetzt ist. Bond fliegt über Hannover nach Berlin, bezieht ein Zimmer im vierten Stock eines sechsstöckigen Gebäudes an der Ecke Kochstraße/Wilhelmstraße und schaut von dort aus Richtung Zimmerstraße zur Mauer und zum Todesstreifen. Er geht auf dem Kurfürstendamm spazieren, trinkt im Café Marquardt einen Espresso, nimmt ein Taxi zum Zoo, besucht diesen auch und fährt mit der S-Bahn zurück zum Zimmer. Auch in anderen Teilen der Innenstadt ist er unterwegs, besichtigt Museen, aber auch Kunstgalerien und schaut sich einen Film an. Von seinem Zimmer aus wartet er mit seinem Kollegen Sender auf den Einsatz. Während der Wartezeit fällt Bond eine Cellistin auf, für die er sich aufgrund ihrer äußeren Reize umgehend interessiert. Bald darauf stellt sich heraus, dass sie der gegnerische Scharfschütze ist. 007 modifiziert sein Auftragsziel und schießt der Frau lediglich das Gewehr aus der Hand, tötet sie jedoch nicht. Der Kollege Sender ist erbost und will über Bonds unverlässliches Verhalten Bericht erstatten. 007 bleibt unbeeindruckt.

Eine Verfilmung dieses Stoffes hat Fleming nicht mehr erlebt. Der Inhalt der Kurzgeschichte bildet in abgewandelter Form den Aufhänger des gesamten Streifens. Der angebliche russische Überläufer Koskov hat seiner Geliebten, der Cellistin Kara, den Auftrag gegeben, während seiner Flucht mit Platzpatronen auf ihn zu schießen. So will er sein Überlaufen glaubwürdig gestalten und hofft, durch die Anforderung des treffsicheren Agenten 007, der seine Flucht absichern soll, die unbequeme Mitwisserin Kara loszuwerden. Koskovs Plan sieht vor, das Scharfschütze Bond bei der Abwicklung de

In Flemings Roman *Casino Royale* charakterisieren Mitspieler Bond, als habe er den „smell of death" an sich. Die deutsche Übersetzung benutzt dafür die Wendung „Hauch des Todes". Beides hat aber mit der in Berlin spielenden Kurzgeschichte nichts zu tun. Deren Titel *The Living Daylights* wird in der Filmversion von Bond im Dialog mit Kara als Zitat-Phrase und damit als kleine Hommage an die literarische Vorlage von Fleming eingeflochten.

Aktion die ahnungslose Kara als feindliche Attentäterin ansieht und eliminiert. Doch wie in der in Berlin spielenden Short Story, fällt 007 die Cellistin zuvor bereits angenehm auf und er verschont sie ebenfalls, indem er ihr nur die Waffe aus der Hand schießt. Sein Kollege, der im Film den Namen Saunders trägt, ist zunächst gleichermaßen erbost wie sein literarisches Gegenstück, doch erkennt er später Bonds Vorgehensweise an.

Als die Bond-Produzenten solche Handlungselemente der Kurzgeschichte für den Film gleichen Titels verwendeten, wenngleich in angepasster Art und Weise, spielten diese jedoch nicht in Berlin, sondern in Bratislava und wurden im Herbst 1986 in Wien auf Zelluloid gebannt. Allerdings fanden Dreharbeiten für Roger Moores vorletzten 007-Einsatz *Octopussy* tatsächlich in Berlin statt. M fährt mit Bond durch West-Berlin. 007 soll in den Osten Deutschlands, also ins Feindesland hinter dem Eisernen Vorhang eingeschleust werden. Bevor M in der Nähe des Grenzübergangs den Wagen verlässt, versäumt er es natürlich nicht, Bond darauf hinzuweisen, dass er von nun an auf sich allein gestellt ist. Der Kalte Krieg gehörte noch zur alltäglichen Realität, wenngleich die oberste Riege russischer Entscheidungsträger um General Gogol wieder einmal äußerst verantwortungsvoll und vernünftig charakterisiert wird und lediglich der Außenseiter Orlov ein verblendeter Wahnsinniger ist. Eine generelle Stereotypisierung der Russen, wie es sie bei Fleming durchaus gegeben hat, bleibt in den Filmen eher aus, und darin bildet auch *Octopussy* keine Ausnahme. Am Dienstag, den 10. August 1982 war Drehbeginn auf der Friedrichstraße am Grenzübergang Checkpoint Charlie, der damals noch existierte und voll in Betrieb war. Mit großflächigen Anzeigen in den Branchenblättern wurde dieses Datum sogar publik gemacht, möglicherweise auch um selbstbewusst zu demonstrieren, dass man es mit Sean Connerys fast gleichzeitiger Rückkehr als James Bond in *Sag niemals nie* aufnehmen könne. Während Connery nach Südfrankreich und auf die Bahamas reiste, posierte Moore in Berlin für die Fotografen: vor dem Brandenburger Tor und am Checkpoint Charlie, der heute nur noch aufgrund des nahe gelegenen Museums zu erahnen ist. Die 70 Mann starke Filmcrew wohnte im Hotel Steigenberger. Gedreht wurde zudem auf dem Kurfürstendamm, an einem Zelt an der Grenze, auf der Avus und kurzzeitig auch in Spandau. Den Marktplatz, der dort zu sehen ist, werden Spurensucher jedoch nie entdecken. Die Produzenten übernahmen einfach Teile eines Sets von einem anderen Film, das sich noch auf dem Gelände der Pinewood Studios befand.

NIEMALS VERGESSEN:
Die Kaiser-Wilhelm-Gedächtniskirche auf dem Breitscheidplatz am Kurfürstendamm

Beinahe wäre ein Bond-Team übrigens nochmals nach Berlin gekommen. Bei der Vorbereitung der Dreharbeiten zu *GoldenEye* suchten die Produzenten nach geeigneten Studios und zogen auch Potsdam-Babelsberg in Betracht. Letztendlich entschieden sie sich jedoch für die ehemaligen Rolls-Royce-Werke im englischen Leavesden (siehe Seite 98).

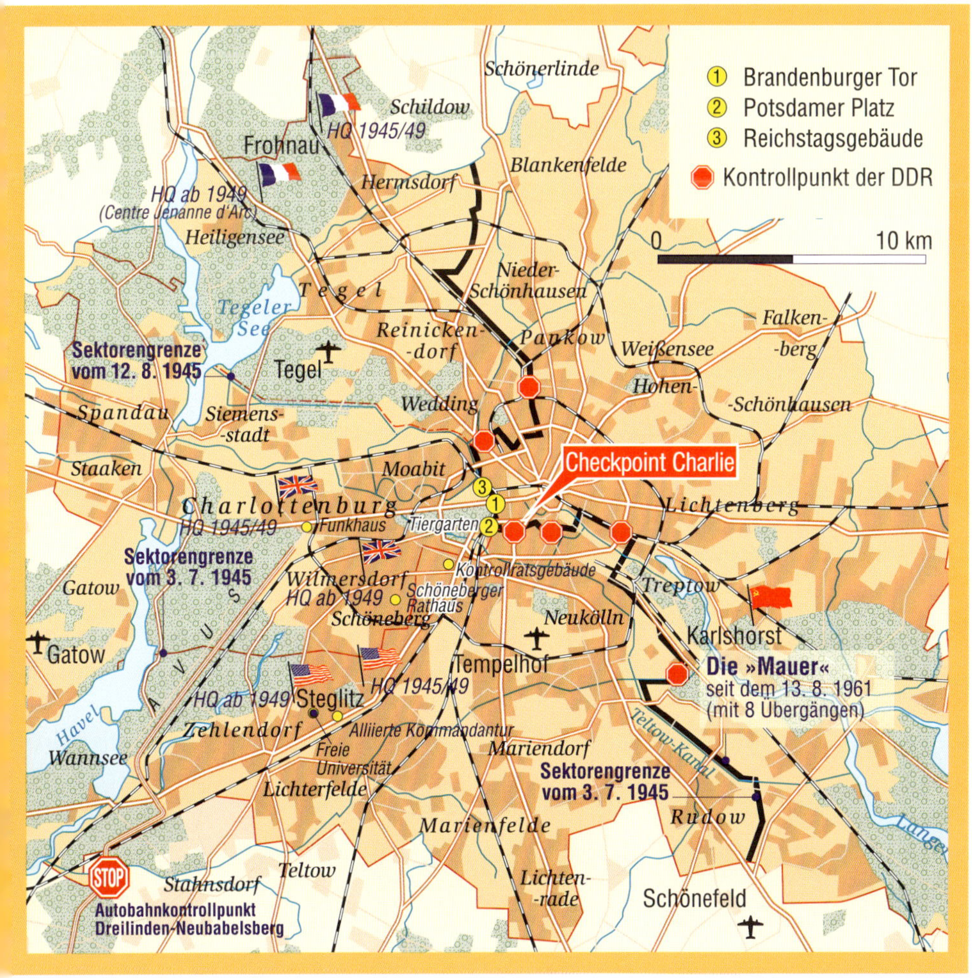

UNTER DEN LINDEN, ECKE PARISER PLATZ:
Das Luxushotel Adlon Kempinski

Siemensstadt
Nikol-Groß-W.
Nonnen-
damm
Spree
Westhafen-kanal
Tegeler
Mörschbr.
Max-Dohm-
Lise-Meitner-
Am Bahnhof Jungfernheide
Charlottenburger Verbindungskanal
Neues
Sickingen-
Sickingen-pl.
Wittstocker Str.
Fürstenbrunner Br.
Fürstenbrunner-
Rudolf-Wissell-Br.
Olbers-
Gust.-A.-K.
Fabriciusstr.
Lambertstr.
Brahe-
Herschelstr.
Gauß-
Goslarer
Hutten-
Beusselstr.
Rostocker
Erasmusstr.
Schloss-
Belvedere
Land-gericht
Osnabr.
Maria-Himmelfahrt-K.
Mierendorff-pl.
Meitner-Str.
Kaiserin-Augusta-
Allee
Augusta-
BSR
Klaren-bachstr.
Friedhof d. Kaiser Wilh. Gedächtn. Gem.
Karpfen-teich
Mindener
Kamminer
Taurogener
Nordhauser
Gosla-rer Pl.
Verbindungskanal
Wiebe-
TU
Sophie-
Pulsstr.
Heubnerw.
Mausoleum
HdK Sport-halle
Mierendorffstr.
Quedlinburger
Harlinge-roder Weg
Kraftwerk Charlottenburg
Ufer
Spree
Kucharskistr.
Pascal-
Morsestr.
Carnotstr.
Haller-str.
Heisen-bg.-S.
Gotzkowsky-br.
Friedhof d. Luisen-gemeinde
Güterbhf.
Max-Bürger-Zentr.
Mollwitz-str.
Schlosspark-Klinik
Schloss Charlottenburg
Schlossbr.
Bonhoeffer-
Weg
Caprivi-br.
Charlottenburger Ufer
Siemenssteg (Fußg.-Br.)
Spreebord
Darwin-
Röntgen-br.
Helmholtz-
Dove-
Omnibus-Betriebshof
Stadt-reinigung
Inst. f. Tropenmed.
Inst. f. Mikrobio.
DRK-Kliniken
E.-Bumm-Weg
Orangerie
Pav.
Sammlung Scharf
Eo-sander-
Lohmeyer-
Am
Ilburger
Dovebr.
Spandauer
Damm
Mus. Berggruen
Akazienallee
Spand.-D.-Br.
Freies Theat.
Klausener Pl.
Gardes-du-Corpes-Str.
Bröhan-mus.
Stall-str.
Nithackstr.
Kaiser-
Otto-
Brauhof-
Arcostr.
Herz-Jesu-K.
Lietzow
Ludwig-
Galvani-
Salz-
Einstein-
Franklin-
Westend
Ulmenallee
Eichenallee
Lindenallee
Königin-Elisabeth-
Senatsverw.
Inst. d. F.U.
Christ-
Neufertstr.
St.-Kamillus-K.
Neue Christ-str.
Wulfs-hein-str.
Schustehrus-
Gierke-pl.
Luisen-K.
Richard-Wagner-Pl.
Wilmersdorfer
Theater
Alt-Lietzow
Rathaus
Lietzow-K.
Standes-amt
Guericke-
Alter Luisen-friedh.
Kohl-rausch-
Eich-amt
FH für Optik
Phys. Techn. Bundes-anstalt
Fraunhofer-
Abbe-
March-
Marchbr.
Technische
Universität
Gottfr.-Keller-Str.
Haeseler-str.
Dankelmann-
Nehring-
Seeling-
O.-Grüne-berg-W.
Haubach-
Behaimstr.
Auferst.-K.
Suhr-
Warbg.-zeile
Loschmidtstr.
Cauer-
Tribüne Theater
Soor-
Ber. Ford. Werk
DRV
Epiphanienweg
Stadt-bibliothek
Zille-
Fritsche-
Thra-
Stadt-bad
Zauritz-
Knobelsdorff-
Knobelsdorff-br.
Horst-
Vereins-weg
Sophie-Charl.-Pl.
Spielhagen-
Finanz-amt
Deutsche Oper
Krumme
Fr.-Fröbel-Haus
LZB
Ernst-Reuter-Pl.
Straße
Fv. Hosp.
Philippi-
Saldernstr.
Bismarck
Rückert-
Sesenheimer
Schiller-theater
Renais-sance th.
Hardenberg-
Universität der Künste
Fasanen-
Ahorn-
Fredericia-
Meer-scheidt-S.
Sülp-
Kaiser-damm
Kaiserdammbr.
Dresselstr.
Witz-leben-pl.
Windscheid-
Friedrich-
Wilmersd. Arcaden
VHS
Goethe-
Karl-Aug.-Pl.
Trinitatis-K.
St.-Thomas-K.
Synagoge
Grolmann-
Knesebeck-
Dt. Bundesbank Hpt.-Verw.
Steinpl.
Konzert-saal
Bredtschneider-
Masurenallee
Hs. d. Rundf.
Lietzen-see
Lietzen-seebr.
Lietzenseeufer
St.-Canisius-K.
Steifen-sandstr.
Pestalozzi-
Grund-buchamt
CHARLOTTEN-
BURG
Carmerstr.
Inst. f. Wirtsch.-wiss.
IHK Börse
Hammar-skjöldpl.
Neue Kant-
Ostpr. br.
Amtsger.-pl.
Kant-
Stuttgarter Platz
Savigny-
platz
Theater des Westens
Kl. Stern
Dt. Rundfunk-mus.
Gr. Stern
Funkturm
ICC
Postdienst Telekomdir.
Kuno-Fischer-Pl.
Trendelen-burgstr.
Amtsger.
Holtzendorffstr.
Leonhardt-
Charlottenburg
DB
Niebuhr-
Mommsen-
Otto-Ludwig-Str.
Jüd. Gem.
Joachimsthaler
Messe-
Halensee-
Dernburg-
K.am Lietzensee
Suarez-
Fried-
Rönne-
Lewishamstr.
Giesebrecht-
Leibniz-
Uhland-
Literatur-hs.
Messedamm
Nord-kurve
Gervinus-
Sybel-
Holtzen-dorff-pl.
Damaschke-
Drooysenstr.
Roscherstr.
Dahlmann-
Waitz-
Clausewitzstr.
Georg-Grosz-Pl.
Bleib-treu-
Theater a. Kurfürsten-damm
K.-Kollw.-Mus.
The Story of Berl.
Heilbronner
Lützen-str.
Georg-Wilhelm-
Katharinen-
Karlsruher
Hektorstr.
Markgraf-Albrechtstr.
Lehniner Platz
Adenauer-pl.
Neue Schaub.
Xantener Str.
Lietzenburger
Olivaer Pl.
Ob. Finanz-dir.
Haupt-zollamt
Stift. Wissen u. Pol.
Fasanen-
Messedamm-brücke
Cordesstr.
Fußgänger-tunnel
Werkstättenweg
Trabener Steg
Bornstedter
Kronprinzend.
Henrietten-pl.
Kurfürsten-damm
Ringbahn-
Westfälische
J.-Georg-Str.
St.-Albert-Magnus-K.
Hoch-meister-str.-pl.
Achilles-
Duisburger Str.
Paderborner Str.
Düsseldorfer
Brandenburgische
Bregenzer
Pariser
Darm-städter Str.
Ludwig-kirchpl.
Ludwigkirchstr.
Meierotto-
Zollamt Grunewald
Halensee
Rathenau-pl.
Kurfürstendamm
Schwarzbacher
M.-Beese-Anl.
Wangenheim-Steg
Halber-städter Str.
Schweid-nitzer Str.
Hoch-meister-kirche
Albrecht-
Neuapost. K.
Ballensted-ter Str.
Münstersche Str.
Ravensburger Str.
Zähringer
Wittelsbacher
Daniel-K.
Pommersche
Bayrische
Sächsische
Emser
Pfalzburger
VHS
Hohenzollernpl.
Nikolsburger Pl.
Niedersteiner Str.
Erbacher Str.
Umwelt-Bundes-amt
Schinkel-
Bismarck-platz
Casper-Theyß-
Joachim-
Nestor-
Seesener
Martin-Luther-Krkhs.
Klin. f. kosmet. Chir.
Paulsb. Br.
Schwarzb. Br.
Griesener Pl.
Cicero-
Mansfelder
Eisenzahn-
Bielefelder Str.
Ruhr-
Deutsche Rentenversich.
Preußen-park
LA f. Zentr. Soz. Aufg.
Württembergische
Emser Pl.
Hohenzollern-
Güntzel-
-WILMERSDO
0
500m

1 Friedrichstraße: Ein Mann im Clownskostüm wird von zwei Messerwerfern verfolgt. (OPY)
2 Checkpoint Charlie: Bonds Tochter Mata steigt an der Mauer aus dem Auto aus. (CR, 67)
3 Kurfürstendamm: Bond reist nach Berlin und trifft sich auf dem Kurfürstendamm mit M. (OPY)

1 AVUS: Bond entwendet ein Auto und wird von der Polizei über die AVUS gejagt. (OPY)

Tschechische/Slowakische Republik

1 Prag, Nationalmuseum: Vesper und Bond steigen im Hotel Cipriani ab. Schauplatz Venedig (CR, 06)
2 Prag, Verkehrsministerium: Dimitrios übergibt eine Tasche an Carlos. Schauplatz Miami (CR, 06)
3 Prag, Kloster Strahov: Schauplatz Big Ben (CR, 06)
4 Prag, Ruzyni Flughafen: 007 folgt Carlos zum Flughafen. Schauplatz Flughafen Miami (CR, 06)
5 Prag, Barrandov Studios: Innenaufnahmen des Casino Royale (CR, 06)
6 Planá, altes Militärhospital: 007 wacht im Krankenhaus wieder auf. (CR, 06)
7 Karlsbad, Grandhotel Pupp: Bond und Vesper im Hotel Splendide. Schauplatz Crna Gora (CR, 06)
8 Karlsbad, ehemaliges Kaiserbad Spa: Pokerspiel im Casino Royale (CR, 06)

1 Loket, Marktplatz: Vesper und Bond fahren zu dem Kontaktmann René Mathis. (CR, 06)

1 Bratislava: Wohnung der Cellistin Kara (TLD)
2 Bratislava: Bond beobachtet Kara in der Straßenbahn (TLD)
3 slowakisches Konservatorium: Bond unterstützt Koskovs Flucht gegenüber der Volksoper. (TLD)
4 Bratislava: Bond und Saunders sollen Koskov in den Westen holen. (TLD)

OASE DER RUHE: *Kloster Strahov*

Es kommt selten genug vor, dass die Verantwortlichen der James-Bond-Kinoserie ihre jahrzehntelange Tradition aufgeben und nicht von England aus die Produktion eines neuen 007-Films leiten. Im Laufe der Jahre gab es jedoch gelegentlich Gründe, etwa nach Frankreich oder nach Mexiko auszuweichen. Als das Team im Herbst 2005 beschloss, den ersten Einsatz von Daniel Craig als James Bond nun ausgerechnet in Prag zu produzieren, war der Aufschrei groß. Man fürchtete das Ende der Bond-Tradition. Würde die Qualität unter der Verlagerung leiden? Dadurch, dass auch andere Internationale Filmproduktionen in Tschechien und speziell in den Prager Barrandov und Modrany Studios unter hochprofessionellen Bedingungen arbeiteten, erwies sich diese Furcht letztendlich als unbegründet, zumal die Produktionsbasis für den jüngsten Film *Ein Quantum Trost* ohnehin wieder zurück nach Pinewood gelegt wurde. Die Dreharbeiten zu *Casino Royale* (2006) waren aber nicht der erste Besuch eines Bond-Teams in dem osteuropäischen Land. Schon im Sommer 1986 sah man sich dort um.

KARLSBADER ORIGINAL:
Das Grandhotel Pupp

Als Timothy Dalton am 5. Oktober 1986 in Wien anlässlich des Drehbeginns von *The Living Daylights (Der Hauch des Todes)* der Weltöffentlichkeit vorgestellt wurde, war klar, dass in den nächsten zwei Wochen die österreichische Hauptstadt das Zentrum des James-Bond-Universums sein würde. Die Journalisten, die am nächsten Tag bei den Aufnahmen im 18. Bezirk zuschauten, staunten nicht schlecht, denn ein Teil des Stadtviertels verfügte über tschechische Dekorationen. Es stellte sich schnell heraus, dass die Gassen Wiens (siehe Seite 172 – 173) auch für Szenen herhalten mussten, die in Bratislava spielen. In den vorhergehenden Sommermonaten hatten sich Ausstatter und Setdesigner des Films in der slowakischen Hauptstadt umgesehen und Bilder gemacht. Das Ergebnis war jetzt am Wiener Set zu besichtigen. Die Umdekorierung verursachte jedoch gelegentlich Komplikationen: In einer Szene sollte 007, alias Dalton, mit einem Cellokasten in eine öffentliche Bedürfnisanstalt gehen. Das Haus war mit zwei Schildern ausgestattet, aber deren Authentizität verhinderte eine sofortige Unterscheidung von Herren- und Damentoilette. Das Problem konnte nach gründlichen Recherchen gelöst werden.

Derartige Stolpersteine gab es Anfang 2006 nicht, als die Dreharbeiten der dritten Verfilmung von *Casino Royale* am 30. Januar in Prag begannen. Man hatte sich schon Monate zuvor dort eingerichtet, mit der Firma Stillking Film einen erfahrenen Partner gewonnen und nicht nur gleich zwei Studios in Beschlag genommen, sondern sich auch intensiv in der Stadt umgesehen. So mutierte der Prager Flughafen zum Miami International Airport, aus dem Nationalmuseum wurde ein Teil eines venezianischen Hotels und das Verkehrsministerium beherbergte eine Ausstellung, die aber in der Filmhandlung in Miami steht. Dass das Prager Verkehrsministerium, in dem zu der Zeit die berüchtigte Körperwelten-Wanderausstellung mit plastinierten Leichenskulpturen gastierte, früher als Sitz des Zentralkomitees der Kommunistischen Partei diente, störte den fiktiven imperialistischen Spion nicht. Bei einem Motivwunsch der Stadt musste allerdings auch der örtliche Produzent Matthew Stillman die Segel streichen. Als man nach einem lauschigen Plätzchen am Donauufer suchte, um dort Bonds Erholungsszenen nach der Folter zu inszenieren, und dafür Teile des Straßenverkehrs gesperrt werden sollten, winkte die Stadtverwaltung ab. Die Anwohner und Besucher mussten schon genug Einschränkungen in Kauf nehmen. Die Produzenten wichen an den Comer See in Italien aus.

Keine Probleme gab es dagegen im Kloster Strahov, in Planá, Loket und in Karlsbad, das von Anfang bis Ende Mai auf dem Drehplan stand. In dem etwas über 51.000 Einwohner zählenden Kurstädtchen im Westen Tschechiens wurde sogar das ehemalige Kaiserbad restauriert, um, zumindest von außen, als elegantes Casino zu wirken. Aus dem Grandhotel Pupp wurde das „Splendide" für den Film. Auch hier gab es Umbauten wie etwa einen neuen Baldachin vor dem Eingang, der sogar erhalten blieb. Er ist heute noch zu sehen, und natürlich profitiert das Haus noch immer von dem Besuch der Filmcrew (siehe Info-Kasten).

Daniel Craig in Karlsbad

Das in Karlsbad gelegene **Grandhotel Pupp** verfügt seit den Dreharbeiten über ein sogenanntes „In-the-Track-of-Agent-007"-Angebot – auch wenn man es mit den Fakten offenbar nicht so genau nimmt. Man kann dort nicht nur nächtigen und speisen wie der Agent Ihrer Majestät, sondern auch im hauseigenen „Casino Royal" [sic!] spielen und sogar mit einer Walter (anstatt Walther) Pistole schießen.

www.pupp.cz
Grandhotel Pupp, Mírové námûsti 2
360 91 Karlovy Vary
Tel: 00420 353 109 630 - 1
E-Mail: reservation@pupp.cz

*

Das **Kloster Strahov** und vor allem die dortige Bibliothek können besichtigt werden.
www.strahovskyklaster.cz/index.asp
Tel: 00420 233 107 718
Öffnung täglich von 9 – 12 Uhr und 14 – 17 Uhr (außer Ostersonntag und am 25.12.)

SCHLUCKT 800 LITER AUF 100 KILOMETER:
James Bond gut gepanzert auf Tour durch St. Petersburg

Da Ian Fleming seine Romane zwischen 1952 und 1964 verfasste, erscheint es nur verständlich, dass er viele der Widersacher von 007 auch in der Sowjetunion ansiedelte. So ist es die Verbrecherorganisation SMERSH des russischen Geheimdienstes, die Bond im ersten Roman *Casino Royale* das Leben schwermacht (siehe Info-Kasten). Ein SMERSH -Killer foltert ihn. Die Organisation treibt seine Geliebte Vesper Lynd in den Tod. Daraufhin beschließt der britische Agent SMERSH zu bekämpfen. Viele seiner Widersacher wie etwa Hugo Drax, Dr. No, Red Grant und Goldfinger arbeiten für die Organisation. Auch die Filmemacher nutzten viele Jahre lang den bestehenden Ost-West-Konflikt. Bislang haben sie in der früheren Sowjetunion und dem heutigen Russland jedoch erst zweimal gedreht. Immer wieder erhielten sie einfach keine Genehmigung und mussten sich anders behelfen.

Moskau und die Krim sind die ersten Schauplätze des Romans *From Russia With Love (Liebesgrüße aus Moskau)*. So hält sich der Killer Red Grant in einer Villa an der südöstlichen Küste der Krim, auf halber Strecke zwischen Feodosiya und Yalta auf. Als er nach Moskau beordert wird, reist er zum 40 Meilen entfernten Flughafen Simferopol, fliegt über das heute zur Ukraine gehörende Charkov in die Hauptstadt und fährt zum SMERSH-Hauptquartier an der Svetenka Ulitza. Er hat schon früher im Auftrag der Russen gemordet und soll dies jetzt wieder tun. Sein russischer Kollege Kronsteen, ein brillanter Stratege, beweist seine Fähigkeiten, indem er in Moskau Schachturniere gewinnt. Am Ende des Romans *You Only Live Twice (Man lebt nur zweimal)*, wird der in Japan lebende Bond, der an einem Gedächtnisverlust leidet, durch einen Zeitungsartikel an Russland und einen Teil seiner Vergangenheit erinnert. Er liest etwas über die Stadt Wladiwostok und beschließt, dorthin zu fahren.

Zu Beginn des nachfolgenden Buches *The Man With The Golden Gun (Der Mann mit dem goldenen Colt)* ist er tatsächlich in Wladiwostok angekommen, wird von der Polizei aufgegriffen und vom KGB befragt. Sein erster Aufenthaltsort ist das örtliche KGB-Quartier, das an der Morskaya Ulitsa gegenüber dem Hafen und nahe dem Bahnhof liegt. Danach wird er vom Militärflughafen an der Vtoraya Rechka im Norden der Stadt nach Moskau geflogen, wo 007 sogar wochenlangen Untersuchungen und erneuten Befragungen ausgesetzt ist. Es schließen sich weitere Verhöre in einem Institut im Nevsky Prospect in Lenin-

HIER ROLLT DER RUBEL:
Der Newskij Prospekt in St. Petersburg

Ian Fleming führte den Begriff „SMERSH“ bereits in seinem ersten Roman *Casino Royale* ein. Er setzt sich aus den beiden Wörtern „Smyert Schpionam“ zusammen, was übersetzt so viel heißt wie „Tod den Spionen“. Der Begriff steht für eine Verbindung des russischen Geheimdienstes, die dem Leiter Lawrenti Beria zugerechnet wurde. Früher war die Organisation eine Exekutive des russischen Geheimdienstes NKWD, ehe sie selbstständig und in Leningrad angesiedelt wurde. SMERSH bestand aus fünf Abteilungen und einigen Hundert Mitgliedern. Fleming beschrieb SMERSH „als offizielle Mordorganisation der russischen Regierung“.

Fleming hat in seinem Roman *From Russia With Love (Liebesgrüße aus Moskau)* sowohl ausführlich über den Aufbau des sowjetischen Geheimdienstes, als auch über SMERSH geschrieben. Seine Freunde und Lektoren des englischen Verlags Jonathan Cape, die das Buch vorab zu lesen bekamen, kritisierten den Autor, weil die Russen ihrer Meinung nach so eindimensional dargestellt wurden. Flemings Antwort: „Russen sind dumm und eindimensional und ich beabsichtige ein Bild von eher grauem Schmutz zu zeichnen. SMERSH ist schließlich eine Maschine mit Individuen wie Drax“.

Der Autor war selbst mehrfach in Moskau und sprach auch fließend russisch. So berichtete er im Frühjahr 1933 für die Nachrichtenagentur Reuters über die dortigen Schauprozesse. Er bemühte sich sogar um ein Interview mit Josef Stalin, jedoch ohne Erfolg. Im März 1939 war er erneut dort, um sich ein Bild von der britischen Handelskonferenz zu machen und für die Londoner Times darüber zu schreiben. Er besuchte auch die Oper und wohnte wieder in der gleichen Unterkunft, dem National Hotel. Im Sommer 1941 sprach er beim britischen Marinenachrichtendienst vor, um als dessen Repräsentant nach Moskau zu gehen. Diese Anfrage wurde allerdings abschlägig beschieden.

grad (dem heutigen St. Petersburg) an. Dort bearbeitet ihn der russische Geheimdienst, stattet ihn mit einem Pass auf den Namen Frank Westmacott aus und schickt ihn nach London. Später stellt sich heraus, dass man ihn einer Gehirnwäsche unterzogen hat.

Geschichten wie diese sind niemals in die Bondfilme eingeflossen. Zu Anfang der Filmserie in den 60er Jahren gab es lediglich Hinweise auf den „Feind im Osten“. Als sich die politische Lage in den 70er Jahren entspannte, reagierten die Filmemacher. Zwar wurde der Wunsch nach einer Drehgenehmigung in der Sowjetunion jahrelang beharrlich abgelehnt, aber einige der Filme spiegelten die aktuelle Entwicklung wider. So wird der Bösewicht des Films *Der Spion, der mich liebte* durch eine gemeinsame Aktion von 007 und der russischen Agentin Triple X zur Strecke gebracht. Die in Moskau spielenden Szenen drehte man jedoch notgedrungen in den englischen Pinewood Studios. In *Octopussy* macht der Bösewicht Geschäfte mit einem größenwahnsinnigen russischen General, der allerdings im eigenen Lager politisch isoliert ist. Die Szenen, die ein russisches Archiv zeigen, entstanden in London und den Studios.

Der Beginn des Films *Im Angesicht des Todes* spielt zwar in Sibirien, doch gedreht wurde in Island und an der schweizerisch-italienischen Grenze. Am Ende erhält Bond sogar als erster Nicht-Sowjet-Bürger einen Lenin-Orden für seine Verdienste. 1986 bemühte sich Produzent Albert R. Broccoli wieder einmal um eine Drehgenehmigung, musste aber auch Bonds Kampf gegen die russische Organisation „Tod den Spionen“ (siehe Info Kasten) in Gibraltar, Österreich und Marokko inszenieren lassen. Erst als 1995 Pierce Brosnans erster Einsatz *GoldenEye* entstand, durfte ein Team nach Russland reisen und drehte Teile der Panzerverfolgungsjagd in St. Petersburg. Allerdings war nur das zweite Kamerateam vor Ort und drehte einige Einstellungen. Keiner der Hauptakteure war vor Ort. Deren Aktionen beschränkten sich auf nachgebaute Straßenzüge von St. Petersburg auf dem Studiogelände von Leavesden. Die Aufnahmen des St. Petersburger Flughafens, eines Luxus-Hotels, des Bahnhofs, einer Kirche und anderer Gebäude entstanden alle in London (siehe Seite 42 – 43). Selbst die vermeintlich russische Chemiewaffenfabrik zu Anfang des Films verdankt ihr Erscheinen einer Kombination von Einstellungen, die in der Schweiz, in den Studios im englischen Leavesden und in der Modellbauabteilung gedreht wurden.

Die ersten wirklich ausführlichen Aufnahmen in Russland, an denen auch die Hauptdarsteller beteiligt waren, gab es erst 1999. Aserbaidschan am Kaspischen Meer, das „Bibi-Heibat“-Gelände bei Baku und einige Bergzüge von Neft Dashlary bildeten sowohl Handlungsort als auch Schauplatz des Films *Die Welt ist nicht genug* (siehe Seite 34 – 35). Der Zerfall des einstigen Riesenreiches Sowjetunion, die Auflösung der unterirdischen Atombunker und der Bau einer Ölpipeline vom Kaspischen Meer bis zum Bosporus bildeten den Hintergrund der Handlung. Umfragen von Journalisten unter den Bewohnern von Baku ergaben übrigens damals, dass einige James Bond überhaupt nicht kannten …

DER GUTE UND DIE ROTEN:
Ausschnitt aus einem Filmplakat von 1963

Russland

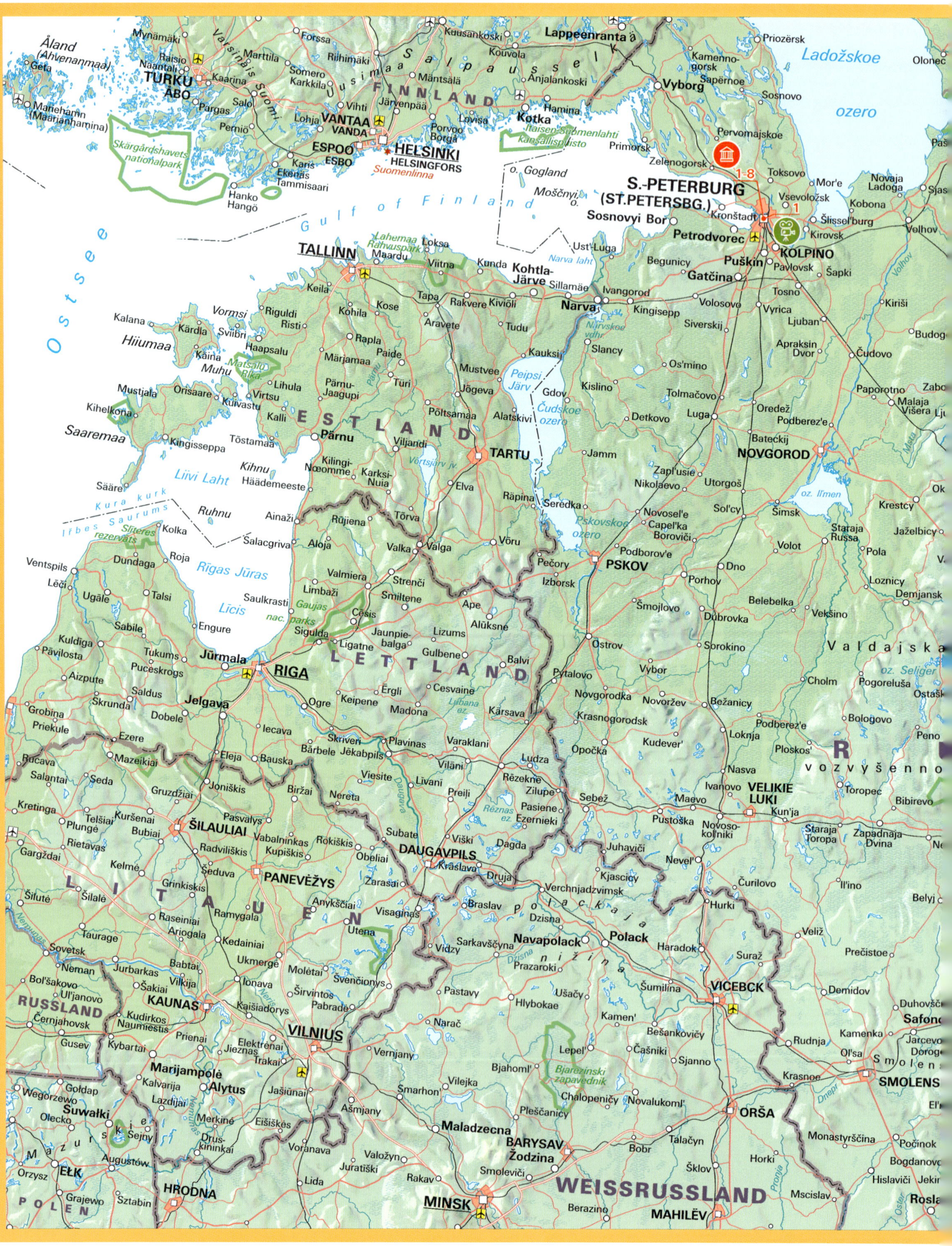
Åland
(Ahvenanmaa)
Geta
Mariehamn
(Maarianhamina)
Mynämäki
Raisio
Naantali
TURKU
ÅBO
Kaarina
Pargas
Salo
Perniö
Marttila
Somero
Karkkila
Forssa
Riihimäki
Vihti
Lohja
VANTAA
VANDA
ESPOO
ESBO
HELSINKI
HELSINGFORS
Suomenlinna
Karis
Ekenäs
Tammisaari
Hanko
Hangö
Skärgårdshavets nationalpark
Järvenpää
Mäntsälä
Porvoo
Borgå
Loviisa
Kotka
Hamina
Kouvola
Kausankoski
Anjalankoski
Lappeenranta
FINNLAND
Vyborg
Kamenno-gorsk
Sapërnoe
Priozërsk
Ladožskoe
ozero
Olonec
Sosnovo
Pervomajskoe
Zelenogorsk
Primorsk
Toksovo
Mor'e
Novaja Ladoga
Vsevoložsk
Kobona
Šlissel'burg
Kirovsk
Volhov
S.-PETERBURG
(ST.PETERSBG.)
Kronštadt
Petrodvorec
KOLPINO
Puškin
Pavlovsk
Šapki
Gatčina
Sosnovyi Bor
Gogland
Moščnyj
Gulf of Finland
Ust'-Luga
Narva laht
Begunicy
Tosno
Kiriši
Volosovo
Vyrica
Ljuban
Ivangorod
Kingisepp
Siverskij
Budogošč
Apraksin Dvor
Čudovo
Zaboro
Paporotno
Malaja Višera
Ostsee
TALLINN
Lahemaa Rahvuspark
Loksa
Maardu
Viitna
Kunda
Kohtla-Järve
Sillamäe
Narva
Keila
Tapa
Rakvere
Kiviõli
Kose
Kohila
Aravete
Tudu
Rapla
Paide
Märjamaa
Türi
Pärnu-Jaagupi
Kalana
Vormsi
Riguldi
Risti
Kärdla
Sviibri
Hiiumaa
Haapsalu
Käina
Muhu
Matsalu Rkd.
Lihula
Virtsu
Kuivastu
Orisaare
Mustjala
Kihelkonna
Kalli
Saaremaa
Kingissepa
Tõstamaa
Pärnu
Kihnu
Häädemeeste
Liivi Laht
Sääre
Kura kurk
Ruhnu
Ainaži
Kilingi-Nõmme
Karksi-Nuia
Viljandi
Võrtsjärv
Põltsamaa
Jõgeva
Mustvee
Kauksi
Peipsi Järv
Gdov
Čudskoe ozero
Alatskivi
TARTU
Elva
Räpina
Seredka
Pskovskoe ozero
Tõrva
Valga
Valka
Võru
Petšory
Izborsk
PSKOV
ESTLAND
Narvskoe vdhr
Slancy
Kislino
Os'mino
Tolmačovo
Luga
Oredež
Podberez'e
Detkovo
Jamm
Zapl'usie
Nikolaevo
Utorgoš
NOVGOROD
Bateckij
Sol'cy
Šimsk
oz. Il'men
Novosel'e
Capel'ka
Boroviči
Podborov'e
Staraja Russa
Volot
Krestcy
Jaželbicy
Pola
Dno
Porhov
Loznicy
Demjansk
Belebelka
Šmojlovo
Dubrovka
Veksino
Ostrov
Sorokino
Valdajska
Vybor
Cholm
Pogoreluša
oz. Seliger
Ostaškov
Pytalovo
Novgorodka
Novoržev
Bežanicy
Krasnogorodsk
Podberez'e
Bologovo
Loknja
Kudever'
Opočka
Ploskos'
Peno
Nasva
Ivanovo
VELIKIE LUKI
Toropec
Bibirevo
Maevo
Kun'ja
Sebež
Pustoška
Novosokolniki
Staraja Toropa
Zapadnaja Dvina
Nevel'
Juhaviči
Čurilovo
Il'ino
Belyj
Hurki
Veliž
Haradok
Suraž
Prečistoe
VICEBCK
Demidov
Šumilina
Duhovščina
Safonovo
Rudnja
Kamenka
Jarcevo
Dorogobuž
Ol'sa
Krasnoe
SMOLENSK
Jel'nja
Monastyrščina
Počinok
Bogdanovo
Hislaviči
Mscislav
Roslavl'
Irbes Šaurums
Slīteres rezervāts
Kolka
Ventspils
Lēči
Dundaga
Roja
Salacgrīva
Aloja
Rūjiena
Rīgas Jūras Līcis
Ugāle
Talsi
Saulkrasti
Limbaži
Valmiera
Strenči
Smiltene
Gaujas nac. parks
Cēsis
Sigulda
Ligatne
Jaunpie-balga
Ape
Alūksne
Lizums
Gulbene
Balvi
Sabile
Engure
Kuldīga
Pāvilosta
Tukums
Jūrmala
RIGA
Puceskrogs
Aizpute
Saldus
Jelgava
Grobiņa
Skrunda
Dobele
Priekule
Ezere
Mazeikiai
Iecava
Ogre
Keipene
Ērgli
Cesvaine
Madona
Lubana ez.
Kārsava
LETTLAND
Skrīveri
Bārbele
Jēkabpils
Pļaviņas
Varaklāni
Viļāni
Ludza
Rēzekne
Zilupe
Pasiene
Ezernieki
Rēznas ez.
Eleja
Bauska
Joniškis
Gruzdžiai
Biržai
Nereta
Viesīte
Līvāni
Preiļi
Daugava
Rucava
Salantai
Seda
Kretinga
Plungė
Telšiai
Kuršenai
Bubiai
ŠIAULIAI
Pasvalys
Vabalninkas
Rokiškis
Kupiškis
Obeliai
Subate
DAUGAVPILS
Višķi
Dagda
Krāslava
Druja
Rietavas
Gargždai
Kelmė
Radviliškis
Šeduva
PANEVĖŽYS
Zarasai
Šilutė
Šilalė
Grinkiskis
Anykščiai
Visaginas
Raseiniai
Ramygala
Utena
Ariogala
Kėdainiai
Tauragė
Sovetsk
Neman
Jurbarkas
Babtai
Ukmergė
Molėtai
Švenčionys
Bol'šakovo
Ul'janovo
Šakiai
Vilkija
Jonava
Širvintos
Pabradė
KAUNAS
Kaišiadorys
RUSSLAND
Černjahovsk
Kudirkos Naumiestis
Gusev
Kybartai
Prienai
Elektrėnai
Jieznas
Trakai
VILNIUS
Marijampolė
Kalvarija
Alytus
Lazdijai
Jašiūnai
LITAUEN
Verchnjadzvimsk
Kjasciгy
Braslav
Dzisna
Polackaja nižina
Navapolack
Polack
Sarkavščyna
Vidzy
Prazaroki
Pastavy
Hlybokae
Ušačy
Kamen'
Narač
Bešankovičy
Čašniki
Sjanno
Lepel'
Bjarezinski zapavednik
Vernjany
Bjahoml'
Vilejka
Smarhon'
Chalopeničy
Novalukoml'
ORŠA
Plešcanicy
Ašmjany
Maladzecna
BARYSAV
Žodzina
Bobr
Talačyn
Šklov
Horki
Dnepr
Smolevičy
Rakav
Valožyn
Juratiški
Lida
Voranava
Eišiškės
Merkinė
Druskininkai
Sejny
Suwałki
Gołdap
Węgorzewo
Olecko
Augustów
EŁK
Orzysz
Grajewo
Szczuczyn
Sztabin
HRODNA
POLEN
Mazury
MINSK
Berazino
WEISSRUSSLAND
MAHILËV
Pronja
Oster

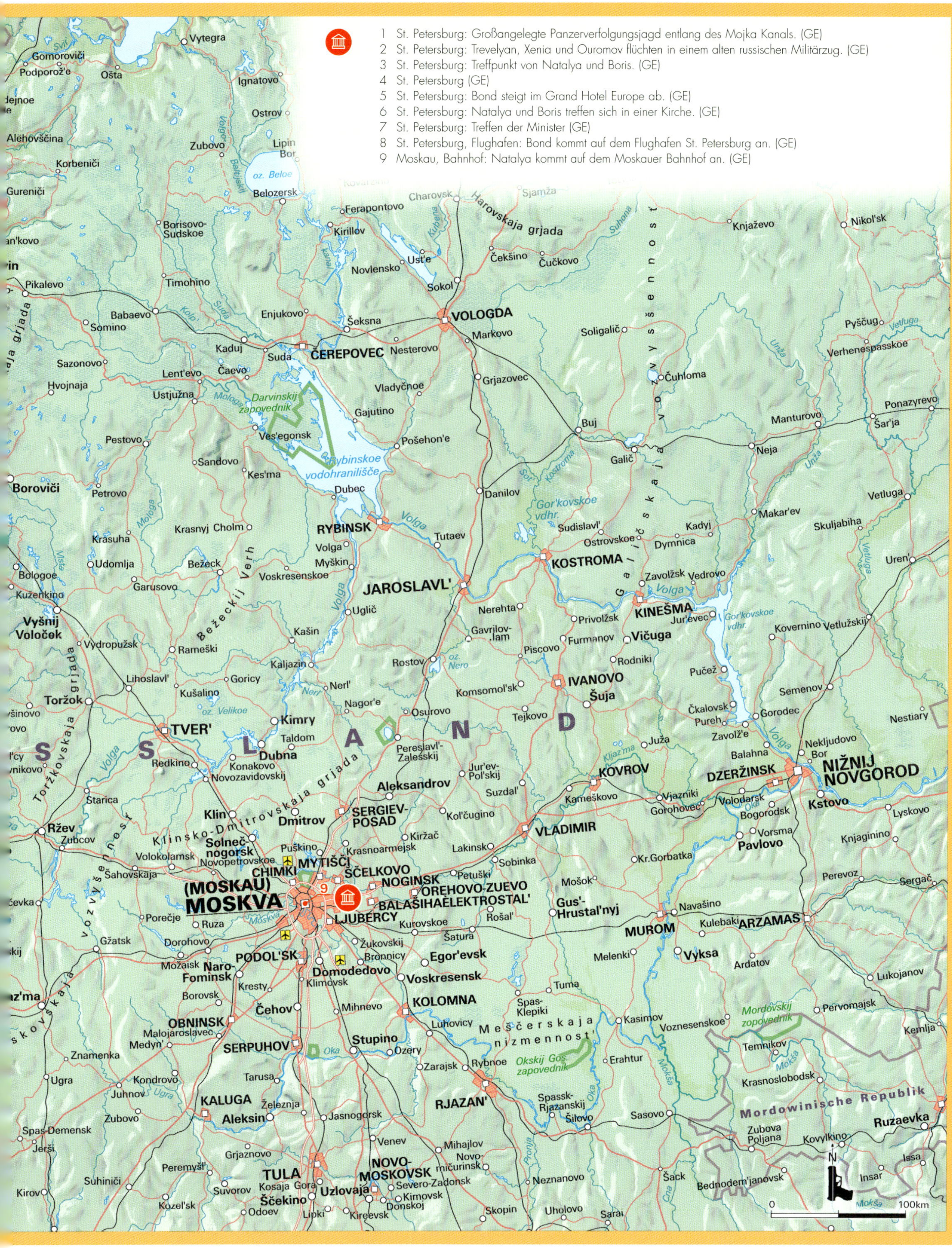
1 St. Petersburg: Großangelegte Panzerverfolgungsjagd entlang des Mojka Kanals. (GE)
2 St. Petersburg: Trevelyan, Xenia und Ouromov flüchten in einem alten russischen Militärzug. (GE)
3 St. Petersburg: Treffpunkt von Natalya und Boris. (GE)
4 St. Petersburg (GE)
5 St. Petersburg: Bond steigt im Grand Hotel Europe ab. (GE)
6 St. Petersburg: Natalya und Boris treffen sich in einer Kirche. (GE)
7 St. Petersburg: Treffen der Minister (GE)
8 St. Petersburg, Flughafen: Bond kommt auf dem Flughafen St. Petersburg an. (GE)
9 Moskau, Bahnhof: Natalya kommt auf dem Moskauer Bahnhof an. (GE)
VOLOGDA
ČEREPOVEC
RYBINSK
JAROSLAVL'
KOSTROMA
KINEŠMA
IVANOVO
TVER'
KOVROV
DZERŽINSK
NIŽNIJ NOVGOROD
VLADIMIR
SERGIEV-POSAD
MYTIŠČI
(MOSKAU) MOSKVA
ŠČELKOVO
NOGINSK
OREHOVO-ZUEVO
ELEKTROSTAL'
BALAŠIHA
LJUBERCY
PODOL'SK
KOLOMNA
MUROM
ARZAMAS
OBNINSK
SERPUHOV
KALUGA
RJAZAN'
TULA
NOVO-MOSKOVSK
Mordowinische Republik
0 100km

GUMMISEILARTISTEN-PARADIES:
Der Verzasca-Staudamm nördlich von Locarno

Ich wurde zum Teil in der Schweiz ausgebildet und studierte soziale Anthropolgie in allen Formen an der Universität von Genf unter dem berühmten Professor Pittard. Ich war auch einmal mit einem Schweizer Mädchen liiert. Ich bin dem Land und den Menschen gegenüber sehr ergeben und möchte sie in keinem noch so kleinen Detail ändern." So beschrieb Ian Fleming einmal seine Beziehung zur Schweiz. Drei seiner Romane sind zum Teil dort angesiedelt. Bislang fanden in der Schweiz auch Dreharbeiten zu insgesamt fünf James-Bond-Filmen statt, in einem Fall sogar besonders ausführlich.

Im August 1924 machte Ian Fleming erstmals in der Schweiz Urlaub. Dem gerade mal 16 Jahre jungen Mann gefiel das Land sofort, so dass er im Verlaufe seines Lebens mehrfach dorthin zurückkehrte. Von September 1930 bis August 1931 lebte er in der Schweiz. Zunächst in der Rue Lausanne in Genf, um an der dortigen Universität zu studieren, dann in der Rue Rudolphe Toepffer in der Altstadt. Er wohnte im Hotel du Lac in Coppet, später dann in Mies, zwischen Coppet und Genf. Coppet wurde in dem Roman *Goldfinger* zum Standort der Fabrik des Titelhelden. Ian Flemings Freundin Monique Panchaud de Bottomes stellte ihm einen Familienfreund namens Krebs vor, der in der Stadt Nyon eine berühmte medizinische Bibliothek besaß. Später tauchte der Name Krebs als die rechte Hand des Gangsters Hugo Drax im Roman *Moonraker* auf.

Als Fleming für die *Sunday Times* an der Serie über die *Thrilling Cities* arbeitete, verbrachte er mit seiner Frau Ann auch ein paar Tage in Genf. Dort lernte das Paar den luxuriösen Corviglia Club außerhalb der Stadt kennen, der Fleming sehr beeindruckte. Nach manchen Quellen flossen seine Impressionen auch in Blofelds Alpenversteck aus dem Roman *Im Geheimdienst Ihrer Majestät* ein. Nach übereinstimmenden anderen Quellen ist es jedoch vorwiegend das in den österreichischen Alpen gelegene Schloss Mittersill, das als ein Rohmodell für „Piz Gloria" fungierte (siehe Seite 171). In seinem Artikel über Genf bescheinigte Fleming der Schweiz eine „Georges-Simenon-Qualität". Er empfand den Alpenstaat als „eine große Erfrischung von anderen Ländern." In der detaillierten Auseinandersetzung mit den Eidgenossen und ihrem Umgang mit Geld bezeichnete er die Schweiz als größten Tresor der Welt. Er machte sogar Vorschläge für neue Steuergesetze und nannte sie die „Quantum-of-Solace"-Klausel.

Im Dezember 1960 machte Fleming mit seiner Frau Ann Urlaub in der Schweiz. Sie bereisten das Engadin und wohnten im Grand Hotel Kronenhof-Bellavista bei St. Moritz, um dort Ski zu fahren. Schon vier Jahre zuvor hatte er James Bond auf eine Fahrt mit dem Orient Express geschickt. Im Roman *From Russia With Love (Liebesgrüße aus Moskau)*, der 1957 erschien, bekommt 007 bei der Fahrt durch den Simplon-Tunnel einen Schuss ab, überlebt aber dank eines Zigarettenetuis in der Brusttasche. Er fährt weiter durch die Schweiz und deren Alpen, durch das Canton Valais sowie über Lausanne und Vallorbes bis nach Dijon in Frankreich.

Der Roman *On Her Majesty's Secret Sevice (Im Geheimdienst Ihrer Majestät)*, aus dem Jahr 1963, spielt zu großen Teilen in der Schweiz. Nachdem Bond in Zürich gelandet ist, fliegt er mit einem Helikopter ostsüdöstlich über den Zürichsee, den Walensee, die Räthikon-Alpen zum Prättigau-Tal und über das Davos-Tal. Er passiert die Silvretta-Berge, fliegt am Piz Languard vorbei bis Pontresina im Engadin und erreicht danach den Piz Gloria, den Sitz seines Widersachers Blofeld (für weitere Schauplätze des Romans: siehe Seite 90). Auf der Suche nach einem vergleichbaren Ort wie von Fleming beschrie-

TRAUM IN WEISS:
Das Grand Hotel Kronenhof bei St. Moritz

In einem Dialog des Films Im Geheimdienst Ihrer Majestät schlägt Tracy Bond vor, zur nächsten Telefonzelle nach Feldkirch zu fahren. Diesen Ort gibt es in der Schweiz gar nicht, aber in Österreich. Die dazugehörigen Filmszenen entstanden in Lauterbrunnen.

*

Das Drehrestaurant „Piz Gloria“ auf dem Schilthorn wirbt seit 1969 mit den Dreharbeiten zu dem Film *Im Geheimdienst Ihrer Majestät*. So gibt es Speisekarten mit 007-Logo, einen „007 Inferno-Kaffee“ und einen Eisbecher „Coupe 007“. Im örtlichen Souvenirshop werden Foto- und Postkarten-Motive aus dem Film verkauft. In einem Text für Besucher heißt es: „Nur manchmal findet man noch im Geröll eine leere Hülse: Überreste der zu Tausenden verschossenen Platzpatronen.“

ALLE NEUNE!
George Lazenby und Bond-Girls bei einer Drehpause in der Schweiz

ben, stellten die Filmproduzenten schon Anfang der 60er Jahre Nachforschungen an. Als sie 1961 von Planungen erfuhren, auf dem Schilthorn ein Restaurant zu errichten, nahmen sie Kontakt zu den Verantwortlichen auf und verabredeten eine Kooperation. Doch die Bauarbeiten für das Restaurant verzögerten sich immer wieder, so dass auch die filmische Umsetzung von *Im Geheimdienst Ihrer Majestät* (1969) mehrfach verschoben wurde. Als es endlich losging, hatten die Produzenten so viel Einfluss auf die Gestaltung des Gebäudes, dass dank ihrer Finanzierung das höchste Drehrestaurant der Welt errichtet werden konnte. Zusätzlich wurde ein Hubschrauberlandeplatz gebaut, der heute die Besucherterrasse ist. Aber nicht nur dieses einmalige Objekt entstand für den Film, sondern auch eine Bobbahn. Ausstatter Syd Cain war mit der zwischen St. Moritz und Celerina gelegenen Cresta-Bahn einfach nicht zufrieden. Außerdem drehte das Team in Lauterbrunnen, bei Stechleberg, in Mürren und Interlaken. Schauspielerin Joanna Lumley schrieb in ihrer Autobiografie, dass „Mürren wie von der Außenwelt abgeschottet war, denn dort gab es keine Autos. Die Filmgesellschaft nutzte es wie eine überdimensionale Studiohalle in Pinewood und zahlte kräftig.“

So etwas geschah nie wieder. Insgesamt reisten die Filmcrews weitere vier Male in die Schweiz. Zweimal nutzten sie die Skigebiete für ihre Aufnahmen. Doch bevor es 1977 und 1985 soweit war, fuhr Sean Connery in einem Aston Martin DB 5 erstmals durch Teile des Alpenstaates. Für den Film *Goldfinger* (1964) entstanden einige Einstellungen am Furka Pass in der Nähe von Andermatt, in denen die Hotels Galenstock und Belvedere auszumachen sind. Auf der kurvenreichen Strecke kommt es zur Autojagd zwischen Tilly Masterson und James Bond, an deren Ende Tillys weißes Ford Mustang-Cabrio in den Straßengraben fährt. Im Anschluss hält Bond mit seiner Begleitung an einer Tankstelle in Andermatt.

Verfolgungsjagden wurden auch bei den beiden nächsten 007-Auftritten in der Schweiz inszeniert. Der Skiläufer Willy Bogner, der 1969 bereits Aufnahmen des zweiten Kamerateams von *Im Geheimdienst Ihrer Majestät* geleitet hatte, verwendete für die Filme *Der Spion, der mich liebte* (1977) und *Im Angesicht des Todes* (1985) Drehorte in der Schweiz. Im ersten Fall war es ein Skigebiet im Kanton Graubünden im Oberengadin, nahe dem schweizerischen Städtchen St. Moritz. In einer Verfolgungsjagd wird 007 von vier Gangstern die Berge herunter gejagt. Bogner kennt die Gegend sehr genau, da er seit Anfang der 70er Jahre ein Haus in St. Moritz besitzt.

Für Roger Moores letzten Einsatz entstanden einige Szenen an der schweizerisch-italienischen Grenze. Die Region Pontresina und der Vadretta-di-Scerscen-Inferiore-Gletscher wurden zum Drehort. Für Pierce Brosnans erste Mission *GoldenEye* (1995) reisten die Filmemacher an den Verzasca-Staudamm. Er liegt etwa 27 Kilometer nördlich von Locarno und stellt im Film einen Teil einer russischen Chemiewaffenfabrik dar. Stuntman Wayne Michaels sprang für Brosnan vom Damm herunter – und das sogar zweimal, da der Regisseur mit der ersten Aufnahme nicht zufrieden war. Der Stunt wurde so populär, dass man ihn heutzutage selbst ausüben kann. Ein findiger Unternehmer bietet seitdem Bungeesprünge von der Staudammmauer an.

EIN KLEINER VERSCHNAUFER:
Sean Connery in Goldfinger *am Furka Pass*

Schweiz

1 Luzern, Pilatus-Flugzeugfabrik: Fabrikhallen von Goldfingers Firma (GF)
2 Lauterbrunnen: Bond wird in einer Telefonzelle beschossen. Schauplatz Feldkirch (OHMSS)
3 Graubünden: 007 wird von Gangstern verfolgt. Schauplatz Berngarten, fiktiv (TSWLM)
4 Vedretta di Scerscen Inferiore Gletscher: 007 erhält den Chip von 003. Schauplatz Sibirien (AVTAK)
5 Verzasca Staudamm: Bond springt am Bungee-Seil herab. Schauplatz Archangelsk (GE)
6 Hotel Schweizerhof, Bern: Bond besucht das Anwaltsbüro Gumbold. (OHMSS)

1 Piz Gloria: Bond fliegt per Helikopter zum Forschungsinstitut auf dem Piz Gloria. (OHMSS)
2 Winteregg, Außenaufnahmen: Bond und Tracy suchen eine verlassene Hütte auf. (OHMSS)
3 Mürren: Blofeld entkommt in der Bobbahn, wo Bond vergeblich versucht, ihn zu stoppen. (OHMSS)
4 Grindelwald: Bond wird gefangen genommen und flüchtet auf Skiern. (OHMSS)
5 Feld zwischen Stechleberg und Lauterbrunnen: Autojagd auf dem Eisring (OHMSS)
6 Lauterbrunnen: Getarnt als Sir Hilary Bray kommt Bond auf dem Bahnhof an. (OHMSS)
7 Furka Pass: 007 stoppt Tilly in einem Mustang Cabrio, die auf Goldfinger schießt. (GF)
8 Andermatt: Bond bugsiert Tilly in seinen Wagen und bringt sie zur Tankstelle. (GF)
9 Simplon Tunnel: Ein Zigarettenetui und ein Buch stoppen Grants Schuss. (FRWL)

DEUTSCHLAND
Bodensee
SINGEN
RADOLFZELL
KONSTANZ
RAVENSBURG
FRIEDRICHSHAFEN
LINDAU
BREGENZ
KEMPTEN (Allgäu)
WINTERTHUR
ST.GALLEN
ZÜRICH
DORNBIRN
Vorarlberg
ÖSTERREICH
Tirol
LIECHTENSTEIN
Churfirsten
Glarner Alpen
CHUR
Davos
Graubünden
Rätische Alpen
Silvrettagruppe
Unter Engadin
St. Moritz
Nationalpark
NP Stilfser Joch
Ortlergruppe
Tessin
BELLINZONA
LOCARNO
LUGANO
VERBANIA
Lago Maggiore
Valtellina
SONDRIO
Lombardei
Orobie
ITALIEN
Adamellogruppe
30km

Österreich

1 Feldkirch: Autodurchfahrt. Schauplatz Bregenz (QOS)

1 Weißensee: Bond und Kara flüchten vor den Verfolgern. (TLD)
2 Cortina d'Ampezzo: Bond steigt mit neuem Lotus Esprit Turbo im Hotel Miramonti ab. (FYEO)
3 Cortina d'Ampezzo: Bond trifft sich auf dem Dolomitengipfel Tofana mit Ferrara. (FYEO)
4 Cortina d'Ampezzo: Bond und Ferrara treffen auf Kristatos im olympischen Eisstadion. (FYEO)
5 Cortina d'Ampezzo: Bond nutzt die Olympiaschanze und die Bobbahn, um zu entkommen. (FYEO)
6 Bregenz: Während der Tosca-Opernaufführung gibt es ein geheimes Treffen. (QOS)

1 Feldkirch: Bond sucht eine Telefonzelle auf, wird beschossen und steigt in Tracys Auto. (OHMSS)
2 Bregenz: Autodurchfahrt (QOS)

UUUND ACTION!
Ein Quantum Trost-Dreharbeiten für eine Actionszene auf der Tosca-Bühne in Bregenz

Wenn man alle Reisen Ian Flemings Revue passieren lässt und versucht zu ergründen, zu welchen Ländern der Autor eine besondere Beziehung aufgebaut hat, dann zählt ganz sicher Österreich zu den Reisezielen, die ihm immer sehr wichtig waren. Das liegt in seiner frühesten Jugend, aber auch in zahlreichen Besuchen dort und den Freundschaften begründet, die Fleming im Laufe der Jahre hatte. Mehrere seiner Erlebnisse baute er, derart geprägt, auch in seine Romane ein. Die Filmemacher besuchten Österreich bislang zweimal für Dreharbeiten, produzierten dort allerdings teilweise spektakuläre Bilder.

Im August 1924 war Fleming das erste Mal in Österreich. Der gerade mal 16-jährige Junge verbrachte seine Sommerferien dort, kletterte zum Kitzbüheler Horn und besuchte den Schwarzsee. Im Jahr 1928 hatte seine Mutter Evelyn die Idee, den jungen Mann nach Österreich zu schicken, um ihm eine gute Erziehung und Ausbildung angedeihen zu lassen. Sie fand auch einen geeigneten Ort: die Villa Tennerhof in Kitzbühel, die von einem Freund – Dennis Forbes – geleitet wurde. Fleming mochte den Ort und die Umgebung, lernte viel und verbesserte seine Deutschkenntnisse. Es gelang ihm sogar, *Anja und Esther*, das Stück von Klaus Mann, vom Englischen ins Deutsche zu übersetzen. Seine Mutter war so erfreut, dass sie es abtippen und verschicken ließ. So wurde diese Arbeit zu Flemings erster Veröffentlichung überhaupt. Aber die schöne Umgebung sorgte auch für Zerstreuung. So hielt sich Fleming gerne im neu gebauten Tanzcafe Reisch auf. Es stammt von Architekt Lois Welzenbacher.

Während seines Aufenthalts in Kufstein und München lernte Fleming Skifahren. Ihm wurde zwar verboten, bestimmte Abhänge zu benutzen, doch letztendlich war die Neugier größer als die Angst. Diese Erfahrungen baute er in die Lawinen-Szenen des Buches *On Her Majesty's Secret Service (Im Geheimdienst Ihrer Majestät)* ein. Im Roman heiraten Bond und Tracy im Münchener Konsulat der britischen Botschaft und wollen daraufhin in Kufstein Ski fahren. Auch lernte Fleming das in den Alpen gelegene Schloss Mittersill kennen, das seinen Freunden, dem Ehepaar Bryce, gehörte. Es lag nicht weit von Kitzbühel entfernt und fungierte als Sport-Club für superreiche europäische Aristokraten. Mittersill wurde zum Rohmodell für das Versteck des Bösewichts Blofeld. Im Roman heißt es „Piz Gloria".

Auch ein besonderes Erlebnis mit seinem Auto verwendete Fleming später. Im Roman *The Man With The Golden Gun (Der Mann mit dem goldenen Colt)*, der erst 1966, also zwei Jahre nach seinem Tod, erschien, geht es unter anderem um eine abseits gelegene Eisenbahnstrecke. Dass eine solche Strecke Gefahren bergen kann, hat Fleming selbst erfahren müssen. Als er 1928 zwischen München und Kufstein auf dem Weg zum Tennerhof in Kitzbühel war, stieß er beim Überqueren einer Bahnstrecke in seinem Auto vom Typ Morris Oxford mit einem Zug zusammen. Er wurde zwar nicht verletzt, aber schwer durchgeschüttelt. Nach Angaben des Biografen John Pearson verarbeitete er dieses Erlebnis in *The Man With The Golden Gun*, wo eine vermeintliche Leiche auf den Schienen liegt und ein sich nähernder Zug abrupt stoppt. Die Berge rund um Kitzbühel und auch den Ort Mittersill baute Fleming zudem in die Kurzgeschichte *Octopussy* ein (siehe Seite 62) und bei einem weiteren Aufenthalt in Tirol und Kitzbühel im Frühsommer 1960, im Zuge seiner Recherchen für die Reportagereihe *Thrilling Cities*, bezeichnete er die Tiroler als „die liebsten Menschen der Welt".

Das Produktionsteam von *Der Hauch des Todes* (1987) drehte im Herbst 1986 zwei Wochen lang in Österreichs Hauptstadt Wien. Nach weiteren Aufnahmen in Tanger und den Studios kehrte man im Januar 1987 nach Österreich zurück. Die Dreharbeiten am Tunnel in der Nähe von Sachsenburg und in Kärnten am Weissensee an der österreichisch-italienischen Grenze wurden bei Temperaturen von bis zu 25 Grad unter null zu einer Belastung für Mensch und Material. Dort entstanden große Teile der Verfolgungsjagd zwischen Bond in seinem Aston Martin und den ihn verfolgenden Ladas der tschechoslowakischen Einsatzkräfte. Die Explosionsszenen wurden vor Ort gefilmt, einige der Tricks des Sportwagens dagegen im Studio. Ende Januar und Anfang Februar fanden dann noch die Dreharbeiten zu einer ungewöhnlichen „Schlittenfahrt" im Skigebiet Sonnenalpe-Nassfeld in der Nähe der Naggler-Alm in Kärnten an der österreichisch-italienischen Grenze statt. Dort rutschen Bond und Partnerin Kara im Cello-Kasten durch die – von den Ausstattern aufgebaute – tschechoslowakisch-österreichische Grenzkontrolle. Das Drehende wurde mit einem Fest gefeiert, bei dem die Pyrotechniker mit Feuerwerkskörpern „25 Jahre James Bond" in den Himmel über Weissensee schrieben.

Erst mehr als 21 Jahre später kehrte ein Bond-Filmteam nach Österreich zurück. Im Mai 2008 wurden die Stadtgemeinde Feldkirch und die Stadt Bregenz zu Schauplätzen von *Ein Quantum Trost*. Im Film stellen sie allerdings dieselbe Stadt dar. Da sich Bregenz nach Meinung der Locations-Manager für Autodurchfahrten nicht eignete, wurde eine entsprechende Szene in der Marktgasse von Feldkirch inszeniert: 007 (Daniel Craig) am Steuer eines Volvo und Bösewicht Dominic Greene, gespielt von Mathieu Amalric, in einem Jaguar fuhren durch den etwa 30 Kilometer von Bregenz gelegenen Ort. Die Hauptdreharbeiten fanden allerdings in der Hauptstadt von Vorarlberg statt. Die weit über die Grenzen bekannte Seebühne der Bregenzer Festspiele, aber auch das Theater, der Vorplatz, das Foyer und weitere Räumlichkeiten wie etwa die Küche, wurden für neun Drehtage zur Filmkulisse. Gut sieben Minuten des fertigen Films spielen dort. Zirka 1500 Statisten wirkten daran mit. Wenn der austro-affine Ian Fleming das noch erlebte hätte, wäre er sicher hocherfreut gewesen.

IAN FLEMING WAS HERE:
Schloss Mittersill bei Kitzbühel

Wien

KEINE RUHIGE MINUTE:
Das Weltkulturerbe Schloss Schönbrunn wird jährlich von mehr als sechs Millionen Besuchern frequentiert

Im Juni 1956 reiste Fleming mit seiner Frau Ann im Ford Thunderbird via Bonn nach Wien. Er wollte die jährliche Konferenz von Interpol besuchen. Seine Frau zog eher unbeschwerte Urlaubstage vor, da sie im Frühjahr nicht mit ihm auf Jamaika war. Für die Recherchen zu seiner Reportagereihe „Thrilling Cities", die zunächst in der *Sunday Times* und später auch in Buchform erschien, reiste er im Frühsommer 1960 nochmals nach Wien. Er fuhr von Hamburg über Kassel, Bad Hersfeld, Würzburg, Rothenburg, Dinkelsbühl, Augsburg, München und Salzburg in die österreichische Metropole und lästerte über die Deutschen, weil sie „die gefährlichsten Autofahrer in der Welt" seien. Damit traf er in Österreich sicher auf offene Ohren. In Wien besuchte er Heurigen-Lokale, hörte Anton Karas persönlich seine Zithermelodie aus dem Filmklassiker *Der Dritte Mann* spielen, speiste im Hotel Sacher, lauschte den Wiener Sängerknaben und besuchte die Spanische Hofreitschule.

Von diesen berühmten Sehenswürdigkeiten machten die Filmproduzenten keinen Gebrauch, als sie im Herbst 1986 in Wien Teile von *Der Hauch des Todes* drehten; dafür fanden sie andere Motive, die die Stadt repräsentieren. Regisseur John Glen war ein großer Fan von Carol Reeds *Der Dritte Mann* und ließ sich im Herbst 1985 verschiedene Orte in der Stadt zeigen, an denen der Film entstanden war. Zum Beispiel besichtigte er gemeinsam mit den Produzenten das Tor am

DIE PAPIERE BITTE!
Bond-Dreharbeiten an der Wiener Steinspornbrücke

Josefsplatz, das in dem Streifen aus dem Jahr 1949 zu sehen ist. Sie sahen sich aber auch das Burgtheater, den Musikvereinssaal, die Staatsoper, den Stephansdom, das Schloss Schönbrunn sowie den Prater an. Schließlich reisten sie noch nach Salzburg, entschieden sich aber gegen die Stadt als Drehort.

Am 5. Oktober 1986 war es schließlich so weit. Timothy Dalton wurde auf einer Pressekonferenz im Wiener Amtssitz des Bürgermeisters der Weltpresse vorgestellt. Der damalige Bürgermeister Dr. Helmut Zilk hatte das Rathaus extra an diesem Sonntag geöffnet, um den Journalisten Gelegenheit zu geben, die Verantwortlichen und Akteure des Films kennenzulernen. Auch ein nagelneuer Aston Martin DBS V8 Volante war zu sehen. In den folgenden beiden Wochen drehte man in der Paulinen-, Antoni- und Vinzenzgasse im 18. Bezirk, im Prater-Café, in einer Achterbahn und im berühmten Riesenrad, auf der Steinspornbrücke, am Gasometer in Simmering sowie vor Schloss Schönbrunn und nutzte außerdem die Sofiensäle und die Volksoper. Die Kuppel des Hotels im Palais Schwarzenberg gestalteten die Ausstatter zur Rezeption um. Busse und Straßenbahnen wurden umgeleitet. Da Wien im Film auch als die slowakische Stadt Bratislava fungierte, verpasste man einigen Straßenschildern slowakische Namen. In einem provisorischen Vorführraum des Hotels Hilton wurde das gefilmte Material betrachtet.

Volksoper Wien
Die Volksoper Wien stellte das slowakische Konservatorium dar. Wer, so wie James Bond auch, einmal im Theater sitzen möchte, kann das in der Währinger Straße 78 in 1090 Wien tun.
www.volksoper.at · Tel: 0043 1 514440

*

Schloss Schönbrunn
Öffnungszeiten:
Das Schloss ist täglich für Sie geöffnet – auch an Feiertagen!
1. April bis 30. Juni
von 8.30 bis 17 Uhr
1. Juli bis 31. August
von 8.30 bis 18 Uhr
1. September bis 31. Oktober
von 8.30 bis 17 Uhr
1. November bis 31. März
von 8.30 bis 16.30 Uhr
www.schoenbrunn.at
Schloß Schönbrunn/Kavalierstrakt
1130 Wien, Tel.: 0043 1 81113-0
Fax: 0043 1 8121106
E-Mail: info@schoenbrunn.at

*

Gasometer im Stadtteil Simmering
Gasometer A: Guglgasse 6
Gasometer B: Guglgasse 8
Gasometer C: Guglgasse 12
Gasometer D: Guglgasse 14
1110 Wien
Kontakt und Führungen:
www.wiener-gasometer.at
E-Mail: office@wiener-gasometer.at
Tel.: 0043 720 740 966
Fax: 0043 660 331 791 728
Führungen:
Nach Vereinbarung Mo-So sowie auch feiertags
1. März - 1. Nov.: Mo-So 8 bis 20 Uhr
2. Nov. - 1. März: Mo-So 9 bis 15 Uhr

*

Prater
Öffnungszeiten
Saison im Prater: 15. März bis 31. Oktober
Mo-So 10 - 24 Uhr
Kontakt:
stadt wien marketing und prater service gmbh
Prater 123, 1020 Wien
Tel: 0043 1 729 20 00
(Montag bis Donnerstag:
10 - 17 Uhr, Freitag: 10 - 15 Uhr)
Mail: info@praterservice.at
www.prater.wien.info

KULISSENSCHIEBEREI:
Die Wiener Volksoper hatte bei Bond einen Auftritt als tschechisches Konservatorium

AUF UND NIEDER IMMER WIEDER:
Das Riesenrad im Prater

Wien

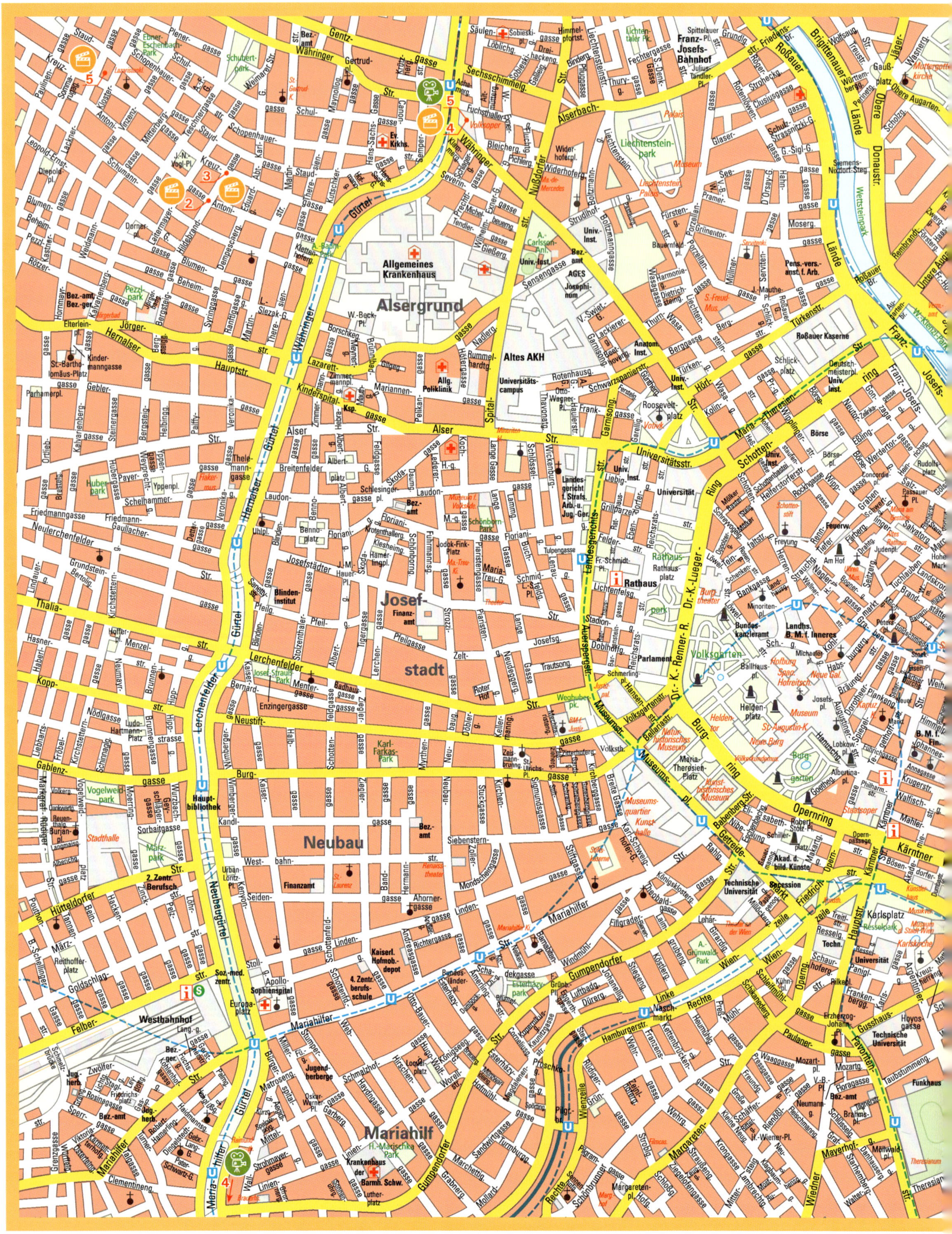
Alsergrund
Allgemeines Krankenhaus
Altes AKH
Josefstadt
Neubau
Mariahilf
Westbahnhof
Rathaus
Parlament
Universität
Volksgarten
Burggarten
Opernring
Karlsplatz
Franz-Josefs-Bahnhof
Liechtensteinpark
Währinger Gürtel
Hernalser Gürtel
Lerchenfelder Gürtel
Neubaugürtel
Mariahilfer Str.
Alser Str.
Josefstädter Str.
Burggasse
Gumpendorfer Str.
Universitätsstr.
Schottenring
Dr.-K.-Lueger-Ring
Dr.-K.-Renner-R.
Burgring
Kärntner Ring
Roßauer Lände
Donaukanal
Museumsquartier
Naschmarkt
Technische Universität
Secession
Staatsoper
Börse
Rooseveltplatz
Stadthalle
Hauptbibliothek
Jugendherberge
Roßauer Kaserne

1 Steinspornbrücke: Schauplatz Grenzübergang Österreich/Slowakei (TLD)
2 Antonigasse 42: Wohnung der Cellistin Kara. Schauplatz Bratislava (TLD)
3 Kreuzgasse: Bond beobachtet Kara in der Straßenbahn. Schauplatz Bratislava (TLD)
4 Volksoper: Bond unterstützt Koskovs Flucht. Schauplatz Slowakei (TLD)
5 Währing: Saunders und Bond sollen Koskov in den Westen holen. Schauplatz Bratislava (TLD)

1 Prater: Bond und Kara kommen per Anhalter auf einem Lastwagen am Prater an. (TLD)
2 Simmering: Koskov hebt per Jet vom Gasometer ab und wird nach England geflogen. (TLD)
3 Hotel Palais Schwarzenberg: Bond und Kara steigen im Hotel Palais Schwarzenberg ab. (TLD)
4 Schloss Schönbrunn: Bond und Kara fahren mit dem Fiaker am Schloss vorbei. (TLD)
5 Volksoper: Happy-End. Bond besucht Kara bei ihrem Konzert in der Volksoper. (TLD)

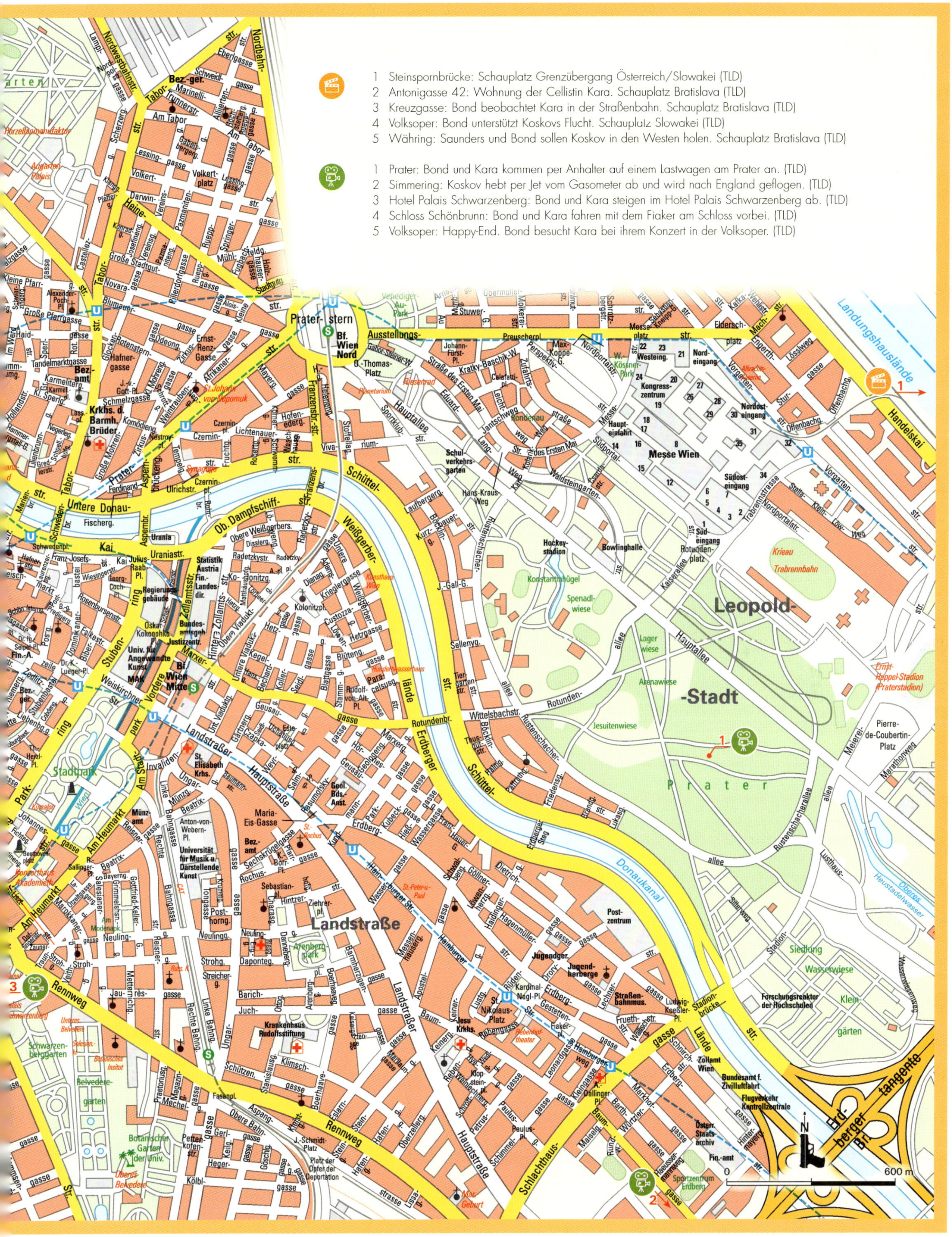

Spanien und Portugal

GING BEI BOND GLATT ALS HAVANNA DURCH:
Die Uferpromenade im spanischen Cadiz

Spanien

Schon sechsmal reisten die Schöpfer der 007-Serie für Dreharbeiten nach Spanien, aber nur wenige Minuten in einem der daraus entstandenen fünf Filme – für *Die Welt ist nicht genug* gab es im Abstand von einigen Monaten zwei Arbeitsaufenthalte – spielen auch tatsächlich dort. Dafür wurde Portugal zum Hauptschauplatz eines Films.

Im August 1963 standen erstmals Kameras in Spanien, um ein paar Einstellungen für den Film *Liebesgrüße aus Moskau* einzufangen (siehe Seite 110, 112). Es ging aber nur um wenige sogenannte „Insert Shots", kleine Szenen, die eingefügt werden und auf die die Akteure reagieren müssen. In diesem Fall wurden in Madrid einige Ratten gefilmt, die durch ein Untergrundsystem laufen und die Akteure kurz aufhalten. Vergleichbar wenig geschah auch 1967, denn über Torremolinos an der spanischen Küste zwischen Málaga und Marbella entstanden Luftaufnahmen des Hubschrauberkampfes von *Man lebt nur zweimal*. Ein erster schwerer Unfall hatte dazu geführt, dass die Dreharbeiten abgebrochen werden mussten. Daher wich man nach Spanien aus (siehe Seite 94 – 95).

Erst 1999 war man wieder vor Ort. Ein Teil der Eröffnungssequenz des Films *Die Welt ist nicht genug* spielt in Bilbao. Dort ist 007, alias Pierce Brosnan, unterwegs, um Geld von einem Schweizer Bankier zu übernehmen. Er wird ins Visier genommen und beinahe Opfer eines Anschlags (siehe Seite 34 – 35). Die Inszenierung dieser Sequenzen erfolgte nahe dem Guggenheim Museum und auf den Straßen Calle de Henao, Alameda de Mazarredo und Calle de Iparraguirre. Ein Stuntman sprang für Brosnan mehrfach von einem Gebäude und kam auf unangenehme Weise in Kontakt mit der Hauswand, was im Film allerdings nicht zu sehen ist. Dieser Abschnitt endet auf der Brücke Ponte de la Salve und nach wenigen Minuten wird Spanien auch schon wieder verlassen. Es entstanden zwar noch weitere Sequenzen in den kargen und trockenen Wüstenregionen von Bardenas Reales und Tudela in der Nähe des zentralspanischen Toledo; sie spielen aber nicht dort, sondern in Kasachstan.

Im April 2002 kehrte das Filmteam erneut nach Spanien zurück – aber nur, weil es für Kuba keine Drehgenehmigung erhielt. Das südspanische Cádiz wurde für den Film *Stirb an einem anderen Tag* zu Havanna. Der Stadtstrand von Caleta diente ebenso als Filmkulisse wie eine Zigarrenfabrik, die Uferpromenade und eine kleine vorgelagerte Insel. Im sogenannten Castillo de San Sebastián waren Pierce Brosnan und Halle Berry an Actionsequenzen beteiligt, die ihren Tribut forderten, denn die Schauspielerin wurde bei einer Explosion leicht im Gesicht verletzt und musste behandelt werden. Auch das überwiegend schlechte Wetter sorgte für Ungemach. So musste Halle Berry in einer Szene elegant aus den Fluten steigen, fror aber fürchterlich, weil es an der Costa de la Luz, in der ältesten Stadt Europas, gerade äußerst kalt war. Die Fans waren dennoch begeistert, verfolgten aufmerksam jeden Schritt der Akteure und enthüllten sogar ein Transparent mit der Aufschrift „We love 007". Im Gegensatz dazu gingen die sechstägigen Dreharbeiten für *Ein Quantum Trost*, die Ende August 2007 in Madrid stattfanden, unspektakulär über die Bühne. Das ist auch nicht weiter verwunderlich, denn keiner der Stars reiste an, sondern lediglich ein zweites Kamerateam.

Das von dem amerikanischen Stararchitekten Frank Gehry gebaute Guggenheim Museum in Bilbao wurde von den Filmemachern für so genannte „Identity Shots" genutzt. Es ist ein häufig verwendetes Stilmittel, bei dem zum Beispiel ein prägnantes Bauwerk gefilmt wird, so dass der Zuschauer sofort den Schauplatz erkennt, ohne dass ihn etwa ein eingeblendeter Schriftzug darauf hinweist. Auch in anderen Bondfilmen lässt sich bisweilen eine solche Erzählstrategie nachweisen. So gibt es etwa in *Feuerball* eine Einstellung vom Boulevard Haussmann, an dessen Ende man den Eiffelturm ausmachen kann. In *Octopussy* sind es die Berliner Gedächtniskirche und das indische Taj Mahal, in *Der Morgen stirbt nie* der Hamburger Hafen und in *Man lebt nur zweimal* die belebte Tokioter Einkaufsstraße Ginza mit ihren Leuchtreklamen, die den jeweiligen Ort etablieren.

Guggenheim Museum
Abandoibarra Etorbidea 2, 48009 Bilbao, Spain
Tel 0034 944 359 080
www.guggenheim-bilbao.es

Portugal

Im Gegensatz zu Spanien war Portugal nur ein einziges Mal Schauplatz und Handlungsort eines Bondfilms, dafür allerdings in beträchtlichem Ausmaß mit vielen Drehorten. Ian Flemings zehnter Roman *On Her Majesty's Secret Service (Im Geheimdienst Ihrer Majestät)* spielt in Frankreich, England, der Schweiz und Deutschland. Der Film verlagerte jedoch vieles nach Portugal. Frankreich und Deutschland fielen weg.

Schon die ersten Einstellungen zeigen einen Platz im portugiesischen Cascais, von dem der neue 007 losfährt, der nur dieses eine Mal vom Australier George Lazenby gespielt wurde. Er ist mit seinem Aston Martin DBS auf einer Küstenstraße unterwegs, wird überholt und hängt sich an den schnellen Ford Cougar heran, der ihm gerade die Rücklichter gezeigt hat. Am Steuer sitzt die mysteriöse Tracy, die er kurz danach am Küstenstrand von Playa Guincho einholt. Sie will sich das Leben nehmen, was Bond jedoch verhindert. Ein weiterer Schauplatz ist das Palácio Hotel in Estoril. In dem örtlichen Casino hatte Ian Fleming im 2. Weltkrieg ein prägendes Erlebnis (siehe Info-Kasten). Im Film wirkt es so, als ob das

VON WEGEN GOLDEN GATE BRIDGE:
Dieses imposante Bauwerk steht in Portugal

Ian Fleming hat zwar angenehme, aber auch unangenehme Erinnerungen an Portugal – vor allem an seinen ersten Besuch als Mitarbeiter des Marinenachrichtendienstes. Im Juni 1941 war er mit seinem Vorgesetzten Godfrey in Lissabon und erhielt Informationen, dass einer der Chefs des deutschen Nachrichtendienstes und zwei seiner Assistenten jeden Abend im nahe gelegenen Casino von Estoril spielten. Fleming schlug vor, gegen die Deutschen anzutreten und sie auszunehmen. Er wagte es auch, verlor aber und war bald pleite. Später verwendete er das Erlebnis für seinen Debütroman *Casino Royale.* Dort gewann allerdings Bond …

*

Der **Palácio dos Marqueses de Fronteira** in Lissabon kann besichtigt werden. Zugänglich ist er nur für Gruppen, und das auch nur zu bestimmten Zeiten, mehrmals am Tag. Wer zu spät kommt, muss bis zur nächsten Führung warten. Der Palast und dessen schöner Garten, der für Szenen zwischen Bond und Tracy genutzt wurde, liegt etwas außerhalb, in der Nähe des Zoos und des Parque Florestal de Monsanto. Er wurde zirka 1640 gebaut und ist in Privatbesitz.

Die Adresse lautet:
Lgo. de S. Domingos de Benfica, 1, 1500-554 Lissabon, Tel.: 00351 21 778 20 23
Öffnungszeiten: Oktober bis Mai (Führung) 11.00 und 12.00 Uhr, Juni bis September 10.30 / 11.00 / 11.30 / 12.00 Uhr
Sonn- und feiertags ist geschlossen.
Eintritt: Palast und Garten: 7,50 Euro, nur Garten: 3 Euro

*

Palacio Estoril Hotel
Rua Do Parque, Estoril
Tel: 00351 21 464 8000

Casino in das Hotel integriert sei und es sich nicht um ein separat gelegenes Haus handelte. Tatsächlich wurde die Casinosequenz jedoch im Studio inszeniert.

In Portugal fanden aber noch weitere Dreharbeiten statt. So wurden die Stierkampfarena Herdade do Zambujal, die Gärten des Palácio Fronteira und das Hotel Schweizerhof ebenso zu Drehorten, wie ein Juwelier in der Stadt Lissabon, eine Brücke und der zwischen Setúbal und Sesimbra, südlich von Lissabon gelegene Arrábida-Nationalpark. Das Areal besteht aus vielen Pinien und mannigfaltiger mediterraner Vegetation und beherbergt zahlreiche ungewöhnliche Spezies, die nur dort vorkommen. Die Brücke, die 1969 noch nach dem Diktator Salazar benannt war, ist übrigens ein ganz besonderes Bauwerk, denn sie ist die zweitlängste Hängebrücke der Welt. Seit 1974 heißt der über zwei Kilometer lange Stahlkoloss Ponte 25 de Abril. Auf ihr entstanden Fahraufnahmen mit Bond im Rolls-Royce.

Gibraltar

Zweimal schon war die britische Kolonie Gibraltar an der Südspitze Spaniens Gastgeber

DURCH UND DURCH BRITISCH:
Der Felsen von Gibraltar

für James-Bond-Dreharbeiten, aber nur einmal ist sie auch zu sehen und wird erwähnt. Dies erklärt sich dadurch, dass James Bonds Begräbnis zu Anfang des Films *Man lebt nur zweimal* zwar auf dem britischen Kriegsschiff „HMS Tenby" in der Bucht vor Gibraltar gefilmt wurde. Die Szene spielt jedoch im Hafen von Hongkong und daher ist der berühmte Affenfelsen nicht zu sehen. Im Film *Der Hauch des Todes* bildet er dafür den eindrücklichen Hintergrund zu einer fantastischen Actionsequenz.

Als die Produzenten 1987 mit Timothy Dalton wieder einen neuen 007 vorstellen mussten, kamen sie auf die Idee, ihn mit einem Test seiner Fähigkeiten einzuführen. Dies geschah über und auf Gibraltar. Bond und die beiden Kollegen 002 und 004 sollen in einem Manöver-Einsatz die Radaranlagen der Halbinsel überwinden und sich mit den dortigen Bewachern von der SAS (Special Air Service*) messen. Wegen eines Verräters wird das Manöver für Bond zum ernsthaften Kampfeinsatz. Der sechs Kilometer lange und etwa 1,2 Kilometer breite Kalksteinfelsen wurde im September und Oktober 1986 zum Drehort. Auch wenn die ganze Sequenz am Ende wie aus einem Guss aussieht, entstand sie doch an vielen verschiedenen Orten der britischen Kolonie.

Zunächst ist der Fallschirm-Absprung dreier Agenten zu sehen, von denen einer oberhalb des Wasserreservoirs von Sandy Bay, einer auf der St. Michael's Road und einer an der Ostseite des südlichen Gipfels landet. Im Gebiet zwischen Douglas Path und den mediterranen Stufen wird 004 ermordet. Er stürzt an der Ostseite des südlichen Gipfels ab, da der Verräter sein Halteseil durchschneidet. 002 wird von der SAS erwischt. Bond läuft inzwischen die Stufen vor dem Ancient Moorish Outlook entlang. Das haben Recherchen des holländischen Journalisten Martijn Mulders ergeben. Das Areal liegt in der Nähe eines Beobachtungspostens aus dem Zweiten Weltkrieg (2nd WW Observation Post). Als der Bösewicht enttarnt wird und im Geländewagen flüchten will, stürzt sich Bond auf den vorbeifahrenden Landrover, versucht in das Innere des Fahrzeugs zu gelangen und liefert sich mit seinem Gegner einen Kampf auf Leben und Tod. Diese Szenen entstanden auf der westlichen Seite des Felsens. Auch die dort lebenden Berberaffen wurden in die Aktionen mit einbezogen. Kurz vor Ende des Kampfes rast der Landrover in Apes Den, in der Nähe der mittleren Seilbahn-Station, auf eine Mauer zu und fällt in die Tiefe. Der Absturz des Wagens wurde allerdings nicht auf Gibraltar, sondern an der englischen Küste gedreht (siehe Seite 50 – 51).

Besuchern, die auf den Spuren von 007 wandeln wollen, sei empfohlen, viel Zeit mitzubringen, denn nicht nur die Kontrollen an der spanisch-britischen Grenze, die als die längsten in ganz Europa gelten, sondern auch die weit verstreuten Drehorte erfordern dies. Wer sich allerdings am Ende eines anstrengenden Bond-Ausfluges ein bisschen entspannen will, dem bietet die „007 Bar" an der Eastern Beach Road kühle Getränke (Tel. 00350 70731). Gedreht wurde dort nicht, aber vielleicht wird das ja in Zukunft noch nachgeholt.

Auch Ian Fleming hat einen intensiven Bezug zu Gibraltar. 1940 war er an einem Plan beteiligt, die Straße von Gibraltar vor der Überwachung durch deutsches Radar und Infrarotkameras zu schützen. Diese Überlegungen trugen den Namen „Operation Goldeneye". Nach verschiedenen Quellen nannte Fleming daher sein auf Jamaika erworbenes Anwesen so.

* Die SAS ist eine Spezialeinheit, die 1941 für den Afrikafeldzug gegen die Deutschen aufgestellt wurde. Sie hat ihren Sitz im englischen Credenhill bei Hereford. Am 6. März 1988 erschoss ein aus England eingeflogenes Kommando der SAS auf Gibraltar drei irische Terroristen.

Spanien und Portugal

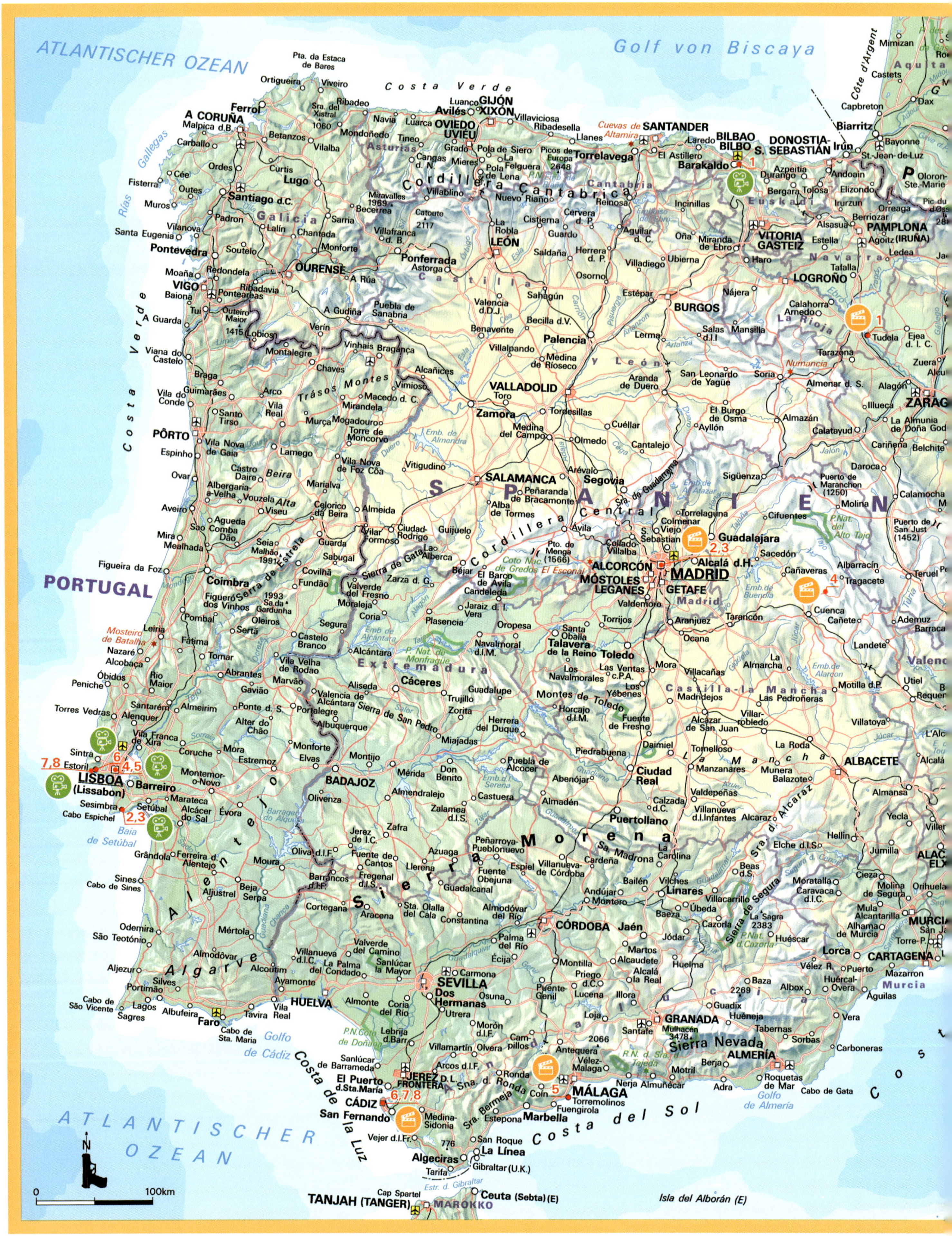

Spanien / Portugal

1 Bardena Reales: Bond trifft auf die Atomphysikerin Dr. Jones. Schauplatz Kasachstan (TWINE)
2 Madrid: Bond und Darko tauchen in das Untergrundsystem ab. Schauplatz Istanbul (FRWL)
3 Madrid: Altstadt, Königlicher Palast, Alte Oper (QOS)
4 Las Majadas: Elektra schlichtet den Ärger mit Anwohnern. Schauplatz Baku (TWINE)
5 Über Torremolinos. Aus der Luft inspiziert Bond die erloschenen Vulkane. Schauplatz Japan (YOLT)
6 Cádiz: Bond läuft an der Hafenpromenade entlang. Schauplatz Havanna (DAD)
7 Cádiz: Bond hält vor dem Gran Palacio Hotel und geht zum Strand. Schauplatz Havanna (DAD)
8 Cádiz: Castillo de San Sebastián. Bond und Jinx fahren auf die fiktive Insel Los Organos. (DAD)

1 Bilbao, Guggenheim Museum: Bond trifft einen Schweizer Bankier. (TWINE)
2 Zambujal: Draco bedankt sich bei Bond und lädt ihn zu seinem Geburtstag ein. (OHMSS)
3 Zambujal, Stierkampfarena Herdade do Zambujal: Stierkampf (OHMSS)
4 Lissabon, Salazar-Brücke: Bond wird von Gangstern entführt und zu Draco gebracht. (OHMSS)
5 Lissabon, Stadtteil Benfica, Gärten des Palácio Fronteira: Bond und Tracy verlieben sich. (OHMSS)
6 Estoril: Bond fährt zum Palácio Hotel, Rua Do Parque und sieht das Auto von Teresa. (OHMSS)
7 Cascais: Auf der Küstenstraße wird Bond von einem Ford Cougar überholt. (OHMSS)
8 Playa Guincho nahe Cascais: Schlägerei mit zwei Angreifern (OHMSS)

Gibraltar

1 Zerstörer H.M.S. Tenby F-65: Seebestattung Bonds. Schauplatz Hongkong (YOLT)

1 Britische Agenten springen über dem Felsen ab, um die Verteidigungsanlagen zu testen. (TLD)

1 Gibraltar: Ein Wagen schießt über die Klippe und stürzt ab. (TND)

Italien

1 Lenno, Villa del Balbianello: 007 erholt sich in einem idyllisch gelegenen Anwesen. (CR, 06)
2 San Siro, Villa Gaeta: Bond rächt sich für den Betrug und schießt Mr. White ins Bein. (CR, 06)
3 Gardasee: Bond wird attackiert und in eine Verfolgungsjagd verwickelt. (QOS)

1 Siena: Die Verfolgungsjagd endet im Palio-Rennen. (QOS)
2 Palau, Hotel Cala di Volpe: Anya und Bond kommen in Sardinien an. (TSWLM)
3 Palau: Anya und Bond erhalten von Q einen nagelneuen weißen Lotus Esprit. (TSWLM)
4 San Pantaleo: Ausgangspunkt der Verfolgungsjagd mit dem Lotus (TSWLM)
5 Costa Smeralda: Verfolgungsjagd mit dem Lotus entlang der Costa Smeralda (TSWLM)

1 Liscia di Vacca: Tatiana und 007 werden verfolgt, können aber entkommen. (FRWL)

Ian Fleming besuchte Italien kurz nach Ende des Zweiten Weltkrieges. So hielt er sich im September 1948 in Portofino und Genua auf und traf sich im Hotel Excelsior in Neapel mit dem berühmten Gangster Lucky Luciano. Italien ist Schauplatz in zweien seiner Bond-Abenteuer.

Als Fleming 1957 seinen Roman *From Russia With Love (Liebesgrüße aus Moskau)* unter anderem im Orient Express ansiedelte, musste ein Teil davon zwangsläufig in Italien spielen. Zur damaligen Zeit fuhr der Luxuszug via Zagreb und Ljubljana nach Sezana, Poggioreale und über Venedig nach Triest. Fleming erzählt von Bonds Fahrt über Padua und Vicenza nach Verona sowie von einem Halt an der italienischen Grenze in Domodossola, bis dann die Reise in Frankreich endet.

Von Flemings Kurzgeschichte „Risico", die 1960 erschien und sowohl in Rom als auch in Venedig spielt, sind zwar einige Namen der Charaktere in den Film *In tödlicher Mission* (1981) eingeflossen, Story und Handlungsorte jedoch nicht. Bei Fleming wohnt 007 mit dem Schmuggler Kristatos im Hotel Excelsior und speist in der Albergo Colombo d'Oro in der Nähe der spanischen Treppe. Weitere Schauplätze in der ewigen Stadt sind die Hotels Ambassadori und Nazionale. Nachdem Bond in die Lagunenstadt weitergereist ist, macht er mit seinem Kollegen Colombo noch einen Abstecher zu dem Fischerhafen Santa Maria nördlich von Ancona. Dort nehmen sie das Lagerhaus des Schmugglers Kristatos hoch.

Wenn man Venedig ausklammert, drehten die Produktionsteams für drei James-Bond-Filme in Italien. In den verschneiten Regionen um Cortina d'Ampezzo entstanden Teile von *In tödlicher Mission*. Das Hotel Miramonti, das Olympische Eisstadion, die Olympiaschanze, die Bobbahn und der Dolomitengipfel Tofana wurden im Frühjahr 1981 zu Schauplätzen. Als problematisch stellte sich heraus, dass es ausgerechnet zu dieser Zeit wenig Schnee im Skigebiet gab, der somit erst mühsam per Lastwagen herangefahren werden musste. Die Temperaturen wechselten von 18 bis 20 Grad unter null bis zu so starken Erwärmungen, dass der wenige Schnee plötzlich wieder wegtaute. Die extremen Schwankungen machten die Dreharbeiten nicht gerade angenehm. Es ereigneten sich auch mehrere Unfälle mit Motorrädern und in der Bobbahn starb sogar ein Athlet. Für die Aufnahme einer Actionszene in der Stadt Cortina d'Ampezzo wurde eigens ein Blumengeschäft gebaut, in das ein Motorradfahrer hineinraste.

FÜR BOND EIN QUELL DER ERHOLUNG – IN WIRKLICHKEIT EIN MUSEUM:
Die Villa del Balbianello am Comer See

Die 2006er Version von *Casino Royale* beinhaltete neben den klar erkennbaren Venedig-Szenen auch noch andere italienische Schauplätze, die weniger leicht zu identifizieren sind. Einige Szenen entstanden nämlich auf zwei Anwesen am Comer See. Die in der Ortschaft Lenno gelegene Villa del Balbianello und die in San Siro beheimatete Villa Gaeta fanden für die Regeneration Bonds nach der Folter und die Schluss-Szene des Films Verwendung, auch wenn die dort entstandenen Aufnahmen nicht am Comer See spielen. In beiden Fällen bleibt der Zuschauer über die Handlungsorte im Unklaren. Zum Teil handelte es sich ohnehin nur um Ausweichquartiere, da ursprünglich noch weitere Dreharbeiten in der damaligen Produktionsbasis in Tschechien stattfinden sollten.

Ob der Gardasee als solcher im jüngsten Film *Ein Quantum Trost* erscheint, darüber hüllten sich die Verantwortlichen anlässlich einer Pressekonferenz in Tremosine am 20. April 2008 noch in Schweigen. Tatsache ist jedoch, dass im April und Mai ein Teil der Eröffnungssequenz des jüngsten Films am Gardasee entstand. Für eine Verfolgungsjagd wurden die Streckenabschnitte an der westlichen Riviera dei Limoni von Gargnano bis Limone sowie die sogenannte Höllenschlucht, die den Berg nach Tremosine hochführt, und die Ostseite von Torbole bis Malcesine zu Drehorten. Die Verfolgung endet dort jedoch nicht, sondern führt über Carrara bis nach Siena, wo 007 ausgerechnet im berühmten Palio-Rennen landet. Dieses Spektakel findet nur zweimal jährlich statt und besteht aus einer wilden Jagd zu Pferd rund um den Piazza del Campo genannten zentralen Platz der Stadt. So absolviert 007 die knapp 400 Kilometer lange Strecke in rund zehn Minuten Filmzeit, aber Bond ist ja schon immer ein besonders viel und sehr zügig reisender Mann gewesen.

ALLES ROGER, WILLY! *Willy Bogner und Roger Moore proben eine Actionszene für* In tödlicher Mission

Miramonti Majestic Grand Hotel
Via Peziè, 103
32043 Cortina d'Ampezzo
Tel. 0039 0436 4201
Fax 0039 0436 867019
www.miramontimajestic.it

*

Die in der Gemeinde San Siro gelegene **Villa Gaeta** am Comer See, in der die letzten Szenen des Films *Casino Royale* aus dem Jahr 2006 spielen, wird als „James Bond Villa" (IT-22010-01) auch zur Miete angeboten. Auch eine Wohnung kann man darin mieten. www.atraveo.de/objekte/384846.php

*

Informationen über den **Gardasee** mit seinen vielen pittoresken Orten und kurvenreichen Strecken bietet die Website www.visitgarda.com. Dort findet man auch deutschsprachige Infos über die Bond-Dreharbeiten.

Venedig

1 Geschäft an der Piazzetta dei Leoni 314: Bond besucht die Firma Venini Glass. (MR)
2 Lido, Mönchskloster San Nicolo: Niederlassung des MI 6. Schauplatz Brasilien (MR)
3 südliche Arkaden: Bond verfolgt Vesper. Schauplatz „Basel Bank" (CR, 06)

1 Rio di Santa Caterina: Verfolgungsjagd entlang der Rio di Santa Caterina (MR)
2 Seufzerbrücke: Aufprojektion: Durchfahrt unter der Seufzerbrücke (FRVVL)
3 Hotel Danieli: Die Raumfahrtexpertin Holly residiert im Hotel Danieli. (MR)
4 Hotel Cipriani: Bond und Vesper steigen im Hotel ab. (CR, 06)
5 Torre dell'Orologio: 007 wirft Killer Chang aus dem Turm in ein Klavier. (MR)
6 Markusplatz: 007 gleitet über den Markusplatz. (MR)
7 Markusplatz: Verfolgungsjagd zu Fuß über den Markusplatz. (CR, 06)
8 Stadtteil Dorsoduro: Bond verfolgt Vesper. (CR, 06)
9 Canal Grande: Bonds Gondel verwandelt sich in ein Tragflächenboot. (MR)
10 Canal Grande: Bond und Vesper segeln mit einer Jacht in die Lagune. (CR, 06)
11 Galeria Ca' Rezzonico: Bond und M stehen erstaunt vor dem Gangster Drax. (MR)
12 Fondamenta Foscarini: Verfolgungsjagd entlang der Fond. Foscarini (MR)

1 Firma Venini Glass: Schlägerei in Labor und Museum mit Drax' Killer Chang. (MR)
2 Seufzerbrücke: Gondelfahrt unterhalb der Seufzerbrücke (FRVVL)

Eines der Lieblingsziele der deutschen Urlauber ist seit vielen Jahren Italien. Zählt man die 3ondfilme zusammen, die zumindest zum Teil dort entstanden sind, scheint es den Produzenten ähnlich zu gehen, denn immerhin fünfmal arbeiteten sie dort. Allein in Venedig fanden Dreharbeiten zu drei Filmen statt, in zweien davon ist der Markusplatz zu sehen. Und auch Ian Fleming schätzte die Lagunenstadt. Im Juni 1962 machte er mit seiner Frau Ann dort Urlaub und wohnte im Hotel Bauer-Grünwald.

In Flemings Kurzgeschichte „Risico" von 1960 befindet sich Bond zunächst in Rom, bevor er dann mit dem Laguna Express nach Venedig fährt, im Hotel Gritti Palace absteigt und Harry's Bar und Florian's besucht. Am Strand des Lido, und zwar bei den Bagni Alberoni, an der Spitze der Halbinsel, trifft er sich mit einer schönen Frau namens Liesl. Zwischenzeitlich fahren 007 und sein Kollege Colombo zu dem Fischerhafen Santa Maria nördlich von Ancona und nehmen das Lagerhaus des Schmugglers Kristatos hoch. Das Happy End zwischen Bond und Liesl wird im Hotelzimmer Nr. 68 in der Albergo Danielli in Venedig gefeiert.

Wie die Romanvorlage spielt auch die Kinoversion von *Liebesgrüße aus Moskau* (1963) im Orient Express. Anders als bei Fleming steigen 007 und seine Begleiterin Tatiana im Film jedoch vor der italienischen Grenze aus und fahren mit einem Laster weiter. Das Finale ist in Venedig angesiedelt, auch wenn die beiden Hauptakteure dort nicht hinreisten. Eine sogenannte Aufprojektion sorgte für die Illusion. So wirkt es, als fahre das Paar in einem Motorboot unter der Seufzerbrücke hindurch. Das berühmte Bauwerk wurde im Hintergrund projiziert, während die Schauspieler im Vordergrund im Studio agierten. Die Kombination beider Elemente sorgte für den gewünschten Effekt. Ein venezianisches Schachduell wurde ebenso im Studio inszeniert wie der Kampf mit Rosa Klebb in einem Hotelzimmer, das sich in der Filmhandlung bei der Piazza San Marco befindet.

BOND WIEDER MAL IN VENEDIG:
Daniel Craig bei den Dreharbeiten von Casino Royale

Hotel Danieli
Castello 4196, 30122 Venedig
Tel : 0039 041 522 6480
www.hoteldanielivenice.com

Der restaurierte Palast der Dogen-Familie Dandolo stammt aus dem 14. Jahrhundert. Das Hotel wurde 2005 in die „Gold List Reserve" des Magazins „Condé Nast Traveler" aufgenommen. Es verfügt über 233 Zimmer und Suiten.

*

Galleria Ca' Rezzonico
Der Bau des Palastes Ca' Rezzonico begann im Jahr 1649, wurde aber aufgrund eines Eigentümerwechsels erst 1756 vollendet. Eigentümer Carlo Rezzonico wurde als Klemens XIII zum Papst. 1935 ging das Gebäude an die Stadt Venedig. Heute ist es ein Museum. Es wurde für eine Szene in *Moonraker* genutzt, in der Bond und M völlig verdutzt vor dem Gangster Drax stehen. 007 hatte gehofft, seinem Chef ein geheimes Labor zu zeigen.

Dorsoduro 2793, 30123 Venezia
www.galleriacarezzonico.com
Öffnung täglich von 10 - 18 Uhr
(Dienstag geschlossen)

*

Hotel Cipriani & Palazzo Vendramin
Giudecca 10, 30133 Venice
Tel : 0039 041 520 7744
Fax : 0039 041 520 3930
www.hotelcipriani.com

Venedig ist auch einer der Hauptschauplätze des Films *Moonraker – Streng geheim* aus dem Jahr 1979, allerdings im Zusammenhang mit einer ganz anderen Handlung (siehe Seite 70 – 71). Die Suche nach einem gestohlenen Raumgleiter führt 007 in die Lagune. Dort besucht Bond die Firma Venini Glass am Markusplatz. Dafür verwendete man ein Geschäft, dessen Eingang an der Piazzetta dei Leoni 314, nordöstlich der Markuskirche zu finden ist. Kurz danach wird 007 bei einer Gondelfahrt attackiert. Diese besondere Gondel, die sich im Laufe der Jagd durch die Kanäle in ein Schnellboot und dann in ein Hovercraft verwandelt, wurde in einer Werkstatt am Campo San Trovaso präpariert. Der deutschstämmige Architekt Ken Adam hatte die Idee für das Multifunktionsgefährt und war für die Umsetzung verantwortlich. Im Verlaufe der Verfolgungsjagd sind die Ponte Foscarini, der Rio di Santa Caterina und der Canale Grande zu sehen. Am Ende gleitet 007 in seiner Gondel sogar über den Markusplatz.

Bei einem weiteren Besuch der Firma Venini Glass kommt es zu einem Kampf mit Chang, dem Killer von Drax, im Labor und im Museum des Hauses. Die musealen Räume wurden ebenso in den Pariser Boulogne Studios nachgebaut wie ein Teil des Uhrenturms (Torre dell'Orologio). Aber auch der echte Turm war Drehort. Am Ende fliegt Chang durch das gläserne Ziffernblatt und erst ein Klavier auf dem Markusplatz bremst unsanft seinen Fall. Weitere venezianische Schauplätze dieses Films sind das Museum Ca' Rezzonico und das Hotel Danieli (siehe Info-Kasten). Dort wohnt die Raumfahrtexpertin Holly, die zugeben muss, dass sie für die CIA arbeitet und bei Drax eingeschleust wurde. Das Hotel ist übrigens nur wenige Schritte vom Markusplatz entfernt. Von dort hat man einen herrlichen Blick auf die Lagune – den Holly übrigens auch genießt.

Aber das *Moonraker*-Team inszenierte noch an einem weiteren Ort in Venedig, auch wenn die Szene in Südamerika spielt. Dafür wurde das auf dem Lido gelegene Benediktiner-Mönchskloster San Nicolo aus dem 16. Jahrhundert umgestaltet. Dort sollen Überreste des San Nicolo di Bari, also des Heiligen Nikolaus, liegen (wobei auch die Stadt Bari mit ihrer Basilika für sich in Anspruch nimmt, der letzte Ruheort des Heiligen zu sein). Das an der Nordwestküste des Lido gelegene Kloster wurde zur örtlichen Niederlassung des MI 6 in Brasilien. Dort tauchen auch Miss Moneypenny, Q und M auf.

Beim ersten Einsatz von Daniel Craig als James Bond, der 2006er Version von *Casino Royale*, spielt wieder einmal eine Szene am Markusplatz in Venedig. Bond und Partnerin Vesper segeln mit der luxuriösen Jacht „Serenity 54" in die Lagune, passieren den Canale Grande und steigen im Hotel ab. Gedreht wurde dafür im Hotel Cipriani aber auch in Prag (siehe Seite 160 – 161). Der Anlegevorgang ist jedoch nicht zu sehen. Nach einem amourösen Zwischenspiel stürmt Bond zum Markusplatz, um Vesper zu verfolgen. Dafür wurde in den südlichen Arkaden der 175 Meter langen historischen Sehenswürdigkeit ein Geschäft zur „Basel Bank" umfunktioniert und entsprechend dekoriert. Danach geht die Verfolgung im Stadtteil Dorsoduro weiter, ehe sie auf einem kleinen Platz kulminiert, der allerdings im Studio entstand. Und auch ein einstürzendes, auf Pontons schwimmendes Haus ist den Ausstattern und Special-Effects-Künstlern zuzurechen.

Griechenland

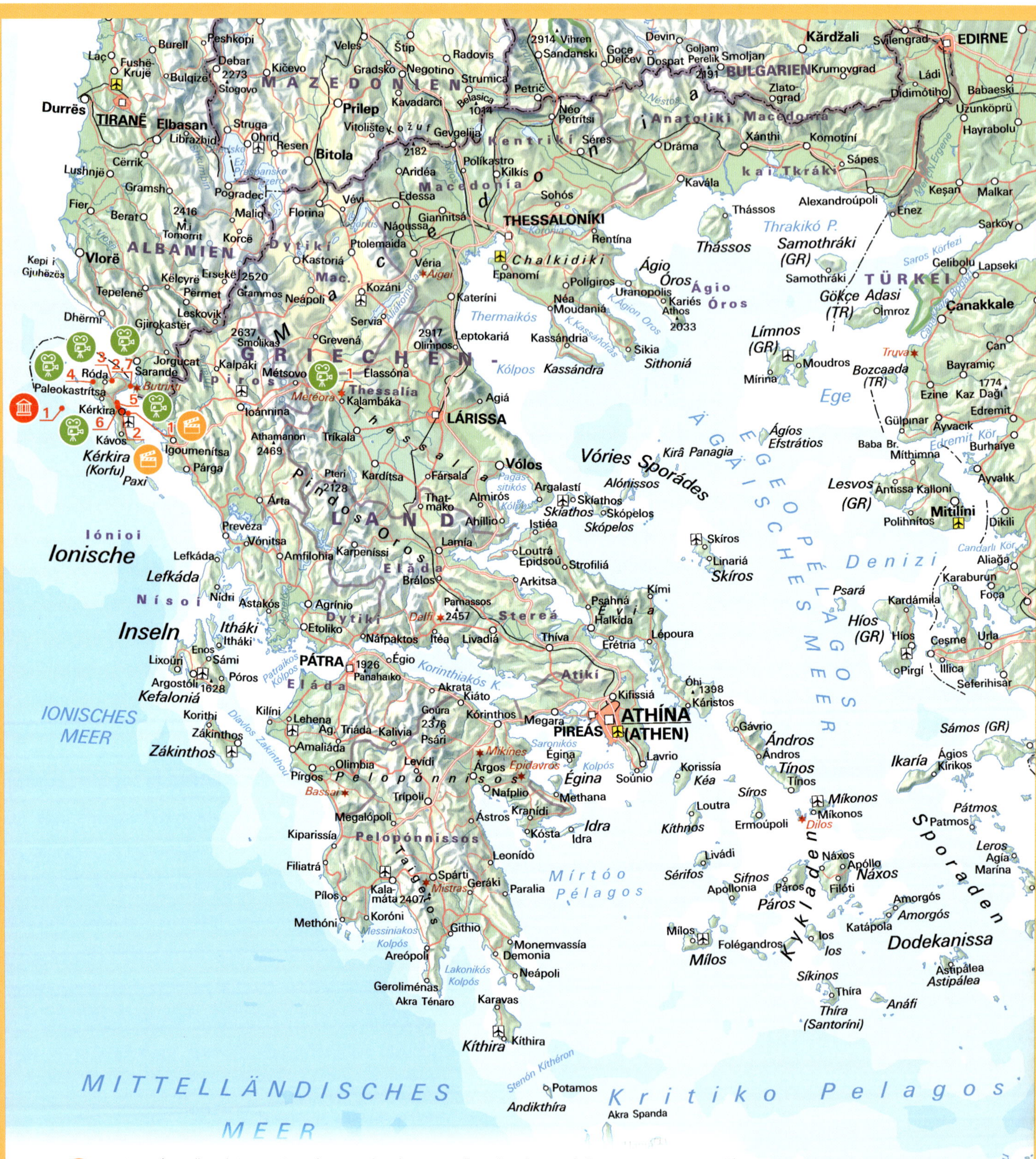

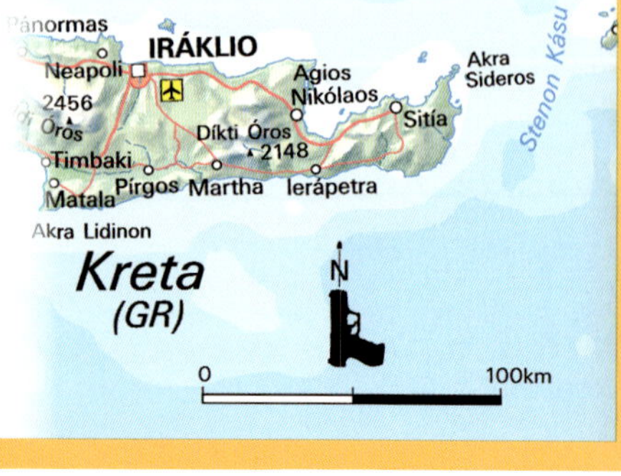

1 Korfu, Halbinsel Kanoni: Gonzalez versteckt sich in einer Villa. Schauplatz Madrid (FYEO)
2 Korfu-Stadt, Nordseite der Alten Festung: Lagerhaus mit Rohopium. Schauplatz Albanien (FYEO)

1 Meteora Klöster, speziell Agios Triadas: Kristatos besitzt ein Versteck in einem Kloster. (FYEO)
2 Korfu, Pagi: Verfolgungsjagd endet mit Überschlag eines Citroen 2 CV. (FYEO)
3 Korfu, Aghios Georgios: Bond und Lisl verbringen die Nacht in Lisls Strandhaus. (FYEO)
4 Korfu-Stadt: Südseite der alten Festung (FYEO)
5 Korfu, Achilleon Palast bei Gastouri: Bond isst mit Kristatos und beobachtet Colombo. (FYEO)
6 Korfu, Bouas Danilli: Hochzeit von Einheimischen (FYEO)
7 Korfu, Kalami Bucht: Gonzalez ermordet das Ehepaar Havelock. (FYEO)

1 Korfu: Ein englisches Spionageschiff geht vor Korfu unter. (FYEO)

Es gibt nicht gerade viele Verbindungen zwischen 007 und Griechenland, aber es gibt einen Film, der ausführlich von der Schönheit der griechischen Insel Korfu Gebrauch macht. Roger Moores fünfter Einsatz *In tödlicher Mission* entstand im Herbst 1980 zu großen Teilen auf der Blumen- und Modeinsel, die außerdem auch Albanien und Spanien darstellte. Schon 23 Jahre zuvor war der literarische Bond ganz kurz in dem südeuropäischen Land, ohne dass er viel davon sah.

In Ian Flemings fünftem Roman *From Russia With Love (Liebesgrüße aus Moskau)* reist 007 zunächst von London aus via Rom nach Athen, trinkt dort einen Ouzo und fliegt dann nach Istanbul weiter. Für die Rückreise wählt er den Orient Express. Er fährt von Istanbul aus in nördlicher Richtung und passiert auch Griechenland. Nachdem er das türkische Uzunköprü hinter sich hat, geht die Fahrt über Pithion, Alexandropolis und Thessaloniki weiter ins jugoslawische Vardar. Wesentliches geschieht unterwegs nicht.

EINFACH PERFEKT, ODER?!
Die Griechen sind um die Badebucht Agios Georgios Pagon auf Korfu zu beneiden

Das ist im Film *In tödlicher Mission (For Your Eyes Only)* anders. Nachdem das Ehepaar Havelock in der Bucht von Kalami vom Killer Gonzales ermordet wurde, beginnt für Bond die Suche nach dem Täter, der sich in der Nähe von Madrid aufhalten soll. 007 fliegt los und ermittelt – gedreht wurde allerdings auf Korfu. Die Insel sieht wohl Spanien irgendwie ähnlich. Als Eingang zur Villa des Killers wurde das Danilia Village westlich von Gouvia genutzt. Dort entstanden übrigens auch Aufnahmen, die später im Film zu sehen sind: eine griechische Hochzeit und ein Zusammentreffen mit Q. Für das eigentliche Anwesen von Gonzales bedienten sich die Filmemacher der Villa Sylva auf Korfu. Sie liegt in der Nähe der Mäuseinsel Pontikonissi, etwa 20 Minuten vom Korfu Golf Club entfernt. Nach einem Kampf auf dem Areal der Villa schließt sich eine Verfolgungsjagd an, für die die kurvenreichen Serpentinen im Inselinneren ein idealer Schauplatz waren. Auch der Überschlag eines Citroen 2 CV, des als „Ente" bekannten französischen Wagens, der in der kleinen Stadt Pagi gedreht wurde, zählt zur Autojagd. Weitere sehenswerte Locations auf Korfu sind Vlacherna, wo die schöne Melina an Land geht, um mit 007 einzukaufen, sowie die Dünen am Strand von Agios Georgios. Die sichelförmige Bucht liegt etwa 31 Kilometer von Korfu Stadt entfernt im Nordwesten der Insel. Auch hier inszenierte man eine Actionszene mit Autos. Etwa sieben Kilometer südlich von Korfu Stadt liegt der Achilleion-Palast, in dessen Räumen und Säulengang Spiel- und Speiseszenen entstanden.

Genutzt wurde auch das Alte Fort mitten in Korfu. Es diente im Film als Albanisches Warenlager des Gangsters Kristatos (siehe Seite 66 – 67). Das finale optische Highlight des Films sind die Meteora-Klöster in der Provinz Kalambaka, die allerdings nicht auf der Insel, sondern auf dem Festland liegen. Speziell Agios Triadas, eines von sechs bewohnten Klöstern, fand Verwendung. Es diente als Versteck des Bösewichts. Nachdem dieser sein gerechtes Ende gefunden hat, nähert sich auch der Film demselbigen. Es wird mit einem gemeinsamen Bad im Meer gefeiert: „For your eyes only", wie Melina James Bond versichert. Während des Abspanns sind Überreste der Tempelanlage von Delphi zu sehen, und zwar speziell drei der noch übrig gebliebenen Säulen des Tholos-Tempels. Sie haben hohen ästhetischen Wert, aber keinerlei Bedeutung in Bezug auf die Filmhandlung.

UUUPS:
Davon spricht man heute noch im Bergdorf Pagi

Die auf Korfu gelegene **Villa Sylva** kann gemietet werden. Unter www.villagetaways.com gibt es Details der „Greek Villa 1400". Eine prall gefüllte Brieftasche ist auf jeden Fall hilfreich. Die Mietpreise betragen zwischen 24.500 und 45.500 Euro – pro Woche.

*

Wer Lust hat, auch einmal auf den Spuren James Bonds zu wandeln, kann exakt die Strecke befahren, die er im Film *In tödlicher Mission* genommen hat, vielleicht mit Ausnahme der Querfeldeinfahrt und der Überschläge ... Am besten man beginnt in Kastellanoi und fährt in Richtung der Agios-Georgios-Bucht und anschließend durch das Dorf Vatonies nach Pagi.

*

Auch ein James-Bond-Produzent kann nicht alles erreichen, was er sich vorstellt. Frühe Drehbuchideen sahen so aus, dass die weibliche Hauptfigur Melina in Athen und auch an der Akropolis arbeitet, doch das lehnte die dortige Stadtverwaltung ab. Sie befürchtete zu viel Publicity für das historische Monument.

Türkei

1 Bucht von Pendik: Tatiana und Bond entkommen Verfolgern auf See. (FRWL)
2 Beykoz, Küçüksu Palast: Haus von Bonds Widersacherin Elektra. Schauplatz Baku (TWINE)

1 Bosporus: Renard will waffenfähiges Plutonium an Bord eines Atom-U-Bootes zünden. (TWINE)
2 Istanbul, Kapali Carsi: Bond und sein Chauffeur laufen durch den Markt und den Basar. (FRWL)
3 Istanbul, Kristal Palace Hotel: Bond stellt fest, dass sein Zimmer verwanzt ist. (FRWL)
4 Istanbul, Cisterna Yerebatan: Bond und Kerim Bey tauchen ins Untergrundsystem ab. (FRWL)
5 Istanbul, Hagia Sofia: Grant schaltet einen Bulgaren aus. (FRWL)
6 Istanbul, Halaskargazi Caddesi in Sisli: Im russischen Konsulat zündet Kerim eine Bombe. (FRWL)
7 Istanbul, Bahnhof Sirkeçi: Bond, Tatiana, Lektor und Benz springen in den Orient Express. (FRWL)
8 Istanbul, Kiz Kulesi: Elektra hält M in einem Turm auf einer kleinen Insel gefangen. (TWINE)
9 Istanbul, Flughafen Yesilkoy: Bond wird auf dem Flughafen von einem Chauffeur abgeholt. (FRWL)

1 Istanbul: Bond und Darko Kerim Bey tauchen in das Untergrundsystem der Stadt ab. (FRWL)

MACHT TOURISTEN SPRACHLOS:
Die Hagia Sophia Moschee thront über Istanbul

Die Türkei, und vor allem deren Hauptstadt Istanbul, sind Schauplätze in zwei James-Bond-Filmen. Ian Flemings Roman *From Russia With Love (Liebesgrüße aus Moskau)* von 1957 und seine Verfilmung (1962) sind in Teilen dort und im Orient Express angesiedelt. Dessen Streckenführung verlief damals noch von Istanbul bis Frankreich. Aber auch *Die Welt ist nicht genug* (1999), das dritte 007-Abenteuer mit Pierce Brosnan in der Hauptrolle, bediente sich der Schönheit der türkischen Hauptstadt am Bosporus – zumindest in geringem Umfang.

Im Herbst 1954 reiste Fleming in Begleitung von Sir Ronald Howe von Scotland Yard nach Istanbul, um mit ihm die Internationale Polizei-Konferenz von Interpol zu besuchen. Fleming hoffte, dadurch Informationen über das international agierende Verbrechen zu gewinnen und herauszufinden, ob die Türkei als möglicher Handlungsort für einen seiner nächsten Romane geeignet wäre. Der Autor wurde Zeuge von Demonstrationen gegen die türkische Regierung und lernte den etwas extrovertierten, in Oxford ausgebildeten Türken Nazim Kalkavan kennen. Auf ihm basiert die Romanfigur des türkischen Verbindungsmanns Darko Kerim Bey.

Fleming verwandte viel Detailtreue auf die Schauplätze und beschrieb Bonds Aufenthaltsorte akribisch. So ist zu lesen, dass Bond über den Taksim-Platz fährt, durch den überfüllten Istiklal aus dem asiatischen Teil der Stadt herauskommt und in den europäischen Teil weiterreist. Zwischenzeitlich fahren Bond und Darko Kerim Bey im Auto nach Samonea und besuchen eine Moschee nahe dem Meer von Marmara. Gemeinsam mit Bey überquert 007 die Galata-Brücke. Danach begeben sie sich zum Gewürzbasar und tauchen in das Untergrundsystem der Stadt ab. Dort sind sie in der Lage, mit Hilfe eines versteckt angebrachten Periskops gegnerische Spione zu beobachten. Auch die Filmemacher nutzten diesen Ort, der als „Versunkener Palast" bekannt wurde (siehe Info-Kasten). Um die Aufnahmen in dem unterirdischen Kanalsystem noch spannender zu machen, hatten die Filmemacher die Idee, zusätzlich einige Ratten in eine Fluchtsequenz einzubauen. Man suchte nach einem dressierten Rudel, wurde aber nicht fündig. Plan B bestand aus Mäusen, die in Kakao getaucht wurden, um ihnen eine braune Farbe zu verschaffen. Nach kurzer Zeit stellten die Tierchen fest, dass der Kakao recht wohlschmeckend war, und leckten ihn sich gegenseitig ab. Das Team gab auf. Die wenigen Einstellungen mit echten Ratten entstanden im August 1963 in Madrid.

Komplizierter als erwartet gestalteten sich auch die Aufnahmen in der Moschee Hagia Sophia. Dort war es strengstens untersagt zu sprechen. So wurde ein Gangster lautlos umgebracht, das Schlagen der Filmklappe entfiel. 36 Jahre später stellte sich dieses Problem nicht noch einmal, denn für *Die Welt ist nicht genug* gab es keine Aufnahmen in einer Moschee. Dafür wurde im Kíz Kulesi gedreht, dem sogenannten „Jungfrauenturm". Er liegt auf einer kleinen Insel im Bosporus kurz vor Üsküdar. Auf der asiatischen Seite von Istanbul befindet sich der Küçüksu-Palast in Beykoz. Er diente im Film als das in Baku, Aserbaidschan, liegende Haus von Bonds Widersacherin Elektra, wenn auch nur von außen (siehe Seite 34 – 35). Istanbul ist eben ein vielfältiger und vielseitig einsetzbarer Schauplatz. Auch Fleming schätzte die Stadt. Als die Dreharbeiten zu *Liebesgrüße aus Moskau* im März 1963 begannen, reiste er extra dorthin. Es waren die letzten, die er erlebte.

Die unterirdische Verbindung zwischen Kerims Büro und dem der Russen in Istanbul basiert auf einem Kanal, den es zwischen der russischen Botschaft und den sogenannten Kensington Barracks in London gegeben hat. Im Buch bezieht sich Fleming auf die Koklow-Affäre, da der Spion dieses Namens, der sich 1954 gegen Russland wandte, ihn mit wichtigen Insider-Informationen versorgte. Die unterirdische Yerebatan-Sarnici-Zisterne in Istanbul, die damals für die Dreharbeiten genutzt wurde, kann man besichtigen. Die auch als „Versunkener Palast" bezeichnete Anlage liegt westlich der Hagia Sophia, ist 138 Meter lang und 65 Meter breit und diente früher als unterirdischer Wasserspeicher.

*

Auch der Kíz Kulesi kann täglich außer montags von 12.00 bis 19.00 Uhr besichtigt werden. Um das Bauwerk aus dem 18. Jahrhundert zu erreichen, kann man von der europäischen Seite ab Ortaköy dorthin übersetzen. Von der asiatischen Seite gibt es Schiffe ab Salacak. Zusätzliche Infos auf www.kizkulesi.com.tr.

PARIS - ISTANBUL IN KNAPP 70 STUNDEN:
Die Endstation des Orient Express im Sirkeci Bahnhof

Marokko

1 Tanger, Palais El Mendoub: Pushkin trifft sich mit dem Waffenhändler Whitaker. (TLD)
2 Ouarzazate, Luftwaffenbasis: Bond wird von Kara betäubt. Schauplatz Afghanistan (TLD)
3 Kasbah bei Ouarzazate: Bond und Kara befreien Kamran Shah. Schauplatz Afghanistan (TLD)

1 Tanger, Hotel Ile de France: Bond beobachtet Pushkin vor dem Hotel Ile de France. (TLD)
2 Tanger: Verfolgungsjagd über die Dächer von Tanger. (TLD)

1 Tanger: Bond fährt zur Handelskonferenz. (TLD)

Wenn man sich nach einer Drehgenehmigung erkundigt, ist es immer hilfreich, als Produzent einer erfolgreichen Filmserie auftreten zu können. Diese Erfahrung durfte auch Michael G. Wilson machen, als er bei dem Verleger und Militaria-Sammler Malcolm Forbes anfragte, ob seine Villa in Tanger für Dreharbeiten zur Verfügung stünde. Forbes war gesprächsbereit, lud den Produzenten sowie ein kleines Team zu Verhandlungen ein und sagte schließlich zu. Darüber hinaus animierte seine weltgrößte Sammlung von Miniatursoldaten die Produzenten dazu, den Waffenhändler Whitaker in *Der Hauch des Todes* Kriege nachspielen und Strategien studieren zu lassen. So wurde das Drehbuch kurzerhand geändert und die Idee floss in den Film ein.

HIER SPÜRTE JAMES BOND DEN HAUCH DES TODES:
Die Kasbah Ait Benhaddou in der Nähe von Ouarzazate

Von Ende Oktober bis Ende November 1986 wurde in Marokko gedreht. Die Szenen waren vielfältig. So entstand eine Verfolgungsjagd über die Dächer der Stadt Tanger, die aber später um einen durchaus amüsanten Teil gekürzt wurde. Bond wirft auf der Flucht einen Teppich über ein paar elektrische Leitungen, setzt sich darauf und rutscht so von Haus zu Haus. Der Einfall, das Klischee des fliegenden Teppichs zu karikieren, fiel der Schere des Cutters zum Opfer. Anschließend springt 007 auf den Rücksitz eines vorbeifahrenden Motorradfahrers, doch auch diese Sequenz schaffte es nicht in den fertigen Film, der aber trotzdem genügend andere Sehenswürdigkeiten enthält. So wurde das Hotel Ile de France für Aufnahmen genutzt, ebenso der Hafen von Tanger, aber auch Gebiete außerhalb der rund 700.000 Einwohner zählenden nordafrikanischen Stadt, die nicht weit von Spanien entfernt liegt. Die Atlas Filmstudios in Ouarzazate und die nur etwa elf Kilometer entfernt gelegene Oase Finnt dienten ebenso als Schauplätze wie die Region Tamdaght in der Nähe der berühmten Kasbah Ait Benhaddou. Dieses nur noch partiell bewohnte Berberdorf war schon häufig Motiv für Filmaufnahmen. Für James Bond wurde es so umgestaltet, dass es Afghanistan darstellen konnte. Das Dorf gehört übrigens seit 1987, also dem Jahr nach den Dreharbeiten, zum Weltkulturerbe der UNESCO. Zudem standen Kameras in der Ruinenstadt von Id Boukhatir sowie auf der Luftwaffenbasis von Ouarzazate. Der marokkanische König Hassan II. sorgte dafür, dass die Militäranlagen für die Zeit der Filmaufnahmen gesperrt wurden. Wie bereits eingangs erwähnt, lohnt es sich durchaus, eine gewisse Reputation und lange filmische Tradition vorzuweisen, um an besonderen Orten drehen zu dürfen.

Vielflieger Bond bei der Arbeit

Übrigens reiste Ian Fleming im April 1957 nach Tanger, um für sein Buch *The Diamond Smugglers* zu recherchieren. Die Stadt hatte er bereits vor dem Krieg besucht und mochte sie nicht besonders. In einem seiner Briefe, die er dort schrieb, heißt es: „Die Farbe blättert von der Stadt ab und die Straßen bestehen aus Spucke, Urin und noch schlimmeren Dingen. Die Araber sind dreckige Menschen und hassen alle Europäer." Der offene Rassismus dieses Zitates wirkt heute auch unter Berücksichtigung der Entstehungszeit äußerst befremdlich. Der ohnehin bisweilen recht chauvinistische Fleming wohnte im Hotel El Minzah, vertrieb sich sporadisch in Dean's Bar die Zeit, aber auch im Café de Paris am zentralen Platz von Tanger und spielte mit seinem Kollegen, dem ehemaligen SIS-Agenten John Collard, der ihm bei den Recherchen half, Golf auf dem Gelände des Diplomatic Country Club. Hier zeigt sich in der Tat eine ganz andere Lebensrealität, als bei den meisten Menschen.

BAUSPARER-TRAUM:
Das Forbes Museum in Tanger

Das **Forbes Museum** gehört seit 1990 dem Staat Marokko. Dort sind rund 115.000 Miniatursoldaten zu sehen. Im Garten befinden sich rund 600 Statuen. Forbes starb am 24. Februar 1990.

Forbes Museum
Palais Mendoub, Rue Shakespeare, 90000 Tanger
Tel. 00212 (9) 93 36 06
www.maroc.net/museums/tang4.html

Ägypten

1 Gizeh, Pyramiden und Sphinx (TSWLM)
2 Kairo, Gayer-Anderson Museum: Auseinandersetzung mit dem Killer Sandor (TSWLM)
3 Luxor, Ruinen von Karnak und Tempel von Amun: Kampf zwischen Bond, Anya und Beißer (TSWLM)
4 Abu Simbel: Heimliches Quartier des russischen und britischen Geheimdienstes (TSWLM)

Als im Juni 1976 ein neuer James-Bond-Film mit Roger Moore angekündigt wurde *(Der Spion, der mich liebte)*, war die Neugier bei Publikum und Journalisten gleichermaßen groß, wie sich die erstmals dreijährige Pause ausgewirkt und welche kreativen Ideen das Team wohl in der Zwischenzeit entwickelt haben würde. Der Vorgängerfilm *Der Mann mit dem goldenen Colt* hatte trotz seiner exotischen Schauplätze wie Hongkong, Macao und Bangkok (siehe Seite 78 – 79) keinen großen Erfolg, was die Produzenten dazu veranlasste, das Konzept der 007-Filme zu überdenken. Als dann im Oktober 1976 ein Filmteam in Ägypten auftauchte, war klar, dass erstmals in der Bond-Historie das beliebte Reiseziel in Nordafrika in die Handlung integriert werden würde. In den folgenden drei Wochen machte die 125 Mann starke Crew ausführlich von den dortigen Sehenswürdigkeiten Gebrauch.

In die Aufnahmen mit einbezogen wurde die Nekropole Sakkara, die etwa 35 Kilometer südlich von Kairo liegt. Bei der Totenstadt entstand eine Szene, in der 007 einen früheren Studienkollegen besucht. Drehorte in Kairo waren die größte und älteste Moschee der Stadt namens Ibn-Tulun, die aus dem Jahr 879 stammt. Sie liegt im Bezirk Al-Basatin in der al-Saliba-Straße. Zudem wurden die Hauptverkehrsstraße Sharia el-Muizz und Teile des Gayer-Anderson-Museums genutzt (siehe Info-Kasten). Darüber hinaus drehte das Team an den Pyramiden von Giseh (Schreibweise auch Gizeh), die sich rund 35 Kilometer außerhalb von Kairo befinden. Die einzigen noch erhaltenen Bauwerke der sieben Weltwunder, die zwischen 2590 und 2470 v.

RÄTSELHAFT:
Die Sphinx vor der Chephren-Pyramide in Giseh

Chr. entstanden, wurden vor allem abends und nachts während der Ton- und Lichtshow an der Sphinx gefilmt.

Die Sitzstatue Ramses II in Luxor und der Tempel des Amun-Re, im Amun-Bezirk der Tempelanlage von Karnak, waren weitere Schauplätze des Films. In der ehemaligen Stadt der Paläste im nördlichen Teil von Luxor entstanden Actionszenen mit James Bond, seiner Kollegin / Konkurrentin Anya und dem Beißer. Nachdem der Beißer vorübergehend lahmgelegt ist, schlägt sich das Agenten-Paar zu zweit durch die Wüste und entert eine sogenannte Felukke, ein kleines Segelboot, und fährt darin den Nil entlang. Die letzten ägyptischen Szenen des Films spielen außerhalb des Felsentempels von Abu Simbel, fast 300 Kilometer südlich von Assuan. Dort befindet sich der vorübergehende Sitz des britischen Auslandsgeheimdienstes MI 6.

Ian Fleming war nie in Abu Simbel, aber er kannte Ägypten und viele andere der Sehenswürdigkeiten genau. Im November 1943 flog er zu einer Konferenz in Kairo, reiste von Portreath in Cornwall via Rabat nach Biskra in Algerien und schließlich in die ägyptische Hauptstadt. Dort wohnte er im Mena House Hotel, in der Nähe der Pyramiden. Im Dezember 1944 war der Autor erneut in Kairo und stieg im Shepheard's Hotel ab. Damals hatte die Stadt bereits rund zwei Millionen Einwohner. Im Vergleich zu den heutigen knapp acht Millionen mag das nach wenig klingen, aber das alltägliche Chaos in der Metropole dürfte Fleming genauso erfahren haben wie das Filmteam gut drei Jahrzehnte später. Den Film hat er nicht mehr erlebt. Zu Lebzeiten verfügte er sogar, dass sein Roman *The Spy Who Loved Me* nicht verfilmt und nur der Titel verwendet werden dürfe, was dann auch genau so geschah (siehe Seite 74 – 75).

RESTAURIERT:
Das Gayer-Anderson Museum in Kairo

Das **Gayer-Anderson-Museum** ist aus zwei Wohnhäusern aus dem 17. Jahrhundert entstanden, die ein englischer Major dieses Namens erwarb. Er restaurierte sie und schenkte sie 1942 dem ägyptischen Staat. Die Häuser sind durch eine Brücke im zweiten Stock miteinander verbunden und bestehen aus verschiedenen Teilen wie Innenhof, Brunnen, Empfangssaal und Dachgarten, die auch im Film zu sehen sind. Möbel, Stoffe, Geschirr, Bibliothek und Kunstwerke können besichtigt werden.
Die Adresse lautet:
4 Maydan Ibn Tulun, Kairo
Tel.: 0020 02 364 7822
Öffnung täglich von 9.00 – 17.00 Uhr

*

Die Lichtshow an den **Pyramiden** ist täglich dreimal zu sehen. Im Winter ab 18.30 Uhr, im Sommer ab 20.30 Uhr. Da freie Platzwahl herrscht, empfiehlt es sich, rechtzeitig zu kommen. Vorstellungen mit deutschem Text gibt es allerdings nur ein- bis zweimal pro Woche. Die Sitzarena befindet sich etwa 200 Meter östlich vom Taltempel des Chephren und verfügt auch über ein Restaurant. Die Show feierte 1961 ihre Premiere.

RAFFINIERT:
Das MI 6 Quartier in Abu Simbel

Afrikas Mitte und der Süden

1 Uganda, Mbale: Geldübergabe zwischen einem Widerstandskämpfer und einem Bankier. (CR, 06)
2 Madagaskar: 007 und Carter beobachten Mollaka (CR, 06)
3 Südafrikanische Minen (DAF)

GRUPPENBILD MIT LAMPE:
Hier kommt keiner ins Schwitzen – der Drehort liegt in England

Wenn man bedenkt, dass die James-Bond-Filmserie nun schon seit fast 50 Jahren die Menschen ins Kino zieht, verwundert es ein wenig, dass bestimmte Kontinente entweder nie oder nur sehr selten Teil der Schauplätze oder wenigstens ein Teil der Handlung waren. Australien ist zum Beispiel eine solche „bondfreie" Zone, aber auch der Riesenkontinent Afrika ist bislang kaum frequentiert worden. Trotz einiger Aufnahmen im Norden, in Ägypten und Marokko (siehe Seiten 189 + 191), gab es – ungeachtet mehrerer Anläufe – keinerlei Dreharbeiten in Mittel- und Südafrika. Stattdessen ist es wohl den Ausstattern und Setdesignern zu verdanken, dass dieser Teil der Welt zumindest zweimal in der Serie präsent ist, wenn auch niemand vor Ort war.

Die lediglich rund 76.000 Einwohner zählende Kleinstadt Mbale in Uganda ist Schauplatz einer Sequenz des Films *Casino Royale*. Dort kommt es zu einer Geldübergabe zwischen dem Anführer einer Gruppe von afrikanischen Widerstandskämpfern und einem Bankier. Die Szenen, die in dem nahe am Äquator gelegenen Städtchen im Osten des Landes spielen, entstanden exakt 1,3 Meilen außerhalb der Londoner Pinewood Studios. Dort liegt die Region Black Park, ein idyllisches Waldgebiet mit einem See, das schon häufiger für Dreharbeiten verwendet wurde. 1964 versuchte Sean Connery in *Goldfinger* hier in seinem Aston Martin DB 5 seinen Verfolgern zu entkommen (siehe Seite 106 – 107). 2006 baute man dort ein afrikanisch aussehendes Lager. Einen Aufbau der speziellen Art fertigten die Ausstatter auch auf den Bahamas. Bei Coral Harbour, auf der Insel New Providence Island, erschufen sie ein Elendsviertel, das in Madagaskar angesiedelt ist (siehe Seite 24 – 25). Die viertgrößte Insel der Welt hat kein Mitglied der Filmcrew betreten. Die Botschaft, in die Bond einen Bombenleger verfolgt, liegt in dem fiktiven Ort Nambutu. Dafür reiste niemand auf die Insel im indischen Ozean. Ein kleines Team sah sich allerdings in Südafrika um. Ursprünglich existierte der Plan, eine Reihe von Szenen in Kapstadt und am Tafelberg zu inszenieren, was jedoch wieder verworfen wurde.

Nicht realisiert wurde auch die Idee, Ian Flemings Sachbuch *The Diamond Smugglers* zumindest in Teilen in eine Filmhandlung einzubauen. Er hatte nach einer Rechercheresie für die Londoner *Sunday Times* eine Artikelserie über den Diamantenschmuggel in Afrika geschrieben, die ab September 1957 erst in der Zeitung und danach auch in Buchform erschien. Recherchiert hatte er dafür im April 1957 in Tanger. Ein kleiner Teil der Handlung seines Romans *Diamonds Are Forever (Diamantenfieber)* spielt in Französisch-Guinea (dem heutigen Guinea), an der afrikanischen Westküste. Auch der gleichnamige Film aus dem Jahr 1971 übernimmt ein Fragment der von Fleming entwickelten Handlungsstränge. Gedreht wurde jedoch weder dort noch in den südafrikanischen Minen. Die Wüste Nevadas diente als Drehort. Da der größte Teil des Films an der amerikanischen Westküste spielt, war die Reise nach Afrika einfach nicht nötig.

MITTEN IN AFRIKA:
Die Region um Mbale am Fuß des Mount Elgon in Uganda

Kanada

1 Mount Asgard: Finaler Rettungssprung auf dem Mount Asgard. Schauplatz Österreich (TSWLM)
2 New York, „Fillet of Soul"-Restaurant: Bond fährt zum „Fillet of Soul"-Restaurant. (LALD)

1 New York, Manhattan Bridge: Bond entgeht einem Anschlag aus einem Auto heraus. (LALD)
2 New York, Sullivan & Cromwell-Building: Bond ruft vom kaputten Auto aus Felix Leiter an. (LALD)
3 New York, Oh Cult Voodoo Store: Bond untersucht den „Oh Cult Voodoo Store". (LALD)
4 New York, Harlem: Bei einer Prügelei in Harlem kommt Agent Strutter Bond zu Hilfe. (LALD)
5 New York, Flughafen Idlewild: Bond fliegt mit einer Pan Am Maschine nach New York. (LALD)
6 Fort Knox: Luftaufnahme des Fort Knox (GF)

1 New York, Upper East Side an der 2nd Avenue/Ecke 94th Street (LALD)
2 Fort Knox: Oddjob stirbt beim großen Kampf um Fort Knox. (GF)

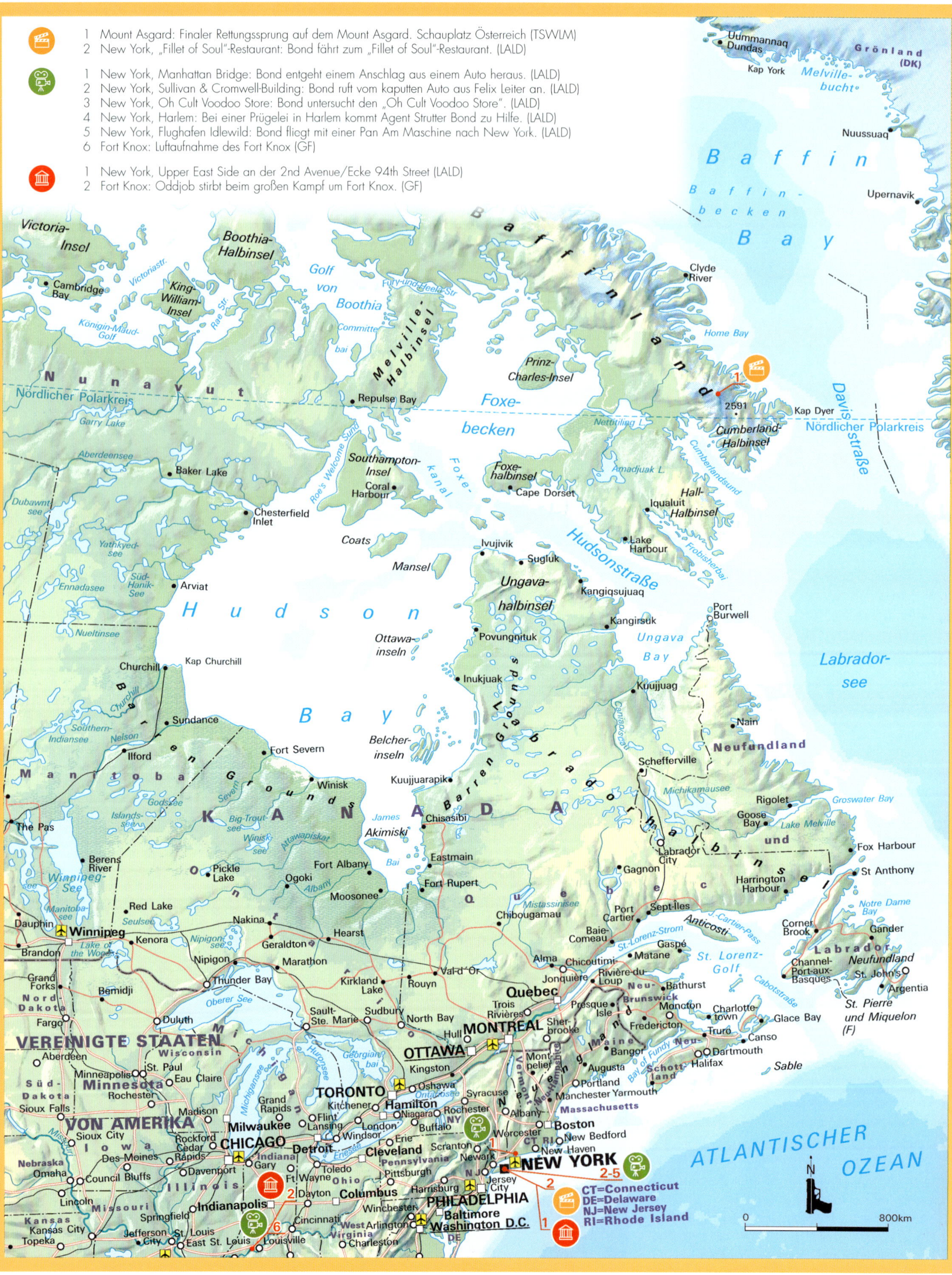

Die genaue Beziehung zwischen Ian Fleming und Kanada ist bis heute ungeklärt. Sicher ist, dass er zwischen dem 17. und 24. August 1943 einer der Teilnehmer der sogenannten Quadrant Conference in Quebec war. Damals berieten die amerikanische, britische und kanadische Regierung, vertreten durch die Politiker Franklin D. Roosevelt, Winston Churchill und William Lyon Mackenzie King, über die Strategien der Verbündeten gegenüber Nazi-Deutschland. Es war eine Folgeveranstaltung der sogenannten Trident Conference, die im Mai desselben Jahres in Washington stattgefunden hatte. Nach Angaben des späteren Top-Spions Sir William Stephenson besuchte Fleming ebenfalls im August in Oshawa bei Toronto einen Trainingskurs für Agenten, bei dem er unter anderem unbemerkt eine Mine im Elektrizitätswerk der größten Stadt Kanadas platzieren und eine weitere während der Nacht unter Wasser an einem Tanker anbringen musste. Elemente dieser Ausbildung flossen in den Roman *Live And Let Die (Leben und sterben lassen*, siehe Seite 82 – 83) ein. Der Autor David Stafford, der ein Buch über die „Camp X" genannten kanadischen Schulen für Geheimagenten geschrieben hat, fand jedoch keinerlei Beweise dafür, dass Fleming tatsächlich diesen Kurs absolvierte, schloss aber einen Kurzbesuch dort nicht aus und sah sogar Parallelen zwischen dem Autor und der Vorgehensweise seiner Romanfigur James Bond. Eine endgültige Aufklärung dieses Sachverhalts wird es wohl nicht mehr geben. Gesichert ist jedoch, dass der Engländer kanadische Schauplätze in zwei seiner Geschichten integrierte. Die Filmemacher nutzten den nordamerikanischen Staat nur ein einziges Mal.

HIER KAM BOND AUF EINEN HÜPFER VORBEI:
Der Mount Asgard auf Baffin Island

Zum ersten Mal tauchte Kanada 1960 in Flemings Kurzgeschichte „For Your Eyes Only" auf. Bond fliegt nach Montreal und fährt mit einem geliehenen Plymouth auf der Route 17 von Montreal nach Ottawa zum Hauptquartier der dort ansässigen Mounties. 007 bleibt für eine Nacht und verbringt den nächsten Tag im Ko-Zee Motor Court Hotel außerhalb von Montreal. Ausgerüstet mit verschiedenen Waffen fährt er auf der Route 17 zurück Richtung Montreal und auf der 37 über die Brücke bei St. Anne's. Die Fahrt geht weiter über einen Fluss auf die Route 7 bis zum Pike River, bei Stanbridge auf die 52 und rechts nach Frelighsburg. Die Reise dauert etwa fünf Stunden. Danach geht es zu Fuß weiter und nach einem Abstecher über Franklin kommt er in die Green Mountains in Vermont. Dort erschießt er gemeinsam mit der jungen Judy Havelock die Mörder ihrer Eltern.

VIEL GEGEND UND WENIG LOS:
Die Green Mountains in Vermont

Zwei Jahre später finden sich im Roman *The Spy Who Loved Me (Der Spion, der mich liebte)* eine ganze Reihe von Bezügen zu Kanada. So ist die Hauptfigur, die 23-jährige Vivienne Michel, eine in Quebec geborene Kanadierin, die ihre Eltern bei einem Flugzeugabsturz verloren hat. Aufgewachsen in England, fliegt sie, nachdem eine Beziehung in die Brüche gegangen ist, nach Montreal, um von dort aus eine Reise auf einer 150er Vespa zu beginnen, die sie schließlich in den Norden des Staates New York führt.

Als die Bond-Produzenten den Romantitel 1977 für ihren Film verwendeten, verzichteten sie komplett auf Flemings Handlung und Schauplätze, fanden aber einen kanadischen Gipfel für den Höhepunkt der Pre-Title-Sequenz. Stuntman Rick Sylvester sprang als Double für Roger Moore im Juli 1976 vom Mount Asgard auf Baffin Island. Der Berg gehört zum Auyuittuq National Park in der Provinz Nunawut. Das Drehteam wohnte in dem kleinen Eskimodorf Pagnirtung, nahe am Polarkreis. Das Besondere am Mount Asgard ist, dass er aus zwei Bergspitzen besteht, die eben sind und die Form von zwei Zylindern haben. 1953 und 1971 wurden der nördliche und der südliche Gipfel erstmals bestiegen. Als Rick Sylvester seinen Stunt absolvierte, hatte er Glück, dass es keiner Wiederholung bedurfte. Bei den Aufnahmen versagten alle Kameras bis auf eine und das Drehteam war schon zwei Wochen in Wartestellung, bis der permanent herrschende Nebel sich endlich verzogen hatte.

TOURISTENMAGNET:
Das French Quarter in New Orleans

Dreharbeiten für James-Bond-Filme mit US-Schauplätzen verteilen sich relativ gleichmäßig auf Ost- und Westteil des Landes. Sieben Filme entstanden zum Teil im Westen der USA, wobei es sich in einigen Fällen jedoch lediglich um Luftaufnahmen und Luftkämpfe handelt, wie etwa bei *Octopussy* oder *Der Hauch des Todes*, die keinen unverwechselbaren Schauplatz-Wert haben. Die Filmhochburg Kalifornien nimmt insgesamt keinen besonderen Status ein, denn Szenen für immerhin sechs Bond-Streifen wurden in New York, Florida und anderen Bundesstaaten im Osten gedreht. Archivmaterial des Pentagon beziehungsweise von Raketenstarts in Florida, das in *Man lebt nur zweimal* Verwendung fand, repräsentiert streng genommen ebenfalls den Handlungsort USA, wenngleich für diesen Film keinerlei Dreharbeiten vor Ort stattfanden. Sechs Romane und Kurzgeschichten spielen, zumindest partiell, an der Ostküste. Auch Ian Fleming selbst hat die Region vielfach besucht.

Am 25. Mai 1941 reisen Fleming und Godfrey, sein Chef beim Marinenachrichtendienst, über Lissabon, die Azoren und die Bermudas in die USA. In New York wohnen sie im St. Regis Hotel, nahe am Central Park. Am 6. Juni desselben Jahres reist Fleming nach Washington, hat auch ein Treffen mit dem FBI-Chef Hoover, das aber nur 16 Minuten dauert. Danach besucht er Freunde in Maryland und bleibt bis zum Juli.

Im Herbst 1942 reist der Autor erneut mit Godfrey in die USA, hält sich auch in New York auf und lernt im Hotel Dorset den Anwalt Ernie Cuneo kennen, der zu einem guten Freund wird. Später integriert er ihn gelegentlich, als wechselnde Randfigur mit leicht veränderter Schreibweise in seine Bücher. Von den USA aus jettet er nach Jamaika weiter. Als er von dort aus Richtung Washington zurückfliegt, überrascht er seinen langjährigen Freund Ivar Bryce mit einer folgenschweren Aussage, die sein ganzes Leben verändert. Er erklärt ihm, dass er sich auf Jamaika niederlassen will (siehe Seite 216). Doch bis es so weit ist, nimmt er aktiv an politischen Vorgängen teil und erhält tiefe Einblicke in Staatsgeschäfte. Zwischen dem 12. und dem 27. Mai 1943 ist Fleming zu Gast bei einer Konferenz mit Winston Churchill und Franklin D. Roosevelt in Washington. Im August desselben Jahres reist er zu einer weiteren Konferenz der beiden Politiker nach Quebec. Im Dezember 1943 wählt der Geheimdienstmitarbeiter Fleming einen anderen Reiseweg. Aus den USA kommend, setzt er auf dem Schiff „HMS London" via Gibraltar nach London über.

Im September 1946 weilt Fleming im New Yorker Plaza Hotel, um sich mit seiner Frau Ann zu treffen. Zu dieser Zeit konsumiert der 38-jährige eine Flasche Gin und 70 Zigaretten pro Tag. Bei der Konsultation eines Arztes in Manhattan muss er sich anhören, dass er seiner Gesundheit damit keinen großen Dienst erweise. Fleming ignoriert die Ratschläge. Fast immer wenn er Jamaika ansteuert, geht der Flug via New York und dort steigt er fast immer im Hotel St. Regis ab. Der Autor nimmt die Großstadt ebenso in seine Reise-

Die Drehorte in New York haben sich seit dem Jahr 1973 verständlicherweise stark verändert. Der OH Cult Voodoo Shop ist heute ein Juwelier-Geschäft. Das Harlemer Restaurant „Fillet of Soul" existiert nicht mehr, da das Originalgebäude zerstört und durch ein neues ersetzt wurde. Wer danach sucht, wird jetzt ein Ace-Hardware-Geschäft vorfinden.

*

Nach Angaben des Silver Springs Nature Park in Ocala, Florida, wurden Teile des Areals für einige Szenen der Filme *Feuerball* (1965), *Moonraker – Streng geheim* (1979) und *Sag niemals nie* (1983) genutzt. Auf Anfrage, um welche Szenen genau es sich handelt und wo sie realisiert wurden, gab es jedoch keine Antwort. Wer möchte, kann sich ja auf Spurensuche begeben. Das selbst ernannte „natural wonder" befindet sich östlich von Ocala an der S.R.40. Die Adresse lautet:

Silver Springs Nature Park
5656 E. Silver Springs Blvd.
Silver Springs, FL 34488
Tel: 001 352 236 2121
Fax: 001 352 236 1732
E-mail: ssinfo@silversprings.com

*

Den Namen von Bonds US-Kollegen Felix Leiter hat Fleming von seinem langjährigen amerikanischen Freund Thomas Leiter abgeleitet. Dessen Vater, dem Millionär Joseph Leiter, gehörte das Grundstück, auf dem inzwischen das Hauptquartier der CIA in Langley, Virginia, steht.

UND EWIG LOCKT DAS WEIB:
Bond tappt durch den Maya-Tempel direkt in Drax' Falle

laufenen *Titanic* diente, wurde mit Schiffsmodellen der Fregatte „H.M.S. Devonshire" und deren Wrack gearbeitet. Auch der Endkampf zwischen Carvers Stealth-Boot und dem britischen Schiff „H.M.S. Bedford" entstand dort.

Von Ende Januar bis Mitte Februar 2008 kehrte ein Filmteam an die Baja California zurück. Im jüngsten 007-Film *Ein Quantum Trost* gibt es einen Luftkampf mit Flugzeugen vom Typ Douglas C-47, die Schmugglern als Transportmittel dienen. Es sind Militärversionen der berühmten DC-3. Für die Actionszenen kam ein revolutionäres Kamerasystem namens „Snakehead" zum Einsatz, das an Spitze und Heck eines Flugzeugs vom Typ Piper Aerostar 700 montiert und über der Baja California eingesetzt wurde. Auch im chilenischen Paranal wurden diese Flugzeuge und Kameras verwendet.

Guatemala

Nachdem alle Romane Ian Flemings verfilmt waren und die Produzenten der Kinoserie eigene Geschichten erfinden mussten, entwickelten sie vielfach einen Hang zu Schauwerten. Zuweilen entstand der Eindruck, dass die Drehorte und die technischen Sensationen, die man dort umsetzen konnte, die Storys überlagerten. Das gilt aber auch schon für den Film *Moonraker – Streng geheim* aus dem Jahr 1979, der, genau genommen, noch auf einer Romanvorlage Flemings basiert. Damals wurde eine Szene an den Maya-Ruinen in der Provinz El Péten in Nord-Guatemala integriert. Auf geografische Zusammenhänge wurde generell nie viel Wert gelegt und auch diese wenigen Einstellungen beweisen das. Bond entkommt in Brasilien an den Iguaçu-Wasserfällen mit einem Lenkdrachen einer Attacke und fliegt umgehend einer schönen Frau in Guatemala vor die Füße, die ihn ins Innere der 65 Meter hohen Maya-Pyramide lockt (Handlungsort soll natürlich trotzdem Brasilien sein). Die UNESCO erklärte die 1848 entdeckten Maya-Stätten im Jahr 1979 zum Weltkulturerbe – allerdings bevor der Film in die Kinos kam. Ob die Mitarbeiter der UNESCO durch die Nutzung historischer Stätten von den Bond-Produzenten inspiriert werden, ist ungeklärt.

Die **Villa Arabesque** in Acapulco kann gemietet werden. Die Gebühren pro Nacht betragen zwischen 6.000 und 8.000 Dollar. Platz für einige Freunde ist auf jeden Fall vorhanden. Die Villa hat eine Fläche von knapp 4.100 Quadratmetern. Der Pool misst ca. 510 Quadratmeter. Der von Bösewicht Sanchez genutzte Hubschrauberlandeplatz bietet Platz zum Essen für 800 Gäste. Interessenten wenden sich an www.marthaturner.com/feature/index.html

*

Die mexikanischen Studios Churubusco in Mexiko City und Fox Baja in Playas de Rosarito sind nicht für Besucher zugänglich. Impressionen über die Größe und Möglichkeiten der gigantischen Wassertanks bietet aber zumindest die Website unter www.foxbaja.com

*

Ausflüge zu den **Tikal-Ruinen** bietet Mayan Travel unter www.mayantravel.com an. Ein Tages(aus)flug kostet $ 175. Man kann natürlich auch mehrere Tage lang durch den Dschungel dorthin laufen, falls man gerade keinen Lenkdrachen dabei hat. Dass man dort von einer schönen Frau empfangen wird, kann nicht garantiert werden.

Mayan Travel S.A.
6ta calle. 42-68 Zona 3 Mixco,
Lomas del Rodeo
Guatemala, Centro América
Tel: 00502 2459 5727
oder 00502 2432 7447

GEBAUT (FAST) FÜR DIE EWIGKEIT:
Die Maya-Ruinen in Tikal (Guatemala)

Mexiko und Guatemala

1 Playas de Rosarito, Fox Baja Studios. Schauplatz südchinesisches Meer (TND)
2 bei Paso Rumorosa: Sanchez flieht mit Lastern voller Drogen. (LTK)
3 Temoaya, Otomí Ceremonial Center: Drogen-Produktionsstätte von Sanchez. (LTK)
4 Mexiko City, Churubusco Studios: Fassade von Sanchez' Büro (LTK)
5 Mexiko City: Bond platziert Sprengstoff am Fenster von Sanchez' Büro. (LTK)
6 Mexico City, Gran Hotel de la Ciudad de Mexico: Bond checkt im Hotel Presidente ein. (LTK)
7 Mexico City, Biblioteca de la Banca de Mexico: Bond checkt im Hotel Presidente ein. (LTK)
8 Mexico City, Hauptpost, Außenaufnahmen: Hotel Presidente (LTK)
9 Mexico City, Casinò Español: Bond spielt im Casino. (LTK)
10 Acapulco, Villa Arabesque: Hauptquartier des Drogenbarons Sanchez (LTK)
11 Isla Mujeres: Unterwasseraufnahmen (LTK)

1 Über der Baja California: Luftkampf mit Flugzeugen (QOS)
2 Petén, nahe der Pyramide von Tikal: Bond entgeht einem Absturz dank eines Lenkdrachens. (MR)

1 Guatemala: Bond wird zu Holly unter eine Raketenrampe gesperrt, kann aber entfliehen. (MR)

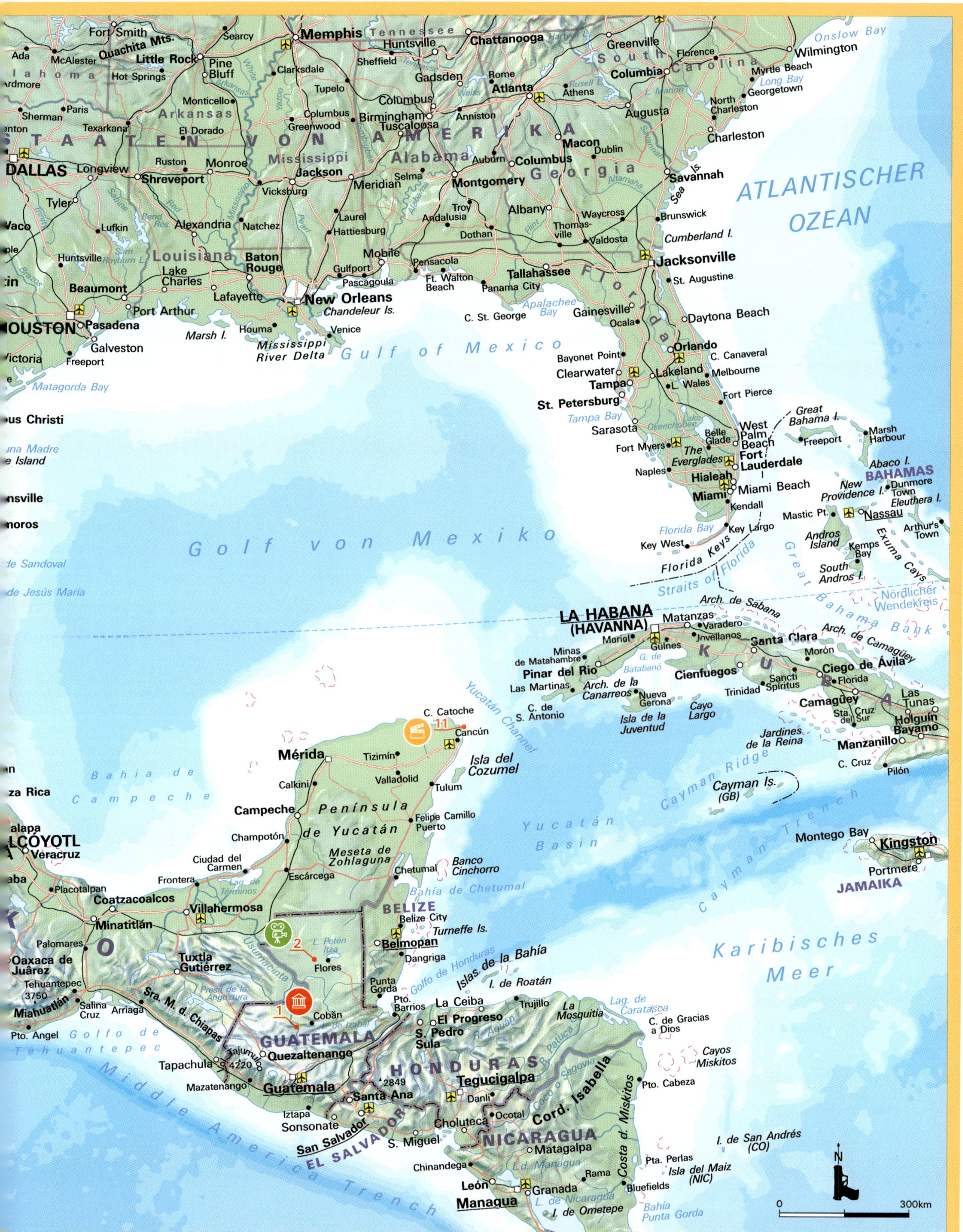
Fort Smith
Ada
McAlester
Quachita Mts.
Searcy
Little Rock
Pine Bluff
Hot Springs
Memphis
Tennessee
Huntsville
Chattanooga
Greenville
Florence
Wilmington
Onslow Bay
Clarksdale
Sheffield
Gadsden
Rome
South Carolina
Columbia
Myrtle Beach
Long Bay
Georgetown
Monticello
Tupelo
Columbus
Atlanta
Athens
Sherman
Paris
Arkansas
Columbus
Greenwood
Birmingham
Anniston
Augusta
North Charleston
Texarkana
El Dorado
Tuscaloosa
Charleston
DALLAS
STAATEN VON AMERIKA
Mississippi
Macon
Dublin
Ruston
Monroe
Jackson
Alabama
Auburn
Columbus
Georgia
Longview
Shreveport
Vicksburg
Meridian
Selma
Montgomery
Savannah
Tyler
Sea Is.
ATLANTISCHER OZEAN
Laurel
Albany
Waycross
Brunswick
Natchez
Hattiesburg
Troy
Andalusia
Thomasville
Lufkin
Alexandria
Dothan
Valdosta
Cumberland I.
Huntsville
Louisiana
Baton Rouge
Mobile
Jacksonville
Lake Charles
Gulfport
Pascagoula
Pensacola
Ft. Walton Beach
Tallahassee
St. Augustine
Beaumont
Lafayette
New Orleans
Panama City
Florida
Port Arthur
Chandeleur Is.
Apalachee Bay
Gainesville
Ocala
Daytona Beach
HOUSTON
Pasadena
Houma
Venice
C. St. George
Marsh I.
Mississippi River Delta
Gulf of Mexico
Orlando
Galveston
C. Canaveral
Victoria
Freeport
Bayonet Point
Clearwater
Tampa
Lakeland
Melbourne
L. Wales
Matagorda Bay
Fort Pierce
St. Petersburg
Tampa Bay
Sarasota
Corpus Christi
Great Bahama I.
West Palm Beach
Freeport
Marsh Harbour
Fort Myers
The Everglades
Belle Glade
Fort Lauderdale
Abaco I.
Naples
Hialeah
BAHAMAS
Laguna Madre
Padre Island
Miami
Miami Beach
New Providence I.
Dunmore Town
Eleuthera I.
Brownsville
Kendall
Matamoros
Mastic Pt.
Nassau
Florida Bay
Key Largo
Andros Island
Arthur's Town
Key West
Kemps Bay
Golf von Mexiko
Florida Keys
Exuma Cays
South Andros I.
Straits of Florida
Great Bahama Bank
Nördlicher Wendekreis
Arch. de Sabana
LA HABANA (HAVANNA)
Matanzas
Varadero
Jovellanos
Santa Clara
Arch. de Camagüey
Mariel
Güines
KUBA
Morón
Minas de Matahambre
G. de Batabanó
Ciego de Ávila
Pinar del Río
Cienfuegos
Sancti Spíritus
Florida
Las Martinas
Arch. de los Canarreos
Trinidad
Nueva Gerona
Camagüey
Las Tunas
C. de S. Antonio
Cayo Largo
Isla de la Juventud
Sta. Cruz del Sur
Holguín
Bayamo
C. Catoche
Jardines de la Reina
Manzanillo
Cancún
Yucatán Channel
Mérida
Tizimín
Isla del Cozumel
C. Cruz
Pilón
Bahía de Campeche
Valladolid
Cayman Ridge
Calkiní
Tulum
Cayman Is. (GB)
Campeche
Península de Yucatán
Felipe Carrillo Puerto
Champotón
Yucatán Basin
Meseta de Zohlaguna
Montego Bay
Kingston
Ciudad del Carmen
Banco Chinchorro
Cayman Trench
Portmore
Veracruz
Frontera
Lag. de Términos
Chetumal
JAMAIKA
Escárcega
Bahía de Chetumal
Placotalpan
Coatzacoalcos
Villahermosa
BELIZE
Minatitlán
Belize City
Turneffe Is.
MEXIKO
Karibisches Meer
Palomares
L. Petén Itzá
Belmopan
Oaxaca de Juárez
Tuxtla Gutiérrez
Usumacinta
Dangriga
Flores
Golfo de Honduras
Islas de la Bahía
Tehuantepec
3750
Presa de la Angostura
Punta Gorda
I. de Roatán
Miahuatlán
Salina Cruz
Arriaga
Sra. M. d. Chiapas
Pto. Barrios
La Ceiba
Trujillo
La Mosquitia
Lag. de Caratasca
Cobán
El Progreso
C. de Gracias a Dios
Pto. Angel
Golfo de Tehuantepec
GUATEMALA
Lago de Izabal
S. Pedro Sula
Cayos Miskitos
Tajumulco
4220
Quezaltenango
HONDURAS
Tapachula
2849
Tegucigalpa
Patuca
Pto. Cabeza
Mazatenango
Guatemala
Santa Ana
Danlí
Cord. Isabella
Middle America Trench
Iztapa
Ocotal
Costa d. Miskitos
Sonsonate
Choluteca
San Salvador
EL SALVADOR
S. Miguel
NICARAGUA
Matagalpa
I. de San Andrés (CO)
Chinandega
L. de Managua
Pta. Perlas
Isla del Maiz (NIC)
Rama
León
Granada
Bluefields
Managua
L. de Nicaragua
I. de Ometepe
Bahía Punta Gorda
N
0
300km

Puerto Rico und Kuba

EINFACH MAL RELAXEN: *Der Strand von Punta Marchiquita bei Los Molinos auf Puerto Rico*

Seit 1961 ist Kuba, die größte Insel der Karibik, ein sozialistischer Staat. Das macht es Filmteams nicht eben leicht, eine Drehgenehmigung zu erhalten, was allerdings keinesfalls bedeutet, dass Kuba grundsätzlich als Handlungsort eines Films ausscheidet. Die Bond-Produzenten haben sich dementsprechend nicht abschrecken lassen und einige Szenen zweier Filme dort angesiedelt. Gedreht wurde jedoch einmal in Puerto Rico und ein weiteres Mal im spanischen Cádiz. Auch wenn man es besser weiß, gehen die Drehorte aber ohne weiteres als Handlungsort Kuba durch.

Die ersten auf Kuba spielenden Szenen der Bond-Serie wurden im Frühjahr 1995 für den Film *GoldenEye* auf Puerto Rico inszeniert. Nach einem malerischen Intermezzo mit Bond und Natalya am Strand von Mar Chiquita in Manati und einer anschließenden Szene im BMW Z3 Roadster an der Laguna Tortuguero in Manati, taucht plötzlich der CIA-Kollege Wade mit einem Kleinflugzeug auf. Der Rundflug über die Insel endet mit einer Bruchlandung, denn aus einem vermeintlichen See wird eine Rakete abgefeuert. Unter Wasser befindet sich eine versteckte riesige Satellitenschüssel. Dafür nutzte die Filmcrew das Arecibo-Observatorium, das zweitgrößte Teleskop der Welt. Es liegt unmittelbar bei der Hafenstadt Arecibo im Norden der Insel und hat einen Durchmesser von 305 Metern. Während der Dreharbeiten galt am Observatorium, aber vor allem rund um den Wagen allerhöchste Geheimhaltung, denn das Auto war ein vorab handgefertigter Prototyp und kein Serienfahrzeug. So betrieb man jeden möglichen Aufwand, um den Zweisitzer vor Paparazzi zu verstecken. Teile der drehbaren Antenne des Teleskops und der Trägermasten wurden für den abschließenden Kampf zwischen Bond und seinem Widersacher

Alec im englischen Studio nachgebaut. Von der gesamten Anlage gab es zudem ein Modell in verkleinertem Maßstab, um die Illusion zu erzeugen, dass sie unter Wasser verborgen ist und von dort aus nach oben fahren kann.

Aufwand wie dieser war für Bonds zweites Abenteuer auf Kuba nicht notwendig. Es genügten ein paar neue Straßenschilder, ein amerikanischer Oldtimer und eine Reihe von Statisten, um Teile des südspanischen Cádiz und das vor der Küste gelegene Castillo de San Sebastián in Havanna zu verwandeln. Das geschah im April 2002 für den Film *Stirb an einem anderen Tag*. Die Zweimillionenmetropole Havanna musste das Team nicht aufsuchen.

AUF DER SUCHE NACH AUSSERIRDISCHEN:
Das Radioteleskop in Arecibo

Informationen über das Arecibo-Teleskop finden sich unter www.naic.edu. Es kann auch besichtigt werden. Ein Betrieb über das Jahr 2011 hinaus ist derzeit fraglich, weil notwendige Gelder fehlen. Außer *GoldenEye* wurden auch Szenen der Filme *Contact* mit Jodie Foster und *Species* mit Natasha Henstridge und Ben Kingsley dort gedreht.

*

Schon im Dezember 1964 war Ausstatter Ken Adam erstmals auf Puerto Rico, um dort nach einem passenden Schiff zu suchen, das als schwimmende Festung des Gangsters Largo in dem Film Feuerball dienen sollte. Adam kaufte ein Schiff namens „Flying Fish" und ließ es zur Jacht beziehungsweise zum Tragflächenboot „Disco Volante" umbauen.

Kuba

1. Havanna: Bond läuft an der Hafenpromenade entlang. (DAD)
2. Havanna: Am Strand entsteigt Jinx den Fluten. (DAD)
3. Kuba: Zigarrenfabrik (DAD)
4. Kuba: Bei einem Erkundungsflug werden Bond und Natalya mit einer Rakete beschossen. (GE)
5. Kuba: Die Widersacher steuern die Satelliten mit Hilfe einer unterseeischen Satellitenschüssel. (GE)
6. Kuba: Bond und Natalya sind mit dem BMW Z 3 Roadster unterwegs. (GE)

Puerto Rico

1. Arecibo: Bei einem Erkundungsflug werden Bond und Natalya beschossen. Schauplatz Kuba (GE)
2. Arecibo, Observatorium: Aufnahmen der gigantischen Satellitenschüssel. Schauplatz Kuba (GE)
3. Manatí, Laguna Tortuguero: Bond und Natalya im BMW Z 3 Roadster. Schauplatz Kuba (GE)
4. Manatí, Playa Mar Chicita: Bond und Natalya vergnügen sich am Strand. Schauplatz Kuba (GE)

EIN QUANTUM LUXUS:
Paradise Island, New Providence

Die meisten Kinobesucher, die sich ab dem 6. November 2008 den neuen James-Bond-Film *Ein Quantum Trost* ansehen, werden kaum wissen, dass es für diesen Titel eine Vorlage gibt, die auf den Bahamas spielt. Flemings 1960 erschienene Kurzgeschichte „Quantum of Solace" handelt von einer Dinnerparty in der Hauptstadt Nassau, die vom dortigen Gouverneur gegeben wird. Er erzählt James Bond von einem Paar aus seinem Bekanntenkreis und dessen problematischer Beziehung. 007 hört nur zu und denkt darüber nach. Am Ende der Story geht er zum British Colonial Hotel. Verständlicherweise übernimmt der jüngste Film diese wenig aufregende Story nicht, sondern thematisiert die Folgen von Bonds gewaltsam beendeter Beziehung zu Vesper Lynd am Ende des Films *Casino Royale* (siehe Seite 26 – 27). Flemings Story ist das erste von nur zwei Werken, die er auf der karibischen Inselgruppe ansiedelte – abgesehen von dem Detail, dass Bond in dem Roman *Live And Let Die (Leben und sterben lassen)* via Nassau nach Jamaika fliegt. Die Filmteams machten dagegen ausführlich von den Reizen des Inselstaates im Nordatlantik Gebrauch. Drei Filme spielen zu wesentlichen Teilen auf den Bahamas. Für vier weitere wurden dort die Unterwasseraufnahmen realisiert (*Man lebt nur zweimal, Der Spion, der mich liebte, In tödlicher Mission, Die Welt ist nicht genug*). Die Tauchschulen der Insel profitieren seit Jahren davon, dass 007 dort seine Spuren hinterlassen hat (siehe Info-Kasten).

Im Frühjahr 1951 reiste Ian Fleming auf die Bahamas, um seine Mutter Eve zu besuchen, die sich in ihrem neuen Haus namens Emerald Wave in Cable Beach im Norden der Insel New Providence Island niedergelassen hatte. Im März 1956 unternahm er mit drei weiteren Männern einen Ausflug zur Insel Inagua, ganz im Süden der Inselgruppe kurz vor Kuba, die zum überwiegenden Teil aus Mangrovensümpfen besteht, um dort eine Flamingokolonie zu beobachten. Später machte er aus Inagua die Insel Crab Key im Roman *Dr. No* (siehe Seite 116 – 117). Sein lebenslanger Freund Ivar Bryce, der ihn auch auf dieser Reise begleitete, besaß mit seiner Frau Jo ein Haus in der Market Street in Nassau und später dann eines mit dem Namen Xanadu an einem schwer zugänglichen und gut versteckten Strand auf New Providence Island. Dort war Fleming häufiger zu Gast, denn er spielte gerne in den örtlichen Casinos, da das Glückspiel in England eine Zeit lang verboten war. Dennoch fand er nicht gerade freundliche Worte, als er in der Kurzgeschichte „Quantum of Solace" über die Bahamas schrieb. Dort heißt es unter anderem: „Überhaupt, Nassau! Alle waren sie zu reich hier. Die Wintergäste wie die ansässigen Hausbesitzer hatten kein anderes Gesprächsthema als ihr Geld, ihre Krankheiten und ihre Dienstbotenprobleme." Ermuntert durch den irischen Filmproduzenten Kevin McClory, ein Drehbuch über 007 zu schreiben, das in der Karibik spielt, entwickelten die beiden gemeinsam mit einem weiteren Autoren eine Geschichte namens *Thunderball (Feuerball)*, die auf den Bahamas spielt. Als klar war, dass die Filmidee nicht umgesetzt werden würde, machte Fleming daraus den gleichnamigen Roman, in dem er die Inselwelt ausführlich beschrieb. Palm Beach vor Grand Bahama Island, Dog Island und Andros Island, Athol Island, Silver Cay, Long Cay, Balmoral Island und Delaporte Point, North Bimini, Cat Cays und Lyford Key kommen in dem Roman vor. Detailliert wird der Ort beschrieben, wo Bond Domino begegnet, die mit ihrem blauen MG durch die Hauptstadt der Insel auf der Parliament Street und der Bay Street unterwegs ist. Später befindet sie sich auf der Frederick Street und Shirley Street und fährt auf der Eastern Road an der Küste entlang.

Als die Filmproduzenten 1965 aus dem Roman *Feuerball* das gleichnamige Kinoabenteuer schufen, profitierten sie von den dort beschriebenen Details und der Sachkenntnis McClorys, der auf den Bahamas lebte. Schon nach ersten Motivbesichtigungen im Januar 1965 war ihnen klar, dass sich das damals übrigens noch nicht so bekannte Urlauberparadies hervorragend für die Umsetzung des Stoffes eignen würde. So nutzten sie vor allem die Inseln New Providence Island und Paradise Island mit den eleganten Casinos und Clubs, Rose Island, aber auch Staniel Cay und die Exumas, also die sogenannten „Outer Islands". Nur rund 30 der über 700 Inseln der Bahamas sind bewohnt. Da beträchtliche Teile des Films unter Wasser spielen, engagierten die Produzenten erfahrene Taucher und Unterwasserkameraleute wie Ricou Browning und Lamar Boren, die sich durch ihr Engagement bei den TV-Serien *Flipper* und *Sea Hunt* empfohlen hatten. Für den Film wurde ein Vulcan-Bomber auf dem Meeresgrund versenkt, dessen Überreste heute noch zu sehen sind (siehe Info-Kasten).

Für die Aufnahmen mit Haien konnte der berühmte französische Meeresforscher Jacques Cousteau verpflichtet werden, dem es sogar

Der ehemalige Hotelkomplex in Coral Harbour, der von den Ausstattern von *Casino Royale* (2006) zum Slum in Madagaskar umdekoriert wurde, war schon früher Schauplatz von Dreharbeiten. Für Innenaufnahmen des Films *Feuerball* nutzte man einige der Hotelzimmer. Beim Dreh zu *Der Spion, der mich liebte* diente der Komplex als Kameraplattform für die Arbeit mit Schiffsmodellen. Heute gehört das Areal zu einer Militärbasis. „Die Strandseite von Coral Harbour wurde für den Film *Casino Royale* in ein armes Dorf in Madagaskar verwandelt, aber glücklicherweise erinnern sich die meisten Menschen eher an das kristallklare Wasser und die weißen sandigen Buchten, so dass wir Klienten hatten, die sich aufgrund von *Casino Royale* Eigentum auf den Bahamas gekauft haben", sagt Carl Barnes von der Firma „Worldpropertypages.com".

*

Sean Connery kaufte im Februar 1982 ein Anwesen auf den Bahamas, das auf Lyford Cay liegt. Auch der irische Produzent Kevin McClory, der an *Feuerball* und *Sag niemals nie* beteiligt war, hat auf den Bahamas gelebt.

*

British Colonial Hilton Nassau Hotel
One Bay Street, Nassau
Bahamas N-7148
Tel: 001 242 322 3301
Das Hotel bietet eine „Double-O-Suite" mit Bond-Büchern, -Filmen und -Memorabilia.
E-Mail: sales_nassau@hilton.com

DIE MASCHE ZIEHT IMMER:
Bond testet den Domino-Effekt

gelang, Hauptdarsteller Sean Connery in ein Becken mit den Raubfischen zu bekommen. Allerdings bekamen die Haie vorab Beruhigungspillen und bei den Aufnahmen trennte eine Glasscheibe Connery von den Tieren. Weil sich einige Haie durchaus gelehrig zeigten, bemängelten die Filmschaffenden andererseits die fehlende Aggressivität, die für bestimmte Szenen erwünscht war. So wurde ein Fachmann zu Rate gezogen, der die Haie stimulierte und ihnen den Rücken rieb, um den gewünschten Effekt zu erzielen.

18 Jahre nach diesen Aufnahmen musste Sean Connery erneut mit Haien tauchen, denn auch die Inszenierung des Remakes von *Feuerball* mit dem Titel *Sag niemals nie* fand zu großen Teilen auf den Bahamas statt. Für die Dreharbeiten wurde ein 30 Meter langes Frachtschiff, das der Art Director mit einer gewissen Patina versah und „älter" gestaltete, rund 15 Meter unter der Wasseroberfläche versenkt. Es liegt heute noch auf dem Meeresgrund (etwa eine Meile nordwestlich von Clifton Pier, an der Westküste von New Providence Island), auch wenn das Ruderhaus inzwischen zusammengebrochen ist. Auch der Rawson Square, der zentrale Platz in Nassau, und die Arkaden des Treasury of the Bahamas an der Ostseite des Platzes, kamen zu Schauplatz-Ehren. Dort treffen sich Bond und der von Rowan Atkinson gespielte Beamte Nigel Small-Fawcett. Bond und Gangsterin Fatima begegnen sich dagegen an einem eigens für den Film geschaffenen Ort. Da die Crew das Bristish Colonial Hotel (siehe Info-Kasten) für mehrere Szenen nutzte und auch dort wohnte, kamen die Ausstatter auf die Idee, dort einen Steg und eine Bar anzubauen. Die sogenannte „Never Say Never Again Bar" war viele Jahre lang eine Touristenattraktion, wurde aber leider Ende 1999 durch Hurrikan Floyd weggerissen. Das Haus selbst ist auch nicht mehr im gleichen Zustand wie Anfang 1983. In den Jahren 1988/89 wurde die Lobby renoviert.

Der One & Only Ocean Club, der im Film *Casino Royale* aus dem Jahr 2006 eine wichtige Rolle spielt, sieht dagegen noch genauso aus wie damals. Parkplatz, Eingangsbereich, die Versailles-Gärten, aber auch die Villa 1085 des Hauses sind die nach wie vor existenten Schauplätze. Zusätzlich nutzte man das an der Südwestspitze von New Providence Island zu findende Albany House, das direkt am türkisfarbenen Wasser liegt. Hier entstieg Bond, alias Daniel Craig, den Fluten. Das Anwesen selbst wird auch als das „Haus mit der langen pinkfarbenen Mauer" bezeichnet und erlangte einen gewissen Bekanntheitsgrad, als die neuen Eigentümer, die weltbekannten Golfspieler Tiger Woods und Ernie Els sowie die Firma Tavistock Group anfingen, dort eine sehr luxuriöse Wohnanlage zu betreiben. Seitdem stiegen schon Prominente wie John Travolta, Celine Dion und Bono von der Popband U2 im Albany House ab. „Normalsterbliche" sind hiervon ausgeschlossen. Ganz im Gegensatz zu vielen anderen Filmdrehorten der Bahamas, die seit dem Besuch von 007 jedes Jahr massenweise Touristen anziehen.

Die gab es nur auf den Bahamas

Die Inseln zehren auch heute noch von den Dreharbeiten der James-Bond-Filme. So bieten verschiedene Veranstalter Tauchgänge zu den Überresten des einst versenkten Vulcan-Bombers oder die Erkundigung anderer Unterwasserdrehorte an. Die Einfahrt zum Café Martinique heißt seit Mitte der 60er Jahre „Thunderball-Canal". Einige andere wichtige Drehorte haben sich seitdem sehr verändert oder sind nicht mehr existent.

*

Verschiedene Unternehmen bieten Tauchschulen und auch Tauchgänge zu den Bond-Wracks an. Sie liegen rund eine Meile nordwestlich von Clifton Pier an der Westküste von New Providence Island. Stuart Cove, der seit 1978 dort tätig ist, war an den Aufnahmen von *In tödlicher Mission*, *Sag niemals nie* und *Die Welt ist nicht genug* beteiligt und profitiert davon.
www.stuartcove.com, Email: info@stuartcove.com

*

Ein findiger Gastronom nutzte 1965 die Bondbegeisterung auf den Bahamas auf seine Weise, indem er in Nassau einen „Kiss-Kiss-Club" eröffnete, der dem Nachtlokal im Film *Feuerball* entsprach. Der Club existiert jedoch nicht mehr.

*

Das **Café Martinique**, in dem Bond tanzt und Fiona erschossen wird, ist im Jahr 2000 dem Erdboden gleichgemacht worden, um Platz für einen neuen Teil des Hotels Atlantis zu schaffen, der sich Lagoon Wing nennt. Im Jahr 2005 wurde das vom New Yorker Designer Adam Tihany neu gestaltete Café Martinique wiedereröffnet. Dort offeriert der Küchenchef Jean-Georges Vongerichten französische Küche zu Preisen von $ 35 bis $ 70.
Ein Foto findet sich unter www.caribbeanedge.com/photos.php?photo_id=2964.
Reservierungen sind unter der Telefonnummer 001242 363 3000 möglich.
Die Adresse lautet Atlantis Marina Village.

*

Der **Straw Market**, wo das Hauptquartier des britischen Secret Service im Film *Feuerball* liegt, wurde Opfer eines Feuers, ist aber inzwischen wieder zu besichtigen.

*

Im **One & Only Ocean Club** kann man nicht nur auf den Spuren von 007 wandeln, sondern auch wohnen. General Manager James Scott auf Paradise Island lässt sich entweder über die Telefonnummer 001242 363 2501 oder über die Adresse reservations@oneandonlyresorts.com erreichen.

*

Ein über 200 Jahre altes in Nassau gelegenes Herrenhaus aus der Kolonialzeit, das sich im Laufe der Jahre zu einem Hotel und Restaurant wandelte, diente dem Filmteam als eine in Madagaskar gelegene Botschaft des Films *Casino Royale* (2006). Das **Buena Vista Hotel** erhielt einen neuen Anstrich, um älter auszusehen. Inzwischen kann dort wieder gespeist und gewohnt werden.

Buena Vista Hotel
Delancy St, Nassau, PO Box N-564
Tel. 001 242 322 2811
www.buenavista-restaurant.com

Bahamas

ATLANTISCHER OZEAN
BAHAMAS
Bahamas
Great Sale Cay
Great Bahama Island
West End
Freeport
High Rock
Little Bahama Bank
Cooper's Town
Marsh Harbour
Cherokee Sound
Abaco Island
Eight Mile Bay
Moore's I.
Gorda Cay
Sandy Pt.
Northwest Providence Channel
Northeast Providence Channel
North Bimini
Alice Town
South Bimini
Brown's Cay
Bimini Islands
Great Harbour Cay
Bullock's Harbour
Southwest Point
Hoffman's Cay
Berry Islands
Little Harbour
Bonds Cay
Chub Cay
Whale Cay
Royal I.
Dunmore Town
Alice Town
Current I.
Eleuthera I.
Governor's Harbour
Joulter Cays
Nichols Town
San Andros
New Providence I.
Coral Heights
NASSAU
Rose I.
Staniard Creek
Andros Town
Williams I.
Andros Island
Powell Point
Rock Sound
Bannerman Town
Flamingo Point
Arthur's Town
Cat Island
Norman's Cay
East End Point
Little San Salvador I.
Exuma Cays Land and Sea Park
Exuma Cays
Exuma Sound
Tongue of the Ocean
Wide Opening
Big Wood Cay
Moxey Town
Kemps Bay
Green Cay
Black Point
Great Guana Cay
New Bight
Devil's Pt.
Port Howe
San Salvador
Cockburn Town
Columbus Monument
South Andros I.
Cistern Point
Curly Cut Cays
Conception I.
Rolleville
Cape Santa Maria
Stella Maris
Rum Cay
Port Nelson
Great Exuma Island
George Town
Little Exuma I.
William's Town
Long Island
Deadman's Cay
Clarence Town
Gordon's
Nördlicher Wendekreis
Great Bahama Bank
Guinchos Cay
Archipiélago de Camagüey
Pitts Town
Colonel Hill
Long Cay
Albert Town
The Bight of Ackl
Acklins Island
Salina Point
Castle Isla
Nurse Cay
Raccoon Cay
Ragged Island
Duncan Town
Little Ragged Island
Mira Por Vos
Columbus Bank
Cay Lobos
El Santo
Cayo Fragoso
Cayo Guillermo
Cayo Coco
Cayo Romano
Bahía Buena Vista
Caibarién
Remedios
Placetas
Yaguajay
Pta.Alegre
Chambas
Bahía de Jigüey
Jarahueca
Morón
Bolivia
Cabaiguán
La Rana
SANKTI SPIRITUS
Santa Ana
Majagua
Jatibonico
CIEGO DE AVILA
San Pablo
Esmeralda
Presa Zaza
Banao
La Sierpe
Colorado
Brasil
Bahía de la Gloria
Cayo Guajaba
Cayo Sabinal
Tunas de Zaza
Derrama-dero
Jiquí
Banao
Sola
Paso de Lesca
Nuevitas
Mayanabo
Manatí
La Jagua
Florida
Minas
Golfo de Ana María
KUBA
La Vallita
CAMAGÜEY
San Miguel de Baga
Manatí
Vertientes
Sibanicú
Cascorro
Pto.Padre
Bahía de Malagueta
Jesús Menéndez
Gibara
La Canela
Punta Lucretia
Cayos Cinco Balas
Cayo Grande
Cayo Caballones
Cayo Anclitas
La Palmarita
Cuatro Caminos
Colombia
Guáimaro
Vázquez
San Andrés
Auras
Rafael Freyre
Banes
Bahía de Banes
LAS TUNAS
HOLGUÍN
Antilla
Bahía de Nipes
Cubitas
Jobabo
Amancio
Buenaventura
Tacajó
Báguanos
Cayo Mambí
Santa Cruz del Sur
Guayabal
Vado del Yeso
Cacocum
Urbano Noris
Cueto
Mayarí
Moa

NOCH EIN QUANTUM LUXUS:
Das Ambassador Beach Hotel in Nassau

1 Coral Harbour: 007 und Carter beobachten Mollaka. Schauplatz Madagaskar (CR, 06)
2 Coral Harbour, Buena Vista Hotel: Bond verfolgt Mollaka. (CR, 06)
3 Coral Harbour: Der Lotus verwandelt sich in ein U-Boot. Schauplatz Italien (TSWLM)
4 Nassau, Ambassador Beach Hotel: Fatima sprengt Bonds Zimmer in die Luft. (NSNA)
5 Nassau, Ballsaal des British Colonial Hotels: Innere des U-Bootes (NSNA)
6 Nassau, Kolonialhaus (CR, 06)
7 Nassau, Haus am Rawson Square: 007 recherchiert die Fahrten von Largos Jacht. (TB)
8 Bahamas: Unterwasseraufnahmen für verschiedene Filme (YOLT), (TWINE), (TSWLM), (FYEO)

1 New Providence Island: Am Strand vor dem Albany House beobachtet Bond Solange. (CR, 06)
2 Clifton Pier: Es kommt sowohl unter Wasser als auch an Bord der Jacht zum Showdown. (TB)
3 Clifton Pier: Fatima bringt einen Miniempfänger an Bonds Taucherflasche an. (NSNA)
4 New Providence Island: Bond muss seine Diensttauglichkeit unter Beweis stellen. (NSNA)
5 New Providence Island, Villa Rock Point: Largo lädt 007 in sein Haus Palmyra ein. (TB)
6 New Providence Island: Die vorbeifahrende Fiona nimmt Bond im Auto mit. (TB)
7 Nassau, Sheraton British Colonial Hotel: Bond und Domino entgehen einem Anschlag. (NSNA)
8 Nassau, Bay Street, East Street: Bond besucht mit Domino den Karneval Junkanoo. (TB)
9 Nassau, Hafen: Nigel Small-Fawcett stört 007 beim Flirt mit einer schönen Anglerin. (NSNA)
10 Nassau, Sheraton British Colonial Hotel: Fatima Blush läuft Wasserski. (NSNA)
11 Nassau, Rawson Square: Bond trifft sich mit dem Beamten Nigel Small-Fawcett. (TB)
12 Paradise Island, Café Martinique: Bond flüchtet in den sogenannten Kiss Kiss Club. (TB)
13 Paradise Island: Bond landet mit einem Wasserflugzeug vor dem Atlantis Hotel. (CR, 06)
14 Paradise Island, One & Only Ocean Club: Bond dringt in den Kontrollraum ein. (CR, 06)
15 New Providence Beach: Bond tötet am Strand einen von Largos Schergen. (TB)
16 Rose Island: Derval stirbt, als er den Bomber auf dem Meeresgrund versenkt. (TB)
17 Exumas, Staniel Cay: Bond gelangt an Bord der „Disco Volante." (TB)

1 Bahamas: Bei einem Unterwasserkampf wird Largo von Domino erschossen. (NSNA)
2 Bahamas: Aufnahmen exotischer Fische (TSWLM)

Jamaika

1 bei Montego Bay, Lucea Highway: Bond und Solitaire kapern einen Doppeldeckerbus. (LALD)
2 Montego Bay, Gunpoint Wharf Docks im Hafen: Ende der Verfolgungsjagd (LALD)
3 Jamaica Safari Village: Bond wird zur Alligatorenfarm von Ross Kananga gebracht. (LALD)
4 St. Ann's Bay, Laughing Waters: Honey taucht auf der fiktiven Insel Crab Key auf. (DN)
5 bei Tower Isle: Bond verführt die Wahrsagerin Solitaire. (LALD)
6 Ocho Rios, Hotel Sans Souci: 007 wohnt in Bungalow 12. (LALD)
7 Ocho Rios, Hotel Sans Souci: Bond entgeht einem Anschlag. Schauplatz Blue Mountains (DN)
8 Ocho Rios, Hotel Sans Souci: Tanz des Voodoo Priesters im sogenannten „Ruins." (LALD)
9 Kingston, Liguanea Club: Strangways verlässt den Queens Club. (DN)

1 Jamaika: Motorbootverfolgungsjagd (LALD)
2 Blue Mountains: Auf dem Weg zu Taros Haus entgeht Bond einem Anschlag. (DN)

1 Montego Bay: Half Moon Bay Club (LALD)
2 Saint James, Rose Hall Great House Resort: Rosie Carver wohnt im Bungalow 9. (LALD)
3 Runaway Caves: Teil von Mr. Bigs Untergrundversteck (LALD)
4 St. Ann's Bay: Dent kommt mit einer Tarantel von Crab Key zurück. (DN)
5 St. Ann's Bay: Bond und Quarrel segeln zu Dr. Nos Insel Crab Key. (DN)
6 Dunn's River Falls: Honey, Bond und Quarrel baden, werden beschossen und verfolgt. (DN)
7 Ocho Rios, Reynolds Bauxit Mine: Dr. No kommt in dem verstrahlten Reaktor ums Leben. (DN)
8 Ocho Rios: Bond und Rosie fahren zum Hafen und treffen den Kollegen Quarrel jr. (LALD)
9 White River: Honey, Bond und Quarrel flüchten im White River in das Hinterland der Insel. (DN)
10 Kingston: Eine Mitarbeiterin von Strangways wird in dessen Wohnung getötet. (DN)
11 Kingston, King's House: 007 bringt die Leiche des Chauffeurs zum Haus des Gouverneurs. (DN)
12 Kingston, Norman Manley International Airport: Bond verlässt den Flughafen im Taxi. (OPY)
13 Kingston, Norman Manley International Airport: Bond landet in Kingston. (DN)
14 Port Royal: In einem Restaurant macht Quarrel Bond mit Freunden bekannt. (DN)

Jamaika

KENNEN DIE MEISTEN NUR AUS DEM SCHLAGER:
Montego Bay auf Jamaika

Was wäre James Bond ohne Jamaika? Als Ian Fleming im Herbst 1942 das erste Mal auf der Karibikinsel weilt, um an einer Konferenz in Myrtle Beach teilzunehmen, ist er sofort begeistert. Er wohnt zwar in einem Hotel in Kingston, besucht aber häufiger seinen Freund Ivar Bryce und dessen Frau Sheila, die in Bellevue in den Blue Mountains ein Haus besitzen. Auf dem Rückflug nach Washington trifft er eine Entscheidung, die sein Leben verändern wird. Gegenüber Ivar sagt er: „Wenn wir diesen verdammten Krieg gewonnen haben, werde ich in Jamaika leben. Und ich werde nur dort leben, im Meer schwimmen und Bücher schreiben."

Dieses Vorhaben setzt er auch in die Tat um. Im Juli 1943 ist er erneut tagelang auf Jamaika und hält nach geeigneten Orten Ausschau, um sich niederzulassen. Im Herbst 1945 beginnt er ein Haus zu entwerfen. Beruflich bedingt ist Fleming

IAN FLEMING:
Der Bond-Autor in seinem Arbeitszimmer

erst im Januar 1946 wieder auf der Insel und sieht sich das Areal an, das in Betracht kommt. Er fliegt über New York nach Jamaika und ist beim Bau des Hauses präsent. Im März 1946 verlässt er die Insel wieder und reist auf der „Queen Mary" nach England zurück. Unterwegs wird er Winston Churchill vorgestellt. Im Dezember 1946 hält er sich erneut auf Jamaika auf, wo das Haus so weit bezugsfertig ist. Freund und Nachbar Noël Coward macht zwar abfällige Bemerkungen über Gestaltung und Design, aber das stört ihn nicht. Gemeinsam mit Freunden und Freundinnen genießt er das Leben eines Junggesellen. Fünf Wochen verbringt er dort, bevor es wieder nach London zurück geht.

Im Dezember 1947 erscheint im Magazin *Horizon* Flemings erster Artikel über Jamaika, das er in der Serie „Where Shall John Go?" hymnisch beschreibt. Sein Vorwort für das Buch *Ian Fleming introduces Jamaica* basiert weitestgehend auf dem Artikel, den er damals für das Magazin verfasst hat. In seinen Reisegeschichten *Thrilling Cities* schreibt er: „Die Insel sieht aus wie eine schwimmende Schildkröte von der Seite, mit Kingston an der Stelle, wo sonst der Schwanz ist". Im Januar 1948 reisen Ian und seine Frau Ann erstmals gemeinsam auf die Karibikinsel und verbringen dort ihren Urlaub. Exakt ein Jahr später fliegen die beiden via New York zum neuen Heim. Im Frühjahr 1952 schreibt er auf Jamaika seinen ersten Roman: *Casino Royale*. Auch alle weiteren 007-Bücher entstehen dort. Drei seiner Romane und zwei seiner Kurzgeschichten spielen auf der Karibikinsel. Im Gegensatz dazu drehten die Filmemacher nur zweimal dort.

Schon Flemings zweiter Roman *Live And Let Die (Leben und sterben lassen)* aus dem Jahr 1954 entsteht nicht nur, sondern spielt auch auf Jamaika (siehe Seite 82 – 83). Darin baut er eine Reihe von vertrauten Orten seiner Umgebung ein. So erwähnt Fleming Oracabessa, wo sein Haus Goldeneye steht und die Bauxitmine, die später in *Dr. No* zum Hauptschauplatz wird. Es heißt sogar, dass Bond Jamaika und schnelle Autos liebe. Den zunächst vorgesehenen Handlungsort Haiti ersetzt er durch die fiktive Insel Surprise. Die Insel Cabritta Island in der Nähe von Port Maria, wo der Pirat Bloody Morgan im 16. Jahrhundert seine Schätze versteckte, dient dem Autor dafür als Rohmodell. In der Handlung verwebt Fleming seine Detailkenntnis der Insel geschickt mit fiktiven Elementen. So schreibt er etwa vom Haus des Bond-Kollegen Strangways in den Blue Mountains, das an der Junction Road unterhalb von Stony Hill liegt oder berichtet von einer Fahrt Bonds mit dem befreundeten Fischer Quarrel durch die Palm Gardens von Castleton und durch Port Maria bis zur Shark Bay. Es geht vorbei am „kleinen Bananenhafen von Oracabessa" und über Ocho Rios entlang der Nordküste von Montego Bay. An einer Stelle des Romans heißt es, dass Bond „gelernt hat, die große grüne Insel und seine zuverlässigen, treuen und humorvollen Leute zu lieben."

All dies findet sich auch in dem 1958 erschienenen Roman *Dr. No* wieder, der unter anderem in Kingston im Queens Club an der Richmond Road spielt. Auch im King's House, dem Sitz des Gouverneurs, im dortigen Hafen, in Port Maria, Morgan's Harbour, Beau Desert und auf der fiktiven Insel Crab Key (siehe Seite 116 – 117) ist die Story angesiedelt. Sie ist in Flemings Beschreibung 50 Quadratmeilen groß und liegt etwa 30 Meilen nördlich von Galina Point an der nördlichen Küste Jamaikas und 60 Meilen südlich von Kuba. In der zwei Jahre später erschienenen Kurzgeschichte „For Your Eyes Only" spielt ein Haus in den Blue Mountains eine wichtige Rolle. Wer die Kurzgeschichte „Octopussy" genauestens studiert, kann dort Parallelen zu Flemings Leben entdecken, denn die Hauptfigur Major Dexter Smythe besitzt ein Haus auf Jamaika, liebt das Tauchen, ist zuweilen sehr melancholisch, raucht und trinkt viel. Zudem lebt er eine nicht immer sehr harmonische Ehe. An einer Stelle zieht Smythe einen Vergleich zwischen England und seinem Zufluchtsort Jamaika im Kontext des Zweiten Weltkrieges beziehungsweise der Phase kurz danach: „Ja, war nun mal das Paradies, während die Leute in der Heimat ihr Dosenfleisch futterten, auf dem Schwarzmarkt schwindelten, die Regierung verfluchten und das schlimmste Winterwetter seit 30 Jahren erduldeten."

Auch Flemings letzter Roman *The Man With The Golden Gun* spielt am Ort seines Zweitwohnsitzes, auch dieses Mal sind Morgan's Harbour, die Blue Mountains, sowie Port Royal, Savanah La Mar und die Bloody Bay bei Negril wieder Schauplatz der Handlung (siehe Seite 78 – 79). Die Filmemacher ignorierten diese Orte für die Verfilmung des Stoffes und wichen stattdessen nach Südostasien aus. Doch gleich der erste Spielfilm der Kinoserie *James Bond – 007 jagt Dr. No* ist auch auf Jamaika angesiedelt – allerdings war das kein Zufall, sondern ökonomisch bedingt.

Als die beiden Produzenten Harry Saltzman und Albert R. Broccoli im Sommer 1961 mit den Vorbereitungen zur Verfilmung eines James-Bond-Romans begannen, war dafür ursprünglich *Thunderball (Feuerball)* vorgesehen. Aufgrund rechtlicher Probleme verwarfen sie diesen Plan jedoch wieder und wandten sich *Dr. No* zu. Beides geschah aus einem besonderen Grund, denn zur damaligen Zeit gab es finanzielle Zuschüsse, wenn man eine Filmproduktion im Bereich des British Commonwealth realisierte, also dem Vereinigten Königreich und dessen ehemaligen Kolonien. Daher entstand dieses Drehbuch als erstes. Im August 1961 lag es vor. Im Winter desselben Jahres war ein kleines Team auf Motivsuche, und am 14. Januar 1962 traf die Filmcrew auf Jamaika ein, wo sie bis zum 21. Februar arbeitete. Anschließend kehrte das Team nach London zurück und drehte dort die noch ausstehenden Szenen. Auf Jamaika wurde unter anderem am Haus des Gouverneurs in Kingston, dem sogenannten King's House, am Morgan's Harbour, am White River, den Dunns River Falls, dem Reynolds Pier und bei Laughing Waters gefilmt (siehe Seite 116 – 117). Fleming besuchte selbst die Dreharbeiten, und zwar just an dem Tag, an dem Ursula Andress' erster Auftritt inszeniert wurde. Danach unterhielten sich der Schöpfer der Figur Honey Rider und ihre Darstellerin angeregt.

Zwischen Discovery Bay und Runaway Bay liegen die Runaway Caves, die auch Green Grotto Caves genannt werden. Es handelt sich um ein rund zehn Kilometer langes Höhlensystem. Der Name erklärt sich auch daher, dass die Höhlen eine Zeit lang von flüchtenden Sklaven als Versteck genutzt wurden. In etwa 36 Metern Tiefe liegt die sogenannte Green Grotto. Dort befindet sich ein See, auf dem man sogar Boot fahren kann.

Green Grotto Caves
Runaway Bay, Jamaica, W.I.
Tel. 00876 973 2841 oder 00876 973 3217
www.greengrottocavesja.com
E-Mail: greengrottocaves@udcja.com

*

Couples Hotel Sans Souci
PO BOX 103, Ocho Rios, St-Mary Jamaica, W.I.
Tel. 00876 994 1206

*

In dem „Ruins" genannten Restaurant wurde der Tanz des Voodoo-Priesters Baron Samedi aus *Leben und sterben lassen* gedreht.

*

Half Moon Bay Club
Half Moon P.O., Rose Hall
Montego Bay, Jamaica, West Indies
Tel. 00876 953 2211, www.halfmoon.com

*

Rose Hall
Rose Hall Developments Ltd
P.O. Box 1, St. James, Jamaica, W.I.
Tel. 00876 953 8150, www.rosehall.com

REFUGIUM FÜR EINEN GENUSSMENSCHEN: *Ian Flemings Villa Goldeneye*

Den zweiten Besuch eines Filmteams auf Jamaika hat der 1964 verstorbene Autor nicht mehr erlebt, aber es hätte ihn sicher gefreut, dass einige Einstellungen des Films *Leben und sterben lassen* auch auf seinem Anwesen entstanden sind. Wenn Bond, dieses Mal gespielt von Roger Moore, nachts vor der entscheidenden Auseinandersetzung auf der (fiktiven) Insel San Monique landet, handelt es sich beim Drehort um Flemings Strand. Die Green Grotto, der dazugehörige See in der Tiefe und die Runaway Caves östlich von Montego Bay wurden zu einem Teil von Mr. Big's Untergrundversteck (siehe Info-Kasten). Aber auch Falmouth, das bereits Schauplatz in *Dr. No* war, kam 1973 erneut vor. Das Team, das von Mitte November bis Ende Dezember 1972 auf Jamaika weilte, drehte im Hotel Sans Souci (heute Couples Hotel Sans Souci, siehe Info-Kasten), im Half Moon Bay Club sowie im Rose Hall Great House Resort, wo die Verräterin Rosie Carver absteigt und Zimmer 52 in Bungalow 9 bewohnt.

Als die Crew im März 1972 zur Motivbesichtigung auf Jamaika weilte, fiel deren Mitgliedern an einer Straße ein Schild mit der Aufschrift „Trespassers will be eaten" auf. Dahinter verbarg sich der Hinweis auf eine Alligatorenform, die nach einer kurzen Besichtigung auch gleich in den Film integriert wurde. So kam Roger Moore zwischen den rund 1500 Tieren ins Schwitzen und Eigentümer Ross Kananga musste als Double für den Schauspieler über die Rücken einiger seiner Tiere laufen. Der heute Jamaica Safari Village genannte Ort ist für Besucher offen. Einige Fotos erinnern an den Aufenthalt des Filmteams Anfang Dezember 1972. Auch das Rose Hall Great House wurde für einige Szenen genutzt, insbesondere eine kleine Kirche und ein eigens hinter dem Haus aufgebauter Friedhof, der jetzt aber nicht mehr dort steht. Das historische Gebäude ist auch ohne diese Dekoration ein Highlight für Besucher. Das georgische Herrenhaus stammt aus dem Jahr 1770 und wurde in den 60er Jahren des letzten Jahrhunderts restauriert und renoviert.

Ein Stunt des Kaliforniers John Carter mit einem Lenkdrachen verlief glücklicherweise reibungslos. Der Stuntman flog mit dem 7,40 mal 5 Meter großen Gleitschirm zu einem an einem Kliff gelegenen Haus. Als Bond-Double steuerte er damit auf das böige Gebiet zu, verpasste im Anflug einem Kollegen, der den Bewacher spielte, einen Tritt und landete sicher. Dem bei Tower Isle und Ocho Rios gelegenen Gebiet gab man damals den Namen „Kananga's Cliff", da Kanangas Geliebte Solitaire das Ziel des Drachenflugs war.

Als Ian Fleming am dritten Dienstag im Januar 1952 damit begann, in seinem Haus Goldeneye den Roman *Casino Royale* zu schreiben, hat er sicher nicht gedacht, dass der Stoff dreimal verfilmt werden sollte. Er hat nur die erste, sehr unbefriedigende Fernsehversion erlebt (siehe Seite 120 – 121) und nicht die beiden folgenden Varianten (Seiten 98 – 99 und 26 – 27). Vermutlich hätte er sich aber über jede Verfilmung seiner Bond-Abenteuer gefreut. Er hat sie alle auf Jamaika verfasst, und für ihn war die Karibik-Insel so etwas wie eine zweite Heimat. Wenn man seine Texte und seine Interviews studiert, dann wirkt es so, als habe er sich in den zwei Monaten jedes Jahres dort besser gefühlt als in den zehn restlichen in England. In einer Anmerkung zu seinem Originalmanuskript von *Casino Royale* heißt es: „Es wurde in Goldeneye, Jamaika, geschrieben, um mich von anderen Dingen freizumachen. I.F. 12. Juni 1953."

Panama

1 La Guaira. Schauplatz Bolivien (QOS)
2 Mangrovenwälder zwischen Garrote und Cacique. Schauplatz Bolivien (QOS)
3 Panama Stadt, Colonial Social Club, Nationales Kulturinstitut. Schauplatz Bolivien (QOS)
4 Howard Air Force Base. Schauplatz Bolivien (QOS)
5 Panama, Kanal. Schauplatz Bolivien (QOS)
6 Cólon: Motorrad- und Bootsjagd. Schauplatz Haiti (QOS)
7 Fort Sherman. Schauplatz Bolivien (QOS)

HIER HABEN DIE AUTOFAHRER DEN KANAL VOLL:
An der Hafenpromenade von Panama City ist Dauerstau

Lateinamerika ist nicht unbedingt ein Territorium, das man sofort mit James Bond in Verbindung bringt. Die große Mehrheit der Filme ist in Europa entstanden, nur sehr wenige zum Teil in den USA, Asien und Afrika (siehe Anhang mit den Daten der Romane und Verfilmungen). Auch Ian Fleming hat seinen Helden nie dorthin geschickt und war auch nie selbst dort. Der jüngste Film *Ein Quantum Trost* betritt insofern Neuland, als er nach bisher vorliegenden Informationen zum Teil in Bolivien und Haiti spielt. Gedreht wurde dafür aber in Panama, Chile und Mexiko. Auch Peru stand zunächst auf dem Drehplan. Die Ausgrabungsstätten von Machu Picchu, die 129 Kilometer nördlich von Cusco liegen, waren im März 2008 für zehntägige Dreharbeiten vorgesehen, doch wegen schlechten Wetters mussten die Produzenten umdisponieren.

Im Jahr 2001 lieferten sich die beiden Spione Andrew Osnard und Harold Pendel in dem Film *Der Schneider von Panama* ein launiges Duell und rückten Lateinamerika in den Fokus der Leinwand. Interessanterweise spielte der damalige Bond-Darsteller Pierce Brosnan jenen Andrew Osnard und war damit immerhin sieben Jahre vor Daniel Craig in diesem Teil der Welt. Craig musste sich in seinem zweiten 007-Einsatz mit allerlei Widrigkeiten herumschlagen. So wurde er während der rund siebenwöchigen Dreharbeiten, die am 7. Februar 2008 in der etwa 700.000 Einwohner zählenden Metropole Panama Stadt begannen, zweimal körperlich in Mitleidenschaft gezogen. Einmal musste er aufgrund von Rippenverletzungen sogar im Krankenhaus behandelt werden. Aufgrund des starken Interesses an Craig vonseiten der Paparazzi wechselte der

Harry Pendel, der titelgebende *Schneider von Panama*, wird von Geoffrey Rush gespielt. In seiner ersten Szene ist ein Foto vom Golf spielenden Sean Connery zu sehen. Pendel erklärt, dass der Anzug, den er gerade anfertigt, dem Anzug, den Connery einst trug, sehr ähnelt. Connerys Leidenschaft für das Golfspiel hat ihren Ursprung übrigens in seinem dritten Bondfilm *Goldfinger*.

ULTRA-LÄSSIG UND OHNE WODKA MARTINI:
Pierce Brosnan in Der Schneider von Panama

Panama

PRÄSENZ IST ALLES:
Die Howard Air Force Base

Akteur sogar mehrfach das Hotel, um etwas Ruhe zu bekommen. Ruhiger wurde es aber auch in der Küstenstadt Colón nicht, die nur 200.000 Einwohner zählt und im Film Haiti darstellt. Dort entstanden sowohl Szenen einer Motorrad- und Bootsjagd sowie ein Besuch im Hauptquartier der örtlichen Polizei, auch „Policia Nacional" genannt.

Neben den Dreharbeiten in diesen beiden Städten, am und im Hafen von Panama, am Kanal und in kleineren Orten in der Umgebung (siehe Seite 22–23) standen außerdem, im Gegensatz zu den vielen englischen Luftwaffenstützpunkten früherer Filme (siehe Seite 130), vor allem zwei ehemalige amerikanische Militärbasen zur Verfügung. Beide gab es bereits vor dem Eintritt der USA in den 2. Weltkrieg. Dabei handelt es sich zum einen um die am pazifischen Ozean gelegene Howard Air Force Base, die 1942 eröffnet und nach Major Charles H. Howard benannt wurde. Deren Soldaten waren unter anderem dafür zuständig, den Drogenhandel zwischen Süd- und Nordamerika zu unterbinden. Anklänge daran gibt es auch im Film. Die Basis liegt lediglich 45 Minuten von Panama

SPARMASSNAHME:
Der Panamakanal verkürzte seit 1914 den Seeweg von New York nach San Francisco um fast 20.000 Kilometer

Stadt entfernt. Sie wurde im Jahr 2000 an Panama übergeben und beherbergt seitdem sowohl Wohneinheiten als auch Geschäftsgebäude. An der Westseite und dem nördlichen Ende des Panama-Kanals, gegenüber von Cólon (das an der Ostseite liegt), befindet sich das 1912 errichtete und nach dem US-Bürgerkriegsgeneral William Tecumseh Sherman benannte Fort Sherman. Dieses Areal am Karibischen Meer war einst die Hauptbasis der amerikanischen Verteidigungsanlagen für den atlantischen Sektor des Panama-Kanals. Hier befand sich auch ein 1951 gegründetes US-Trainingscamp für Dschungelkrieg, das sogenannte Jungle Operations Training Center (JOTC), denn etwa die Hälfte der Fläche bestand aus Urwald. Im Jahr 1999 wurde das Fort jedoch ebenfalls an Panama übergeben.

Da die in Panama gedrehten Szenen in Bolivien spielen, herrschte Bedarf an Statisten, die die bolivianische Landbevölkerung darstellen. Aus diesem Grund wurde eine junge Frau namens Ana Endara engagiert, die für das Komparsen-Casting zuständig war. Endara erkundigte sich zunächst bei der bolivianischen Botschaft. Bei ihren Recherchen stieß sie schließlich im Nationalpark und Dschungel Panamas auf den dort lebenden Stamm der Embera. Um von dem abgelegenen Gebiet zum Drehort zu gelangen, mussten die engagierten Stammesmitglieder fortan für jeden Drehtag eine durchaus beachtliche Strecke zurücklegen, um Panama-Stadt zu erreichen. Nach einer etwa 40 Minuten dauernden Bootsfahrt vom Dorf flussaufwärts erfolgte der Transfer in Kleinbussen, die dann nochmals rund 90 Minuten bis zum Drehort in der Stadt unterwegs waren. Bei ersten Sondierungsgesprächen erklärte Ana Endara, dass es sich um Dreharbeiten für einen James-Bond-Film handele. Nach ihren Angaben lautete die erste und häufigste Reaktion der Embera „King Kong". Doch vereinzelte Dorfbewohner waren sich der Quintessenz des angebotenen Projektes durchaus bewusst. James Bond sei doch der Kerl mit den vielen Waffen, den vielen Autos und den vielen Frauen. Hier hatte Ana Endara nicht viel mehr hinzuzufügen. Erstaunlich ist jedoch, wie weit und in welch abgelegene Winkel Bonds Ruf ihm vorauseilt. Auch wenn er den Globus noch nicht zu 100 Prozent bereist hat, scheint James Bonds Welt angesichts einer solchen Anekdote vollständig erschlossen zu sein.

PIRATENABWEHR:
Fort San Lorenzo aus dem späten 16. Jahrhundert liegt in der Nähe von Cólon am Rio Chague

Brasilien

1 Rio de Janeiro: In einem Hotel an der Copacabana verführt Bond Manuela. (MR)
2 Rio de Janeiro, Avenida Carioca: Beim Karneval wehrt 007 einen Angriff auf Manuela ab. (MR)
3 Rio de Janeiro, Zuckerhut: Bond rettet Holly aus einer bedrohlichen Lage. (MR)
4 Flughafen Galeão: Bond reist mit der Concorde an und landet auf dem Flughafen. (MR)
5 Wasserfälle von Iguaçu: Bond entgeht einem Absturz dank eines Lenkdrachens. (MR)

1 Rio de Janeiro, unterhalb des Zuckerhuts: Niederlassung des MI 6. (MR)

LUFTKAMPF:
Bond gegen Beißer über Rio

35° IN DER SONNE – DIE FRISUR HÄLT:
Roger „Bond" Moore auf der Bergstation von „O Bondinho"

Wer in Brasilien Urlaub macht, und das auch noch zum großen Teil in der Hauptstadt Rio de Janeiro, hat zumeist die bekannten Ziele der Sechs-Millionen-Metropole in Südamerika im Visier. Dazu zählen: die Copacabana, der Besuch des Karnevals, eine Fahrt auf den Zuckerhut und, wenn noch etwas Zeit bleibt, eine Reise zu den Iguaçu-Wasserfällen an der brasilianisch-argentinischen Grenze. In dieser Hinsicht unterscheidet sich James Bond von keinem anderen gewöhnlichen Touristen. Genau dieses Programm absolvierte er im Januar 1979 auch. Damals kam das Drehteam des Films *Moonraker – Streng geheim* in die Stadt, die zu der Zeit allerdings nur rund fünf Millionen Einwohner zählte.

Nun handelt es sich bei 007 aber doch nicht um einen ganz gewöhnlichen Urlauber, weswegen seine „Pauschalreise" auf etwas exklusiverer Ebene stattfindet. Daher reist der Agent mit der Concorde an und landet auf dem Flughafen Galeão's. Er wohnt in einem der vornehmen Hotels an der Copacabana, wohin ihn ein Chauffeur mit dem Rolls-Royce fährt. In der Nobelherberge wird er von einer schönen Einheimischen namens Manuela in Empfang genommen, die in seiner Suite an der Bar steht und ihm einen Drink mixt. Dafür verführt er sie im Anschluss – praktischerweise ist sie den klimatischen Bedingungen in Brasilien entsprechend recht spärlich bekleidet. 007 muss seine wenige Freizeit schließlich optimal nutzen und ansonsten die Welt vor den Bösen retten. Einer davon – der Beißer – taucht beim Karneval auf und will sich an Manuela vergreifen, was Bond auf der Avenida Carioca zu verhindern weiß. Sodann schaut er sich die Stadt von oben an und entdeckt auf dem Zuckerhut „zufällig" Holly Goodhead, die zuletzt nach gemeinsamer Freizeitgestaltung in Venedig mit einem Flugticket nach Rio entschwunden war. Er rettet sie aus bedrohlicher Lage, verschafft sich neue Informationen von M und Waffen von Q und fliegt nach Iguaçu. Dort entgeht er einer weiteren Attacke des Beißers und trifft auf der Flucht – kaum überraschend – auf eine schöne Frau, die ihn in einen Tempel lockt (siehe Seite 70 – 71), diesmal jedoch nicht zum Zeitvertreib.

DA FÄLLT DAS WEGSEHEN SCHWER:
Die Iguaçu-Wasserfälle

Der knapp 400 Meter hohe **Zuckerhut** (Pão de Açúcar) ist neben der Christus-Statue auf dem Corcovado-Berg (700 Meter) eines der Naturdenkmäler der Stadt. Dorthin führt eine Drahtseilbahn, die nicht erst seit dem Film „O Bondinho" heißt und mit der man seit 1913 bis zur Bergspitze fahren kann. Für die Dreharbeiten wurde das beliebte Touristenziel drei Tage lang gesperrt. Während dieser Zeit sprang tatsächlich ein Stuntman in luftiger Höhe von Gondel zu Gondel und Roger Moore verletzte sich in der Kabine am Knie, konnte aber weitermachen. Die Seilbahngondeln mit Rundumsicht verkehren täglich zwischen 8 und 20 Uhr. Die Fahrtkosten betragen 20 Euro.

*

Die **Iguaçu-Wasserfälle** (Iguazu in der argentinischen Schreibweise) gehören seit 1984 zum Weltnaturerbe der UNESCO, sind rund drei Kilometer lang und stürzen bis zu 80 Meter in die Tiefe. Hubschrauberflüge kosten rund $ 250, man kommt aber auch mit Booten oder auf Stegen sehr nah an die Fälle heran. In der Sprache der Guaraní-Indianer bedeutet Iguaçu „Große Wasser", ein passender Name für die knapp 300 einzelnen Fälle, aus denen dieses Naturschauspiel besteht.

1 Cobija in der Atacama Wüste (QOS)
2 Antofagasta. Schauplatz Bolivien (QOS)
3 ESO: Greene plant ein Eco-Hotel unterhalb eines Observatoriums. Schauplatz Bolivien (QOS)

TROCKENER ALS JEDER MARTINI:
In der Atacama-Wüste fällt weltweit am wenigsten Regen – nämlich gar keiner

Im Frühjahr 2008 reiste erstmals eine James-Bond-Crew nach Chile. In einem früheren Planungsstadium von *Ein Quantum Trost* tauchte der Drehort gar nicht auf, aber Regisseur Marc Forster gefiel die Idee, eine Geschichte, die von der Ressource Wasser handelt, ausgerechnet am trockensten Ort der Welt zu drehen – in der in Nordchile gelegenen Atacama-Wüste.

Tim De Zeeuw, der Generaldirektor der Europäischen Südsternwarte (ESO: European Southern Observatory), erklärt in einem von der Produktionsfirma hergestellten Video, dass die Gegend um das in Nordchile gelegene Riesenteleskop „der trockenste Punkt auf dem Planeten ist. Es gibt keine Elektrizität und kein Wasser, was den Drehort zu einer ungewöhnlichen Wahl macht." Und der Direktor bemerkt ergänzend zum Wohnbereich für Mitarbeiter: „Viele der Gäste, die in unser Hotel kommen, erwähnen, dass die Mitte des Hauses sehr grün ist und stellen umgehend Parallelen zu einem James-Bond-Set her. Also waren wir sehr erfreut, als wir einen Brief der Firma bekamen, in dem man uns fragte, ob man bei uns filmen könne." Weniger erfreut waren dagegen Historiker und Traditionalisten, als sie erfuhren, dass „Bolivien" auch in Chile gedreht werden würde. Das hat seine Gründe, denn von 1879 bis 1883 tobte zwischen beiden Ländern der sogenannte Salpeterkrieg. Damals eroberte Chile einige Teile der bis dahin zu den Nachbarländern Peru und Bolivien gehörenden Atacama-Wüste, wodurch die Bolivianer keinen ungehinderten Zugang zum Pazifik mehr hatten. Der in dieser historischen Besonderheit begründete Drehort-Streit führte sogar so weit, dass Carlos López, der aufgebrachte Ex-Bürgermeister des chilenischen Ortes Sierra Gorda, Proteste organisierte, höchstpersönlich mit seinem Jeep aufs Set in Baquedano raste und zwei Statisten verletzte. Ein Scherz war das nicht, obwohl es ausgerechnet am 1. April passierte. Und Pablo Groux, Boliviens Vizeminister für Kultur, protestierte gegenüber dem Produzenten: „Die Stigmatisierung Boliviens und der Bolivianer als Land des Drogenhandels ist besorgniserregend. Den Film werden Abertausende, Millionen Menschen sehen und dieses Stigma wird im kollektiven Gedächtnis der Leute hängenbleiben", so Groux, der nebenamtlich Direktor des Nationalen Bolivianischen Kinorates ist. Produzent Wilson wunderte sich in einer Entgegnung, dass der „Krieg immer noch nicht vorbei ist" und verbat sich eine weitere Einflussnahme auf die Dreharbeiten. Nach elf Tagen, am 3. April 2008, verließ man Chile wieder. Auf weitere Aufenthalte in Lateinamerika verzichtete die Bond-Crew und suchte sich alternative Drehorte.

VOLLER EINSATZ IN 2.600 METER HÖHE:
Daniel Craig beim Dreh am Paranal-Observatorium

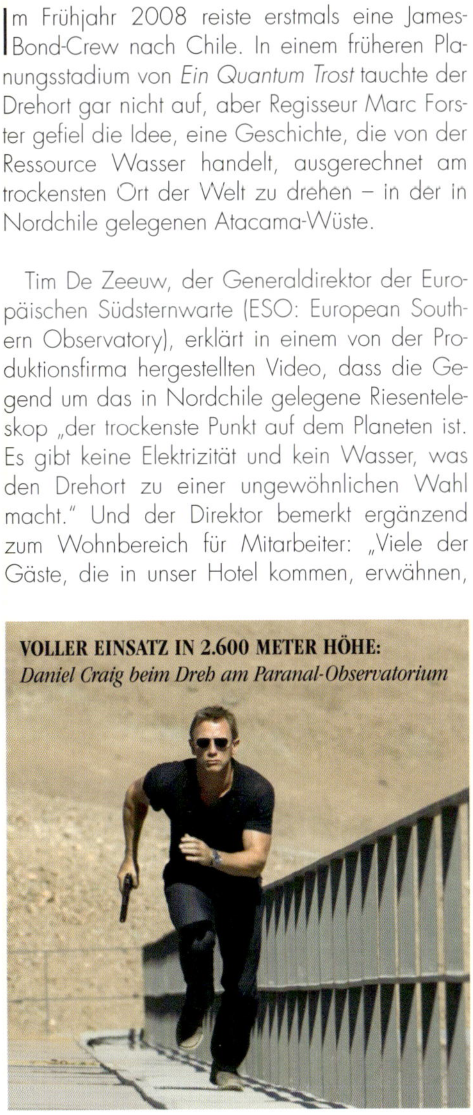

Riesige Teleskope und daraus resultierende Superwaffen sind nichts Neues in den James-Bond-Filmen. So verwenden Blofeld in *Diamantenfieber* (1971) und Graves in *Stirb an einem anderen Tag* (2002) im Weltraum installierte teleskopartige Strahlenwaffen, um damit die Erde zu bedrohen. Alec Trevelyan nutzt in *GoldenEye* (1995) eine riesige Satellitenschüssel, für die das in Arecibo in Puerto Rico befindliche Radioteleskop Modell stand (siehe Seite 209).

Chile scheint aufgrund besonderer klimatischer Bedingungen prädestiniert für die Lage von Teleskopen und so unterhält allein die Europäische Südsternwarte dort drei Anlagen. Dazu zählt auch das Paranal-Observatorium in der im Norden gelegenen Atacama-Wüste. Das Observatorium liegt etwa 120 Kilometer südlich von Antofagasta auf dem Berg Cerro Paranal, auf einer Höhe von über 2600 Metern. Zu der Anlage gehört auch ein hotelartiges Wohngebäude, das mit seinen 120 Zimmern der Unterbringung der Mitarbeiter dient und von einem Münchner Architekturbüro entworfen wurde. Besichtigungen sind immer an den letzten beiden Samstagen jedes Monats möglich, außer im Dezember. Die Führungen dauern von 14 – 16 Uhr. Eine vorherige Anmeldung wird empfohlen. Tel. 0056 55 435335 www.eso.org/sci/facilities/paranal

*

Die Ausgrabungsstätten von Machu Picchu, einem der sieben neuen Weltwunder, die 129 Kilometer nördlich des peruanischen Cusco liegen, sollten im März 2008 auch für zehn Tage zum Schauplatz von *Ein Quantum Trost* werden, doch auch aufgrund schlechter Witterungsverhältnisse konnte dieser Plan nicht verwirklicht werden.

1 Udaipur: Bond steigt im Luxushotel Shiv Niwas Palace ab. (OPY)
2 Udaipur: Bei einer wilden Hatz in Tuk Tuks über den Markt kann Bond entkommen. (OPY)
3 Udaipur: Bond wird niedergeschlagen und in Kamal Khans Monsoon Palace festgehalten. (OPY)
4 Udaipur: Octopussy residiert im Hotel Lake Palace im Pichola See. (OPY)
5 Taj Mahal: Auf seiner Reise nach Indien fliegt 007 am Taj Mahal vorbei. (OPY)

Als sich im Spätsommer 1982 abzeichnete, dass es im darauffolgenden Jahr zwei konkurrierende Bondfilme in den Kinos geben würde, durfte man nicht nur einen Wettkampf der Hauptdarsteller, sondern auch der Schauwerte und damit der Schauplätze erwarten. *Sag niemals nie*, Sean Connerys Comeback nach zwölf Jahren, wurde vor allem auf den Bahamas und in Südfrankreich inszeniert. Für seinen sechsten und vorletzten Einsatz *Octopussy* musste der damals immerhin schon 56-jährige Roger Moore in Indien schwitzen, einem Land, das auch Ian Fleming schätzte, speziell wegen der dort herrschenden Temperaturen.

Im Dezember 1944 reiste Fleming via Kairo nach Ceylon (das heutige Sri Lanka). Er wohnte im Galleface Hotel, fuhr mit dem Zug nach Kandy und setzte später seine Reise nach Indien fort. Eine Zeitlang wohnte er in Delhi. Nach insgesamt vierwöchigem Aufenthalt, fasziniert von der asiatischen Lebensweise und dem angenehmen Klima, beschloss er dem Winter in England für alle Zeiten „no more" zu sagen und sich außerhalb Großbritanniens nieder zu lassen. Er entschied sich allerdings für Jamaika (siehe Seite 216 – 217). Sean Connery ließ sich zunächst in Spanien und dann auf den Bahamas nieder, Roger Moore in Monaco und der Schweiz, wobei in beiden Fällen nicht die klimatischen, sondern steuerliche Gründe ausschlaggebend waren.

Die ehemalige britische Kronkolonie Indien war vor allem durch den unendlichen Strom von Bollywoodfilmen, die seit den 70er Jahren auch vermehrt in den Westen gelangten und durch den Welterfolg des Films *Gandhi* im Kino präsent. Das stark bevölkerte Land bietet eine ungewöhnliche Farbenpracht, luxuriöse Paläste und ganz allgemein den Zauber Asiens. Nach ausführlichen Vorbesichtigungen und Vorbereitungen drehte man vom 20. September bis zum 11. Oktober 1982 vor allem in Udaipur im Bundesstaat Rajasthan im Nordwesten des Landes und in der Umgebung der 400.000 Einwohner zählenden Stadt. Der örtliche Markt eignete sich besonders für eine Verfolgungsjagd. Die Luxushotels, speziell das Shiv Niwas (heute Shiv Niwas Palace) und das Lake Palace (heute Taj Lake Palace) inmitten des Pichola-Sees, beherbergten die Akteure und die Crew und dienten ebenfalls als Schauplätze (siehe Seite 62 – 63). Auch den rund fünf Kilometer außerhalb der Stadt gelegenen Monsoon Palace fingen die Kameras ein.

ETWAS BRÖCKELIG, ABER STANDHAFT:
Der Monsoon Palast im Abendlicht

FEUCHTER KELLER INKLUSIVE:
Das Lake Palace Hotel im Pichola-See stellte Octopussys indische Residenz dar

In allen edlen Hotels, in denen gedreht wurde, kann man sebstverständlich auch wohnen. Im Shiv Niwas Palace, das Teil des City Palace ist, kostet eines der nur 34 Zimmer zwischen 74 und 265 Euro pro Nacht; im Taj Lake Palace betragen die Preise für die 83 Zimmer zwischen 345 und 2221 Euro pro Nacht.

Taj Lake Palace
Post Box No. 5, Lake Pichola
Udaipur 313 001, Rajasthan
Tel: 0091 294 2428800
E-Mail : lakepalace.udaipur@tajhotels.com

Shiv Niwas Palace Hotel
City Palace, Udaipur 313001, Rajasthan
Tel. 0091 294 5280 1619

DA BRÖSELN DIE WÜRFEL:
Gobinda mag es nicht, wenn sein Chef beim Backgammon verliert

Hongkong

1 Hafen: 007 gelangt auf das im Hafen liegende Wrack der Queen Elizabeth. (TWMTGG)
2 Bottoms Up Club: Gibson wird von Scaramanga erschossen. (TWMTGG)
3 Peninsula Hotel im Stadtteil Kowloon: Andrea Anders wohnt im Hotel Peninsula. (TMWTGG)

1 Hafen von Hongkong (YOLT)
2 007 taucht wenig bekleidet im Yacht Club Hongkong auf. (TMWTGG)
3 Hongkong, Zerstörer H.M.S. Tenby F-65: Bond wird zum Schein ermordet. (YOLT)

Als Ian Fleming im Jahr 1959 im Auftrag der Londoner Zeitung *Sunday Times* auf Reisen ging, führte ihn sein erster Trip nach Asien und zunächst nach Hongkong. Er beschrieb die Metropole später als die „lebendigste und erregendste Stadt, die ich je gesehen habe." Dort traf er auf den australischen Korrespondenten der *Sunday Times* Richard Hughes, den er später in seinem Roman *You Only Live Twice (Man lebt nur zweimal)* verewigte. Aus Hughes wurde Bonds japanischer Kontaktmann Dikko Henderson. Als Nächstes besuchten Fleming und Hughes gemeinsam Macao, versuchten sich in dem Brettspiel Foo-tan und besichtigten das neun Stockwerke zählende Central Hotel. Daraufhin flogen sie nach Tokio weiter. Doch während er Japan und seine Hauptstadt später in *You Only Live Twice* integrierte, geschah Ähnliches mit der früheren britischen Kronkolonie nicht. Sein Roman *The Man With The Golden Gun (Der Mann mit dem goldenen Colt)* spielt, im Gegensatz zur Verfilmung, auf Jamaika.

Die Filmemacher gingen anders vor. Schon in den 60er Jahren waren sie mehrfach in Asien und besuchten auch Hongkong, um nach möglichen Drehorten zu suchen. Im Film *Man lebt nur zweimal* spielt eine Seebestattung im Hafen von Hongkong, doch die Schiffsszenen wurden vor Gibraltar gedreht (siehe Seite 177). Schon im Oktober 1967 gab es Planungen, Flemings *The Man With The Golden Gun* in Asien zu verfilmen, doch zunächst kam es nicht dazu. Anfang der 70er Jahre erfolgte dann ein zweiter Anlauf. Autor Tom Mankiewicz und Produzent Harry Saltzman trafen sich im Oktober 1973 in Hongkong und kurz darauf ging es los. Ab dem 6. November wurde auf dem im Hafen liegenden Wrack der „Queen Elizabeth" gedreht, allerdings mit einem Double von Roger Moore, der verhindert war und erst später in der Metropole ankam. Im April 1974 gab es weitere Dreharbeiten in Hongkong: an der Fährenstation, wo die Tragflächenboote aus Macao vor Anker gehen, und vor dem beziehungsweise im Hotel Peninsula (siehe Info-Kasten).

DIE VOLLGAS-METROPOLE:
Der Stadtteil Kowloon ruht nie

GRÜNE OASE FÜR 7 MILLIONEN EINWOHNER:
Der Dragon Garden in den New Territories

Auch wenn die Szenen in Bangkok, Thailand spielen, war der Drehort für das Haus des Widersachers Hai Fat in Hongkong. Die Location-Scouts fanden dafür den Dragon Garden an der Castle Peak Road im westlichen Teil von Tsuen Wan in den New Territories. Hier wurden zwei Besuche von 007 inszeniert (siehe Info-Kasten).

Den bislang letzten Abstecher nach Hongkong absolvierte 007, gespielt von Pierce Brosnan, in *Stirb an einem anderen Tag*. Der „Yacht Club Hongkong" wurde allerdings im Studio aufgebaut.

Das Hotel **The Peninsula** ist eines der luxuriösesten Häuser in der Metropole. Das 5-Sterne-Haus wurde 1928 eröffnet. Die Preise der rund 300 und mindestens 40 Quadratmeter großen Zimmer liegen zwischen 299 und 509 Euro. Die hauseigene Rolls-Royce-Flotte, wie im Film zu sehen, gibt es tatsächlich – auch heute noch.

The Peninsula Hong Kong
Salisbury Road, Kowloon, Hong Kong, SAR
Tel: 00852 2920 2888
Zimmerreservierung: 00852 2910 1628
Fax: 00852 2722 4170
E-Mail: phk@peninsula.com
www.hongkong.peninsula.com

*

Der auch „Lung-Po" genannte **Dragon Garden** wurde in den 60er Jahren von dem in Hongkong lebenden Geschäftsmann Lee Iu Cheung errichtet. Das Grundstück hatte er bereits 1948 erworben. Er ließ dort einen chinesischen Garten anlegen und integrierte viele Statuen, bunte Figuren und Gestelle für Kinder, da er das Ganze auch als Ausflugsort für die gesamte Familie verstanden wissen wollte. Dazu zählt zum Beispiel ein rund 15 Meter hoher Drachen, der auch im Film zu sehen ist. Der chinesische Architekt Chu Pin gestaltete das Areal. Das im Film erwähnte Mausoleum errichtete Lee Iu Cheung für sich selbst.
www.dragongarden.hk

Japan

1 Okinawa: Aufnahmen exotischer Fische. Schauplatz Bahamas (TSWLM)

1 Tokio, Kuramae Kokugikan Sumo Ringer Halle: Bond nimmt mit Aki Kontakt auf. (YOLT)
2 Tokio, Hotel New Otani: Bond schleicht sich in die Firma Osato Chemical. (YOLT)
3 Tokio: Ein Lastenhubschrauber zieht mit einem Magneten das Verfolgerauto an sich. (YOLT)
4 bei Shingu, Kumano-Nachi-Schrein: Bond wird verheiratet. (YOLT)
5 Kobe, Industriehafen und Docks: Bond und Aki fahren nach Kobe. (YOLT)
6 Himeji-Schloss: Ausbildungslager von Ninjas, in dem auch Bond trainiert wird. (YOLT)
7 Bei Fukuoka: Sitz von Dr. Guntram Shatterhand's „Castle of Death" (YOLT)
8 Ebino: Bond inspiziert mit seinem Mini-Helikopter die erloschenen Vulkane. (YOLT)
9 Vulkan Mount Shinmu-dake: Sitz von Blofelds unterirdischem Domizil (YOLT)
10 Kagoshima: Stunts und Prügeleien sowie Aufnahmen eines Schiffes (YOLT)
11 Akime: Aus einem Luftkampf geht Bond als Sieger hervor. (YOLT)
12 Akime: Bond versteckt sich, kosmetisch verändert, bei der Perlentaucherin Kissy. (YOLT)
13 Ibusuki (YOLT)

VIEL HOLZ, WENIG STEIN:
Das Himeji-Schloss westlich von Kobe

Zunächst im Jahr 1957 und dann nochmals Mitte November 1962, kurz nach der Welturaufführung von *Dr. No* in London, dem ersten Kinospielfilm der Serie, besuchte Ian Fleming Japan. Zum einen sollte der Autor Informationen für seine Reiseserie *Thrilling Cities* sammeln, zum anderen wollte er Fakten für eines seiner nächsten Bücher recherchieren. Daraus entstand der Roman *You Only Live Twice (Man lebt nur zweimal)*. In Tokio wohnte der Autor in einem typischen japanischen Haus, trank viel Sake, besuchte Geishas und eine Judoschule, ließ sich massieren und die Bar zeigen, in der der deutsche Spion Richard Sorge einst an geheime Informationen der Nazis gelangte, die er dann an die Sowjetunion verkaufte. Flemings erste Japan-Reise endete beinahe in einem Desaster, denn auf dem Flug von Tokio nach Hawaii fing das Flugzeug Feuer und wäre um ein Haar abgestürzt.

Im Roman schickt der Autor Bond nicht nur auf eine Art Himmelfahrtskommando, sondern verwendet auch viel Zeit darauf, das englisch-japanische Verhältnis zu beleuchten und Details der Inselgruppe zu beschreiben. Zudem ist 007 an vielen Orten in Japan unterwegs, wie etwa Tokio, Gamagori, Toba, Ise, Kyoto, Kobe, in Beppu auf der Insel Kyushu und auf der Ama-Insel Kuro (siehe Seite 94 – 95). Es tauchen viele japanische Begriffe auf; aus Bond wird übrigens Bondo-san.

Der gleichnamige Film, der vom 4. Juli 1966 bis März 1967 gedreht wurde, ist weniger politisch orientiert und legt mehr Gewicht auf Action und Schauwerte. Schon vor Beginn der Dreharbeiten erklärte Sean Connery, dass er danach die Rolle aufgeben würde. Eine Pressekonferenz im Tokio Hilton am 28. Juli und die folgenden Wochen im Land bewiesen, in welche Richtung sich die 007-Serie entwickelt hatte: Spektakel mit Hang zur Massenhysterie; Akteure und Team wurden auf Schritt und Tritt, selbst bis auf die Toilette, verfolgt. Dafür fanden die Drehort-Scouts wirklich schöne Motive, die teilweise bis zum heutigen Tage zu den Attraktionen des Landes zählen, wie das etwa 50 Kilometer westlich von Kobe gelegene Himeji-Schloss (siehe Info-Kasten), aber auch die Docks von Kobe, die Insel Akime und die einzigartigen Vulkane der Inselgruppe. Bereits im März 1966 war ein Team in Japan unterwegs, um nach Drehorten zu suchen. Der Vulkan, den man auf der Insel Kirishima fand, heißt Mount Shinmu-dake und wurde, auch dank der in den Londoner Studios kreierten Inneneinrichtung, zu einer der spektakulärsten Attraktionen der ganzen Serie. 250 Mann arbeiteten knapp sieben Monate an dem 42 Meter hohen Bauwerk.

Himeji-Schloss

Das Himeji-Schloss, auch „Schloss des weißen Reihers" genannt, wurde ab 1601 in der heutigen Form erbaut und 1964 restauriert. Es ist eines der größten Holzbauwerke der Welt und gilt als Nationales Kulturdenkmal. Die UNESCO ernannte es 1993 zum Welt-Kulturerbe. Im Film ist dort die Ninja-Schule untergebracht. Die Schlossanlage, die aus rund 80 Gebäuden besteht, verfügt über Parks, Museen, Schreine, Brunnen und sogar einen Zoo. Während der Dreharbeiten wurde den Produzenten vorgeworfen, nicht respektvoll genug mit dem Bauwerk umzugehen. Der Vorwurf lautete, dass einige der Waffen Zerstörungen an dem Schrein verursachten.

Trotz dieser „schlechten Erfahrungen" durften seitdem auch andere Produktionen dort drehen, so etwa Kurosawas *Ran*, *Der letzte Samurai* mit Tom Cruise und die TV-Serie *Shogun* mit Richard Chamberlain.

Die Öffnungszeiten sind:
9 – 16 Uhr (September bis Mai)
9 – 17 Uhr (Juni bis August)
www.himeji-castle.gr.jp/index/English/index.html

*

In dem Fischerdorf **Akime** erinnert übrigens eine von Sean Connery und Albert R. Broccoli signierte Steintafel mit einer Inschrift an die Dreharbeiten. Darauf steht: „Our James Bond Film *You Only Live Twice* Was Filmed On Location Here At Akime".

SCHON DAMALS EIN ZIEMLICHES GEWUSEL:
Tokios Einkaufsmeile Ginza Ende der Sechziger Jahre

Thailand

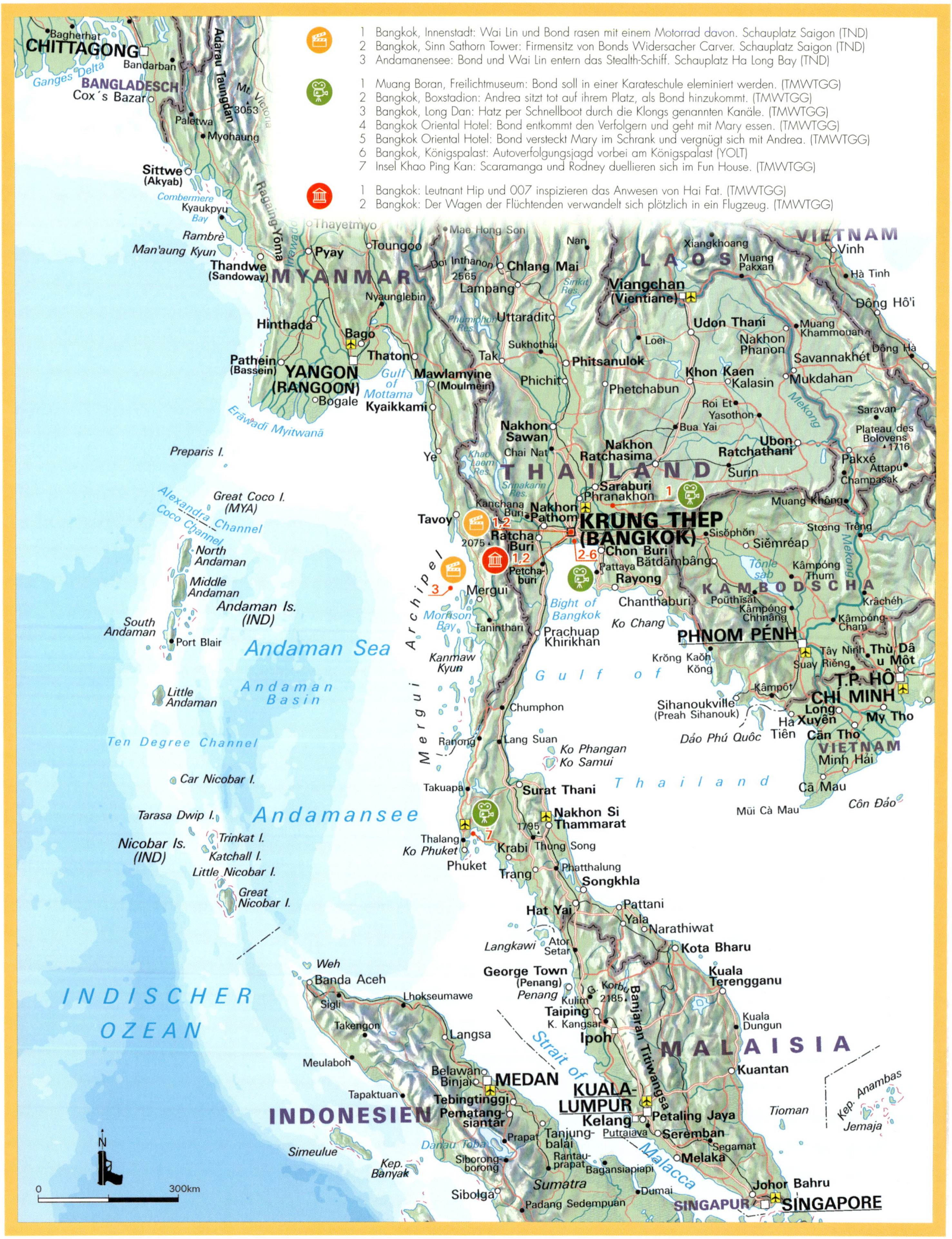
1 Bangkok, Innenstadt: Wai Lin und Bond rasen mit einem Motorrad davon. Schauplatz Saigon (TND)
2 Bangkok, Sinn Sathorn Tower: Firmensitz von Bonds Widersacher Carver. Schauplatz Saigon (TND)
3 Andamanensee: Bond und Wai Lin entern das Stealth-Schiff. Schauplatz Ha Long Bay (TND)
1 Muang Boran, Freilichtmuseum: Bond soll in einer Karateschule eleminiert werden. (TMWTGG)
2 Bangkok, Boxstadion: Andrea sitzt tot auf ihrem Platz, als Bond hinzukommt. (TMWTGG)
3 Bangkok, Long Dan: Hatz per Schnellboot durch die Klongs genannten Kanäle. (TMWTGG)
4 Bangkok Oriental Hotel: Bond entkommt den Verfolgern und geht mit Mary essen. (TMWTGG)
5 Bangkok Oriental Hotel: Bond versteckt Mary im Schrank und vergnügt sich mit Andrea. (TMWTGG)
6 Bangkok, Königspalast: Autoverfolgungsjagd vorbei am Königspalast (YOLT)
7 Insel Khao Ping Kan: Scaramanga und Rodney duellieren sich im Fun House. (TMWTGG)
1 Bangkok: Leutnant Hip und 007 inspizieren das Anwesen von Hai Fat. (TMWTGG)
2 Bangkok: Der Wagen der Flüchtenden verwandelt sich plötzlich in ein Flugzeug. (TMWTGG)
CHITTAGONG
BANGLADESCH
Cox´s Bazar
MYANMAR
YANGON (RANGOON)
LAOS
Viangchan (Vientiane)
VIETNAM
THAILAND
KRUNG THEP (BANGKOK)
KAMBODSCHA
PHNOM PÉNH
T.P. HÔ CHÍ MINH
Andaman Sea
Andamansee
Gulf of Thailand
INDISCHER OZEAN
MALAISIA
KUALA LUMPUR
INDONESIEN
MEDAN
SINGAPORE
Strait of Malacca
Sumatra
0 300km

RESIDIEREN WIE DER KÖNIG VON SIAM: *Das Oriental Hotel am Chao Phraya Fluss*

Die asiatischen Länder Indien, Ceylon (das heutige Sri Lanka), Hongkong, Macao und Japan hat Ian Fleming auf seinen Reisen besucht, aber in Thailand war er nie. Die Filmemacher haben das südostasiatische Land dagegen schon zweimal bereist – wenn auch einmal eher unfreiwillig. Sie schafften es sogar, dass einer der Orte, den sie zum Schauplatz erkoren, weltweite Berühmtheit erlangte und sich seit dem Jahr 1974 einer gleichbleibenden Beliebtheit erfreut. Touristen aus der ganzen Welt werden den Ausflug dorthin als Reise zur „James-Bond-Island" in den Katalogen dieser Welt wiederfinden.

Ende des Jahres 1972 wurde publik, dass Japan im Film *Man lebt nur zweimal* nicht der einzige asiatische Drehort der 007-Serie bleiben würde. Damals brachen Location-Scouts nach Indonesien, Kambodscha, Thailand und Singapur auf, um dort nach geeigneten Plätzen für Bond-Abenteuer Ausschau zu halten. Ein knappes Jahr später startete die nächste Expedition, diesmal nach Hongkong, Macao und Bangkok. Kurz darauf stand fest, dass Roger Moores zweiter Einsatz in Südostasien entstehen würde. Thailand spielte darin eine wichtige Rolle. Die Dreharbeiten vor Ort begannen mit dem Finale des Films. Dafür hatte man im Süden des Landes, südöstlich der Halbinsel Phuket, eine Reihe von Kalksteinfelsen aufgespürt, die im dortigen Naturschutzgebiet liegen. Dank einer Sondergenehmigung der thailändischen Regierung und dem Versprechen, alles unversehrt zu lassen, war die Crew Mitte April 1974 neun Tage lang auf der Insel Kao Ping-Kan in der Bucht von Phang Na tätig und drehte Szenen mit den Hauptakteuren (siehe Seite 78 – 79). Nach der Premiere des Films im Dezember 1974 wurden die Insel und der vor ihr liegende, bis dahin unbekannte Felsen weltberühmt.

Aber nicht nur der Süden Thailands, sondern auch die Innenstadt von Bangkok war Schauplatz. Im Juni 1974 sorgte dort eine Autoverfolgungsjagd, die auch an berühmten Bauwerken wie etwa dem Königspalast vorbeiführte, für reichlich Blechschaden. Außerdem inszenierte das Team eine Bootsverfolgungsjagd sowie asiatische Nahkampfszenen, die im berühmten Freilichtmuseum „Ancient City" außerhalb Bangkoks (siehe Info-Kasten) gedreht wurden. Auch das Ratchadamnoen-Boxstadion diente als Filmset. 23 Jahre später entstand für den Film *Der Morgen stirbt nie* in einem anderen Teil der thailändischen Hauptstadt, deren Einwohnerzahl zwischen Mitte der 70er Jahre und Ende der Neunziger von rund drei auf über sechs Millionen angestiegen war, eine Motorradverfolgungsjagd, die auch über die Royal Orchid Bridge führte. Bangkok stellte allerdings den Handlungsort Saigon in Vietnam dar. Als die vietnamesische Regierung im März 1997 die geplanten Dreharbeiten in Saigon (Ho-Chi-Minh-Stadt) ablehnte, waren die Produzenten gezwungen auszuweichen und so wurde Thailand zum zweiten Mal Drehort eines 007-Abenteuers. Neben der Actionsequenz auf zwei Rädern stand auch der 195 Meter hohe Sinn Sathorn Tower (Taksin Road, Bangkok 10400) im Mittelpunkt. Dank computergenerierter Effekte noch verlängert und mit einem übergroßen Transparent versehen, fungierte das Hochhaus als Firmensitz von Bonds Widersacher Elliot Carver. Wenn Bond und Kollegin Wai Lin aus dem Gebäude springen und mit Hilfe des Transparents mehr oder weniger unversehrt bleiben, handelt es sich um Aufnahmen im Studio, wo die Ausstatter einen Teil des Wolkenkratzers nachbauten. Zusätzliches Material wurde noch von der Ha Long Bay in Nordvietnam und in der Bucht von Phang Nga in Thailand gedreht.

James Bond mischt sich unters Volk

Der Königspalast von Bangkok

Das berühmte **Oriental Hotel** in Bangkok gilt als eines der besten Häuser der Welt und zählt zur Luxuskategorie mit sechs Sternen. Es stammt aus dem Jahr 1876, liegt direkt am Chao Praya Fluss und verfügt über 393 Zimmer. Auf dem Areal entstand eine Sequenz für den Film *Der Mann mit dem goldenen Colt*, in der Bond und Mary Goodnight zusammen zu Abend essen. Anlässlich des Drehendes im Juli 1974 fand im hauseigenen Open-Air-Restaurant eine Abschiedsfeier statt, die von einem Feuerwerk gekrönt wurde. Zu Drehbeginn des Films *Der Morgen stirbt nie* gaben die Mitwirkenden am 18. Mai 1997 in diesem Hotel eine Pressekonferenz.
48 Oriental Avenue , Bangkok 10500, Thailand
Tel. 0066 (2) 659 9000
www.mandarinoriental.com/bangkok

*

Der Komplex Ancient City (Muang Boran) liegt rund 35 Kilometer außerhalb von Bangkok und gilt als eines der größten Freilichtmuseen der Welt. Auf der etwa 80 Hektar großen Fläche stehen mehr als 100 Bauwerke des Landes im Maßstab 1 zu 3.
Adresse:
Ratchadamnoen Avenue, 78/1 Democracy Monument Cycle, Bangkok, 10200
Tel.: 0066 2 224 1057
www.ancientcity.com

*

An der Ratchadamnoen Nok Road in Bangkok liegt das Ratchadamnoen Stadium, (Tel: 0066 2 814 205), in dem die Boxszenen des Films Der Mann mit dem goldenen Colt entstanden.